2012年度浙江省社科联省级社会科学学术著作出版资金全额资助出版

浙江省社科规划一般课题（编号：12CBZZ07）

当代浙江学术文库

DANGDAI ZHEJIANG XUESHU WENKU

村委选举调查

王国林 著

中国社会科学出版社

图书在版编目（CIP）数据

村委选举调查/王国林著 . —北京：中国社会科学出版社，2015.9
（当代浙江学术文库）
ISBN 978 - 7 -5161 -6768 -7

Ⅰ . ①村… Ⅱ . ①王… Ⅲ . ①村民委员会—选举—调查研究—
中国 Ⅳ . ①D638

中国版本图书馆 CIP 数据核字（2015）第 182410 号

出 版 人	赵剑英
责任编辑	田 文
特约编辑	金 泓
责任校对	王兰馨
责任印制	王 超

出 版	中国社会科学出版社
社 址	北京鼓楼西大街甲 158 号
邮 编	100720
网 址	http://www.csspw.cn
发 行 部	010 - 84083685
门 市 部	010 - 84029450
经 销	新华书店及其他书店

印刷装订	北京君升印刷有限公司
版 次	2015 年 9 月第 1 版
印 次	2015 年 9 月第 1 次印刷

开 本	710 × 1000 1/16
印 张	21.25
插 页	2
字 数	360 千字
定 价	75.00 元

总　序

浙江省社会科学界联合会党组书记　郑新浦

源远流长的浙江学术，蕴华含英，是今天浙江经济社会发展的"文化基因"；三十五年的浙江改革发展，鲜活典型，是浙江人民创业、创新的生动实践。无论是对优秀传统文化的传承弘扬，还是就波澜壮阔实践的概括提升，都是理论研究和理论创新的"富矿"，浙江省社科工作者可以而且应该在这里努力开凿挖掘，精心洗矿提炼，创造学术精品。

繁荣发展浙江学术，当代浙江学人使命光荣、责无旁贷。我们既要深入研究、深度开掘浙江学术思想的优良传统，肩负起继承、弘扬、发展的伟大使命；更要面向今天浙江经济社会的发展之要和人文社会科学建设的迫切需要，担当起促进学术繁荣的重大责任，创造具有时代特征和地方特色的当代浙江学术，打造当代浙江学术品牌，全力服务"两富"现代化浙江建设。

繁荣发展浙江学术，良好工作机制更具长远、殊为重要。我们要着力创新机制，树立品牌意识，构建良好载体，鼓励浙江学人，扶持优秀成果。"浙江省社科联省级社会科学学术著作出版资金资助项目"，就是一个坚持多年、富有成效、受学人欢迎的优质品牌和载体。从 2006 年开始，我们对年度全额资助书稿以"当代浙江学术论丛"（《光明文库》）系列丛书资助出版；2011 年，我们将当年获得全额重点资助和全额资助的书稿改为《当代浙江学术文库》系列加以出版。多年来，我们已资助出版共 553 部著作，对于扶持学术精品，推进学术创新，阐释浙江改革开放轨迹，提炼浙江经验，弘扬浙江精神，创新浙江模式，探索浙江发展路径，产生了良好的社会影响和积极的促进作用。

2013 年入选资助出版的 27 部书稿，内容丰富，选题新颖，学术功底较深，创新视野广阔。有的集中关注现实社会问题，追踪热点，详论对策破解之道；有的深究传统历史文化，精心梳理，力呈推陈出新之意；有的收集整理民俗习尚，寻觅探究，深追民间社会记忆之迹；有的倾注研究人类共同面对的难题，潜心思考，苦求解决和谐发展之法。尤为可喜的是，资助成果的作者大部分是浙江省的中青年学者，我们的资助扶持，不唯解决了他们优秀成果的出版之困，更具有促进社科新才成长的奖掖之功。

我相信，"浙江省社科联省级社会科学学术著作出版资金资助项目"的继续实施，特别是《当代浙江学术文库》品牌的持续、系列化出版，必将推出更多的优秀浙江学人，涌现更丰富的精品佳作，从而繁荣发展浙江省哲学社会科学，充分发挥"思想库"和"智囊团"的作用，有效助推物质富裕、精神富有现代化浙江的加快发展。

2013 年 12 月

目　　录

前　言

社会从低级到高级不断提升，漫长的封建专制蜕变为民主政治，是社会的进步，中国正处于转型时期，农村选举肩负起大田试验的使命。自荐海选，秘密写票，限量委托，集中投票，选举程序近于完善，大踏步赶上成熟的西方国家。选举场面人气高涨，城市化的劳动力转移没有弱化参选率，如火如荼的热情超越西方的选举冷漠。村级直选引发乡镇试点，分时段层层推进，民主选举在社会转型中平和实现。

滥觞于古希腊民主，经历 2500 年的洗礼，西方造就现代民主。根植于专制基础上的中国农村选举青春年少，操作技术没有稚气，清清白白的选举比比皆是，令人欢欣鼓舞。罗马城不能一夜造成，西方民主印有贿选的胎记，中国农村选举也有相似的履历。我们的责任是直面问题，寻访华佗扁鹊，早日告别病痛，而不是讳疾忌医。

选举民主将机会赐给每个人，强者的能量异乎寻常，他们要出人头地，实现个人价值的最大化。大千世界，不可能整齐划一，候选人中有不少社会闲杂，还有财大气粗的先富群体，他们求权心切，用钱财铺平道路，将普通的能人边缘化。公平衍生不公平，"雅士"惊呼，选民素质低下，直选为时过早。

站着说话不腰疼，农民校龄短少，文盲星星点点，但文化不是素质的全部。他们主导农耕社会，承受工农"剪刀差"，奉献工业化、城市化的廉价土地，却极少沐浴社会保障的阳光雨露，依然任劳任怨。来一次小小的颠覆，切断雅士来自纳税人的补给线，推到生产第一线自食其力，将失去白皙的肤色，便失去有别于农民的标签。

直选没有错，更不是早产儿，放眼韩国，文化同源，我们是晚生晚育。在古代中国，权力世袭或授受，普天之下莫非王土，臣民诚惶诚恐。村委的前身又称村公所，扮演"二传手"角色，走不出种粮人食不果腹的怪圈，哪有今天的生机？民主政治是"四驾马车"，民主选举扬鞭启行，民主决策、民主管理、民主监督姗姗来迟，扭曲前进的步伐。我们应有全局的视野，聚焦后选举的治理，净化村务，遏制以权谋私的冲动，选举不再是名利场的起跑线。

选举的认知来源于调查，走访江苏吴江县、安徽利辛县、福建南靖县、浙江临安县，定位于"自荐海选"的县域。抱憾于贿选，寻求治病良方，请教乡镇干部。没有灵丹妙药，踏上"西天取经"的征途，连访浙江玉环、温岭、武义、路桥三县一区，探索民主管理的长效机制。东奔西走，涉足 117 村，深度访谈 1530 人。2011 选举年降临，遵循毛丹教授的指点，观察 4 个村的选举现场，体验 1 个村的全天选举流程。回访 48 村 150 人，总结一届绩效，清点上下人选，在时间窗口捕捉变化的蛛丝马迹。所有乡村、人物全部化名处理，不想搅动他们的恬静。

选举调查，一个敏感的话题，不难想象，在一个小小的村落里，平民谈论强者的风险，调查没有敞开的大门。选举专题爱而释手，然而播下的种子必然萌动，壮胆而行，接受多于拒绝，提振深入的勇气。坚持以量取胜的调查方法，它根植于概率的程式，基数的扩充导演乘积的增量，代表健谈者的莘莘可观。"碰运气"是草根语的另类诠释，在素昧平生的人群里走访，除了非运气便是运气，排除法足以自勉。

随机调查，材料形形色色，演绎的结果不会有失公允。城市化卷走大量农村人口，田畴旷野人迹稀少；商品经济带来不少欺诈，陌生人要蒙受嫌疑分子的阴影，大门敞开不敢贸然而入，调查领域也有公正与效率的两难。探索出灵感，改为定向调查，打听老干部，求访知情人，上门呼名，可以先声夺人，还可以喝退自己的怯懦。效率提高，不敢忘却偏听则暗的古训，遭遇全是或全非的一边倒局面，叩访持不同政见者，扮演中立的"第三者"。

调查逐乡展开，写作的架构不能搭建在乡镇的棋盘上。此前一书《失地农民调查》以地缘为区块，另一书《下岗职工调查》以归属为区块，沿用《失地农民调查》架构，起步就迷路。乡镇有大小，事物有轻重，全盘录入小乡镇，鸡犬升天，仍然阵势狭小，没有分庭抗礼的气势。摸石子过河，走第三条道路，以事类为区块，择优录取，主访县 97 村只写 48 村。新的组合，不唱"同一首歌"，不给平庸者亮相的机会，入选者各有千秋。

内容以 2008 届为主旋律，辐射上下两届，延伸时间的通道。展现的看点繁多，正人君子之外不乏杂色人物，男女双轨制里进出阴盛阳衰，过度拉票并存坐享其成，顺产的同时夹杂流产，权力的热恋中也有辞职与罢免。全场由富人主导，金钱充当交际花，联袂演绎碎片编织的直选大剧。

同样的材料可以有不同的产出，纪事本末一气呵成，虽没有"黄河之水天上来"的磅礴气势，也没有脍炙人口的文学语言，但瑕不掩瑜，它蕴涵独特的个性，不哗众取宠，坚持诚实与纯朴的品质。它突显口述人的地位，时时处处告知事实的出处，原原本本模拟口述人的语言，土里土气，却彰显草根人天然去雕饰的本性。在学界崇尚理性、世俗唯美的氛围里，口述史树起感性的标杆，展示维纳斯有缺憾的美丽。

村委直选是中国民主建设的里程碑，让人壮怀激烈，催生《村委选举调查》。转型时期奉献给社会的机遇很多，我们不能成为经济巨人，也不该舍弃自己的责任，投一根干柴推高火焰。我继续以口述史播演社会问题剧，以微弱的建言推进社会的加速转型。

王国林

2011 年 11 月 8 日

第 一 章
没有敌手的挑战

村委选举热闹非凡，主任一职众望所归，热浪席卷田畴旷野，例外也时有发生，如火如荼的背后仍有恬静的角落。一切取决于候选人的强势与村落背景，强势不仅仅是出人头地的财力、以多胜少的宗族力量，更有亲和力，金钱不能弹压；背景在于民意的取向、班子的组合，名不见经传的，非出类拔萃的，也能在村治的舞台上崭露头角。独角戏缺乏亮点，潜台词却余味无穷，其他搭档也演绎动人的插曲。

一　合溪村无名的斗牛士

合溪村距县城 10 公里，由东村、中村、西村、南村四个自然村构成，西村坐落在苍天镇的工业园区，与镇所在地毗连。全村一千多人，村主任蝉联三届，年在花甲，仍有一腔热血，敢与少年争锋，熨平人生的阶段性，夕阳红不减朝霞的美艳。

（一）后来居上少根保险带

2008 年 4 月换届改选，全县一律"自荐海选"，走在全国先列，感知的欲望推动我东奔西走。2009 年 7 月 20 日，进入有 1050 人的合溪村，这是我夏天跑近处的预留地。

拜访 62 岁的胡启木，自称是"族长老头"，有事干部都要上门，妇女主任一年来好多次。胡启木推荐金银向，下一站以他为目标。金银向73 岁，思维敏捷，看过我的工作证，认为太旧，又说调查没用，我硬着头皮先问养老保险，又问收入，然后转到正题。每次采访几乎都这样，不直奔敏感的话题，消除心理防范，与金银向谈话不多，却印证了胡启木的说法：候选人名单上没有商明河。

我感到意外，又不敢多问，谈话中金银向了解到我的底细，挽留吃中饭，我心有余悸，不想多留。两天后与帅必贤交谈时，金银向路过，主动停下电动三轮车，客气地坐下寒暄。受访人从冷淡到热情，调查人心理从紧张到舒缓，情绪波动，犹如打仗的前后。这次只不过是感觉放大而已，实际上每次求人了解情况，都担心被拒绝，一旦接受，喜形于色，这种感觉只有调查者自己心知肚明，局外人无法体会。

我没有回访，一朝被蛇咬，十年怕井绳，对于金银向实际上没有必要，我过于计较，他应该是个颇有个性的人。我的访谈对象都是老年人，这是种无奈，也是必然。鸟之将死也，其鸣也哀；人之将死也，其言也善。人生最后阶段，与人为善的情愫激增，对陌生人十分友好，接纳采访人如同遇上聊天对象，让调查者有所收获。我感谢金银向老人，尤其感谢他对线索的二次证实，我顺藤摸瓜，力求探到底细。

转向林元，65岁，胡启木推荐的人选。抵达他家，夫人告知在田间抽水。顺着她的指点，我找到他，在树荫下听他聊。

7月21日，求见58岁的谢凯歌，他在小店边坐着聊天，请他回家单独一叙，他乐意地接受，一个有过十多年村长经历的人，掌握的信息不少。

7月22日，赶到帅邦声家，他60岁，正在进早餐，见我上门，边吃边聊。一位妇女干部进屋坐下，也聊了几句。

7月25日，拜访70岁的老干部杨善能，他不在家，邻居打电话，夫妇两从田间赶回，与我交谈。

10月4日，上门拜访65岁的冯能本，又扑空，离开后不死心，重返回，他夫人发觉，赶过来。我自报家门，她从邻居那里获悉我多次登门，有点歉意，指出先生在预制板场地。我沿着她指点的线路走，找到冯能本，她也赶到，怕我迷路。天气寒凉，他的工棚满是尘灰，我们移到太阳底下聊。

胡启木摊开村情："田家两兄弟，哥搞建筑，弟经营服装。哥原在乡级建筑队，与另一位负责人为领导权问题发生冲突，办公室被泼粪，形成官司，此后独立成立公司，村书记商明河站在田家一边。田家两个亿万富翁为村出资浇水泥路，安装路灯，口碑不错。"

帅邦声说："关心安与田家都是我南村人，他得到田家的重用，从管理员升到经理。现在田家势头很盛，向外发展，本县建筑业务分给几个亲信，关心安负责市政工程，很忙。他一直担任组长，为人不错，不怕吃亏，有时自己的钱贴给集体。

中村有书记，南村没有村长，不利。劝他竞选村长，回答上不了，我说争取一下，田家老母亲助他一臂之力。"

妇女干部插话："第一轮少 20 票，第二轮不如第一轮多。"

胡启木又说："2005 年村改选，有人哄关心安上，还得到田家的支持，进入第二轮。他自己对竞选不心切，不够主动，到开选时才到我家，我说已答应商明河，不能失信，最终少四十多票失利。他年收入二十多万元，不如不当村长。"

谢凯歌观察："关心安起初按兵不动，后来开足马力，晚上一两点钟也跑腿，拉票。"

冯能本快人快语："我从事预制板行业是在 20 世纪 80 年代初，场地是南村的，关心安当小组长，我承包 3000 元，后人 1500 元，心里不平。2005 年他竞选，如当选，就坐稳，下不来，他从东村拉走四五十张票，我夺回来。平心而论，他为人很好，这是公认的，我意气行事。"

关于 2008 年选举，帅邦声夫人说："问他为什么不参选，他答选上要当。他老婆说，拉拉票选不上，不好意思。"

妇女干部又说："书记催他申报，没有提到报村长，而是讲报委员。选后，商明河对他说，谢谢，没来火拼。"

杨善能说："南村人口少，选举不利。关心安是我的学生，选举时给我打电话，提到要竞选村长。他父亲与我友好，也提起过。他不太喜欢抛头露面，人际网络不太广，百姓没有从大局考虑。"

胡启木肯定："关心安做人不错，老好人，向他借钱，身边缺少，会向别人借来，满足应急的人。"

林元有同感："关心安肯帮人，轿车有空位，停下带上村民；公益事业肯贡献，影响不错。"

（二）是英雄跌倒爬得起

7 月 21 日，与谢凯歌长聊后求访郑邦有。他 76 岁，老书记，不在家。10 点钟再去，他已从田间回来，停下手头的活与我聊。

7 月 22 日，日全食，杨成善在外赏日，见我到达，立即将我迎进屋。

7 月 23 日，向村民打听帅必贤的住址，他指向在座的人，我前往，60 岁的老人向我走来，在门前的长凳上坐下，谈论村事。

　　7月25日，第三次找冯千秋，在家，61岁的他与我聊开。他夫人听明话题，提议坐到里面，有些话不能外扬。我担心夫人会挡驾，不少场合是这样，这几句话让沉重的心放下，肯定这次谈话会默契。

　　10月4日，根据冯千秋的推荐，在东村入户采访61岁的曾习吉，他是小组长，有独特的信息资源。前一站为王共亮，也是冯千秋推荐的人选，想必有不同的声音，数月前找他，无着，这次如愿以偿，他说："20年前，我挖墙脚，要建平房，没有请求队长商明河，他要填埋挖成的墙脚，我没有办法。他一般不得罪人，见人打招呼；气量大，无人可比，打一次扑克，要分二三包烟；说话算数。当书记时，摩托车出事而受伤，80%的村民到医院看望他。平时，还有政府的车进出，镇干部也不敢小看他。"

　　"当书记后办过印花厂，负债。"

　　郑邦有回顾："商明河是我培养的，书记职位我传给他，他赌博，我骂过好几次。"

　　冯千秋谈经历："我1970—2000年担任出纳，2002年交账，垫付的2000元至今没有付给我。"

　　夫人补充："商明河开支大，我老公手紧，他有意见。"

　　他继续说："商明河在职时办牧场，肥料紧缺，托关系搞来，发票报销，住宿费也报，但不见肥料，转卖到外县。"

　　冯能本表示肯定："20年前水泥预制板实行包税制，商明河去开会，税务部门要多征税，他讲3000元会确保，5000元主管部门自己收，最后商定3000元，他说话有分量。"

　　帅邦声与商明河走得很近，特别知情："商明河主动递烟，一天五包烟不够，看得起老百姓，不分贫富。当二十多年干部，印象不错，上年纪的对他有好感。他的生活费用由大女儿支持，每月给数千元，到香港时为他买衣服。"

　　谢凯歌是重量级人物，很有发言权："商明河大方，一包烟，20人在场，都分到。有同情心，办实事。一度头脑发昏，与南村一位朋友混到吃软饭的女人那里，丢掉书记职务。在女儿矿石厂干活，意志低沉，有人劝他竞选，他决定一试。"

　　杨善能告知："他书记落职，镇派我接班，我不上任。他初中毕业，从生产队长一级级上来，工作有头脑，活动能力强。干部当得长，老虎变成羊，下台后，一度不振，与百姓接触，慢慢恢复。想重新入党，哪里跌倒，哪里爬起来。"

冯千秋直陈："我开小店，2005 年竞选时香烟断档，镇所在地也一样。商明河来买烟，选后不来了。他的丈人、女婿一起出动拉票，女婿小兄弟很多，力量很强。"

杨成善说："商明河当干部时间长，有人头资源。那时选举使用流动票箱，我当组长，拎票箱到户，有人盯梢，我就骂。"

曾习吉指出："他有能力，有魄力，动用不三不四的人拉票，这些事不想说。关心安实在，能力不如商明河。我儿在田家企业工作，票投给关心安。"

帅邦声感言："商明河来活动，我为难，关心安是南村共推人物，我是南村人，不能例外。商明河妹夫住在南村，也没有投他。他讲，南村没有一人选他。"

谢凯歌知底："南村是关心安的根据地，原老年会长也住在这里，建造新房，老会计越权办手续，商明河拒绝签字，要他直接送批，得罪这位老会长，南村选票不易得到。"

王共亮观察："南村要上关心安，硬做，盯住选民划票，仍有人投商明河。观看唱票，开始他与关心安票数一样，后来直升。"

林元现身说法："谢凯歌竞选村长，他是我老婆的外甥，我动员侄儿投他，商明河去拉票，侄儿讲我有约在先。冯能本到我家，我也说投谢凯歌。

我多年的组长，与商明河接触多，他落魄时我经常去看望，其他人不这样。"

郑邦有认为："谢凯歌的票倒给他，没有谢凯歌，他上不了。"

谢凯歌最有发言权："我参与竞选，他与我弟商量，希望我掌握的票倒给他，我分析自己难上，就集中力量帮他。中途，他来电话，以为潜力挖尽，争不过关心安，想认输。我与妹夫等人竭力在东村拉票，250 张得170 张。唱票时他来电探问我拉到多少，以实告诉他，他还以为选不上，我说，不可当逃兵。我观看唱票，两人的票交替上升，打仗一样紧张，最后获胜。除东村外，中村、西村的大部分都投向他。"

（三）实干家行走在政治的边缘地带

林元的谈话点到新的内容："杨成善办事踏实，多年的组长，今年退出，仍当副组长。一时想竞选村长，预计上不了，放弃。"

冯千秋直白："2008 年杨成善突然撤销竞选，问他，回答吃不消。现在杨成善提出要求，会满足。另一人想竞争，后来没动静。还有一人也活动过，到我家游说，也被摆平。"

曾习吉说："杨成善动过竞选的念头，但没有与小组长商量。"

杨成善坦言："有人哄我竞选，我想拉票犯不着，反正靠干活吃饭。"

夫人插话："商明河后台人马很多，争不过他。"

他继续说："我竞选，没有他这样的人头资源。年轻的也不能比，没有威望，村民不信任。能读书的在外发展，无文化的留下，接班人缺少，竞争力度不够。"

冯能本认为："杨成善下辈子也上不了，手头紧，商明河爽气。现在小家子气没用，干部要有魄力。"

郑邦有谈历史："杨成善讲话刀斩一样，容易伤人；工作勤勤恳恳，有魄力，配当村长的角色。我想培养他，曾经当选大队长。他父亲与商明河不和，本人也不投，商明河说，与他搭档宁可辞去书记职务。我做工作，让第二高票的谢凯歌升任，杨成善降为副村长，但商明河不理睬他，我介绍他到食品厂打工。"

冯千秋知情："杨成善的秧田在商明河的屋边，撒下的谷子被鸡啄，他施放农药，鸡死，商明河扔到他家。"

杨成善自陈："商明河原是生产队长，后来一个队分为两个小组，我当组长，超过他的组。过去，吃饭是第一件大事，粮食增产，收入也多，就出名。组长如'土皇帝'，命令不会违背，干活聊天，我瞟一眼，马上出力做。有时夜里种田，不计报酬。评上先进小组，县农业办公室主任、干事来蹲点，县、公社各奖 400 元，每户买一台收音机。

"我当选大队农业主任，现在叫村长，因与商明河书记有矛盾，降为副主任。那时随便，现在如选上，他吃不消排挤，有法律作保障。

"现在为什么拼命拉票？有权有利。现在待遇好，良心不摆当中的要捞。过去的干部苦，有人买辆自行车，群众要提意见。"

郑邦有表达同样的观点："老干部做得要死，造公房，建桥，园田化，造林，一年忙到头，两手空空。吃饭靠集体，干部担子重，下半年要分配，脑子动破，考虑社员收入多少，摊义务工多少。平时难免要做恶人，不讨好。现在抢干部当，工资高，做老好人，抹来抹去抹抹的。"

（四）老廉颇坐镇一山无二虎

7月23日，采访帅必贤之后，我到西村工业区，门卫到厂内找来魏金坚，他40多岁，担任小组长。他推荐杨康人，年纪65岁。我赶去采访，另有收获。

"族长老头"胡启木说："2008年选举，商明河61岁，超龄，不可再申报，选票上空格，百姓自由填写。"

_____村民委员会选票（样）

职　务	主任	委员	妇女委员
姓　名			

说明：

　　1.应选主任1人，委员1人，妇女委员1人，选举同一人为两项以上职务的无效；2.自荐人名单按职位、姓氏笔画为序排列；3.写姓名时要写全名，书写规范，字迹清楚；4.不能在自荐人名单上画符号；5.按职务分别计票，未能当选主任的主任票不可以下加委员票；委员票可以下加妇女委员票。

自荐人名单按职位、姓氏笔画为序排列：
自荐主任职位的名单：孙增荣、张春苗、黄达富、曾亮
自荐委员职位的名单：华志峰、钱荣林
妇女自荐委员职位的名单：秦英

选票样式

魏金坚指出："商明河超龄，不能上榜。他在各小组都有头头活动，我这里没有来过，是亲戚，肯定投他。"

杨善能说："老会计负责文书工作，因商明河年岁大，不让上榜。"

谢凯歌评论道："老会计越权事在我任职时也发生过，在老资格的郑邦有期间同样出现。"

我向郑邦有打听此事，他说："老会计粗心大意，乱盖公章，不是越权。一次邻村向我收萝卜款，拿出一大沓欠条，我莫名其妙。问老会计，才知是他盖的章，社员凭章可赊，我要他去收钱。商明河时，老会计建房，砍树超标，商明河气得脸铁青，要处罚，我打圆场。"

帅邦声说："老会计是对头，商明河想以我替代，我不会去夺人家的位置。反过来也有好处，起监督作用，可以廉政。"

冯能本对老会计比较了解："纸厂用地33亩，老会计盖章转让，村里只收到装电线的两万元钱，组长不承认转让，另一组长已死，不能作证。老会计的媳妇在这家厂上班，她父亲是厂的管理员之一。

"老会计与商明河不和，所以不让他上候选人名单。我帮他，不帮他上不了。冯家我是长老，可拉150张票，不光是亲友，平时有人缘关系。选后他想换会计，我们不同意，继续留任。"

杨成善旁观："他派人到各组去造舆论，说关心安不想当，百姓认为再选关心安没意思。"

杨康人说："我一直在外打工，选举时回来投票。商明河没上候选人名单，暗中操作，听说打过招呼，要再当一届。王共亮说，选举时商明河供应早餐。"

王共亮指出："肯定拉票，南村几个人帮他，经常在一起，看得出来。没有人能与他比，当选是必然的。"

冯千秋说："商明河上门，要求帮忙。"

对于商明河的工作业绩，村民评论较多。

谢凯歌说："上任宝刀不老，积极争取资金，道路硬化，路灯亮化，渠道、堰坝修筑，成绩显著。"

帅邦声说："南村用水困难，他修筑渠道，从东面的溪流引水，我们非常感激。2002年县埋自来水管，经过我村，没有开接口。苍天镇又要埋水管，商明河想不收用地费，换取自来水的开通。如能办到，下届还要选他。"

帅必贤说："商明河当书记时会办事。堤坝容易冲倒，他花大力气修复，下台后没有人修，有一处三年放着没动。他上台，派人先做，向有关部门争取资金。南村有溪，但水质差，泡茶泥味重，引水村民没有想过。中村水位低，打井也没水，因溪里挖沙，水位降低。他筑坝蓄水，可打井取水。"

冯能本肯定2005届的成绩，但对2008届有看法："东村的堰坝没建，饮水成问题，我找村干部，要求化验。25户人家，5户生癌，年轻的有4人。装自来水需要200万元，村无实力。"

曾习吉说："东村水位低，应筑坝，但无动作，自来水也无动静。但是，本届不办事，其他人也比不上他。"

王共亮的观点相同："下届再选，我还是投他。"

（五）叶到老秋红

2011年的全县选举在4月7—11日展开，4月9日，选举公布栏里显示，商明河1948年出生，单人竞选村主任，一举成功。

向冯千秋探询，他说："有人到我家，要竞选村长，求我帮忙，后来没有声响，可能被摆平。商明河上届来我店买烟，这届不需要，没人竞争。"

"上届老会计不让上候选人名单，这届为什么放水？"我问。

"他两面派，要保位子。"

夫人插话："他舅嫂是杨成善老婆，问我商明河有没有来拉票，她家到过，我回答没有。杨成善进入村选举委员会，有用。"

5月2日，过访胡启木，他又谈内幕："川平竞选书记不成功，要竞村长，我分析，如失败名声不好听。"

夫人接话："成功的把握最多70%。"

再访郑邦有，谈同样的话题："川平在电管站工作，私心太重，发票出事，难上。

"另一个开印刷厂的，也有这种念头。他在沙滩建厂，没批过，镇书记制止。造桥用到他亲戚的土地，要征用，他说服不了。能进'支委'，谢天谢地。"

"摆平"的事同样发生在委员身上，胡启木打开话题："女委员的叔叔要竞选委员，我捅给谢凯歌，谢凯歌要发动上届对手与她竞争，她怕，劝叔叔别出场。她与谢凯歌都保住委员职位。"

（六）选举方法长话短说

为规范选举县成立领导小组办公室，印制《工作手册》，2011年的长达 252 页，现将规定择要摘录：

村委三年换届，选举日全县统一，同时或略有错开，程序严密，环环扣紧。

各小组推选村民代表，代表选出村民选举委员会，主任由党支部书记担任。随后公布全体选民名单，外出选民由近亲办理委托，被委托人接受委托不得超过三人。

竞选人自荐，在村民代表会上竞职演说，演说辞由选举委员会张贴公布。有下列情形的不得自荐：被判处刑罚或者刑满释放（或缓刑期满）未满五年的、被劳教或解除劳教处罚未满三年的、违反计划生育政策未处理或受处理后未满五年的、涉黑涉恶处罚未满三年的、丧失行为能力的。有下列情形的不宜自荐：处于党纪政纪处分期内的、因触犯法律法规正被司法机关立案侦查或因违反党纪政纪被纪检监察机关立案审查的、拒不履行法院判处决定的、拖欠集体承包款或公款未归还的不得自荐，当选无效。

设中心投票会场或若干分场，选民进场，随带的选民证、委托书接受检验，领取选票，在秘密处写票，没有密室的，不得有他人张望，包括工作人员。有经济实力的村庄，选民投票后领取 20 元至 50 元的误工费。

分场的票箱运至中心会场，集中开票，公开唱票，当场公布结果。参加投票的选民必须超过登记的半数，竞选人得票必须超过投票选民的半数，当选人未足额，另行选举，实行差额制，当选不得少于投票总数的 1/3。

村委中必须有一位女性成员，选票上男女委员单列，确保女性当选。

选举形式为自荐海选，选票上不列候选人，只在说明文字中标注主任与委员职位的自荐名单。

选举日，乡镇选举工作委员会指导组成员到场，实施全程观察监督。

妇女代表会选举在村委选举进行，没有统一的程序，由代表或全体妇女选举。选代表流动票箱到户，选委员也这样。委员候选人有指定的，也有代表推荐的，主任在委员中产生，由高票当选，或由上级决定。

二　牛川村丑小鸭的变脸

城市化的外延不断伸展，牛川村变为"城中村"，土地渐渐消失，只剩下"留用地"①，1540 位村民受益有限。2005 年换届改选，跳出新人，烧起两把大火，前后左右黯然失色，给人一份惊喜。曾经混过，戴上红帽子后居然红起来，照亮众人的眼睛，不再从门缝里看人。

（一）意外触动的心弦

2008 年 11 月 2 日，入户采访冯日吉，他和蔼地与我交谈一番。从冯日吉家中出来，遇上 47 岁的汪成土，随行到家。下午，与一位木工聊天时，60 岁的曹金日走来，我迎上去与他聊一通。

11 月 6 日晚，大雨滂沱，进入田立坚家中。他 45 岁，秉性耿直，说话也一样。

2009 年 3 月 2 日，进入牛川小区，一位男子正在烧水，他姓关，61 岁，站着与我聊天。他旁边住着关立邦，53 岁，小组长，因女儿要请客，用拖拉机运来餐具，我帮助卸下，话语投缘。

3 月 27 日，在村中搜索"对象"，冯大日站在门口，我迎上去。他 40 岁，在物业公司上班，问及养老保险，提议将"失地农民最低生活保障"转入"城镇职工养老保险"，他感兴趣，愿意谈点村事。

2010 年 1 月 30 日，到初生基地找葛本中，无人，转到他家，热情地迎进。我以开场白提振他，主访的 97 村中他的场面最大，不算带领老百姓致富，也算增加收入。他问来意，我答了解"三农"问题，他没有反感。

1 月 31 日，接通文元益手机，他告知在村检查卫生，能够见面，不久回家中接待我。

2 月 4 日，在一家银行找到杨宝宪，他 58 岁，在当门卫。

冯日吉告诉我："以前的村官，吃饭开支 10 万元、20 万元的，百姓讲讲等于狗叫。葛本中联合其他二人，拉下糊涂官，留下良好印象。2005年到我家，希望投一票，争取当村长，我们对卖地村官不满，他要当也好。"

汪成土说："推翻糊涂官活动，我也参加，镇的牌子也敲过，主力是葛本中。村里糊涂官多，拉尿的卵都臭。大家议论，葛本中上任发点钱给百姓，比上届好。"

---

① 留用地，一般是征地的 10%，用于发展第三产业，解决失地农民的生存问题。

杨宝宪具体化:"有位村民说话少点尺寸,被村官打,还要他从裤裆下爬过,我们十分气愤,到省市级上访八次,最后赔偿医药费。村官下台,一届后请客送礼,又当上村长。葛本中不服,竞选村长。"

曹金日细说:"原书记弟弟担任电工,外来民工的电费落腰包,加上其他共10多万元成问题。葛本中带头反,我也加入,一直到省委才解决,书记下台。书记为人不错,一届以后利用亲友关系,当选村长,这一任很糊涂,饮食开支20万元。公墓预算6.8万元,决算却是19.8万元。办公楼单梯,消防条件不合,需双梯;偷工减料,凿进去查看,钢筋不够粗,质量无法通过验收,现在只有一位村民堆放一点东西。这样的背景下,2005年葛本中跳出来竞选村长,他有小兄弟,百姓有点怕。他来拉票,我不想投他,以前没有当过干部,可能不成大器,他解释会比前任好。"

文元益想法相同:"葛本中申报村长,有几个人会相信?有人议论,社会上混的人,他上肯定要垮。原干部在位时间长,村民不信任,葛本中硬气,让他试试。他文化不高,有思路,酒后要骂人,但有道理。"

"2005年竞争对手是谁?"我问。

"上届村长,是他的亲戚,两人票数天差地别。"

关立邦也说:"葛本中父母早死,办厂,开拖拉机,卖砖头。差的烟递给他,也抽。我在开拖拉机,同事说他想当村长,我大吃一惊。"

关某谈类似的问题:"村委大楼无法出租,空着,手续不全,还需投入数十万元。葛本中派'小兄弟'来拉票,说要为百姓着想,撑好人家,让他试试,就投他一票。"

田立坚说其他:"村向小组抽取征地款20%,却一分钱不发,葛本中想当村长,就投他。"

冯大日经历相同:"过去的村长没用,谁当都一样。竞选时承诺抽上的20%土地款发还,上任不兑现,我们上当。葛本中竞选,大家帮他。"

冯日吉谈上任后情况:"贷款让老人到北京旅游,发老年金。2008年改选,不必再拉票,老百姓认为村官都贪,不如他。

"提出过辞职,两个家庭组合,三个儿女,吃口重,要赚钱。我讲他不当,我当,他笑起来。这是形式,做戏文。他与前妻分手,与老板娘重组,老板可能出事。原是社会上混混的人,开支大,朋友多,肯帮人。我开拖拉机违章,他在交通部门有'大哥',摆平。"

汪成土指出:"葛本中家境比我差,参与填土方,条件好转。"

"葛本中很讲义气，朋友很多。"我在杨宝宪面前再次提起。

他说："有一次，朋友遭遇围攻，他一呼，邀来两百多人，对方逃也来不及。"

在采访归虎村时，洪能坚提到葛本中："他开冲床，我做合页，去加工，只收电费。吃亏，他无所谓，肯帮助人。一起开拖拉机，我说他不是办厂的料，他承认，100万元也花光。他胆子大，也不适合当官。"

见到葛本中我问："为什么想到当村长？"

他解释："土地款20%抽上，村属山地卖掉，村民没有享受，我想自己做做看，不管烦不烦。选举靠朋友，百姓不看能不能办事，朋友一宣传，他们让我试一试。"

我又问："听说你办过厂？"

他答："开过冲床，工人四五十个，为一家轴承厂加工，不景气，停办。又跑节能灯生意，其他业务也做。"

"当村长的收入无法支撑家庭，不另外赚钱，能维持？"

"村长月薪800元，年收入1.8万元，包括通信费在内。小兄弟搞市政工程，投标时我出资入股。村毛一根也不拔，这是宗旨。现在想贪也难，工程款一次付给建筑单位，要审计，核实。谈论贪，老百姓不懂。手长想捞，捞不到，过去或许能贪，用收款收据，现在发票不规范，镇财务代理中心要退回。上任第一年，县创建'全国卫生城市'，我村获奖20万元，为了工资，不当村官。不过，当得再好，也有15%的人说坏话。"

"为什么？"

"天上掉下1000万元，分给大家，摆不平，还有意见。大家都满意，不是好村长。"

"什么道理？"

"违规的事也答应，肯定说你好。"

"听说你曾经想辞职？"

"是的，太烦。初生基地政府定调，领导讲一声各部门配合，但是一星期可办完的事却拖到一个月，一冲突就想退。社会不对，不能说谁不对。向上争取资金，人家尽心，过年买点水果之类去拜访一下，不管多少，礼数到，是一个道理，心理平衡。个人业务，用5万元，嫌10万元。村里却不一样，大家盯着你，饭钱上墙，办事难。现在想退也退不成，这么大的场面，我旋得转，别人不一定。村民信任我，敢于集资，换一个人，就有难度。"

"第三届还当吗？"

"选当村长、没事干，坐收房租，老年人也会做，我要辞职，再捂没有意思。要创业，有优惠项目，搞开发，我还要干下去。"

（二）赤手打空拳

关某说："我的旧房准备拆造，土管部门审批面积小。村庄改造，在我住的地块内，自愿就拆，不补偿，新房每人落地面积 40 平方米，3.5层，我 5 人，给 120 平方米。2007 年搬进过大年，现在价值 100 万元。一起拆迁共十多户，给三个月房租费。小区建房，葛本中赤手打空拳。"

关立邦知情："建设小区，组长讨论，代表、党员多次开会协商，大家同意。我同意拆迁，新房每平方米 750 元，临街 800 元。小区为村庄改造安置，奖 300 万元。"

在葛本中面前，问他这样大的工程如何策划，他告诉我："上届余款250 万元，每组发下 10 万元，每年都发，另有木材市场年租 18 万元，就凭这些家底办事。"

称为"老牛川"的地块，通道狭窄，轿车开不进，消防车进不去，决定村庄改造。镇政府支持，建议另辟小区，密集的房屋迁进，列入县政府"城中村"改造项目，镇成立领导小组，副县长挂帅。分房严格控制，由十位老干部负责，如果老人有四个儿子，各得 1/4。不公正，一出问题，就乱套。农户超过规定面积，每平方米 3500 元，多余的房子向外出售，县政府给政策。

"小区土地原属一、六两组，100 万元买入，中标的建筑商打入保证金，完工付款。结顶时付 1000 万元，向村民借款七八百万元，1 分息。"

我插话："村民为什么敢出借？"

"这种大规模建设，村民没有见到过，结顶看到希望，敢借。"

"百姓讲小区赚钱 2000 万元，对吗？"

"仅数十万元，造价 5000 万元，有人讲我赚 2000 万元。"

"老牛川拆空的地方，还要建造花园、新住宅，预计 2010 年完成，赚到的钱用于科技初生基地的还债。"

与文元益交谈时，向他提问："新房面积按人头计算，那么旧房大的吃亏？"

他解释："新房 40 平方米／人，旧房加房前空地超过这一标准的补偿，3 万元／亩，标准以下的村民还要出钱买，公平对待。"

他还提到时限："拆迁自愿，但有限期，过期想拆，不办理。"

（三）大动作撼动人的心理偏好

冯日吉说："葛本中要建科技初生基地，造价 5000 万元，用于出租，六个组每组分得 20 万元／年。建造时村民可将钱出借给村，利息 1.5 分。"

他拿出合同，让我过目："合同太活，没有公证，我不想签字，汪成土也有意见。如果不同意，'留用地'分给个人，0.07 亩／人，可以种菜，仅一只角，将被踩烂。组长已经签字，我没办法，只好同意，反正不要个人出钱建造。"

汪成土说："厂房出租，村民可以进厂打工，一二千元也好，上届干部没有动作。"

曹金日知情："'留用地'68 亩，用于建基地，年租 700 万元，2010年 4 月投入使用。"

我担心空置，他解释："报名几十家，已满。如空着，要骂死。"

面见葛本中，更可提问："'留用地'，有的村出售，分给村民，你为什么不卖？"

他答："已卖 18 亩，60 万元／亩，剩下的 68 亩改为建厂房出租，土地所有权不变，地价增值。镇政府提出建初生基地，到上海市、浙江省德清县考察，它们由政府主办，租金不错，国家奖励多。"

"大工程容易出事，村民不放心，你如何操作？"

"政策规定，5 万元以上要投标，镇政府代理；50 万元以上，由县投标公司主持。我们不懂，代理公司听取我们的要求，造预算，交给投标公司。招标时公证人员在场，标书上要有监理单位签字，'串标'之类我们无力控制。投标人押金 400 万元，最低价中标。恶意压价，无法完成，我们要向法院起诉，赔偿损失，大公司不敢乱来。

懂法律的人太少，我初中一年级文化程度，聘请法律顾问，合同他审查过，再签字。"

"以后还要续聘吗？"我提出一问。

"报酬 1 万元／年，要继续聘请，干部中懂法律的少，有事可咨询。

"向村民借 1500 万元，已付工程款 3000 万元。总投资 7000 万元，准备出售三幢，1 万平方米，预计 2500 万—3000 万元。镇政府所得的地方税返回三年，约 200 万—300 万元。'老牛川'将改造，预计 2010 年完成，再建商品房，收入用于还债。满打满算，年租 700 万元，再过两年能脱本。今后除管理开支外，全额分给村民，每月可领 300—400 元。

"规划时厂房预订过，全满，企业五花八门。现在设卡，企业要无污染，无噪声，由镇考核组审查，目前已订满。第一批企业有一家无纺布行业，科技含量不高，但工人多，可以烘烘人气，食堂能够开张。现在批地难，资金用于建厂，造成流动资金短缺，无法开工，不如租厂房。按要求，在这里搞科研开发，小规模生产，大批量生产就搬出。

"基地建成后，本市各县来参观，合肥市一位副市长来过三次，拿走资料，不知基地是否在建。

"老百姓会比较，附近村干部压力很大。"

在拜访葛本中之前，进入初生基地踏看，厂房 13 幢，办公楼、宿舍楼、食堂各一幢。已有门卫守候，与他交谈，他说："2009 年 7 月，物业公司开始进驻，保安六人，清洁工三人，我的月薪 1000 元，单位没交养老保险。五幢楼已生产。"

我向文元益提问："现在基地行情不错，以后冷落，咋办？"

他答："与企业签订的合同三年，老板怕提价，我们求稳。四五年后，谁也料不到。

"基地建成，要付建筑费，缺钱，多家银行来实地考察，想放贷，1000 万元以下没问题，超出就怕，放弃又不心甘。开村民代表会，决定出售三幢支付。

"归虎村也想建基地，但怕，很吃力。以新建小小的个私企业为例，这证那证，烦死人。讲句心里话，不容易。当家有钱好办，没钱万万难。双手空空，创这样大的业，天翻地覆。"

（四）人总是被世俗绑架

2010 年 1 月 30 日，入室拜访年近 70 岁的田木川，他当过数十年队长、组长，向他请教村民对基建的看法，他回答至今没有听到。此时，夫人笑笑说，老头子已经不当组长，别乱讲，人家在记录。我解释，只是问问村民的看法，不涉及其他。

田木川经夫人一点拨，话题转到我身上："你人好，但胆子小，上次拆迁，你应报道，但没有。"

我哑巴吃黄连，完全站在底层民众一边，为弱者伸张，已出的书不能在当地宣传，对号入座，会惹是生非。我不能如实相告，他无法真正了解我，调查的苦衷留在心底，让历史来阐释吧！

离开他后，碰到一些村民，欲问还休，怕再次陷入困境。

2月2日下午，我仍不死心，拨通葛本中的手机，没有结果。

2月3日上午，找曹金日，他正用小石子铺路，见到我，转身要邀我进屋，我在原地开启话题。

冯日吉告诉我："牛川小区30亩，多余的住宅对外出售，但房产证有问题，可能少批多造。"

田立坚得到的信息是："小区造价与卖价不一，可赚。"

我问："不是投标吗？"

他答："出场的都是那班人，投标全是空的。一家公司挖平小山，二位村民承包，土运到初生基地填充，赚两笔钱，干部难免要插一手。以后没有土地，干部当不当无所谓。"

曹金日说："不搞建设，干部没人当。父亲常说：'鹅毛只是一阵烟，务农才是万万年'。"

我不解"鹅毛"一词，他加以说明："官帽上的装饰物。"

我问财监情况，他答："过去总账上签字，现在'财监'三人在每本上签字，严一些。"

电话联系葛本中，没回音，数分钟后接到回电，我提问18亩"留用地"卖后是分给村民，还是投入到初生基地。他反问我是谁，听清后，告知正在开会。黄昏，我又拨他的手机，没接听，也没回电。

我问曹金日18亩"留用地"的去处，他扛着铁锹，回答用于初生基地。我提起他的谈话："你上次说基地预算5000万元，现在决算是7000万元，怎么回事？"

他答："还有厂区建设，如绿化等，共六千多万元。"

"小区赚钱2000万元，加上'留用地'出售所得一千多万元，付给基地的建筑费，又卖东边三幢楼。"

"原来不是说不能卖，真的已经卖了？"

"这种资产不能卖，有人向我反映，卖的方式也不对，应该拍卖。我是村民代表，最后一个签字，小组长与党员先讨论决定，村民代表不少也有糊涂虫，依人办事。如果没卖，现在哪有钱分到小组？

"2800 万元太便宜，仅土地就有 15 亩，60 万元/亩，建筑费 1000 元/平方米，赚得不多。我的房子 0.2 亩，地价以 60 万元/亩计算，折 12 万元，造价 40 万元，现在可卖 200 万元。基地出售，听说上面有人来联系，百姓认为是私下卖。"

"木黄村已拍卖到 606 万元/亩，这里的交通线将升格，地价要猛涨，不能用 60 万元/亩的老眼光来衡量。"我将最新获得的信息告诉他。

他说："买家今后要搞房地产，消息灵通人士已经在传。"

我又提填土事，有人说承包人赚两笔。

他回答："你已听说过，确实赚得多。投标的都是本村人，他们后来透露，参加投标分到多少钱。"

"我采访过一个村，有位组长填土 50 亩，赚 50 万元，建成全村最豪华的住宅。"我补充说。

"当然，两个项目，填土收入相当可观。以前在本村范围内填土，集体承包，除拖拉机劳务费外，其他村民也分到，现在不一样。"

"村长的弟弟也开起轿车。"

"他的行业是什么？"

"填土之类的。"

杨宝宪是村民代表，我向他提问："初生基地预算 5000 万元，实际支出 7000 万元，空地建设的费用不少，是否通过村民代表？"

他答："我在外打工，有些事情不知。"

"填土怎样落实？"

"不清楚。"

"基地三幢楼真的已出售？"

"那是两个月前的事，本月 7 日村民能分到 3000 元。"

"建造时，村民签字，是民主的表现，出售也应由村民签字。"

"只有代表签字。"

"有没有说怎么卖法？"

"价格知道，我这里要值班，提前离开，弟媳代我签字。出售是上面有人在运作，你知道我与葛本中亲密，为什么要找我？"

"葛本中能办大事，了不起，但我想知道他完美的程度。在他面前也直说，这样大的两个工程，容易出事。"

2011 年，村主任仍然无人竞争，葛本中连中三甲。

三　西岗村稀缺性的多重身份

岩岗与来神两个行政村撤并为西岗村，时间在 2007 年 10 月，与全县的撤并浪潮同一个节拍。村庄归属卧虎镇，土地大部分被征收，工业园区居中，村落东西并峙。选举过度竞争，元气大伤，不再有竞争力，定格在看客的席位。旁若无人，强者更强，晚辈有心挑战，却无力行动，长袖善舞是商品社会的一道亮丽风景线。

（一）加时赛冠军又流产

2009 年 5 月 25 日，在来神村寻找 78 岁的金道本。我的调查方式改变，由随机到定向，随机性的缺陷在于不能"私闯民宅"，见人才可接近，目标难寻，精英少见，时间浪费多。定向集中在老干部与健谈者，信息量大，报出居住者姓名可以闯私宅，接受度高。金道本的名字在邻村遴选，老干部墙内开花墙外也红，熟人社会的名录簿上排行在先，找到一位老干部就能打开一个村庄的局面。

金道本不在家，邻居告知在菜地，我找去，他立即回家。他说来神村老妇女主任有谈功，我登门拜访。

5 月 28 日，第二次到达柳光新家，仍是院子大门紧锁，向邻居打听，指明菜地方位。这位 81 岁的人，身体强健，举止不失为老干部风度，回到家中，不回避儿子柳盛章的话题。此时有客来访，我转向章华明家，很幸运，第二次登门能够见到他，这位 62 岁的老人拉开话题。

转入柳林川家，好事多磨，第二次终于找到他。他 65 岁，十分健谈。他担任村长、书记多届，如果没有年龄限制，还要竞选村长，认为心里有把握，上届做不好的事会办成。

交谈结束，赶到王雅通家，又不在，他的外甥从田里把他找回，78 岁的人，村情十分了解。他带我到一位老书记家，听取这位 79 岁老人的说法。

金道本作开场白："柳盛章是我的老邻居，2002 年担任书记，2005 年改选，他打来电话，告诉我不准备再任，在他的企业里也这样讲，和对镇上的讲法相同，还说选上也不当。我发表自己的看法，不必要那样做，选上就当。第二天到我家，试探我的倾向性，我没有表示助一臂之力。选举结果，方生安最高票，上届村长徐新本第二名，徐新本当书记。"

柳光新解释："2005年选支部委员，柳盛章劝厂里13位党员别投自己，结果比徐新本少一票。"

金道本又说："方生安在外宣传，决定不竞选村长，后来改变主意。"

柳林川知底："方生安第二届竞选村长，没有过半，选上村委，失去面子，外出当会计。2005年选上支部委员，不甘心，又竞选村长。"

来神村老妇女主任说："2002年这届书记与村长不和，2005年徐新本推出方生安竞选村长，柳盛章要争。我两个儿子，在外省，分别办厂、经销，我帮助，徐新本来电话，催我投票，如不便，派车接回。"

章华明说："方生安原是村会计，当过村长，时间在我前。我担任12年书记、村长，传给柳盛章。2005年选举，出现一张疑问票，放在一边，将重新审理，唱票没有中止。疑问票封住，由镇查验，但没有再审。应该方生安选上，却做他工作，要他写自愿退出书，让柳盛章当选，百姓不满，冷落他。"

王雅通也说："第一轮柳盛章多60票，当天夜里，方生安、徐新本拼命拉票，整夜不睡，第二轮持平。双方在无效票上做文章，一方要再验，另一方坚持不必要，村民要求组织第三轮选举，镇考虑个把月，才作出决定。"

章华明拉近时间："2008年选举，我劝方生安不要再申报。"

王雅通补充："2008年柳林川竭力推举方生安，合并后的书记伍来吉说：'明天选举，今天还这样乱。'方生安没有进入支部。"

柳林川观察："方生安没上'支委'，情绪消极。"

王雅通又说："他杀心太重，没有群众基础。"

79岁老书记也说："他不得人心，会上发言，这边讲，那边不听。"

王雅通继续说："柳盛章出事以后，柳银土代理村长，2008年任支部委员，他没有派性，有同情心。我问他为什么不申报村长，他答派性太重，烦躁。他是我村的首富，销路自己跑。"

（二）流产后面没好戏

金道本指着100米外的地方说："这畈田20亩，审批13亩，支付补偿款19万元。土地归属两个小组，一个小组断路，另一个圈围墙，现在抛荒。"

柳林川是上访人，抓住此事不放："13 亩卖给一位老板，1 万元/亩，中途放弃，托柳盛章处理。实占 20 亩，柳盛章付村 19 万元，是 13 亩以外的土地款，用'收款收据'，假的。我到各部门核查，上级批示复耕。"

王雅通抓住要害："买地的老板放弃，柳盛章介绍给第二位老板，柳林川死告，那位老板被拘留过。柳林川小组挖破厂的围墙，厂房停造。柳盛章嘴硬，没被告倒。

"柳林川曾经向柳盛章借两万元钱，没有得到。

"我村第一任书记威望高，调到企业，柳林川想接班。他吃喝嫖赌齐全，老书记看不起，另外选人。那人又调到企业，他才当上，三届没有成绩。他与方生安共届，拉上寄拜亲关系，仍然不和，与任何人都难相处。村里形成三个派别，柳盛章、柳林川、徐新本各自为派，后二派走得近。

"方生安 2005 年村长没有当成，他姐姐捅出事端，柳林川、方生安拼命告状。"

金道本谈原委："四人合办公司，柳盛章是其中之一，为扩大注册资本，调用留在园区的村土地款 800 万元。"

柳光新说明："他担任书记，知道上届卖地过于便宜，不想推翻，但面积要重量，多出一倍，在买地的七八位村民中种下刺。

"公司出纳是方生安姐夫，调用资金与夫人谈起过，传给方生安。调用事，通过两个村干部，他俩在我面前讲实话，开庭时却说不知道。初审判两年徒刑，他们不服，告到市'人大'说重刑轻判。律师告诉我，向园区调剂，不是村款，合不上挪用；发票上笔迹应该查验。我不必出烟给他，坐赢。儿子要我停止，不要扩大化。我气，说不再来看望他，他却认为不去为好。

"五年徒刑，两年半释放，头发变白。有糖尿病，不能吃饭，吃就加重病情。"

王雅通说："出纳认为，调用事已三年，判刑后告状人还死缠不放，责备自己，想不通，跳楼。他六兄弟，有教师，还有检察院的。他老婆说跳楼是被柳盛章逼迫，应判 15—20 年，兄弟了解事实，不能诬告。他老婆娶儿媳妇，办酒席，不通知他们，现在不走动，怪他们不为出纳放哨。"

（三）多元社会的酋长制

2009 年 6 月 16 日，在岩岗村东头寻找 54 岁的洪邦来，村民说他在工地，我到工地不见他，得到手机号码，拨通电话，得知他已回家，我赶去，他与我聊开。

6 月 17 日，进入村东另一自然村，拜访 66 岁的陈于功，他有村主任的经历，掌握一定的话语权。再赶到村西自然村，进入帅中人家，他 60 岁，没有出门，有机会听到他的声音。

6 月 18 日，拜访老生产队长汪志木，61 岁，很知情。帅中人提到柳阿土曾经有竞选村主任的意向，我赶到他的工厂，门卫说已回家，追到家，夫人电话联系，告诉我在厂，又折回，在办公室听取这位企业家的一席话语。他的手机响起，催促进午餐，我告辞而出。下午，到余来土家，60 多岁的人，午睡刚结束，谈话挺有精神。

6 月 19 日，在工业园区办公室与关夏水交谈。

来神村 1250 人，岩岗村 1520 人，权力集中在半村一人。

陈于功展开话题："2002 年，伍来吉打电话给我，说人家竞争，他也报个名怎样？我回话，肯定成功，但提醒他太吃力。他答，吃力就吃力吧，年轻时不干就没有机会。"

"这届没人与他竞争，2005 年也一样。"

余来土谈底细："2005 年柳阿土竞选，要演讲，他说，何必，老大来，轮不到。"

柳阿土自陈："我 2002—2006 年承包砖瓦厂，担任行业协会副会长，整顿行风，砖头提到 0.3 元/块；改进设施，提高产量，其他人跟上。2005 年镇干部哄我竞选村长，村书记关夏水也催我，我想砖瓦厂业务稳定，当就当。曾请一桌人吃饭，要求朋友关照；另外四五人也想一试。听到伍来吉出场，我们退出。他经济实力强，社会关系好，那时他没占有厂外的土地。"

洪邦来说："上届书记关夏水，2008 年想连任，伍来吉也想占这个位置，关夏水让出。"

余来土知底："镇的在任与前任领导来做关夏水的工作，劝他别参选，工作另有安排。关夏水一向老好好，培养的党员多，得票肯定多。"

关夏水的谈话证实余来土的说法，他还告诉我，原来在工业园区就有位置，报个名到村上班。

陈于功又说："2008年伍来吉当上书记，劝他不要兼任村长。老干部早已放空气，村长伍来吉当，两个村合并，没有能人摆不平。我当村长时书记事不多，有村长顶着，他可多点精力办厂。"

帅中人认为："书记又竞选村长，镇的主张，村民想法相同，大村没有能人治不了。他有名气，其他人上，你长我短。没有并村时，书记听村长的；2008年如另选村长，反而矛盾增多。"

汪志木叙述："我是选举委员会成员，申报截止到下午5点，催他才来报名。村长要招恶，身体不太好，东痛西痛。"

柳阿土分析："2008年，他朋友中的人也想竞选村长，但他不肯分散权力。让一个没有企业的人当村长，等于自己当，有事要向他请示。权力一人抓，万一摆不平，没有退路。即使为个人利益考虑，也应让别人当村长。身兼两职，可能接受来神村的教训，可以捂住以前的账目。"

"你2005年竞选村长，现在年纪更成熟，经济条件更强，住宅全村第一，为什么2008年不申报？"我提问。

他答："已经没有这种念头，两个村合并，太大。办好自己的企业，已不容易。"

洪邦来认为："伍来吉当上书记后没有人敢竞争村长，即使当选也没有权。"

王雅通另有说法："在村中到处走动，听到村民议论，反正干部不办事，让伍来吉一人当算了。"

（四）英雄往往气短

5月25日，入厂采访徐善本，他63岁，担任过纸厂负责人。

5月30日，在岩岗村拜访77岁的汪松木。

钱道本目睹伍来吉的成长："年轻时不干活，跟在老婆后面。"

帅中人说："他年轻时出尽风头，村里第一台手扶拖拉机他开，第一辆东风牌汽车也是他开。他尊重老人，出现不孝，要骂。"

洪邦来也说："伍来吉走红，人民代表、党代表都是他。"

陈于功谈另一方面："伍来吉大老粗，文化程度不高。"

余来土了解他的个性："打老K，小鬼高兴，眼花，牌子早被人家看到。赢钱，大家分。麻将，场场输。小儿子像他，骂骂人，大儿子内向。"

汪松木说："我当书记 15 年，传给伍来吉，再传一人，然后到关夏水。1973 年四村联合办纸厂，1986 年办分厂——复合纸厂，伍来吉任书记，1992 年纸厂书记退休，伍来吉接任，1995 年改制。"

余来土对改制比较熟悉："几个投标人竞争，领导出面做工作，底价400 万元，一次叫定，伍来吉 420 万元中标。"

王雅通获悉："合股的四个村书记得到一套商品房，不摆平，下面要闹。"

汪志木了解到："园区道路穿过纸厂，拆迁补偿 400 多万元。"

徐善本回忆："20 世纪 80 年代，纸厂利润 400 万元，县财政总量6000 万元，纸厂的地位可想而知。"

柳阿土从行业的角度分析："伍来吉经营不善，借贷 5000 多万元。后起的同行洽谈收购，查看资料，不敢接收，一二千万元也不要，负债率太高。"

帅中人说："管理人员培养出来就离开了，厂无人才。转资后红三四年，就滑坡。"

汪志木的评价相同："厂里怕能人，不敢用。"

陈于功说："改制时，前厂长强调，村民的老年金不能少，60 岁以上每年给 80 元，80 岁以上 100 元，2008 年没给。"

洪邦来说："纸厂占地 100 亩，向北扩展 100 亩，出租。"

余来土补充："部分土地已转让，村办公楼东面还有 10 多亩。"

与汪志木交谈结束，他带我去看西部纸厂南面的土地："10 亩以上，也是他户下的。"

（五）乱麻少快刀

6 月 18 日，采访原岩岗村妇女主任，另有收获。

柳阿土说："原来纸厂可解决劳动力，还有老年金，转资后没有保障，厂用地变为问题。我们一、二组 60 亩用于办纸厂，后来给 1 万元/亩，百姓要求与其他土地一样，补足 4.5 万元/亩，还要安排'留用地'，包括穿过厂区的新开道路用地。"

余来土说："第一组的田 2000 年已经征收完毕，补偿费太低，后来讲定要补足 4.5 万元/亩。镇政府倒挂两亿元，一直没补。第一组不选小组长，以此催办'失地农民基本生活保障'，2008 年 5 月办成，组长才选出。近两届，一组的地方他没有踏到。"

汪志木也谈土地："'留用地'没有落实，村与园区都说给钱，现在不见田，也不见钱，两空。茶山补偿款数百万元，原决定分给村民 1000元/人，没有分，也没有下落。跟不上形势，村庄建设老样子。"

陈于功谈到身边事："我自然村浇水泥路，账目不公布，组长解释工程款是他争取来的。新任组长要查清，伍来吉支持，得知背景硬，又劝别查。"

章华明夫人提到环境问题："自来水总管已到村，分管要村民出钱，没有铺成。用井水，水源污染，我肠道发病，另一人生肠癌。田水发痒，生疮，要穿高帮雨鞋。"

原岩岗村妇女主任也说："我的自然村处于工业园区的夹心层，有家企业在夜里排放废水，石头变黑；气味重，厂家建六米高的铁皮，让气体向上冲，减少地面的气味。肝胆病人增加，肉色发黑，后来变黄，发现两三个月就不能医治，包括伍来吉母亲，过去没有经历过这种病。

"2002 年，伍来吉有热情，打算迁移，但村民意见不统一。有些人家出租 30 间房子，年收入 5 万多元，靠这笔钱生活。50 多岁以上的打工没市场，不想离开这块'宝地'。"

徐善本与伍来吉长期共事，谈话具有总结性："岩岗村不可能管我来神村，我村也不可能管他村，下届不会是他当村长，没有强大的经济后盾，威信要下降。"

2011 年 5 月 4 日，重访汪志木，他说："伍来吉已放弃村长，仍没人报名，没权的，动员人报才当上。"

四 何庄村"小字辈"的语境

何庄村归属绣南镇，距县城三公里，一千五百多人。第一家庭经济实力超强，制衡机制缺失，村主任成为摆设，失去撩人心扉的魅力，有选举而无竞争。平起平坐，拥有对等的话语权，方能点燃欲望的激情，在比拼中露出尖尖角。选举需要环境，骄阳当空无星月，单极的世界不精彩。

（一）不能两人同一裤

2009 年 6 月 11 日，进入山坞，拜访 77 岁的柳贵华，1956 年他担任高级社长，1962 年当大队长，"文化大革命"挨斗，辞职。吃自己的饭被人骂，想不通。他的谈话提到柳庭武，柳庭武办厂，找到厂，门卫说柳庭武不在，我将目标转移到门卫身上，聊几句。下午，向 62 岁的村民问路，乘机谈几句。继续往前，寻找王道生，见有人在田间搭瓜棚，问路，恰好是他。他立即停止作业，回家与我聊。他 64 岁，担任小组长，通晓村情。

6 月 12 日清晨，赶到夏展贵家，夫人解释说，丈夫前一天晚上 12 点卖菜，正在睡觉。他 55 岁，谈话从个人经历开始，他当过乡镇企业厂长、村书记、乡专管员，回来养猪，种菜，年收入约 11 万元。从其他话题得知，我的另一目标是任立贤的哥们儿，他夫人不想让我去接触，立即唤醒夏展贵。我想了解杨邦坚的心态，采访夏展贵后进入他的办公室。这是第一次采访现任村主任，此外另有两次，我一般不采访当事人，人有彰善隐恶的共性，当事人仅提供一面之词。我破例地接触当事人，在场的还有大学生村官助理，共同听取他的谈话。下午，进厂采访 45 岁的商启亮。

夏展贵先谈书记任立贤："任家手下干活的很多，工程车、爆破公司、小包头团团转。这些人选举能派上大用场，一有能人出场，早已做好应对的准备。"

王道生说："任立贤三兄弟，他排行老大，出租建筑钢管，承包水利工程；老二搞市政工程，承建县城最大街道；老三当过村长，有挖掘机三台，开设搅拌基地，用于公路建设。

"杨邦坚做过生意，为任立贤管工地，负责施工。任家老三开石场出事，不能行使村长职权，杨邦坚代理半届。"

柳贵华知情："杨邦坚兄弟五人，一个抱出，一个当过局长。他排行老二，想当村长，局长不支持。我儿柳庭武当书记时不想管事，他代理村长，开始积极，后来也不管。"

夏展贵又说："杨邦坚原在水泥厂修电动机，口破，能力有限。"

62 岁的老人谈感受："他和我一样，都是水库移民，当上干部头大起来，不打招呼。"

王道生观察仔细："2002 年田季强当村长，得到任立贤的支持，不然上不去。他能力不如杨邦坚，大会小会不发言，杨邦坚会讲，但不注意方法。"

门卫三言两语："田季强有威信，没有实权，会写，不会讲。"

柳贵华谈经营："他原有织布机，现在爆破公司有股份。"

王道生告知："2005年，杨邦坚竞选村长，与我通话，我说：'任立贤派人来收选票，全力帮助田季强，你应该花点香烟铜板，补偿另两位候选人，他们的钱扔到水里不响。'"

商启亮也说："任立贤做组长工作，组长听他的，帮助田季强。老百姓逆向思维，不能两人同穿一条裤子，拉下田季强。"

夏展贵分析："2008年申报村长，仅杨邦坚一人，当上没权，任立贤希望没用的人当。"

王道生也说："有意向的人认为，村长逃不出任立贤手掌，不必争夺。杨邦坚的看法相同，他说能当就当，不能当就拉倒。"

柳贵华感知："本届村长无权，小事必须请示。有的村老年出游，问他我村怎样？他回答问书记任立贤。我回敬，这点小事也问，不如直说没权。"

他夫人说："别说任立贤坏话。"

杨邦坚自陈："我2001年底辞职，2005年镇书记、任家老三鼓励我出场。村书记是我的老同学，观点不同要争论。我有个性，要争就争，不怕谁。

"工资900元/月，包括手机费。公事来客，在家里招待，不得在饭店用餐。争取项目资金的活动费用是拨款的2%。"

此时两位客人光临，我告辞。大学生助理有事先在楼下，问我这些话采信吗？我答，多听几个就能辨别。她实话实说："他们的年收入不少于3万元，到班一天，要另外算一天的工资。"

（二）一点汤也喝光点燃欲火

6月11日，柳贵华提到候选人帅小本，采访一结束，就奔向帅小本父亲。80岁的老人，对儿子竞选还能说几句。

6月12日下午，第三次前往柳庭武厂，又不在，门卫说在玩麻将。我一般不惊动在玩的人，他们全神贯注于输赢，无意接待来客，这次不管，找他。他不想离开，要就地交谈，我希望单独会谈，他出来，站着聊几句话后要回去"上班"。他在大忙中挤点时间，算得上礼仪君子，超出预期，我不敢再有奢望，只得告辞。走访商启亮后，转向兰天虎，围墙门紧闭，住宅离门远，不得不大声呼叫，他闻声而出，将我迎进屋。

门卫说："帅小本是我侄女婿，小本是小名，学名我叫不出，选票对不上号；他在外地企业上班，影响力不大。有魄力，从经历的事情可以看出，我当过兵，不能比。"

帅小本父亲谈儿子："帅小本个性强，如被压制，敲桌子也来，群众关系不错。2005年竞选，任立贤认为太强，不愿帅小本上。帅小本打电话给杨邦坚表示支持他。"

王道生说："帅小本在企业当行政科长，他竞选我支持。因任立贤为田季强拉票，帅小本与兰天虎掌握的选票倒给杨邦坚，杨邦坚当选。"

杨邦坚自有看法："帅小本有魄力，但不起作用。竞选用帝王招数，得票不高。"

王道生又说："那次唱票半夜挤满人，胜利方放鞭炮。2008年唱票没有人到场，失去选举的热闹气氛。"

柳庭武说明："我村竞选历来不热闹，真正合适的人选不多。我弟弟想上，我反对，不如创业。"

另一候选人兰天虎，村民议论多于帅小本。

杨邦坚从反面评述："兰天虎三兄弟一姐妹，不和，家族忌日，其他三兄妹在一起活动，将他撇开。他有魄力，凭这点没有用。个性太强，固执，不设法争取群众，支持率不高。2005年选举后，因土地问题上访，他有战友在省城，上督下查办。现在村向省报批，可以搞建设。我村14个组，2008年10个组长留任，他落选，选前我就料定这种结局。"

柳庭武认为："上访，应在规划出台前，新村基础已造好，再上访，浪费太大。你还有什么要问？"

他下逐客令，我不得不走。

商启亮说："兰天虎在村民中的地位超过帅小本，他不想当组长，要当村长。"

见到兰天虎，我问："你竞选过村长，建设村庄有什么打算？"

他从经历说起："1992年营销电缆，有点名气。我村在城郊，可利用地理优势，发展蔬菜种植业，个别村民用大棚栽培，增加产量，可聘请专家，建立蔬菜基地。疏通销售渠道，提升农产品价格。竹笋是当地农民的重要经济来源，但风气不正，市场被垄断，外地商人进不来，价格被压到一半以下，竹农损失严重。我看不下去，动过真格，以外地价格收购，他们压不住。我村竹笋质量好，其他村保存一天，我村三天，可打'青泥牌'。还可发动家庭，生产电视插头线，我有这方面的业务。"

带领村民致富，是我最关注的话题，所调查的村主任少有思路，他算是凤毛麟角，激发我的兴趣，提问另一个话题："为什么上访？"

"一言难尽。当权人胃口太大，高速公路、环城公路、防洪工程，能承包的全包去；土地征收糊涂，我组有田却没有分到钱；开辟沙场，财源巨大。城市居民在田建房，说成是临时用地，百姓跟风，要拆大家一起拆。"

他夫人敲肩膀，示意住嘴，他坚持说："一点汤也喝光。新村住房基地附属工程，夜里公布，第二天投标。搞来九本资质证件，不中也中。"

夫人第二次敲肩，他没理会："新建住宅区坐落在我组，填土由我组承担。第二期却由任立贤亲属填，既无保证金，也无合同。我只领到第一期的款子，却告知支付第二期的钱。我要求出示书面材料，不给，要我去告。"

夫人第三次敲肩，他说不谈为好，但没有刹车："有人上门问我儿子要不要去当兵，这时才相信传言，这位无赖被聘为民兵连长。村委为什么要增加人员，加重村民负担。"

"2008 年组长为什么不当？"我又问。

"组长选举密写，很严。2008 年这届选举我操办，做大家工作，不要投我，改选我兄弟，我一票也没有。"

"以后还竞选村长吗？"

"不去，任立贤换作他人，也不去，已伤元气。"

结束采访，他送我出门，还领我去参观他的另一幢高楼。他介绍准备办厂，暂时作为住宅出租给外来民工。

2011 年，榜上有挑战者，但胜利之神仍倒向杨邦坚。

五　生岭村人格的超级力量

生岭村位于天汉镇，在县城北 15 公里处，由二牛村与郑地村合并而成，胡旋安申报村主任，无人对垒。商品经济社会，拜金主义是当今的核心词语，富人主导村政，依然有普通人攻城略地，给社会注入斑斓的色彩。位卑不必低头，自强不息，必然切取属于自己的一片蛋糕。

（一）大方总是丰收年

2008 年 11 月 20 日，进入二牛村，发现一位年近五十岁的男子在前行走，我追上去，站在房前的空地里聊开。结束谈话，拖着自行车寻觅下一个"目标"，田中一位 68 岁的老人正在插篱建篱，我凑上去，他笑脸相迎，展开话题。他提醒，不必问姓名，谈这谈那要坐牢。告别老人，骑车继续寻寻觅觅，见一家工厂的传达室里聚集四五人，其中还有一位女性。多人场合，不符合我单独采访的惯例，扑空一段时间后，饥不择食，只得将就。运气不错，他们以陆川本为中心互动式地展开群聊。我想找组长，他们指点厂内的一位职工。他 48 岁，正在流水工序中装箱，与我聊几句。

11 月 27 日，再次抵达二牛村，一位 66 岁的老人正在晒太阳，请他谈论。谈话间，隔壁一位青年下楼旁听，他姓毛，37 岁，我转向他，邀我上楼续谈。再请求指点能人，他报出 66 岁的马心学，一位老文书。我到马心学家，夫人告知在拔萝卜，我找去，路上相遇。他到家，一卸下担子，立即交谈。

11 月 28 日，走进一家工厂，拜访郑地村小组长毛大木，他在机器边与我聊。

11 月 30 日，在郑地村调查，见围墙内一位白发男子在整理柴，我进入。他搬条凳子让我坐下，然后介绍自己姓江，59 岁。

年近五十岁的男子说："有人哄我竞选，我经营企业，再当村官，忙不过来。父亲当过大队长，穷村也有人对小小'芝麻官'的职位眼红，告状说父亲为赌徒放哨，因此坐三年班房，我有点怕。"

建篱老人谈论："我当过兵，儿子的工厂规模不小。选举不去投票，交给老婆，不必办理委托手续。组长、委员都是贪官，选上就看不起老百姓。他们赌嫖齐全，新老一样。不过，村长胡旋安还好，村民有困难，能出力帮助。"

陆川本介绍："胡旋安第一任还不错，不看轻人，有求再忙也来，叫得应。郑地村人也讲他好，听到起码有 15 人这样讲。他们村上届村长道路没有浇通，这届胡旋安办成。

"民房落成要大庆，村委办公楼上梁，泥工、木工想吃一餐，书记不同意。胡旋安自己出钱，买来馒头、糖果招待，还鸣放鞭炮。报账员讲出这件事，我们才知道。

"他有烟，大家分来吃，穷的人也一样对待。"

晒太阳老人说："早餐店里，胡旋安在场，付掉其他人的钱。"

马心学也说："胡旋安为人大方，年纪大的村民，生活有困难找他。他说向上争取救济有难处，干脆自掏腰包送二三百元。开会用餐，说吃他的。一轮轮分烟，我敲他的背，提醒开支太大。"

毛某谈感受："我建房，与邻居发生矛盾，找胡旋安，谈妥。

"书记有建筑公司，他负责具体项目。"

陆川本谈选举："他以前没有当过组长，2005 年与老村长竞争，全靠拉票。老村长有致命伤，上级下达指示，炸毁没有下葬的坟墓，老人花五六千元建坟，伤心大哭。胡旋安在感情上占优势，在第一轮不利的情况下反转，像毛笋一样拔上来，一步到顶。"

上班的组长说："上届他来拉票，对他才有点了解，当上后名气大起来。那时我拎流动票箱，有些村民无所谓，要我们写写算了。"

马心学拉开话题："2008 年原郑地村村长阿德不敢竞争。镇规定，规模企业必须助农，阿德为二牛村 288 位老人各出 50 元，交合作医疗费，还为另一村出二万元，尽管如此，仍然不能与胡旋安争锋。二牛村 1990人，郑地村 1530 人，他更没有优势。"

白发江某说："上届竞选村长，阿德与前任村长票数接近，发动厂里一百多位职工拉票，勉强超出。"

毛大木谈为人："阿德厂开在以前的小学里，宣布拍卖学校，缴押金五万元，张贴布告，以为无人竞标，却来十人，他占不到便宜，改为不卖。当一届村长，占地建成厂房，住房边扩地，没有征求村民意见，我组损失十多万元。其他村民跟风，田里建房，很乱，土管部门来拆墙。

"2008 年如果竞选村长，郑地村 80% 不投他。"

（二）雨后春笋的人间副本

11 月 21 日，采访郑地村小组长桃梅木，他正在建房，仍然抽空接待我。

11 月 28 日一大早，直奔郑地村老干部商承亮家，他儿子办厂不顺利，以为是律师讨论债务，了解底细后转入正题。

陆川本开启话题："郑地村的阿木选上委员，胡旋安等人在我村为他拉票，力度相当大；阿木在郑地村也为胡旋安拉票，互相帮助。阿木给我村书记的公司开拖拉机，结下人缘关系，他原来是个懒汉。"

马心学说："阿木的儿子寄拜胡旋安，胡旋安到各组为阿木拉票，他的话生效。选后，胡旋安要阿木支付饭钱，用于为他拉票请客，共两桌，阿木答应支出。阿木也是平地出笋，太突然。

"阿木年轻时谈恋爱，女的大12岁，长相不错。岳父不同意，她嫁人后，阿木一直缠住不放。他今年40岁，办理结婚手续，妻方的儿子也娶媳妇。妻子的前夫再娶外省女子，随来一个女儿，不幸自己中风瘫痪。"

白发江某评论阿木："江湖义气很重，年轻时要打架，现在肯干，开拖拉机。"

商承亮说："他父亲早死，结伙成帮，年轻不懂事。"

我想核实马心学的说法：郑地村自来水供给不充分，上游的一户支管分流太多，下游的20户供水困难，阿木查看，用水泥封堵支管，保证其他农户用水，显示工作魄力。他解释："那户地势高，二楼水压不上，关一下总阀，蓄势才能压上。有时关了忘记打开，影响其他人供水，阿木出面讲过。供水总量不足，阿木不能根本解决问题。"

两村合并，书记、村主任来自二牛村，村委又占多数，失去平衡，出现补缺工作。

陆川本说："郑地村那位女子演讲能力很强，却落选。"

马心学更清楚："郑地村妇女主任诸二彩参选，缺100票，聘请为委员。"

毛大木的述说更具体："选举后一个月，组长、村民代表会上宣读任命书。郑地村阿木一人管不过来，诸二彩分管郑地村的妇女工作。"

问起聘请事，桃梅木说："郑地村干部不足，打电话咨询县选举委员会，少一人是否可以。回答说没有问题，但工作来不及做。因此，提拔一人，任命诸二彩。"

2011年4月11日回访二牛村，布告栏里胡旋安又一次当选，阿木也一样。与两位村民交谈，对胡旋安肯定没有改变。

六 归虎村德行的现价

归虎村位于城北，大部分土地被征收，利益过分倾斜，民情思变。新人呼之而出，连任三届，没有辉煌的业绩，只有与人为善的举止，他的前任经济实力缺失，为人处世少有称道，落职在所难免。养兵千日用兵一时，重在日积月累，友善拉近人际距离，付出让人心生感激，一旦需要借光问路，全程都有火把高照。

（一）笑面人生的市场

2008 年 11 月 6 日，雨，不能远行，在近处调查，时间可以充分利用，归虎村的八次调查都在雨中进行，打湿裤管也不敢休止，现实问题具有时效性，没有讲究阴晴寒暑的余地。徒步 2.5 公里，到达蒋宗德家，他 75 岁，担任过书记，名声很大，想领教一番。他不在家，夫人电话联系，约一小时后归来，我说明来意，他显现满腔热情。

11 月 7 日，发现一位男子骑三轮车进屋，看样子是卖菜归来，他姓杜，60 岁，村情有点熟。离开杜老人后，继续寻求"对象"，一位 60 岁左右的男子在门边闪现，我立即赶去，要求一见。他叫林银德，让我坐下聊天。

11 月 8 日，一位老人坐在门内，他姓江，73 岁。结束谈话，在寻求"目标"的途中发现一位妇女在洗衣，不妨一试，她接受采访，丈夫闻声从屋内出来，加入谈话。他叫汪树亮，与我同年，有共同语言，先聊些他儿子的就业，谈话开始投机。

2009 年 3 月 3 日，一位男子在抱小孩，他姓汪，53 岁，同意与我聊天。

蒋宗德告知："郑大安经营建筑行业，有村长的名片，面子更大，业务更多。他平时话语不多。

"2002 年他选进入党支部，2005 年的一个夜晚，接我到茶馆，商讨竞选村长事，我支持。此后我宣传他为人大方、热情，如不变质，对村有利。2008 年党支部改选，郑大安得票最高，上届书记想再任一届，他不争。申报村长，没有人竞争。"

江某说："2005 年这届郑大安拉票，第二届坐桩，不需拉票。"

蒋宗德又说："2002 年的选举已经规范操作，集中投票，三张桌子，中间布帘隔开，出一人，进一人，一点不乱。

"郑大安上任后，自己的事情一办完就到村委办公室。他有车，办事方便。一位下岗职工，想扩建房屋出租，郑大安帮跑腿，办成审批手续。现在建房管得紧，扩一点，他不阻止，为民着想。"

林银德也说："他做人硬气，体谅人。村民搭点小屋，有关部门认定违章，带走人，他去交涉，带回。我没有要事，没有求他。他父亲品行不同，不肯吃亏。"

汪某谈类似话题："郑大安诚心办事，我的房子办集体使用证，他垫付 300 元。打交道要花费烟，他支出。"

杜某介绍："我村 820 人，形状很像一条扁担，东西两片，中间由田畈隔开。郑大安在我东边小组，当初西村不认识他。他对穷人没有另外看法，有的人头朝天，很神气。

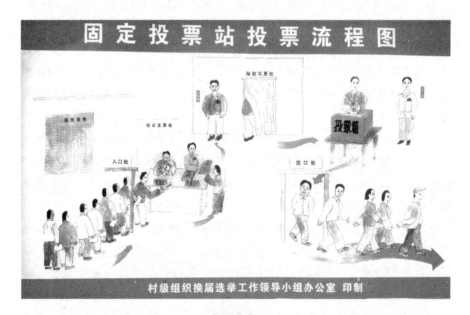

投票流程

"过去卖田，没有办理失地农民基本生活保障，今年才办成，女 50 岁以上，男 55 岁以上都可参加。先向村民借 8200 元，以后用卖田款归还。"

汪树亮夫人指出："郑大安与我同学，向他提残疾救济，他反问以前没有补助过？我回答没有。他给200元，又带我到'残联'，补助1500元。路上遇到老人，他停车带上。"

蒋宗德赞不绝口："有位村民说，与郑大安在同店理发，他抢去付钱。我打电话，他反打，为我省钱。有事，马上赶来。其他人的电话，他几句就打发，很忙。"

（二）事业跟着脸色走

2009年2月28日下午，进入冯季善老书记家中，围着火堆，他侃侃而谈。

3月1日，漫无目标地找人，一位男子在围墙外扫地，我迎上去，他接我进屋。在谈话中透露名叫森木，年龄与我相近，儿子毕业于浙江农业大学，媳妇也在浙江农业大学就读研究生，谈话如逢知己。

3月4日，见一位穿高帮雨鞋的男子站在围墙外，判断是村民，走近聊天，他姓孔，54岁，夫人喊进围墙内，生火炉，我们继续聊。下午，在村中游荡，四处搜寻"目标"，从一条小路尽头返回，遇到接孙子放学归来的男子，随他进屋。他姓柯，63岁。

4月19日下午，见小店只有一位男子，便于调查，征得同意，围着火炉聊天。他叫童大兵，59岁，大方，夫人也一样，谈话间坐下共聊。

郑大安2005年上任，与他竞争的是上届村主任汪大本。

汪树亮说："2002年汪大本当选村长，他种菜的底子，我劳动付出比他多，经济条件不如他。

"房屋换新证，其他人领到，我没有。问他，回答说我到主办单位领过，不成功，所以找他。我只好硬着头皮自己去领，镇政府没有为难我，顺利到手。他对村民的托付不上心，房屋土地证村长去办比较方便，他不热情，少人情味，魄力不够。"

杜某说："电线断掉，汪大本不管。"

孔某总结："汪大本一届没有业绩，老好好。"

冯季善指出："村委大楼决算大大超出预算，汪大本村长权力不大，但在他的任期内，有连带责任；一些组长、村干部得到额外的宅基地，汪大本是其中之一，不得民心。"

柯某认为："他文化高，经济实力不够，上面也无人头关系。"

童大兵指出："汪大本原来阉猪，没有多少收入。上任后不理睬人，最多只能当一届。

"他建新房，缺钱，卖老房子。一位教师接手，转卖给郑大安，因造新街而拆迁，补偿费不少。郑大安有人缘，可能提前得到城市建设规划。我也想买，但田不在那里，不方便，没有出手。"

森木直言："汪大本懦弱，缺少魄力，能力不如郑大安。"

汪某转换话题："他父亲能力强，40岁以上的人有感情基础，在他们中活动，2002年成功当选。"

柯某说："父亲当过大队长，后在公社办的企业里当书记，处处为百姓着想，如健在，对他有利。"

江某也说："汪大本落选，他父亲心中不平，吵吵闹闹，认为有失面子。"

汪树亮夫人调侃："投票发20元误工费，村民说，最好一届选三轮，可得60元，不拿一点也拿不到。"

（三）有种人手长脚短

4月19日，第六次进入归虎村，见一位男子双脚一蹲一跳的，在逗孙子乐。他叫洪能坚，54岁，谈话颇有自己的见解："洪日安年收入超过20万元，他父亲三兄弟，叔父办厂，资产数千万元。他姐姐嫁给本村人，家庭力量比较强。"

江某说："洪日安碰到人要打招呼，脑瓜子灵。"

林银德说："洪日安从事建筑业，拥有两辆轿车，经济实力与郑大安差不多。2008年选上委员，此前两次竞选组长，没有成功。"

汪树亮夫人补充："洪日安竞选组长，差三票，发誓当不了组长就进村委。第一轮没有过半，另一候选人林川洪已没戏，洪日安出钱争取过来，增加八十多票。"

冯季善说："洪日安到我家活动，问他竞选村长还是委员，他回答竞选村长的知名度不够，先竞委员。"

童大兵夫人实话实说："洪日安送钱，买的。"

委员竞争者朱德亮被淘汰，森木说："朱德亮小组不三不四的人多，容易被利用，他的堂兄弟帮洪日安拉票。2008年书记要他竞选'支委'，暗中拉上女婿，他得知后恼火，放弃竞选'支委'，另选村委，书记又帮洪日安。他三兄弟，全村最穷的，弟与我一起做泥工。"

冯季善的信息具有独特性："朱德亮文化程度低，开小型拖拉机，当组长，组里有矛盾，上届当选村委。我问他为什么不出钱买票，他讲没有必要。"

他提到另一落选人林川洪："额外宅基地他有份，我们查时不见他的名字，估计已经脱手。"

孔某观察："林川洪上届组长，私心重，村民有看法。手长脚短当不好，应脚长手短。"

柯某也说："林川洪有私欲，安排工作，自己叫人，自己开清单发钱。村民中姓林的不少，有家族力量。"

女委员金宏宏，走的路与洪日安异曲同工。

孔某介绍："金宏宏丈夫入赘，木工，做棺材手艺不错，现开工程车，人头活络。"

汪某说："2005 年金宏宏落选，她母亲有老面孔，重新上台。"

森木谈原因："金宏宏母亲担任多年的妇女主任，职位传给女儿，书记帮她，尽管有能力，村民反感。本届选举，金宏宏夫妇上门做工作，每户都去，不空手。"

洪能坚从另一角度叙述："金宏宏送钱来，我退回，不能收。

"一个村，我一个人管就行，发生纠纷，派出所会管；零碎事，报账员能管。"

童大兵夫人挑明话题："金宏宏送烟，不是'利群'谁要？"

我试探："数量不过几包？"

她答："给我几包等于看不起我，起码一条。"

冯季善有板有眼地说："金宏宏每张票出钱 100 元，我讲这样做犯法，她回答别人这样做，她为什么不能。我向上级反映，回复是要重证据。与她竞争的上届妇女主任，也请客拉票。"

2011 年村主任职位无人问鼎，郑大安卫冕成功，另两位委员胜过竞争者，灿烂的笑神又一次光顾他们。

第 二 章

人地优势的倾斜

天时地利人和是战争的要素，同样适用于竞选。候选人的良性品格产生凝聚力，经济实力形成超人的气势，犹如星月在同一个点位争辉，星星黯然失色。村庄有大小，还有强弱，在公平的竞争里却存在不公平。以小胜大，以弱胜强，只是偶然性，常规往往带有必然性，驱使能者仰天长啸。"既生瑜，何生亮"是三国英雄的感叹，穿越广袤的时空，在现代语中传递，不断复制似曾相识的版本。

一 谷仓村慈善的拉力

位于卧虎镇西面的谷仓村，由龙山村与余土村合并而成，企业家高票当选村主任，其他候选人充当陪衬的角色。衣裳角刮死人，是平民对富翁举止的描述，放下架子融入平民社会，赢得修养的金字标签。积德行善，口碑是无价的广告，塑造精神世界的富翁，村落领头羊不是也是。

（一）心田里最易四两拨千斤

2009 年 3 月 24 日，进入龙山村，目睹公路上不少职工走动，直感工业经济不错。夹杂在低山间的村庄，还有像样的工业，令人感奋。前方出现一位村民，正在马铃薯地里锄草，我走到他身边，请他介绍。他叫张亮一，57 岁，当门卫已经六年，一天 12 小时，800 元/月。家中分到杉树山十亩，还有毛竹收入。2007 年建房，娶媳妇，欠四万元，目前余款七八万元。获得基本信息后，我向村中走去，一批老人相聚，我穿过去不敢停留，人多不是调查的适宜场所，敏感话题需要"密谈"。100 米外出现一人，我赶过去，他已经进屋，我随入，他慷慨地接纳我。他叫柳上木，61岁。他介绍 80 岁的汪修章，上门，夫人说在挖笋，我到竹地，随汪修章返回家中谈论。他参加过朝鲜战争，担任过"文革"组长，生产队长 20

年。中午，挽留用餐。夫人说，他们多次上当受骗，怕我也是骗子。她一直在听，有豆腐也不烧给我吃。最后才知我不是那号人，下次来再烧豆腐，不好意思。柳上木还介绍61岁的汪生人，他在拖运垃圾，将拖车放在一边，带我回家，他当过村委委员。谈话结束，请他指点人选，回答其他人不肯说。

3月26日，转移到余土村，一位老人在路上行走，一聊竟是90岁。我退回，向另一山坞走去，60岁的董大德在挖地，我从高坎下去，两人坐在锄柄上聊。再往前走，尽头房前坐着董尚秋夫妇，问我推销什么。我先聊些农村养老保险，他们感兴趣，然后转到村事。

张亮一介绍："龙山村320人，与外地民工数量相等。企业多，需要11只变压器，年轻人千把元月薪不肯做。东南相邻的余土村并入，这村250人，没有工业。"

柳上木也谈企业："龙山村村民创办企业二十多家，留在村里13家，职工少的两人，无纺布厂最多。"

张亮一又说："上届书记柳三春，先后担任三届，开办拉丝厂；本届书记柳季夏，拥有无纺布厂，全村最富；村长盛宏人，已三届，开电缆厂，第二富。2008年支部选举，柳三春、盛宏人都是20票，书记由15票的柳季夏担任。"

汪生人比较知情："盛宏人从收铁砂起家，实际上是捡垃圾，上海、安徽等地都去，拉到省钢铁厂。收入100元/天，那时打工10元。金属有涨有跌，现在收购，亏10万元、20万元，时代不一样。"

柳上木也说："他的企业办在县城一带，后来迁到村里。在外跑业务，没精力管村，现在厂交给女儿，多点时间管村务。"

董尚秋获悉："盛宏人跑电缆业务，陪酒醉倒，老板扶到旅馆，认为豪爽，给他业务，从此发财。"

汪修章内容相似："盛宏人原在一家电缆厂，有业务，跳出自己办厂，我帮助在村落脚，办起第一家企业。现在职工六七十人，办公20人。

"他耳朵根软，老婆嘴巴灵。村民住院，老婆陪去看望。"

柳上木说："给老人发慰问品，苹果、橘子各一箱，余土村也一样。"

汪生人也谈相同内容："为人好，有人讲难过年，他就摸几张钞票递过去；娶媳妇没钱，也借；我建房子，借5000元。下辈不听话，叫到厂里干活，扳过来，这样的有七八人。"

90 岁老人满口称好："他几次给我钱，老婆也给。到外旅游，我也去，他照顾周到。他嫁女儿，80 岁以上的请去，我脚痛，不能去。真好，这种干部少有。"

董大德比较："村民 99% 选盛宏人，他不拉票，没有比他更好的。为人大方，心地善良。余土村原干部财力与他差不多，选村长要有贡献，创业大家才相信。"

董尚秋说："余土村电视频道少，并村后完善设施，频道增加。我的老母亲 88 岁，盛宏人给 300 元，对面 80 岁的给 200 元。余土村上届干部有两辆轿车，糖不分一粒。"

（二）听话要听弦外音

3 月 26 日，进入余土村，同样是山坞。见一位男子在院子里整理电线，求见，他聊几句后进屋，夫人问我走了没有，逐客令下达，我不能久留。

继续往前走，见一位妇女在洗衣，她姓吴，聊天不久，先生回家，她转变话题："我老公 20 年前当过大队长，收公粮时干部到村，要招待，不当为好。"

我想与他聊，他回答"吃力"，我不得不离开。

再向山坞深入，见两人坐在竹堆上聊天，我凑上去。杨进宝感兴趣，他 48 岁，邀我到更深的坞内，他的房子在这里。他当过一年书记，在外做过生意，2008 年 6 月回家。

汪生人说："2008 年有人想推出一位女企业家，她不敢，因竞争的人多，她平时没有出手过。另一位资产上千万的老板也想上，但没有积德行善，预料上不了，干脆不出场。"

谈到候选人柳三春，柳上木说："捧上压下，报复心强，门背后拉屎要天亮。老书记培养他，后悔用错人。电网整改，我作为电工被撤在一边，布网不全，竹地抽水没电线。他在外省有出租车，投资 20 万元，村民认为来路不明，有人公开骂。"

汪修章的看法相同："柳三春搞独裁，村务决定后还要搞小动作。我村造庙，想派同路的女报账员当会计，我不同意。他与盛宏人不和，工程抓去困难推给盛宏人。有功独占，出事推说不知道。竞选时扔'中华'烟十多条，没有群众基础，落选。现在日出夜归，很少见人。"

汪生人也异口同声："柳三春在位三届，侵夺村长权力，盛宏人决定，如果柳三春留任，他不当村长，因此柳季夏替代柳三春。竞选村长，柳三春又出场，票少得可怜。"

他还提到余土村另一位候选人："朱端善在镇开车，领导告诉他，要当村长就别开车。"

整理电线男子说："朱端善2002年当选村长，声响不大。2005年的村长出车祸，离开人世。

"投票误工费5元/人。"

吴姓妇女说："朱端善有股份入厂，当村长为自己。母亲有病，得到优惠。"

杨进宝议论："他父亲从外地入赘，与村民关系没有处理好，影响下一代。朱端善当过兵，现在开车，想考公务员，有村长职务，对考试有利，竞选请客拉票。"

他将话题转向村官的评论："企业家当村官，想要名气，给村民发点东西，给点小利。他们任职，上面来人有饭吃，会请客招待，项目经费多拨点，可留用。他们没有精力放在农业，水库倒掉，多年没修，现在照样摊着。危房不来调查。选举时到处宣传，选上后不兑现。村民反映，选举时下车递烟，选后最多按声喇叭。占茅坑不拉屎，不办事就别坐，要坐就要办事。"

他的话题很广，一谈数小时，我起身告辞。

山路曲折，山景扑面，新的"坐骑"耐人玩味。

一天前，在龙山村寻觅"对象"，自行车链条脱节。幸好有备而来，取出工具与配件，在一家工厂门口修完，战战兢兢地返程，再也不敢恋访，留下余暇，能够应对变卦。

两天前，链条脱节，推行五公里，到集镇上修理。我翻的是老皇历，汽车可修，摩托车可修，电动车也可修，自行车要到历史的空间站里去修。华山一条路，向客车求助，连人带车装回。

坐骑存在变数，不能保证出入平安。购入捷安特，可拨挡位，自以为是"鸟枪换炮"。

（三）收场时的进军号

2011年6月9日，抵达杨进宝家，长聊后转入正题。再找董尚秋，只有夫人在家,邻居杨平娥来凑热闹。她55岁,"妇代会"选举的代表,健谈。村中少人,董尚秋夫人推荐陈忠平,他开车,可能在家。我登门,只有22岁儿子在,谈几句后告别小青年。寻找66岁老妇女主任汪梅仙,向67岁妇女问路,她告知马上要到,果然出现。她们提到秋仙,选举冲突中受伤,在寻找的路上遇到一位姓吴的妇女,是两年前采访的人,到家谈几句。秋仙住在村北,右手贴着白色膏药。

一个月前回访龙山村的汪修章,没提冲突,再访柳上木,不在家,我决意不见不散。他女婿钓鱼回家,电话联系,他立即赶回,已是下午4:30,75岁的竺姓老人对生人感兴趣,加盟聊天。

杨进宝介绍:"上届班子在我村建一个花坛,装上路灯,浇几条村中短路。"

汪梅仙说:"上届村长、书记为人大方,去年给70岁老人200元,80岁400元。"

东家插话:"2008年给老人橘子、苹果,2009年送米、色拉油,2010年只给70岁以上的。"

杨进宝提到2011年选举结果,盛宏人担任书记,余土村"两委"只有一人进入村委,还发生冲突,向她们打听,汪梅仙展开话题:

"6点半投票,工作人员有的没有吃早饭,集中到龙山村唱票,结束后准备吃中饭。龙山村人拦住,要求弄好才吃,把门关住,他们肚饿,用脚踢门。龙山人说,他们村的门怎能踢,开始冲突。我儿子是组长,头上被砖头砸中,一个大疙瘩,幸好有人挡,不然要出大事。他到医院,花400元。共有五人受伤,一个脸破,一个肚子被踢。两个女的住院。我们到派出所,追究责任,村书记不错,我们不为难他。"

房东补充:"那时,我儿子接到电话,我们赶到现场,事情已经平息。"

陈忠平谈经历:"我接到电话,从外地赶回,几十人涌去。"

杨平娥也是增援人之一,她说:"秋仙最倒霉,从电动车上掉下,手断,又挨打,肩骨移位,医药费由盛宏人垫付,共三万元。"

秋仙说:"我是村民代表,唱票结束已是下午两点,冲突发生,我住院四天。第二轮选举在第二天,出事后第三天进行。"

吴姓妇女直白:"我不去赶热闹,得罪人,犯不着。

"第一轮两个候选人都没有过半,大家不服,要选自己村的,一位妇女提到她的弟弟陈元平，大家认为可以。选票上没有他的名字，一些人帮他活动，他自己不同意，结果比现任村长柳三春少几票。选举结束，陈元平慰劳投票人，包括龙山村的，接受柳三春香烟的也去吃，我知道底细。

"陈元平是我老公的妹夫，办厂，人品好。"

我在柳上木与竺老人面前问及陈元平竞选，他俩回答不知道。柳上木说："如果知道，要投他，不让柳三春上。"

竺老接过话题："柳三春找余土村的老师，托他送烟，拿下姓董的人家。第一轮结束，柳三春老婆到竞选人张大木家，做工作，要他放弃。张大木快60岁，有企业。本来他们都轮不到，应是柳季夏，他'支委'最高票，让给盛宏人。他是'居民户'，不得竞选村长。"

柳上木又说："'妇代会'主任是我村的，她要放弃，代表不同意。第二高票余土村人，她老公参加这次打架，我们不服气。"

二　木黄村超越潮流的退堂鼓

木黄村位于县城西面，2210人，除"留用地"180亩外，耕地在征收中全部失去。村主任三届连任，却毅然辞职，在官本位的社会里打开一个天窗。城市化的触角点土成金，诱惑让人迷失自我，"新派"替代"老派"，也是肉做的人心，在推拉挫压的漩涡里重新站队。不同的时间不同的属性，蓦然回首，今是而昨非，一个"走"字了得。

（一）脚对心的感应

2009年11月22日，入户采访59岁的林上良，他人脉资源丰富，谈话不拘一格。下午，向西行走，与一位扫地人攀谈，他姓柳，76岁。再往西，有人在平整地面，与我聊几句，他67岁，姓赵，我不敢问名，怕被拒绝。往回走，进入一家工厂的传达室，与61岁的门卫聊一阵后，他突然想起另有事情必做，要我等一下，我乘机告辞。他认出我是以前征地的调查者，怕他说问题没有解决，调查没用，还是走为上计。

12月24日，65岁的姜姓老人在村道上烧火炉，我凑近聊天。又往西，见一位老人站在鸟笼前，他叫郑贤乐，79岁，年高不忘村事。

12月28日下午，在村中转悠很久，发现一人可采访，但聊几句就溜进屋里，不告而辞。无奈，只好找45岁的林贵章，以前采访过。

2010 年 2 月 1 日，开始写书稿，感到木黄村的材料单薄，决定拜访"新派"的洪立法。到达他家，却无法进入家门，租房人指点张贴的租赁启事，拨打出示的手机号码，他下楼与我聊几句，然后引我上楼。下午，入户采访汪贤贵，宏民及另一位客人在座，我们海阔天空地聊一通，然后转入正题，我不记录，消除他们的戒心。

林上良谈起掌故："'老派'中的原书记，兄弟三人，娘舅三人，表亲多。原村长妹妹二人，姨妈三人，姑妈二人，红白事办酒六七十桌。"

郑贤乐感慨万千："'老派'贪心重，那位女会计上演离婚戏文，可批宅基地，建成六层高楼。丈夫电工，那点儿收入只能造大楼的一只角。假离婚从她开始，现在不少于 10 对，离婚不离床。没建成新房的也有。"

林上良又说："有一位能人出过事，仍然当选副村长，2002 年选举，'老派'拉他，村民想打破原有格局，推出韩季本，压倒对方。选举很热闹，挨家挨户发香烟。小混混们高兴得要命，到酒店吃喝，打电话叫候选人付钱，不然帮对方拉票，争点儿村官当当也罪过。当上，多个宅基地就超过成本，基建包材料，更发。"

问起韩季本 2002 年为什么能当选，门卫作答："要查'老派'的账，我们推上'新派'，他们上台后乌龟头缩进。"

向洪立法提问 2002 年为什么竞选，他答："'老派'原书记是我朋友，当兵回来，想当书记，来我家坐到夜里两三点钟。我为他活动，宣传他能为民办事，可以发挥一技之长。上台后看不起百姓，我提醒，他厌烦干脆不接电话。

"他的手越伸越长，徐青木与会计弟弟结为朋友，掌握线索，要翻老账，请我帮忙，说我心细懂账目。我卷入，扶助韩季本，他当选村长，徐青木与我任委员，徐亮德任书记，'新派'执政。"

姜老回忆："2005 年村长候选人送来一条'利群'烟，组长得到的更多，但这人没选上。"

洪立法说："原书记推出老表竞选村长，送香烟花费七八万元，没上。他办厂，发誓终身不来竞争。"

汪贤贵得知："2008 年有人竞选村长，那人办厂，没有知名度。另有人竞委员，情况相同。"

林上良知情："一个支部委员可能要下，打算另选村长，亲友很多，对韩季本构成威胁，韩季本退出'支委'，让给他，要稳住村长的位置。"

"上届村委委员汪通汉要保职位，帮韩季本拉票，韩季本也为汪通汉拉票，互助互推。"

柳老谈经历："2005 年选举，孙子说得到一条烟，选票不投送烟人，白吃的，叫他不要。2008 年没有遇到，候选人认为上不了不如自己花费。我投韩季本等三人，他们来打过招呼，还好只有三人打招呼，多就为难。"

林上良评论："韩季本上台后，与'老派'妥协，'老派'产生好感。"

林贵章谈感受："他肯跑腿，能否成功不管。我造房子，早上六点就陪我去办理审批手续。"

赵老体会："他老好人，办不了事，这种人容易当选。"

汪贤贵总结："韩季本乐意帮人，但不成功，其他人不如他，能够当选，所以连任三届。"

（二）螃蟹的生命启迪

2009 年 9 月 26 日，第二次到达韩季本家，又扑空。他 73 岁的母亲在剥豆壳，我也剥，以此拉近距离。

9 月 29 日，早六点赶到他家，他母亲告知韩季本 6 点起床，我在这个时点候他，片刻不见踪影，以为已经出门，寻找他的小车，还在。她母亲告知，车在就没有出门，判断他仍在家，就一直守候。又过片刻，按铃，他夫人从五楼的窗口探出，说韩季本即将下楼。我守错楼口，他从另一楼口向我走来，夹一只包、一条烟。

我向老母亲提问她儿子为什么要辞职，她解释："我四儿三女，女儿全部嫁外村，韩季本在儿子中排行老小。书记有挖掘机、工程车，另两个村委委员都有钱，韩季本月薪 2000 元，女儿读大学，每年红白事开支三四万元。媳妇有病，最近住院，花掉一万多元。现在开山货店，靠小姐妹帮忙，她有人缘。

"我村列入城市规划，长期不准建住房，有的房子要倒，一批批人来找他，有时我泡茶也忙不过来，却解决不了。他女儿劝说别当村长，现在包点工程。"

韩季本自陈："两届村长没赚钱，考虑再三，今年 4 月辞职。"

"村民不同意怎么办?"

"先要做好村民代表的工作,不然不同意,这样还有五六人不同意。"

"你不如留任,工程照样承包。"

"一只手不能捉两只蟹。"

"今年可赚 20 万元?"

"半年已到这个数字。"

"很多人工程款不到手。"

"我承包小工程,七八十万元的也有,没有把握的不做。"

"有人讲书记权力太大,是否这样?"

"他是我推荐上来的,我走后情况不知。"

"汪通汉接班你定的?"

"对,我提拔,他与我哥承包村发电站。今天我有事。"

他身子挪动,示意要走,我只能告退。

(三) 孤岛上没有春天

洪立法带着沉重的语气说:"'新派'被各个击破,造成内部不团结。'老派'有组织,教师也参加策划,他们对徐青木说,我在讲他的坏话,对我又说,徐青木在讲我的坏话。

"商业局在我村买 30 亩土地,那时大约 600 元/亩,30 年没有动建,抵押给建设银行,2005 年土管局'统征'我村土地,银行将 30 亩退还给我村,徐亮德接到电话,与徐青木去商谈,3 万元/亩拿下,当时统征价 7 万元/亩。"

"村长韩季本不抵制?"我问。

"他在村'留用地'建私房,徐青木攻他,被牵制住。"

他又提到另一事:"徐青木 2005 年担任经济合作社主任,三次被打,分别在办公室、家里、宾馆。打之前我已掌握动向。"

"你们同属'新派',为什么不通气?"

"他倒来倒去,骨头不硬,关键时刻掉头,见人讲人话,见鬼讲鬼话。挨打后到我家,刚好他的手机响起,听他回答,不会对别人讲,可以对天发誓。接话后,对我提起挨打事,我反问对天发誓过,他如实告诉我,只与韩季本讲过。肯定是韩季本通报打手,不然打手不知,从这里得知韩季本是两面派。

"徐青木受惊而辞职，接着徐亮德被免职，韩季本带村官到三峡旅游，村民不满，乱成一团。韩季本兼书记，不敢面对村民，手机关闭。这时'城中村'改造项目落在我村，副县长拨不通手机，韩季本书记也被免，现任书记代理。"

他将话题转向自己：我2002年这届分管土地，2005年分管经济、教育、老年事务，大量精力用于清查十年的土地账，到省上访两次，追回土地54亩，有些问题没有结案。查账三代遭恶，因为鱼要剖肚皮。另一方面，老百姓待不好，穷就没有原则，眼珠子黑，铜钱银子白。

我家族力量强大，娘舅在村，丈母娘在村，朋友占村的70%以上。担任村委后朋友减少，公正就得罪人。2008年我竞选村委，差一百多票落选，杨夏草当选。'老派'推出杨夏草，对付我。杨夏草搭钢棚十多年，辛辛苦苦挣点钱，一夜输在麻将桌。家里开棋牌室，小兄弟很多。他们送香烟，我不动，不打电话。

"心已冷，不再竞选，有什么意思！"

"你说'新派'四人同时上，三人离开，是不是韩季本独立难撑？"我问。

"是的。2008年'老派'鼓动韩季本，如果他不争村长，我要上，对他们不利。他公开不竞争，背后拼命争。我落选，他没有依靠，村长用村委的公章，还要书记批过。书记属于'老派'，公章由妇女主任保管，她很机灵。

"我身正影不斜，现在清查村民侵占的土地，没有我的。住房用地0.65亩，拆迁安置，没有尾巴被人踩。"

（四）老派新派一个姓

林上良说："'新派'上台也手长，徐亮德16万元卖老房子，协议不可再批宅基地，但又占1.04亩。转手，另在村'留用地'占1.6亩，位于将开通的街道旁。

"还是'老派'当下去为好，他们已吃饱，不会再贪。"

郑贤乐的观点相同："'老派'贪，'新派'也一样。"

汪贤贵说："我的自留地0.093亩，造中学被征收，没有领钱，想在'统征'时给个宅基地，韩季本同意，我却没有得到，征收补偿款也没到手。"

宏民接话："你没有去孝敬。有位老板说，交际先用手榴弹试，炸不开，改用炸药，再不成功，整车炸药运去。"

洪立法评论："韩季本有本事，小鬼相，和事佬，嬉了两届六年，村貌没变。

"他卖过水产、建筑材料，有几块钱，建成的五层楼不会欠债。他自己亲口对我说，给甲鱼注水是他的'发明'，中国一绝，以后出现牛肉注水等。现在当建筑小包头，搭建违章建筑。"

对于洪立法，村民各持一说。

林上良说："洪立法选举要我们帮助，当选后求事办不成。我楼房要倒，跑主管部门后重建，城管罚款5300元，通过关系交八折。洪立法当面说帮，背后另搞一套。"

林上良不无同情："这样多人要排挤他，老百姓认铜钱银子，无金无银太平方一张。"

韩老说："洪立法当面一套，背后一套，没人相信。"

门卫持有不同的观点："现在选举，要做事的上不去。"

"你是否指洪立法？"我问。

"正是。"

"洪立法得罪的不过'老派'一二人，没有关系。"

"他管土地，得罪一户，牵涉十户，十户关联的亲友100户，300人。

"譬如造发电站，有挖掘机、拖拉机的都想接业务，用这人，不用那人，得罪一大批，下届选不上。"

姜老也这样认为："他调查别人，两届后他们联合起来搞他，翻落。"

代理主任汪通汉，新人必有新事。

林上良说："汪通汉父辈三兄弟，外婆本村人，本人四兄弟。同学很多，发动他们拉票。百姓认为'老派'已吃饱，应该换人，看看有没有好的。"

郑贤乐说："汪通汉是我亲戚，没特长。送给我儿子一条烟，投票这天，他母亲发给我一包'中华'烟，总的出资七八万元。"

洪立法指出："汪通汉已当两届村委，性格死板，'老派'支持他，送烟一条条的，等于一张票200元。他没职业，电站四五个投标人，都是本村的，容易串通。"

宏民说："2008年，汪通汉来拉票，希望再当一届。我直说，一家三张票都可给他，但想问一问，当选以后，想干什么？他不做声，我补充一句，但愿为民办事。只能说'但愿'，前面爬过的是只乌龟，后面的以为是鳖，近看还是乌龟，第三只是绿毛乌龟。我告诉他，我这里不必放烟，旁边的人家，请他拿烟上门。"

汪贤贵直言："他代理村长，不是村民代表决定，而是任命。"

2011年7月12日，采访林上良，他通晓村情："本届四人竞选村长，包括汪通汉、杨夏草。汪通汉上门拉票，村民说不会选择不尊重民意的人。村干部鼓动村民代表，同意建造高层老年室，郑善征得一千多位村民签名，反对建造。意见书交到村委，被撕，扔到垃圾桶里，指责这是煽动，村民不服。

"镇与有关职能部门来电，希望选他们两人，以后有事可帮忙。我口头顺应，但票投给郑善，他在第二轮当选。他挽回征地损失5800万元，每人分得三万元。"

三 柳山村浴火重生的金刚

柳山村处于绣南镇东端，耕地化为工业园区，670位农民正在告别农业。村主任中年得志，蝉联三届，挑战者从有到无，所赖两件利器。征地打破村落的宁静，点燃村民的情绪；村账宛如一个迷宫，求解的大有人在，振臂一呼，回荡田野山谷。村落有强者，是袖珍版的诸侯，赢得他们就能赢得各路人马。站在风口浪尖，又有精兵强将，无敌于村落世界。

（一）高兴过早让成功擦肩而过

2009年6月13日，走到村庄西头，见小店只有主人，进入。主人77岁，叫商川长，与我交谈时，儿子进屋坐下，也聊几句。谈话中，64岁的关生水串访，接过话题，离开后我跟到他家，继续深聊。他推荐徐季夏，不在家，从外地回家作客的儿子接待。

6月14日，进入村办公楼传达室，门卫楼川本，60岁，作为书记的父亲，有着特殊的信息资源。往回走，拜访62岁的韩上本，他是楼川本所说的"关键人物"。下午，拜访77岁的汪水贵，另一位"关键人物"。

6月15日，第二次登临徐季夏家，他的谈话非同一般。向村东行走，寻找58岁的钟唐夏，他1983年当大队长，后来担任书记，到2005年为止，共七届，我坐在门口聆听。

商川长儿子拉开话题："村长田金兵，开建材商店，后办钨丝厂，职工 130 人。"

楼川本细化："他经营建材，哥哥开'三卡'，转行开同样的商店，妹妹也开，从此发财，田金兵在两个'城中村'买地建房。他与姬钱本表兄关系，他父亲前妻是姬钱本婶婶，生有一女。他父亲当过大队长，是我朋友。"

徐季夏知底："田金兵建材商店的房东，书记、村长一人兼，他从中看出门道，要竞选村长。2002 年选举前送给老人钱物，过去戏班子来，老人高兴，向他讨钱赞助，不给。这次赠送，我感到不舒服，到我家三次，我不投他。"

徐季夏儿子却相反："田金兵是我同学，2002 年的竞选口号我支持，他住村东，我住村西，西头的小组长与他关系不近，我去活动，送上水果，宣传他年轻，有为。下一届，我还是这样做。"

徐季夏又说："第一轮结束，田金兵请候选人吃饭，很冲动，进行分工。消息传出，没宣布就分封，大家反感，拉下。"

韩上本细说："候选人集中吃饭，领先的田金兵手拿照相机，给他们排定班子的职位，宣布老 K 玩到天亮，任何人不得再活动。楼仲兵母亲打电话，叫儿子回家，他那时是代理村长。他们回来，有人劝姬钱本不要活动，另有人反对，认为倒霉就倒霉，要活动。我打电话给楼仲兵，将他掌握的票倒给姬钱本，扭转局面。"

钟唐夏补充："第一轮结束，镇领导到村召集候选人开会，商定他们离开村，不准活动。田金兵手机响起，朋友问选举的结果，他说村长基本定局，朋友要他请客。遭遇失败，与我握手，冰冷冰冷的，我安慰他，千万不要灰心，失败是成功之母。"

楼川本认为"他用人不对，看中组长，但关键人物不一定是组长。"

关生水也说："田金兵重视组长的作用，我不满，反宣传，说他不把老百姓放在眼里，产生效果，他对我怀恨在心。"

汪水贵直言："田金兵没有与我们联系，我们推选姬钱本。"

钟唐夏说："获胜的姬钱本搞建筑，上任后搞传销，饲养奶牛，砍伐林木，出事，免职。"

徐季夏认为："姬钱本太'花'，慷慨，帮人帮到底，有六户靠他富裕，其他人顾不到。胆子大，没有出谋划策的助手，能力不如田金兵。"

楼川本谈历史："1999 年我竞选村长，过半数差一票，比姬钱本多三票，让给他，不选第二轮。他中途出事，我儿子楼仲兵代理。"

（二）用掉头的枪炮

6 月 13 日，采访关生水后的下一站是田继木，他 56 岁。

6 月 14 日下午，走访关天岗，59 岁，镇干部，周末休息。

关生水说："2005 年仍然是三人竞选村长，楼仲兵当上书记，他的候选人名额由我弟弟关生善补上，但被田金兵盯梢，包括我在内。我也有一定能量，1983 年公社领导指名我当大队长，父亲夺过纸头，撕破，说关家不当村官。田金兵攻下我弟，选票并给他，拉下姬钱本。"

徐季夏儿子评价："关生善军师级人物，烂好人，顾虑多，眼睛朝上，不睬比自己差的人，不办实事。"

田继木也认为："关生善高智商，村长、委员三人加起来，还不如他。"

楼川本从历史谈起："关生善划为'富农'成分，自己造册子，改为'富裕中农'，遭到批斗，儿子也在内。"

汪水贵更知情："关生善在外地合伙办厂，账目糊涂，逃到东北，组织同乡会，交会费，讨债的一批又一批，他再次出逃，这些事老百姓不知情。修建村道，楼川本负责，他却要插手，账目不清，群众不拥护。冯邦贵是田金兵朋友，田金兵派他去笼络关生善，他是关生善的徒弟，干得出色。"

韩上本说："村经济合作社班子由 40 位村民代表选举，2005 年田金兵当选，让给关生善。"

关天岗感叹："八人坐拿工资，另有妇女主任也拿。"

商川长的儿子也说："村办公室里'上朝'一样。"

楼川本观察："田金兵改变战略，拉拢那些出众的人，他们与姬钱本有矛盾，容易利用。"

韩上本谈经历："姬钱本在职时，3000 元红包送给老书记，双目失明的老党员却没得分文。女报账员账目有问题，姬钱本发誓要查账，后来却结帮，我们抛弃他，调转方向，支持田金兵。"

钟唐夏旁观："2005 年选举，田金兵利用姬钱本的势力，一批小兄弟，废品当正品，这只菩萨塑好又多事。一届利益照顾不到，2008年反攻，枪炮调头。"

楼川本说："2007年组织老人到北京旅游，花费2300元／人，不去的给800元，年终每位70岁以上老人发1500元。2008年只发500元。"

关生水直白："2007年的旅游、发钱，是为2008年的选举。"

韩上本不回避问题："2008年，我儿竞选村委，有人放风声，说贪污，田金兵向村民解释，为儿拉票，儿也为田金兵拉票，如果各归各，都要下。"

冯邦贵竞选2008年的村长，钟唐夏指出原因："他有挖掘机，村的工程拿不到，有想法。姬钱本烧火，但得票不多。"

姬钱本这届仅竞选"支委"，没有申报村长职位。

（三）衣服长穿总有油腻

汪水贵谈论土地转让："姬钱本时卖地轰轰烈烈半个月，我不签字，韩上本也不签。"

田继木说："田金兵反对姬钱本卖地，很起劲。"

关天岗以对比的手法说："姬钱本卖地不多，在封闭的情况下应开发，开头不错，公路通进，利于发展。田金兵上台，动力十足，几乎全卖。东南的村庄早已开发，仍有很多土地保留。

现在征地价每亩三四万元，将要提价，上面急于征收，老百姓重眼前，看着眼睛拉屎。村道加宽，路灯装上，自来水接通，污水排出，办公楼建成，变化很大，百姓只看表面，高兴。土地不可短期内卖完，应有计划地开发。"

楼川本说："田金兵卖地，姬钱本反对；田金兵买山地自建厂房，姬钱本告过。"

徐季夏也谈这个问题："土地卖后抛荒，2008年有关部门要来检查，种点庄稼，今年种玉米，工钱60元／天。老百姓认为，土地分来的，反正不是自己的，种植的收入没有卖地这么多。"

钟唐夏说："工业一上，职工要租房，村民拼命搭建，执法部门睁一只眼闭一只眼，硬碰硬老百姓要阻碍征地。租房收入比种田多，没有计较土地增值，长期不利。"

"这是你的搭建房。"我指着前面三间平房说。

他表示认可。

田继木对租房了如指掌："我组 20 户，八九户房子出租，多的四五十间，每间月租 120 元，金融危机前 150 元。"

徐季夏谈论另外的话题："田金兵竞选口号响亮，土地入股，安排老年人生活，开办幼儿园。我当面说，家里日子好过，何必出来挑重担。

"建筑有附加工程，材料有钢筋、水泥、砖头等，开发区的数量巨大，抓在手里财源滚滚。他老婆经营建材，正是时候。

"村出资 300 万元，搭建钢棚出租，他与亲信有股份。一位老板在产品红火时急于用房，付年租金 50 万元，金融危机后降到 40 万元。衣服长穿总有油腻，问他入股没有，他否定。为什么干部抢来当！"

楼川本也说："钢构房用地没有审批过，有人举报，针对村长，结果却是书记承担，受处分，以后不能考公务员。"

他指着办公楼说："田金兵经商出身，将茶厂拆除再建，投资 100 万元，年租 18 万元，现在 13 万元。厕所底标 10 万元，姬钱本以 9.7 万元中标。"

钟唐夏提到另一个问题："土地复耕工程 200 万元，另一块地基平整数十万元，都由他哥哥承包。"

徐季夏补充："挖出的泥用于工业园区填方，每车 65 元，双重收入。"

楼川本说："另有大面积填方，也是田金兵哥哥中标。"

"有这样的巧合？"我问。

"曾在县报上登出广告，有投 3.50 元/立方米，想争附属工程。太低不现实，重新投标，押金 30 万元。镇、村干部各五人一起议标，中心标每立方米 6.24 元，同时 24 人投标，田金兵哥哥以 6.18 元最接近中心标，其他人全在 6.40 元以上。"

我感到神奇，与他人反复讲此事，行家说这是"背靠背"的投标方式。关天岗认为事先有预案，天衣无缝。

徐季夏谈到账目："镇林场五六亩山地属于我小组，有段时间茶叶由林场采摘，从此被它接管，今被卖。镇领导出示的地图，林场不包括这块山地。"

韩上本一直要求清查村账："田金兵上台前积极支持查账，要清理林场山地。后来却说，本届查前届，后届查本届，没完没了。女报账员一直管财务，田金兵是她丈夫的娘舅，他买山地 20 亩，有问题，被女报账员捏鼻子。

"女报账员房子在村办公楼后头，将化粪池建在办公楼下面，施工员透露百姓才知道，田金兵不管，我们逐级向上反映。"

汪水贵极力主张查账："田金兵承诺查账，上台后半个月内封过账，曾到检察院去过一次，后来没有动静。希望你能帮助查账，村民会感谢你的。"

"女报账员被老百姓选入村官行列，说明查账没有群众基础，主管部门也不希望多事。"我作出解释。

他夫人在旁，一直嘀咕调查没用，我不能拔腿就走，勉强聊些拆迁补偿情况，然后退出。

2011 年，田金兵无人挑战，姬钱本争得委员职，同室共舞。

（四） 荣誉是婚姻的风帆

田继木说："徐力扬分到祖产五间平房，拆平，卖拖拉机，却造不起新房。他婶婶四出活动，要求大家投他一票，进入村委会，脸上有光，可讨个老婆。一当三届，当官不靠智力。"

韩上本说："徐力扬与一位妇女搭档近二十年，父亲干涉，他反而教训父亲，在这方面都一样，父亲无话可说。我与朋友帮忙，找到外地女子撮对，那位搭档却说，如果他结婚，就死在堂前，这场婚事告吹。前几年与本县姑娘结婚，孩子已三四岁，但旧情没断。那搭档 2007 年女儿出嫁，徐力扬 37 岁。

"为了他能够成家，村民同情，选进村委。能力不强，老好人，不伤人。他大伯儿子当组长，2008 年徐力扬支持二伯儿子竞选组长，二人都没有上。

"原来依靠姬钱本，现在依靠田金兵，互相帮助。"

钟唐夏说："徐力扬当过组长，有疤痕。买东西要新的，这小鬼热心，无心插柳柳成行。选举有本位主义，别的自然村人当选，不如本自然村，他所在的自然村大，占优势。他刚上任，有时与镇干部对着干，说要保护百姓利益。两届下来，已经磨合。"

2011 年的选举公布栏里，徐力扬消失，花开花落终有时。

四　人土村进退的双轨制

人土村位于山坞口，内连中片、汪家二村，三村合并，归属苍天镇。书记、主任落在人土村，权力需要分散，人土籍副主任候选人告退，下届竞选委员意外翻船，财力是最好的诠释。转型时期，财富有待定格，万众博弈，抢占一席之地，金钱上升为人生价值的度量衡。风物长宜放眼量，雨后有彩虹，时间会迎来价值观的回归。

（一）哥哥不能大胆地向前走

2009 年 1 月 10 日，进入人土村，见一位男子在晒太阳，我坐旁边，问起选举，他 51 岁的弟弟李建贵光临，替代哥哥发言。

1 月 11 日，骑自行车两小时后到达中片村，见一位男子在吃早饭，与他谈论，带我到原报账员王土夏家，他 56 岁，边晒太阳边聊。向内，在汪家村路边有人撬沙，他叫汪初阳，48 岁，担任小组长。他夫人到达，下令干活，别多嘴，我不能续谈。汪家村尽头有位老人在晒太阳，我坐在他旁边，如遇话友。他叫汪显诚，76 岁，30 年正职，当过低级社长、大队长，1988 年退下。往回走，见一位男子出现在门口，靠近，似乎要拒绝，却放开聊。他叫杨火土，57 岁，戴上耳塞，谈话时手势配合。

1 月 12 日，在中片村见一位姓李的男子在断柴，走近，他眼不看我，只谈几句，要我去找干部，他正忙。此后走访两人，都是无效信息，见一人从院子门口走出，我迎上去，他不愿意接待，得知我来自高校，改变态度。他 63 岁，姓汪，谈话集中在副村长选举。退回人土村，80 岁的罗江水在断干竹，我们刚打开话题他女儿回家，没有干涉，反而与我聊开。她提到于向贵，我直奔他家，不在，父亲电告，他赶回与我交谈，告知人土村、中片村各 560 人，汪家村 460 人。

李建贵弟弟介绍："村长万明夏与书记都是原人土村人，两人合办磷肥厂与袜子厂。办事能力强，进行村庄规划，与村民关系不错，取得村民信任。"

王土夏陈述："中片村村长连任三届，不申报村长，有意让万明夏当选。汪家村上届村长王昭诚放空气要竞选村长，做不少工作，后来也放弃。万明夏弟在上市公司当总经理，另一弟也在管理层，外面有市场。"

汪初阳说："万明夏弟给他钱，外面的路走不通，弟会打通。他的轿车六十多万元，有财力，大村村长难当，别人不敢与他竞争。"

杨火土谈副村长人选："王昭诚原开长途车，经常出事，老婆不让他在外，操作竞选汪家村村长。她在一家厂当经理，打电话给我妻子，请求投王昭诚。"

汪某说："王昭诚兄弟四人，2005年挤走老村长，老村长浇油路，百姓认可度高。他老婆管理的职工近千人，我村不少人去打工，容易拉票。"

他涉及王昭诚不深，怕得罪人。

汪显诚思路清晰："我村王昭诚赌博数目不怕大，几千元输赢。竞选村长，请客，硬拉死拉，村务不管，没有影响力。2008年竞选副村长，买面子，我投他的票，下届不给。他靠活动，按实力上不去。"

王土夏说："王昭诚务农，老婆不满要打他。竞选副村长花很大心血，一二月到处请客吃饭，多次承诺。选举这天，他老婆工厂里的我地职工放假，回家发动，拉进兄弟。我家没人上班，王昭诚自己来打招呼。"

罗江水女儿接触此事："王昭诚老婆到我家，拉走五张票，还要我帮助拉。"

另一位副主任候选人柳火夏，主攻不下，退而求其次。

王土夏说："柳火夏在2005年想竞选村长，2008年竞选副村长，第二轮改选委员，淘汰中片村另一候选人。淘汰的候选人担任组长，知名度不高，又不活动，其他村面孔不熟。"

杨火土说："柳火夏力大，有点蛮，打架能对付几个人，站出来人家有点怕。他与王昭诚亲戚关系，竞争产生矛盾，可能为于向贵拉票。"

李某说："柳火夏做厨师，各村都去，人家脸熟，对选举有利。"

罗江水女儿指出："于向贵当过会计，有头脑。老婆汪家村人，那里有市场。书记做工作，要他放弃副村长竞选，他想选上后再让位，这样有面子。开始他不听书记，后来顺从。"

于向贵自述："第二轮选举，镇长、书记到村，叫我去，做工作，说按理不能这样，我被说服。

"汪家村我妻兄是调解委员，现在还担任小组长，有影响力，起码能拉到村的1/3选票。我打电话给他，改投王昭诚，但仍有十多张投我。我家11张票，也投王昭诚。投票结束前一个半小时，我差130票，人土村

200 多张没投，主要在第二组。这组以雷、兰姓为主，我老妈姓兰，我同学多。

"王昭诚当选心切，第二轮想拉上比我得票少的候选人，把我抹掉。我告诉王昭诚，我活动他选不上。第一天下午到第二天上午五点我留在家，宣告不竞选。"

"下届竞选村长吗？"我问。

"实力不够，业务我懂。

"我当过磷肥厂技术员，业务与理论竞赛，全省第三名。1993 年开办塑料厂，用于通信电缆，光缆一上就淘汰。上节能灯项目，遭遇美国'9·11'事件，亏 30 万元。今欠 10 万元，有厂房两亩出租，还想上马。"

杨火土谈到劝退，还说："第一轮选举结束，委员没有诞生，汪家村要自己选自己。一位候选人带着火气说，汪家村不选，让人土村去选。"

李建贵说："第一轮结束，里面的二村吵，说以后村书记别进来。我当时讲，干部全在人土村，其他村有事，怎样处理？镇领导觉察到，认为应摆平，担子分挑。"

汪初阳也这样认为："人土村包揽干部，其他村有失面子。今后洗牌，这种想法会改变。"

（二）面孔新的好

2011 年 5 月 2 日，在汪家村再访汪显诚，他说："书记、村长没变动，村委由三人组成，不设副村长，男委员在人土村，女的在中片村。

"我村上届委员汪坚，2005 年也是，2011 年只得十来票。他一直在外面混，搞女人，那女的离婚等他，他老婆却不离，两人经常打架。现在他卖掉面包车，做点泥工，应付不了赌钱。

"泥工很赚钱，我村干这行的，开一百多万元的小车，搭上了大姑娘，给她买房买车，自己的老婆也有房有车。

"竞争靠财力，男委员经营'农家乐'，第二轮送香烟；女委员开食品厂，发食品。"

登临杨火土家，夫妇在剥笋，我也帮一阵子。他说："男委员出钱，女的答应带妇女旅游。没钱不行，邻村争村长出 20 万元，还有个村 17 万元没上。"

退到中片村，王土夏直言："女委员承诺旅游，妇女倾向她，拉住老公的票。我村 2005 年的妇女主任不会这样做，有些人脸皮厚，手脚大，挨家挨户去讨。

"上届副村长王昭诚，夫妻拼命跑，进入第二轮。

"于向贵跑得勤，摩托车进进出出，不是老板，人不出众。"

于向贵在家，告诉我："王昭诚是我丈母娘亲戚，在我的票源地拉去一百多张。我村当选委员的那位，问他申报不，回答不报，过几天再问仍不报。我报名，他也报，拉去 140 张。有人在背后活动，要拉散我的选票。

"选票上填某人当村长，又填他当委员的，无效，这种票我有 40 张。算上这些票，我能进入第二轮。我 198 票，排在第四位，最高 300 票。

"这次八人竞选男委员，四人竞选女委员。有人劝我竞村长，万明夏 60 来岁，放弃'支委'竞选，只争村长，押宝一样。他是我邻居，闹僵不好。"

五　金钱村的冰火两重天

金钱村在城关镇西端，由彭祖、银上、里岗三村合成，处于同一山坞内，从外向内呈线形排列，人口梯形分布。选举明暗两条线，明线精彩纷呈，暗线由"萧何"牵手，"萧何"进进出出，成败反反复复。现代萧何不为皇上谋略，只为自己谋衣食，不同的时空造就不同的经典。

（一）村委男女剃光头

2009 年 8 月 4 日，骑车到达里岗村西头的田明书家，他 56 岁，刚起床，边吃早饭边聊，他要帮弟弟建房，吃完早饭就出门。我退回到中心村，拜访 64 岁的郭庆岗，他 1992—2002 年担任书记，2008 年是选举委员会成员。我问有可能在家的候选人，他报贺心夏，住在山顶，要行走两公里山路。按照他的指点，我拖着自行车向小坞的纵深处前进，一路不见电线杆，怀疑迷路，硬着头皮向上，接近山顶终于出现电线，希望在心中点燃。房屋闪现，我进入 76 岁的田银木家。转到贺心夏家，54 岁的他从午睡中爬起，谈话集中在委员的竞选。

下山，进入郭庆岗推荐的江银贵家，他 62 岁，担任过一届书记，他说第二轮投票时间定在下午 4：30，实际上是 6：30，他小组设投票点。他推荐 54 岁的严亮，我再次退回中心村，严亮不在家，她夫人电话联系，我下到田间。

8 月 5 日，第二次进入里岗村，登临 64 岁的严根民家，他谈论 1986—1994 年担任书记的经历，然后转到选举。

8 月 8 日，按照田明书的推荐，拜访银上村的马章木，他 70 岁，一见如故。

8 月 9 日，在彭祖村采访，冒雨到达 63 岁的汪心诚家，在打扑克的夫人立即起身，到外找回先生，我们选择在安静的小房间里谈话。他推荐 57 岁的汪贤良，当过多年正职，因不能兼顾家务，辞职，我赶到工地传达室见他。

9 月 9 日，与田乐民约定在供电大楼见，在集体办公室听取他的谈话。

田明书介绍："里岗村有 730 人，上届书记田乐民，村庄合并时代理村长，2008 年支部选举最高票，申报村长职务，里岗村 70%—80% 投他，进入第二轮。"

汪贤良认为田乐民是正派人，里岗村党员评价高。

严亮谈论："田乐民精打细算，并村时余款十万元，银上村倒挂，彭祖村干部工资贷款发。田乐民人实在，不拉票。"

汪心诚旁观："田乐民在供电局抄电表，与用户打招呼，竞选不拉票。"

马章木评论："田乐民竞选方法不对，压低对手，拉高自己，老婆也想当妇女主任，胃口太大。"

田乐民自陈："我两届书记，接手时欠款 17 万元，办事自己先垫钱，来客回家招待，不报销。向上争取资金，浇筑油路，安装路灯，砌成溪埂，整理土地，改造低产田，将废弃的小学改装为办公室，建成球场。做一事积累一点，并村时有余款，其他二村欠款。

"合并我村干部吃亏，书记年津贴 3000 元，委员 800 元，外面二村月薪六七百元。

"2008 年支部选举我得到最高票，不安排当书记，也不做工作，不安慰，我想不通，开会不太去。申报村长，里岗村老村长问我有无把握，我回答，硬碰硬绝对能上，花钱没有必要。现任村长林大明有'十三兄弟'，有人讲他们在两村交界处守候，防止我到外面两村拉票。我一直不出门，不当村长不搭界。选举过程不公，工作人员派亲信，发票人、监票人不负责，有人摞票。

"田明书是我培养的，办事卖力，竞选委员，与林大明合作，互相帮助。村民骂他吃里爬外，要打他，中心村不敢来。他闷声不响，一响就要挨打，我劝阻。他兄弟当面对我说没良心。"

"下届还申报村长吗？"我问。

"不报，主职当不好，要么报委员，不会去拉票。"

谈到委员竞选，郭庆岗说："银上村除村长外争得三个委员职位，彭祖村一个委员，里岗村剃光头。田明书还帮钱贵华竞选委员，里岗人骂他，如果新建住宅，墙头也要踢倒。"

田银木说："田明书为林大明拉票，以为林大明得多少，他也能得到相等的票。"

贺心夏谈经历："田明书放出风声，村长林大明，田乐民轮不到。田乐民火，促我竞选，拉下田明书。我担任'支委'七八届，并村时是临时支部成员，有点小名气。里岗村四人竞委员，形势不利，开座谈会，我与另一位候选人愿意退出，另二位不响。我开口，他们退下，我俩上，仍是僵局，老方一贴。四人都不善于拉票，田明书打工回家，拉几票。"

严根民认为："田明书没有知名度，外面两村不熟悉。

"经营企业的人，当不好村长，不懂农业。"

"出现贿选，你会举报吗？"我问。

"举报没用，老板当村官对上面有好处，不愿拉下。我不举报，这把年纪，得罪人没意思，多种花，少种刺。"

（二）十三兄弟演绎的故事

8月5日，根据推荐，拜访银上村徐邦银，他62岁，因肺病手术在家休养。他介绍马银木，当过副大队长、生产队长，76岁，声音洪亮。徐邦银介绍徐银发，62岁，当过生产队长、村民代表，正在吃中饭，我坐在饭桌边听他的讲述。他推荐汪贤盛，亲自领到汪家，77岁的老人从午睡中起来，谈到连长、生产队长的经历。汪贤盛带我到田夏善家，68岁的老人在午睡，我另访赵永强，结束谈话，回访田夏善。他开小店，在柜台里谈论。

8月9日，进入彭祖村，汪义立还没有吃早饭，这位57岁的小组长拉开话题。他推荐77岁的老党员汪承天，我立即赶到他家，儿子、邻居一起谈论。中饭后，采访63岁的邻居贺无疆。

徐邦银指出："林大明有胆魄，2002年担任银上村村长，村民有事，会办。现开办纸箱厂，30个职工，推销由老婆管。"

徐银发认为："他大度，人家有意见，不报复，有事找他，照样会帮。他有一批人，到处宣传。"

汪贤盛指着门前的溪埂说："30米长，1.7米高，买石堆砌，里面填泥，我花十年时间。村搞绿化带，补偿1500元，我说太少，书记冯愉天要我去告。林大明后来对我讲，加补方案'两委'没有通过，他个人补500元。"

马章木说："他有'十兄弟'有的劳改过，其中一人死于车祸。"

汪猛细说："'十兄弟'后来增加三人，称为'十三兄弟'，社会上混的、打架的、赌博的，都是这批人。有次外村人来我村做客，发生口角，他们用棍打；另一次车子擦到，又打。他们偷挖竹苗，有的地里挖光，村民告状，林大明村长出面补一点。我的地里也被挖十株，他讲算了，小事情。"

马章木又说："林大明以力压人，有义气，平时不睬人。前两届竞选村长，我讲厂办好就行，何必要占官位？尽管他岳父是我朋友，我还这样讲。2008年这届形势不同，里岗村一位妇女到我这里活动，推荐田乐民，引起我的本位主义观念，要推出银上村人选，算算只有林大明能上。我在他面前直讲，以前两届反对他，现在全力对外，天天夜里到他家分析，来往密切。"

贺无疆观察："林大明有小团体，赌，人缘多。"

汪猛也说："外村老干部说，村干部到新、马、泰旅游，林大明整夜赌。他要骂，影响正常的出游。林大明常到彭祖村赌，赌友帮赌友。那里还有亲戚，帮拉。这个村有人经营苗圃，得到村庄绿化业务，拉票得力。"

汪义立说："麻将有麻将朋友，参与不参与不一样，平平常常的人吃不开。他们开小车，有钱的有威势，讲得响。道上混的人，选举时到场帮。儿子如在家，要夺走我的选票，老头子有啥办法。"

严亮谈见闻："林大明的人马风风火火，拉拢同龄人，占有上辈的选票。"

在采访严亮前，姓杨的 75 岁老人提到他手中没票。

田夏善指出："林大明好的料不一定用，依靠小兄弟拉票，花费几十条烟，反正当选有工资。"

汪贤盛说："他拉来田明书所在地的选票，与现在的书记汪土灵结朋友，那个自然村的票也拉来。"

马银木感言："选举这天，林大明的母亲在路上拉票，选举结束就不睬人。"

（三）奋勇前进不如急流勇退

2009 年 8 月 10 日，我抵达汪猛经营的电器商店，坐在柜台内听取他的谈论。

赵永强记忆犹新："2002 年，第一轮汪猛票数过半，出现七八张疑问票，剔除，他不过半。事后向镇政法办主任、县民政局副局长反映，他们认为选举有效。镇干部主持村选举，决定重选，第二天开选，我担任小组长，听到主持人宣布选举公正，开箱唱票，林大明一方却吵嚷不公正，不可开箱。过几天在干部会上投票，不同意开箱的占多数，封存半年多。

"汪猛要到市政府上访，我劝他不如一心一意重新去做生意，他回答不是为了当村长，而是为了一口气。市接访后转到县信访局，决定下一年'人大'选举时插选。我们寻找选举主持人，他回避，推说有事。我们再找，他表示道歉，其他干部说他工作这么多年，总不能开除。汪猛心软，同意插选。

"我劝他退出，林大明人手多，已有充分准备。我在外村玩，汪猛来电话，告诉插选开始，我料定必败无疑。后来他说，不知林大明有这么多小动作，当时咽不下这口气。我说，咽不下也得咽，如坚持开箱，也得开。

"小兄弟拉票，上梁不正下梁歪，过度拉票，我反感。

"林大明当选后，有条路难走，向他反映。他很客气，口口声声说，我到他家很高兴，有事说一声，必办。"

汪猛自述："我 1979 年当兵，四年后带病退伍，因为'知青'没有安排完，工作没落实。承包乡镇企业四年，转到厂的门市部，后来个人单独发展。

"1996 年突然当选为村长，小兄弟没有打招呼，我半个村的人不认识。'支委'有矛盾，镇让我兼书记，后来乡派书记。村困难，现役军人优待费、民兵训练费 8000 元，农户不交的农业税，都要自己垫付，不然驻村干部没有完成任务要扣奖金，只得帮忙。

"2002 年跳出林大明，他对人讲有位镇干部来七八次，催促他竞选。他的哥哥寄拜我父亲，他父亲讲，我搞得好好的，何必多事。事出有因，老书记张川青撤下会计，换上冯愉天，后者是高中生，但没用，两届会计叫人帮，每次审计都这样，人称'呆木头'。叫他开介绍信，涂涂改改，要撕 10 张，会议记录也不像样。我撤他，重用老会计。冯愉天与那位镇干部是亲戚，跟张川青策划，推出强有力的人选，拉下我。

"林大明老婆是本村人，四五个兄弟。

"第一轮选举，投我的七张票角标注户主名，'支委'冯愉天拿回家，有人见到，另一位村民死缠，他才拿出。

"第三轮，听说五十多张票没有盖过公章。"

"还想当村长吗？"我问。

"是人就不当。老书记公开讲，我做得好，他没有面子。再说，1998 年关店门，被业务相关的朋友大骂。两届村长六年，如开店能开'宝马'车。后来重新开店，老客户逃光。"

赵永强提起 2005 年的选举："徐力胜承包屠宰场，文化不高，口才不错，能力强。我支持他，看重踏实、正派。他落选，票数相差很大。"

马章木评价："徐力胜势力不大，兄弟不讲理，受牵连。"

（四）心中失去一杆秤

9 月 5 日，第三次电话联系，终于在房子装修现场见到高前金，噪音太大，我们找块木板在门口坐下。他 48 岁，与我长谈。

银上村有 910 人，彭祖村有 990 人，高前金角逐 2008 年村主任。

赵永强评论："他文化程度低，势力不够，缺少小兄弟活动，银上村只有亲戚投他。"

汪义立指出："书记落在彭祖村，村长又在这里，难度很大。高前金只活动一下，没有请客。上届当选村长，锯板厂停开，现在做木工。"

汪承天叙述："他老小和气，有事马上到，修水利，架桥梁，浇油路，在我村威信高。"

儿子插话："村楼他造，会创业。"

汪承天接话："他能力差点，演说不精彩，选举不拉票。"

儿子反驳："他有林大明的能力，但硬碰硬，坐而不动，后来听到人家拼命拉票，彭祖村被拉走三四百张，他已来不及。里面二村我们也有人，如拉票不会这样。"

汪承天又说："彭祖村的票如不拉走，也能上，但压不住。我参加上届支部选举，他最高票，比汪土灵多一票。我对他说，一届村长创业不少，最吃亏，他答有什么办法！"

儿子接话："上面刚有点熟，却不能再当村长。"

汪承天对话："如果不落选，还要创业，利用水库开发。落选后，开会全到，没有情绪化。"

贺无疆的看法相同："太可惜，他不能当选。现在的选举搞派性，有问题。投票人哪里考虑候选人好不好！"

汪心诚的说法大同小异："他口才不如林大明，但做人实在，忙于村务，要应酬，要解决问题，没时间顾家。村长第一年锯板，第二年停厂，厂房出租。能力有限，没有一批人，选举上不去。里面二村选自己村的，彭祖村却不少人选别村的，我这个自然村1/3票流失。他落选，有多少人提到可惜？各人各条心，自顾自。"

田乐民点到要害："林大明到上面活动，帮汪土灵当上书记，汪土灵帮林大明选村长，不会帮高前金。"

高前金自陈："我办过水泥砖厂、小木加工厂、纸箱厂、节能灯厂，引进企业五六家，增加村庄的经济活力。

2002年担任调解委员，百姓认为马马虎虎。2005年当选村长，争取50万元资金修水库，140万元浇路、加阔老桥，30万元建村办公楼。拆除六七户猪房，工作难做，多的人家跑七次。有一户别人说不通，我去，从利益的角度分析，他要建新房，路不拓宽不方便，他觉得有理，同意拆除。准备疏浚溪流，建造第二座桥，已获得水利局同意；规划路修到水库，为开发利用做好前期工作，随着我的下台而搁浅。

"做的事太多，汪土灵怕我超过他，想将我从'支委'挤出。2008年'支委'选举，我在外面做生意，差一票落选，如跑跑腿，面孔不一样，可能会上。没进'支委'，增加竞选村长的难度。汪土灵劝我竞选委员，别申报村长，位置留给林大明。我回答，一定要竞选村长，选不上不搭界。当过村长，何必再当委员，委员也被村务拖住，要走就走得爽快。

"田乐民对我说他退出，第二轮让我上，我认为不光彩。彭祖村810张选票，预计流失不超过200张，我还能上。但是好赌的帮林大明，选票被攥，第一轮十多人分别握有二三十张，我亲眼看到；第二轮多的达100张，那人从袋里摸出让我看。有的村民讲出钱，暗的。写票不秘密，二楼会议室200平方米，五张麻将桌，还有办公桌、会议桌，三楼门开着，三四十人在内，有人指点写某候选人。

"我不懂麻将，两位女儿已出嫁，家务不重，村民信任选我，还要出场，活着为民创业也痛快。林大明的人马不一样，用到都来，不用脸乌黑。"

（五）婚姻向游戏演变

8月5日，从马银木家走出，拜访汪阿芬。她77岁，当过多年的妇女主任，身体欠佳，躺在小床上谈论。

马章木说："钱贵夏杀猪的，到外地偷猪，判刑。哥们儿出身，同行不搭理他，附近村就有这样的人。到我村开白泥矿，泥质差，销路不畅，亏损，合伙人走，维持一年多，停产，村民的补偿费没有兑现。"

赵永强知底："他的村土地被征收，补偿数十万元，用于开白泥矿，后建山庄，造型不理想，又拆又造，似乎没有规划图。"

马银木谈用地："用田20亩，还有山，租买两种，欠钱开发，两分息。"

徐银发谈经营："奇人，以数十万元起家，创3000万元大业。先承包水库，前提是造桥、修路，为村民提供交通方便。水泥质量差，又改为油路。我老婆在山庄打工，知道经营亏损。餐饮价格太高，一般人消费不起。"

汪贤盛说："村民想搭车，修整畜牧场，改为住宅，接待低消费者，但无人住。还有人买去我的地，造五间房子，也无人住。"

马章木谈起管理："资金利用率低，30%用于投资，其他消耗掉。用人不当，高薪不能每个部位都这样，总经理没有利用价值。他为重要管理人买车，算是跑外，进材料个人赚。"

他带我实地踏看，山坞内一公里处镶嵌水库，碧波荡漾。南面建环水长廊，再南房屋对峙，中间夹长廊，东辟操场，半拉子工程，屋内卫生设施没安装。

此时一位大腹便便的人迎面走来，马章木认出是老板，我提醒别介绍，他招呼后，告诉我："过年逃出门，避债。2008 年初大雪，工人没领到工资回不去，向包工头要钱，落实不了，到县政府上访，派出所来人，才贷款付点儿，两头抹平。"

为了解经营情况，数小车九辆，中午的饭客仅这些，最多收支平衡，还贷无门。

严亮称他："欠债老板，东拐西拐。"

汪贤盛提到所见情况："村民出借三万、五万元的，1.5 分息，我看到他们在办手续。"

汪义立说："欠工程款，我叫来的拖拉机欠三万元。"

马章木还提到另一事："他狮子开大口，要租用银上村所有房子，我问他用场，他回答开旅馆。同事报告消息，称我村发财了，报纸上介绍，要建大规模的高档养老院。"

赵永强信息更具体："2007 年就喊，要征地 5000 亩，提供床位 5000 张，连林大明也开始警觉。"

汪义立说："钱贵夏从北京回来，自称花掉百万元，与千岛湖争夺，落到我村要大变样。"

汪贤良说："上半年听到风声，彭祖村北面的要迁移，大家过上好日子。"

田乐民接触到另外的信息："2009 年 8 月 10 日，他电话中说，三亿元资金在 20 号到位。我劝他别乱讲，难听，人家会说白屁。"

高前金也谈引资："去年村民传五亿元拨下，现在不见分文。"

徐邦银的话更传奇："他宣传，北京老年协会会长来过，还有邓小平的司机、周恩来的养女。项目合同已签，钱没到位。"

马章木转向婚姻话题："他要嫖，老婆管，打老婆。儿子叫人报复。这事在他儿子结婚时听到，原以为打父亲不孝，后来明白是帮母亲出气。"

徐邦银进一步延伸："他离婚六七年，儿子已婚。我村有位女子，离婚迁回，他来拼凑婚姻，迁进户口，不享受村的一切待遇。不久离婚，那女的在县城又办结婚手续。"

马银木指出："那女的经营理发店。钱贵夏演戏后带进原来的老婆，住在一起。"

汪阿芬说:"迁户口村民不知,组长也不知,冯愉天一手操办。大家议论,一定给那女的钱,不然演不成戏。"

汪贤盛谈关系网:"钱贵夏开白泥矿,拉住冯愉天,教他儿子开挖掘机,遇到用地阻碍,冯愉天出面解决。"

马章木说:"他寄拜林大明父亲,后来有矛盾。有人竞选委员,钱贵夏排挤他,林大明认可那人,劝钱贵夏别进村委,不进,用地问题可挡一下,一进就难。土地纠纷多,林大明处理感到厌烦。"

田乐民点出矛盾的另一方面:"山庄新到的合伙人查账,林大明建厂,用钱贵夏的挖掘机,没支付费用,还有借款。"

汪猛进一步指出:"钱贵夏去收钱,林大明说给冯愉天那么多实惠,他没有。"

郭庆岗谈选举:"他为选举而迁户口,选举委员会讨论过他的资格问题。选举时,他派小兄弟监督写票,第二轮没有里岗村的候选人,就投他算了,竞选成功。"

贺心夏说:"一人可投四张票,他的赌博朋友多,市场大。"

汪阿芬留心选举:"他自己讲,进入村委实惠,有发言权。冯愉天负责山庄开发,帮拉票,有些利益相关的也拉。他儿子是社会上的混混,有批人马。拉票靠请客,送香烟。"

贺无疆专谈利益相关人:"山庄打工的,为他拉票。要会拖老鼠才好,他轿车进出,过年不见人,我不认可。"

田夏善说:"他喊口号,当选,不拿工资。"

汪承天实话实说:"送我烟,退回。"

在座的邻居插话:"拉票的递给我烟,一支接一支,有的人一直在山庄吃喝,帮他发烟,还答应每张票20元,但没有付。"

汪贤良说:"'中华'烟一箱一箱送,宣传选他怎样怎样。"

田银木的邻居见证:"我去卖笋,大家都在说,钱贵夏买票。"

汪贤良说:"村民在传,今后林大明当书记,钱贵夏当村长。"

徐邦银指出原因:"百姓认为,我村贫困,他关系多,可以引进企业。"

汪贤盛也这样说:"他会创业,村庄要拆直,拆宽;溪岸要石砌;到北京活动,引资建养老院,村民说背来15个亿。有人批评讲大话,讨饭无路,我要投他一票。"

汪义立看法相同："这样大的山庄，没能力，没魄力，怎么办得到，我建造一幢住房就昏头。他有闯劲，比一般人强，大家投他的票，选上委员。"

田夏善指出另一方面原因："以前重阳节给老人发毛巾，送老鸭，选后一毛不拔。"

徐邦银说："竞选宣传，老人每年发600元，但没有得到。"

田乐民还说："有人讨老年金，他却说没有承诺过。"

（六）"萧何"又一次出场

2011年4月22日，拜访马章木，他承接两年前的话题："这届里岗村火力集中，村长、委员各一人报名。

"村长职位三人申报四人竞争，汪猛得两百多票，钱贵夏四百多票，林大明比里岗村的张化木少16票，第二轮少128票。

"张化木在外做太阳能生意，小兄弟当老板，有说送他数十万元，到户发香烟；有人看到他买票，我说为什么不向上报告。

"老干部张川青、冯愉天搞下汪猛，扶上林大明，现在又搞林大明。选举时出现'小字报'，三个小村各贴一张，说林大明滥伐森林，贪污80万元，占用土地。这块土地0.5亩，属于他舅佬，赌棍转给他建房。他们还上网，称他'牛村长'，有事用'中华'烟摆平，让他横行，还牵涉相关局长。这些罪状与事实不符，'治保'委员与新当选的书记撕下。"

他陪我去见汪阿芬，她骨折，坐在床上说："冯愉天、张川青靠钱贵夏的山庄吃饭，钱贵夏想当村长，他俩帮助。林大明得罪人多。钱贵夏提出干部加1000元补贴，他不同意，书记也不同意，报账员不满。村口建文化墙，承包人报销，他认为有问题，不批。"

马章木插话："'十兄弟'也有转向的。"

汪阿芬提起钱贵夏："他向一人要票，那人回答山庄占用的土地款到手才给。另一人在山庄打工，他问选举投谁，打工人答林大明，他决定只允许干到下月5日。又问投谁，打工人改口投他，他表态可以继续干下去。"

马章木又说："他的山庄高利息融资，有个局长担保200万元，还不掉，辞职，现在钱贵夏将业务交给省城一位女性经营。前几年讲的项目，要投资200亿元，今年3月10日到位，推迟到20日，又改为4月4日，只打雷不下雨。"

此前 12 天，观看选举公布栏，一位 50 岁的村民凑上来，也谈几句："钱贵夏有经济官司，不能上候选人名单，仍派人拉票。

"高前金在第二轮当选委员，比里岗村的新手多几票，太累。"

六 虹溪村散兵游勇的阵势

虹溪村是虹溪乡的所在地，组入玉牛、苇荡东二村，三村呈"U"字形排列，玉牛村在南，苇荡村在北，虹溪村在底，南北村各占有一条山坞，分别为 1170 人、540 人、870 人。原虹溪村两届颗粒无收，关键是合力缺失。社会离不开竞争，往死里打是战争而不是竞争，得到的同时也是失去的。退一步海阔天空，回味哲人的睿语，以退为进，处处都有笑容与回报。

（一）"老前辈"走不出权力惯性

2009 年 8 月 15 日，深入到玉牛村的坞底，拜访 62 岁的杨银火。他先谈论阶级斗争时代的不平遭遇，不时敲击桌子，泪水夺眶而出。谈到村务，仍然声音洪亮。

8 月 16 日，拜访 80 岁的"老前辈"，想了解他儿子的鼎鼎大名，夫人到内禀报，片刻后他走出，聊过各种话题，请他谈谈儿子，他没有推却。他推荐 67 岁的徐明欣，到家，夫人以为出门，旁人在麻将桌边见到，她去找回。徐明欣提供下一个人选，我入厂采访 57 岁的林达平。

8 月 17 日，在苇荡村采访 58 岁的姬银岗，夫人走开，让他与我交谈。下一站 65 岁的徐能本，他当过两届村长，正在洗衣，晾好后与我交谈。

杨银火从自身谈起："我代理村长，两年半后当选村长，主持 4.5 公里村道改为油路工程，资金来自林木出售、上级拨款、村民集资、'老前辈'儿子捐款。浇路有结余，原定林木所得 20% 归村民，我向'老前辈'要款，路钱由他保管，他不满。2002 年选举，他推出徐长本，说徐长本浇路卖力，实际上没有出多少力。他是选举委员会成员，亲自跟着流动票箱跑，全力以赴，为徐长本拉票，我差 30 票而落选。"

"老前辈"谈下辈："儿子初中生，抽到工厂，上北京外国语学院，调往大庆油田，省政府办公室主任考察，两人结缘，他调回省城，在进出口公司工作，1988年到美国，办过公司。回国办投资公司，购入三艘邮轮。在外国语学院时接触高干子弟，与高层有关系，市领导儿子到美国留学，住他家。"

徐明欣说："浇路，'老前辈'从省交通厅争取资金，村里的党员很大一部分他培养，他支持某人，某人就能上。

"徐长本田里种竹，妹妹办厂，他有股份。上下利益都照顾到，恶人不做。当村长时上面要求炸毁没葬的空坟，他只敲自己家的坟，别人的不管，而书记却要瞄准'老前辈'、老书记、企业家的，为人不一样。"

林达平说："徐长本聪明能干，有经营头脑，有人缘。啤酒糟卖给奶牛场，家境不错，村民想选能致富的人，他外面闯过。"

杨银火有微词："徐长本女儿已嫁远地，却以她的名义为省城人建房，老百姓这里不能造，那里不能造。

"2005年，徐长本放弃村长，担任书记。"

徐明欣提到2008年的选举："虹溪村的人到我村做工作，不要选他村的人，苇荡村也一样。村长没有第二人申报，徐长本稳坐。"

姬银岗说："苇荡村上届村长开拖拉机的，小学没有毕业，领款条子都写不好，对外一般不出场，由书记操办。敬酒动作生硬，讲话不在行，托他办事肯出力。2008年没有申报村长，其他人也一样，反正不会超过玉牛村。"

徐能本观察："这位村长讲话太直，容易伤人。2008年竞选委员，女儿嫁玉牛村，在那里用钱拉票，成功当选。"

（二）笑煞气煞两种人

8月16日，在采访林达平时，他推荐虹溪村的江照夏，我转到他家。他64岁，夫人在场，我不敢多问。隔溪住着79岁的周高春，曾经当过27年书记，从他的谈话得知周炎本是热心人，我立即赶去。他61岁，当过兵，在走道上与我聊，先提村务与周边村庄的贿选。他的女儿，一位小学教师，开始挡驾：

"你别指名道姓！"

父亲不满："谈谈有助于问题的解决。"

"不是金点子不会采纳。"女儿接着说。

这时夫人在屋内念念有词，发出通牒："你另换一家。"

媳妇也加入逐客的队伍："我家有客人要来。"

我硬着头皮再留几分钟，想挽回点面子，他善解人意，再谈几句。我起身，只要有个台阶能下，就心满意足。他喃喃："这样讲讲也不可以？"

8月17日，到达余心养家，夫人告知已到养鸡场上班。我赶两公里路，这位51岁的人在办公室接待。下午，第二次登临帅宗水家，他73岁，当过"革委会"主任，大队长十年，书记十年。

8月21日，第二次到达田贤仁家，他57岁，与夫人一起谈论选举。

江照夏告诉我："原虹溪村村长王贵章，年近60，搞过汽车调度，开过拖拉机，现在无业。"

周高春谈性情："王贵章退伍军人，当村长近二十年，群众关系还可以，叫他会帮，有脾气，要顶乡干部。"

余心养感知："王贵章处理人事关系有一套，懂得哪种人可得罪，哪种人不可得罪，很老到。"

帅宗水回忆："王贵章村长将村的电视机搬回家，今开棋牌室，儿子赌博。他建房，我借给5000元，抬举不起。我与他等五人合办砖瓦厂，他贷2.5万元，信用社要起诉，担保人说，只要王贵章在街上讲赖掉不还就不追究，他才拿出两万元。他人高马大，手长，气量小，有脾气，不办事，处理事情到一半会走开。农业税我一人收，乡要撤他职，我阻止，民选村长不能撤。选村长，他自己组的人反对最多。

"1999年童阿季竞选村长，与王贵章同一个组，拎票箱的是王贵章人马，我想打破这种局面，派进不同人。他们告到乡政府，理由是没有通过他们，我反驳，我是选举委员会主任，没权吗？

"唱票时，双方发生肢体冲突，王贵章一方有人住院。乡叫去童阿季老婆的兄弟，我赶去要回，赔偿医药费833元。乡要拘留三人，我说先拘留我，干部不挑担，怎能让老百姓承担！

"童阿季票数超过王贵章，但没有过半，这年没有村长。

"我看不惯，胀肚皮，棺材木头香，过一天算一天。"

余心养补充："童阿季接近60岁，开车，为人和气。他姐姐在南京经商多年，有经济实力，如果当上村长，会资助建老年活动室，给老人优惠。但老人力量有限，拿不到票，被儿子拿走。他们会说，票投给童阿季，就到他家，让他养。

"田贤仁是童阿季的姐夫，他的人马就是童阿季的。2005 年中间派担心他上不了，倒向王贵章，我也是其中之一。"

帅宗水认为："田贤仁气不过，跳出来竞选村长，他日子好过。"

田贤仁自述："2002 年，与王贵章有矛盾的五位老书记哄我竞选村长。王贵章将组长拉到他一边，组长拎票箱，落实选票任务，必须完成。有位出名的小混混，宣称不投王章贵就要斩手。第二轮，我少六票。"

"2005 年海选，五位想竞选的人退出，王贵章派人来，扔出退选人名单，逼我也退，他可以稳拿。朋友劝我派人拉票，我想，当上村长，拉票的人违章，处理他，他会说我这个村长是他推上去的。坚持不强拉，自然产生，坐得正，能办公道事，我不靠当干部吃饭。这次我比王贵章少八票，2008 年如果村庄不合并，我还要申报村长。"

周高春观察："三届竞争，形成派性，对外软弱无力。2008 年田贤仁申报后又抹去，另一人也这样。"

余心养现身说法："我养鸡近二十年，从 300 只到 1 万只，年收入最多 20 万元。2007 年，因注射器不是一次性的，鸡病传染，死 1600 只，老婆恐慌，停养，改为当技术员。

"已当两届委员，2008 年竞选委员，我村三个候选人，没有协调，有本领就会上，不上拉倒。也想过退出，人家说坚持一下，可能会上。有人来电话，要王贵章退出，他已 61 岁，让我上。真的这样，我大概能上。他当村长时间长，有基础，这次他票数最多。"

江照夏感叹："我村两派，流动票箱到，想投这位，却被那位夺去，我出去打工，回避作难。原村长等人申报委员，剃光头，有的笑煞，有的气煞。"

周高春指出："三人竞选委员，我提议集中到一人，不起作用。出现空白后，我与周炎本建议聘请王贵章为委员，不被采纳。"

2010 年底虹溪乡新一轮选举结束，作为下年全县试点，原虹溪村"两委"没进一人。

七　成虎村的对外偏好

成虎村在虹溪乡的最北面，处于东西向的山坞里，坞口中驿村，直面大型水库，将随水的扩张而消失，并村时冠名"成虎"。村主任候选人不屈不挠，双线出击，争取"两委"席位，东边不亮西边亮。村民更是高歌猛进，集中力量打大仗，打一仗胜一仗，营造逼宫气势，赢得退选的终期成果。民心如散沙，有时却众志成城，只是不在节点上。

（一）下野人的倒走

2009 年 8 月 26 日，骑车前往成虎村，中驿村以内的路段坑坑洼洼，装石料的工程车进进出出，尘埃滚滚。坞内分布两个石场，柳富木的住房偏内，里面只有一个石场，路况尚可，我坐在走廊上听这位 58 岁的老干部谈话。深入到坞底，拜见 71 岁的方长吉，正聊时他儿子进屋，坐下，取代父亲的位置。他担任小组长，信息量较大。转到外面一个石场区域，拜见姬承禄，他 71 岁，1965—1997 年间担任大队长、革委会主任、书记。从石场转到建筑工地，采访 68 岁的徐能林，坐在砖块上听他的谈话。夕阳西下时到庙址寻古，找到建庙热心人，不免也谈选举。

8 月 27 日，采访中驿村的徐力木，一身单纯却坚持维权。

柳富木善谈："我 1984 年当村长，2002 年退下，由帅大安接替，一直没有变。2008 年我是选举委员会成员，在投票点发选票，另一人监票，暗中帮徐水木拉票，凡他拉过的人在投票时要让他看过，以此判断真假。拉票有代价，村民估计徐水木开支七八万元。这位监督人也是选举委员会成员，与现村长田明金有矛盾。

"我村当过一届书记的与田明金有矛盾，也为徐水木拉票。

"原成虎村 1250 人，827 张选票，被徐水木拉走 400 张。"

方长吉儿子说："几届下来，还是田明金能创点业。冯银善当过书记，老好人，结人缘，外面没有关系，不会创业。2005 年与现书记竞争，失利。2008 年帮徐水木，每张票付 50 元。

"票箱位于出口处，站着受托的监视人，被拉的票不折，让监视人看到。接近结束时松些，写票处也会出现'指导员'。

"关端正老书记，2005 年竞选村长，落选，不满田明金，2008 年帮徐水木。他在外赌博，本地赌友少，不结人缘，影响不大。

"徐水木算过，会胜，钱扔下值得，结果失算。有些选民出于面子，不拒绝，钱到手还是不选他。"

建庙热心人说:"徐水木带我去化缘,得到 6.2 万元。尽管他办事果断,然而经济不明不白,选举我仍不投他。"

姬承禄独有所见:"徐水木要我拉票,我说田明金工作还可以,别煽动我。他组织一批人马,花不少钱,在县城饭店设点,统计选票。主攻成虎村,委托与田明金有矛盾的人负责。每个组都安排人,汇报有把握,百姓口头答应,但不一定会选他。

"石场负责人,一个来自中驿村,另一个成虎村的,两人都帮他,能拉不能拉的都付钱,原成虎村第五组拉去 1/3。

"选后不久,石场出事,停业整顿。重开必须村长签字,村长不签,流氓在村办公楼打他,很多人拉不开,住院,威信受影响。村民认为,落选的人不服,借机报复。

"冯银善管水库,田明金换上住在水库边的人,在冯银善家发生争吵。有人说挨打,经了解没有,争吵得很厉害。

"田明金上届不错,住县城,天天进村,督促修路、浇水渠。这届热情下降,进村少,书记问我,我认为原因在改选,产生矛盾,落选的找事发泄。"

徐能林说:"上届浇路,装路灯,我村分散,要不少钱。

"路破,石场放炮震房,粉尘超标,村民要求停矿,一位青年用小车拦在路上,被关一夜。百姓讲村长不得力,石场老板认为是村长发动的,打村长,他两头受气。车子进出人不下,过去下车聊天。场面上的人,要办事,挨打有失面子。"

徐力木叙述:"我在村办公楼,石场的两位负责人打田明金,我拦,也挨打。他俩被关,我作证。我村那位石场负责人又生是非,他的老婆和母亲上门,冲犯我,想我还手,要无赖。"

(二) 为自己的口袋办事没有明天

8 月 25 日,在中驿村开辟新战场,拜访 79 岁的金森木,他担任大队长十多年,书记两年。

8 月 27 日,拜访 74 岁的严泉贵,自我介绍后,他认出我是《东南抗战前哨》的作者,满腔热情地接待。我转向 59 岁的蒋明泉,患有高血压、糖尿病,但不拒来者。第二次登临石心生家,第一次夫人告知中午11 点回家,我按时到达,听取这位 52 岁村民的言谈。77 岁的厉启法是老年中的佼佼者，他的谈话如数家珍。

严泉贵开启话题："我村 770 人，徐水木 1987 年当村长，因经济案判三年徒刑。他办过竹席厂，承包砖瓦厂，都亏。"

厉启法细说："我曾在外地纸袋厂待过，到我村纸袋厂采购纸张，1500 元发票变为 2500 元。问负责人徐水木，纸价商量过没有，他满口肯定。后来发现存根联为自来水，仅 8 元，因此判刑。"

严泉贵谈另一话题："水库坝加高前，淹到 23 高程，部分田可耕种，村民承包，交农业税，标准低点。外地老板来挖沙，村长徐水木站在村民一边，宣称是承包地，不可挖，挖沙船进一只，毁一只。后来老板平地基，安装设备，村民越看越不对头，问村长，回答水利局同意，土地属于库区。村民阻止，被打伤，还关押徐力木和蒋明泉。村民签字，决心斗到最后一人，采沙停止。"

徐力木谈原委："外地人挖沙，出资 200 万元给水利局，2006 年 2 月 28 日，现场阻止的村民被打，武警到场。召开户长会议，268 户中 225 户签名，到市水利局上访，批复 31.7 高程以下村民安置好才能挖沙，我村在此高程以下，挖沙被迫停止。"

蒋明泉具体化："起初徐水木叫拖拉机倒泥封锁，后来又挖。我们问'两委'成员，回答不知。2004 年扩大会议上我提起此事，村长讲一定处理，2005 年扩大会议我又提，他答 5 月中旬选举后解决。600 多选民，他得选票 500 多张，尾巴翘起来，改口说，要卖沙自己挖。6 月 21 日，村民去阻止，五人被打伤，对方车上有马刀。我被关十天，承认打破车灯。村民一百多人涌到乡政府，乡出面保出。村民要求付误工费，水利局给两万元，我与徐力木各得 1500 元，打伤的没有慰问，余款不知下落。乡协商，允许挖沙三个月，过后照样挖。"

夫人插话："你声音轻点，讲讲有啥用？"

他继续说："全村百姓签名，制止挖沙，连徐水木的大娘姨也签名支持。"

石心生谈其中一节："我们派老人管制。下午 5 点，沙场派大批人来，用水龙头喷射，百姓赶去还击。此后，一动就去，水利局只好叫停。200 万元的设备在烂，苦了老板。"

蒋明泉转换话题："我们的承包田原种桑树，水位上升，改种其他，没有抛荒。徐水木挖沙，水利局批准的范围在溪里，却扩张到承包田，付第三组 2000 元/亩，没付一、二、四组，我第四组 15 户的承包田被挖。"

石心生指出："徐水木挖沙，不付我第 4 组的补偿费，组长出面，他回答，有本事自己去挖。一直到采沙期满才停止。"

徐力木知情："徐水木的采沙证到 2004 年底，2005 年仍在挖沙，地点在四个小组的 50 亩承包田里。"

严泉贵提起另一事："公社与村联办砖瓦厂，1999 年转让给个人，土地转让使用权 70 年，私下做主，'两委'都不知。土地 100 亩，搞成 68 亩转让，有猫腻。"

厉启法也说："2008 年 4 月 20 日，村民封锁砖瓦厂，两天三夜，第一天全是人，饭送去吃。乡政府副职来，我们要求正职对话，人大主任到场，决定通过法律途径解决，我们撤退，启动官司，要求归还土地。"

徐力木出示砖瓦厂合同等材料，《要求归还现砖瓦厂土地所有权的报告》，上面有 236 户签名；《声明》由两位支部与村委委员签名，证明转让未经"两委"讨论。

另一封上访信集中阐述造桥用地：

一、2005 年造高速公路，中铁二局向本村租用耕地 23 亩，时间 2 年，每亩 3000 元，共计人民币 69000 元。村民只有 15.96 亩，还有 7.04 亩归集体所有，村民只拿了 28674 元，徐水木等二人在没有 1 分耕地的情况下侵吞 40326 元。

二、中铁二局赔偿耕地毁压复耕费 10 万元，村民只分了 88080 元，其余被徐水木侵吞。

金森木感叹："水库建桥，用我村土地浇桥板，我只得到 1500 元，徐水木连我的钱也侵吞。"

严泉贵指出："救济款、照顾费，邻村有，我村没有。"

蒋明泉说："1996 年特大洪水，救济款没分。"

夫人接话："有能力，心太黑，为自己的口袋办事。不做生意，钞票哪里来？"

徐力木谈遭遇："2006 年 8 月 13 日，我在午睡，徐水木闯入，猛卡我脖子，我报警。当天夜里，他侄儿带 12 人又来，威吓说，叫他们日子不好过，叫我也不安。还撞村民的教练车，推倒车主的夫人，报警才逃走。"

（三）老百姓大面积倒戈

8 月 27 日，采访徐力木时，请他指点能为徐水木说几句话的人，他报徐土发与王必茂。在加工厂，73 岁的徐土发坐下，和蔼地与我聊几句。65 岁的王必茂为人建房，在削桁条，我站在旁边听他的谈话。

金森木说："徐水木拉拢出跳的人，重新上台，有本事。2008 年竞选'支委'，老妇女主任投他一票，当选委员。妇女主任儿媳妇闹意见，丈夫上届是支部委员，老母亲不投儿子，却投徐水木。三个儿子很反感，送老母亲到养老院。他又竞选村长，很多小混混出场，在写票、投票处实行监视，制造事后报复的气氛。

"我村民国期间是区署所在地，建水库前地位没变，附近的农业税交这里。现在百姓宁可灭村，也要选成虎村的人。"

严泉贵的看法相同："1999 年徐水木当选村长，村民认为能人少，他脑子好使，选他，竞争对手票数远远落后。连续当三届，一届不如一届。小事会帮，媒公会做，婚事场场到，大困难不帮。

"2008 年，几个小混混宣传，不要选外村人，村无干部要吃亏，弄不过外村。他侄儿平时不回家，哪里有事出现在哪里，没有钱向小老板揩点油。这次冲击过投票点，说唱票不公，心里希望出差错。投票点外有派出所人员，我写票没有见到旁人，投票不乱。70% 村民不投他。"

柳富木熟悉严贵泉："徐水木判刑，严贵泉受牵连，徐水木将责任推到他身上。2008 年选举，他来讲，中驿村宁可做傀儡，也要投成虎村。"

石心生回顾往事："徐水木有魄力，会做人，肯帮人，百姓拥护。三届村长，后期变质。"

蒋明泉声音洪亮："他判刑，村民保他，做人还好，反正没捞村里的钱。现在没有人保，只有他家的。2008 年，他一再宣传，今后发展水上项目，村要搬迁，选他，拆迁会帮，不会吃亏。选举时，他的人马叫村民投他，还混到写票处，被乡干部轰出。我去投票，里面秩序正常，外面他们的人样子很难看。选前他向乡汇报，中驿村得票 70% 以上，实得200 张。"

夫人插话："事后，有人喊，选举赚钱，最多的 500 元/张。"

"你要写报道?"她的眼光落到我身上。

"制定政策作参考。"

"没用,我已没有信心。这样的大热天跑来跑去,暑假不如在家安枕。"

徐力木告诉我:"唱票时,田明金得30票,徐水木80票,小兄弟们去睡觉,以为徐水木肯定会上。"

厉启法谈论内心的转变:"我扩建住房,他为我跑腿;村有事叫我做,信任我。为沙场事,第一、第二、第三组开过会,我组也应开会,到农户签名,征求意见。他老婆赶来,骂我想当干部天天跑上村拉票。

"我村水田0.55亩/人,乡催发农业补贴,他决定2008年选举后再发。我家对面的人办喜事,问起此事,我讲是2007年的,那人推测2006年也有补贴,我解释仅2000元,难分,村长说放着另派用场。有人到他那里告状,说我在外揭老底。我送选票给他,他指责我拉票,还说我与田明金接触,为田明金效劳。

"我是选举委员会成员,田明金要我造选民册子,我说年纪大,派不上用场,当晚他接我去开会。徐水木骂我,我气煞,人家当选,与我有什么关系?

"儿子回家,与我到徐水木家论理。儿子感激他为建房出力,但经过两次挨骂,不再投他。我家七票,还有兄弟、亲戚,全部倒给田明金。我侄女婿担任组长,徐水木拉下他,准备选他,听到我的遭遇,气愤,也不投他。

"徐水木开车拦人,非选他不可,选举结束,百姓说现在可以睡好觉,狗也可以睡好。

"检察院问,既然劳改过,村民为什么还要三次选他?他有能力,这点不能否定。稍微放点水给老百姓,选票绝对不会逃掉。能力用到自己袋里,连金森木的便宜也占,没德性。"

严贵泉感慨万千:"他无业,却一人养四家,经济条件不错,以前对你没有办法,到此为止,不再选你。你好走了,已经捞饱。"

徐土发认为:"不管谁当,都要捞,村长的房子都像样,哪儿来的钱?村长没外快,吃不消,乡里来人,递十元的烟,招待青菜、豆腐,下次不会再来。

"徐水木客气,碰到,喊我阿公。有事会帮,会出力。"

王必茂不肯多说："官权力大，争的人多，任何人当村长都一样。我种田，不问政治，弄不清爽。"

（四）"小字报"不好玩

2011年4月14日，走访柳富木，等半小时，他挑一担笋回来，坐下长谈。结束时发现他要剥笋，却以人为先，我内心有愧。退回到中驿村，拜访金森木，依然肯谈。转到严泉贵家，两天后又一次登临，听取他的发言。按照金森木开列的名单，我逐一走访妇女精英。四十多岁的田雨花在制作笋干，抽空聊几句，她表示歉意，没时间接待，希望下次再叙。来到蒋美的杂货店，儿子将她从扑克桌上找回。她三十岁左右，粗略谈几句，她的注意力仍在扑克上，我告辞。在一个棚子下躲雨，作采访后的记录。房东凑近，我问文木英的家，告知正在她家，文木英回家取诬告田明金的"小字报"。

柳富木谈内情："书记帅大安打算在2011届放弃，让给原中驿村书记汪立森，乡也同意。我对他说，中驿村要整体迁移，工程量大，回旋余地也大。又分析给乡听，汪立森上，老搭档徐水木要当村长，老百姓为经济问题已闹多年，现在还没停息。他俩上，迁移工作老百姓不配合，完成不了。他们回心转意，帅大安竞选书记，第一轮党员、村民代表推荐，73人中63人投他。第二轮四选三，党员参选，比徐水木超出四五票。第三轮从'支委'中选出书记，六十多岁的党员占半数以上，容易受到物质刺激，乡定等额，帅大安为书记候选人，不然徐水木很可能要上。

"村委申报截至2010年11月11日，田明金当选，1427位选民，他得1173票。四个委员选出三个，我提议不选第二轮，选举没有误工费，还要通知到户，太难。选举委员会同意，聘用一人，他是落选中的最高票，上届担任委员。"

金森木简述："报名时，一批妇女天天到乡里、村里吵，阻止徐水木申报。"

严泉贵一气呵成："我们八位代表，打赢一场官司。汪立森、徐水木在任时，把砖瓦厂土地转让给老板，村民没得到好处。胜诉后没有处理，村民火气大，加上其他经济问题，妇女们一次次赶到乡。有次开各村支部会议，她们指到徐水木鼻子上骂。他没办法，只好将已申报的名字涂掉，他已挨家挨户跑过。"

田雨花谈经历:"本届选举贴出'小字报',我们拼命阻止挖沙的补偿费 27 万元,被田明金村长用光。我们气死,到乡讨公道,负责人说我们来打仗的,他忙得很,哪里只为一个村服务。另一个干部解释,他们当不好可换地方,吃亏的是百姓。第二次再去,负责人说没有工夫,要到其他村去,关起车门就走。

"找村报账员冯银善,他说开小店没空,还嘲笑我们不会用钱,要拿给他们用。后来弄清,并村前动用十万元,追问徐水木,他解释用于水利、浇路。这是口粮钱,不可乱用。"

蒋美谈同样话题:"乡说明 17 万元仍在,另 10 万元等审计,但等不到结果。当时徐水木在场,道歉没有当好村长,上届没当。我们质问,为什么这届要竞选,他答不出。"

"小字报"针对田明金,共五点:低价购入茶厂和老年活动室;发包水泥厂房,转包谋利;侵吞 27 万元沙款;买山地 20 亩,转给养猪户;土地复耕 80 余万元,从中获利。沙款的文字如下:

> 三、2008 年,田明金在任村长期间,在原中驿村与成虎村两村合并为成虎村的期间内,县水利局划拨给原中驿村各农户淹没地青苗补偿款 27 万余元作为各户村民的补偿,而田明金至今未将该款项落实给村民,27 万元款项至今不明。村账没有账目公开,此行为为田明金侵占原中驿村村民应得的个人利益。

文木英说:"80% 的村民去阻止挖沙,守一二年,27 万元补偿款不分,怕他们再挖。没分到钱,不见成果,老百姓冷心。"

严贵泉细说 17 万元余款:"并村后,徐水木报销 9 万元,砖瓦厂官司用 5 万元,小学维修 2 万元。田明金借钱凑足 17 万元,交给新当选的委员,委员放几天交回村。"

金森木很激动:"到选举时,小鬼还在宣传 17 万元被田明金侵吞,我压不住气,骂他'你拉票已结束,乱啥!'他老三老四,我骂他贼骨头,他反骂我贼,我接音贼他娘。他想打我,妇女们拦住。我连骂三天,骂到他家门口,他门不敢开。"

文木英还提到小组长选举:"中驿村五个小组长,除蒋明泉外都是徐水木一派的。我们经验少，不知道组长的分量，他们老道，老人的票夺去写。汪立森找年轻的，拉走徐力木的邻居，徐力木麻痹，没拉。有张票填他组长，又填代表，作废，本来可以上。"

第三章
杂色人物的演艺

村官，离七品芝麻官还有遥远的空间，但山高皇帝远的地方，掌控一个村落，能在千百人中呼风唤雨，独领风骚。权力的追逐者，来自各个角落，草莽英雄、棋牌精英，使出浑身解数，往独木桥上挤。原本良家出身的，生怕名落孙山，不惜调遣社会的另类，运用兵家招数，在夜间的大幕里决战。杂色人物纷纷登场，斗智之外还要斗力，文明社会出现返祖现象。

一　银牛村财力的互动

银牛村地处城关镇，由三个村合并，分别为白银村、丰牛村和天牛村，人口依次为620人、730人、1150人。候选人傲气傲财，横扫三位对手，立于村庄权力的顶峰，胡萝卜加大棒，老人的叫好声中，同路人选择离去。新人也傲气傲财，跳出叫板，输于积淀与经验。社区在平衡中维持，富贵打破平衡，娇气加剧失衡，失乐园里没有胜利者。

（一）半路杀出的冲击力

2009年7月6日，沿公路行进，穿过天牛村，在丰牛村西折，到达白银村，进入一幢平房，拜访73岁的林山木，夫妇都担任过干部，谈话没有保守的迹象。下午，拜见53岁的冯长善，一阵聊天后他当起猪倌。向南，登临史木飞家，他夫人从麻将桌边起身，唤醒正在午睡的丈夫，他64岁。村民推荐一位能说会道的人，我向小店打听，72岁的梁姓店主认为不妥，他与我聊几句。

7月7日，到达钱阿马家，他73岁，从田里回家接待来客。退回，走访59岁的邓义洋，他当过两届书记、一届村长。

7月8日，在丰牛村调查，拜访78岁的商川木，然后转到安木家。

他70岁，开办家庭工厂，停下工作与我聊，此时，他儿子出现，加入共聊。

7月9日，在丰牛村登临徐伟夏家，等片刻他才回家，带我到打工的仓库聊。他70岁，当过会计，村情较熟。他的朋友到达，也参加聊天。结束谈话，拜访72岁的苏达良。

7月10日，第三次踏进白银村，根据徐伟夏的推荐，采访62岁的陈义贵。转到天牛村，拜访林洋善的伯父林虎木，他78岁。

7月11日，在天牛村拜访70岁的韩本齐及儿子，谈话时出现青年人，是林家老三儿子林大夏，我将目标转向他。向东，进入吕端良的院子，坐在走廊上听这位65岁的老村长发言。

7月12日，第三次进入天牛村，在养鹅场不见60岁的郑大贵，他儿子接待，片刻，郑大贵到达，与我攀谈。他1983年进村委，担任过正副村长，老婆不让当，到1995年结束。向南，进入平房，拜访81岁的柳达本，他当过高级社长，年老也有信息。

林山木涌出话题："白银村冯长善没有文化，不善谈，参加2005年的选举，唱票结束，晕倒在地。此前，对竞选人说不如自己，太自信。"

史木飞评价："没名堂，柳金富培养他，反而夺权。不想想自己有多少能力，多少贡献？娘家亲戚多，以为能上，东电话、西电话拉票。"

梁某告知："冯长善到新疆待过，家有父亲兄弟，信却写到我这里，关系很近，日久见人心。"

冯长善自述："村道泥质，妇女出门上班，摩托车陷进泥里，丈夫赶去拖出。我发动村民改成油路，有点名气，2002年竞选村长，柳金富说他下，我不忍，干脆让给他。2005年当选'支委'，胃口变大，又想当村长。不比别人富强，拳头里冲不出巴掌。

"村长落选，到工厂打工，与小老板接触，体会发展经济的重要性。工友提到他村有个穷人，被人追讨欠债，后来养猪，年收入200万元。我去取经，猪老板进行技术辅导，一年前开始养猪，到省城进泔水，现在存栏140头。"

"2008年为什么不竞选村长？"我问。

"当时路不好走，村民想到我，修好就忘记，现在没人说这条路靠我修成。三村合并，要财大气粗，起码开轿车，摩托车算什么！家不富，被人看穷，什么事也办不成。首先要自己会赚钱，有经济实力，没有底牌，没人投你的票。以后富起来，不会再去竞争，日落西山，没有回旋的余地，干事业要有周期，一届后才会公认，信任你。"

2008 年白银村无人申报村主任，丰牛村书记超龄，村主任升任书记，也无人申报，天牛村内部展开攻势。

冯长善概述："2008 年村长候选人林洋善之外还有三个，韩心明是上届书记，并村时代理书记，实力一般。关石木没有财力。韩天虎父亲有点名气，他自己有公司，本村有亲戚，白银村也有。林洋善不跳出来，百姓接受他。"

史木飞观察："韩心明在白银村没有亲戚，不来拉票。"

郑大贵感慨："他参选，我讲何必，村民代表都没选上，自己抹黑。村长票只得八十多张，亲戚也不止这点，更不要说朋友。"

史木飞又说，白银村有姓韩的，韩天虎来拉过票。林大夏报数据，他只得到 93 张票，大多来自天马村。

陈义贵谈林洋善："天牛村的回长命还想当村长，上不了，哄林洋善。林洋善以前没有想过，突然杀出。"

安木儿子说法相同："关石木见林洋善申报，就没有响动。林洋善报名迟，要压住韩天虎，天牛村上届村长回长命帮林洋善。"

徐伟夏朋友进一步深入："韩天虎父亲的房子被林洋善高楼遮住，堂弟打官司，韩家与林家有矛盾。"

林虎木疏理家庭关系："我在四兄弟中排行老大，林洋善父亲老四，曾经与老三吵过，不来往。老三与韩本齐连襟，韩本齐儿子与林洋善打官司。"

林山木谈见闻："林洋善老道，利用白银村上届村长柳金富和老书记、现任书记柳岳春，出钱，拉多少，给多少钱。"

陈义贵进一层："柳岳春做生意失败，林洋善帮他搞融资。"

徐伟夏说："柳岳春来拉票，我就投林洋善。"

他的朋友更细："柳岳春宣传，选其他人，没有经济实力，林洋善有钱，村有事，口袋里摸点容易。我与柳岳春关系不错，就照办，但林洋善的底细不知。"

苏达良说："柳岳春极力推荐林洋善，我们跟风。现在有活都是林洋善的老表做，我们轮不到，天牛村人宣传选林洋善有苦吃。"

陈义贵说："林洋善请客吃饭，拉票的都是哥儿们，不三不四的。"

史木飞坦言："林洋善在外搞经营，有魄力。他与我儿子是小兄弟，选前到我家，有承诺，儿子帮他，拉来一批人。"

钱阿马也说："我儿子小兄弟多，要我投林洋善。"

安木儿子谈见闻："林洋善出动大量人马，抓住小组长，利用亲戚、同学，有位同学得到 5000 元借款。他夜里轿车出动，丰牛村的选票挖光。"

林大夏也说："林洋善在天牛村得票不少，赌友都投他。选举前十多天开始买票，每张 200 元，好讲的 100 元，选后才付钱。原定老婆的选票不能由老公代，他们却到处攥票，一刀刀的。他母亲、娘舅、亲信到场监督。"

吕端良陈述："林洋善的孩子寄拜这个那个，一圈拜过来。

"在投票处，听一位老太婆说，人家讲多少多少，她一张票只有 20 元。"

"会不会家穷，没地位，随便给点？"我问。

"她丈夫 80 多岁，中风，住老房子。"

郑大贵感叹："我在选举委员会，林洋善暗中出钱，派人盯住写票。他们窜进写票室，怎么拉得出来？"

王银禄说："林洋善的村长是买来的，白银村半个村他父亲亲自去活动。"

冯长善分析："他在白银村亲戚多，小兄弟多；丰牛村有两位老板支持他。他建有两幢高楼，引人注目，老百姓以为老板大，不会看上村里的钱。"

柳达本观点相同："小店边大家议论，原来的干部已不适应，要企业家上，能搞活经济。我们那时解决温饱问题，现在搞经济，要有门路，没有经济实力的官当不好。林洋善建造这样高的房子，有钱，可以依靠。我投他的票，不是企业家不投。"

（二）传单也有接力棒

林山木首先提到传单："内容为林洋善建房，影响邻居，警车进来收去。"

邓义洋的谈话更深入："林家老三来发传单，宣传别选林洋善。我劝他，侄儿再不好，也不能这样做。"

陈义贵见证："约在选前一个月，我的门内塞进传单，第一份简单，第二份详细些。墙上也贴过，夜里进行，一天后被撕。林洋善抓紧请客，抵消负面影响。有人议论，写传单的为出气，村民反感。"

安木夫人告知："我从山里回来，在老年活动室边见到传单，拿来一张。"

商川木称保留传单，来自安木夫人，我要求一见，他深思一下，戴上老花眼镜，审视我的工作证，记下姓名、单位。翻抽屉，找到，递给我。出乎意外，没有带照相机，只得一一抄录：

告全体村民书

全体天牛村村民：

请大家擦亮眼睛，来认识一下我们竞选村长的林洋善。我来介绍他的一些事情，大家注意他已经露出狰狞的扒皮面孔了，盯上这个位置。

上次那张小报所提出的出钱买选票之事，相信大家也有所闻，已查实确实有此事，他出200元一票，打算花20万元拿下选民的民意，望大家（要卖给的人）不要以小失大，看清这个吃人不吐骨头之人。

再有浇路，他原答应村里只要把排水管装好（村里光埋管子就多花16万元），他出100吨水泥，我们的干部又一次受骗上当，告诫那些帮他买票的干部都不要再上当了，前车之鉴。还有他家门口浇路，他说会出钱的，但至今未交一分钱（浇这段路村里帮他花了3万多元，这些事村干部可证明）。他是个敢凌驾于法律之上，凌驾于干部和群众头上之人，所以他不交，干部也不敢言语，像这样的人我们可以托付吗？

去年，他把村里的土地侵占去5000多平方米，造房出卖，这是集体的土地，大家百姓的财产，他就是敢占为己有，大家就是不敢言，试问他当我们的父母官，我们百姓能放心吗？

他还养了一批打手，请大家不要大气出声。2005年他造房，侵占了村里的道路，当时有人站出来，只是被他养着的打手们打得住了半年医院，还落下了终身残疾。这是我们天牛村人都知道的，后法院判下来，他扬言宁愿请人吃50万元，也不会赔他的医疗费的。所以现在竞选村长，他敢叫嚣着"谁敢跟我斗，事后有他好看"，弄得我们的回长命村长只好让他了，不敢啊！天牛村绝大多数村民都是敢怒不敢言，惧怕他的淫威，像这样的人我们敢选他当村长吗？

最后我说说最近发生的事，我们后村近年刚浇好的一条水泥路，现在被他的挖掘机、运土车压得支离破碎，实在是可惜。我们的好党员、老同志王老看在眼里，疼在心里。前几天，他挖掘机又开来，我们的王老是用自己带病的身躯躺在路中央，才把他拉下来的。我们的百姓啊，请大家睁大眼睛，看清此人的真面目，让我们选出心目中真正好村长。

谢谢大家，鞠躬敬上！

在林虎木家，主人提到 2005 年回长命的传单，与 2008 年无关，考虑到历史的传承性，也全文抄录：

天牛村有识之士分析当前二位拉票
当村长的人选简介
（供全体村民参考）

一、关石木，本村 4 组人，46 岁，职业拖拉机手，动机想当村长。据我们所知，从 1990—1996 年，他还欠村里白泥矿承包款 7000—8000 元左右，解释人：韩心明书记，吕端良村长（是关石木二哥）。总的来说，这件事要关石木本人及天牛村清账小组给大家解释清楚，如果想当村长，请全体村民想一想。

二、杜喜民，本村 3 组人，46 岁，职业经商，动机想当村长。本人有挖掘机两台，为了达到想当村长的目的，现将在金国大街商业城的"金国五金材料商店"以低价转让给韩心明的儿子，同时还借了 10 万元钱给韩心明。全体村民同志们，他的动机用意：（一）可能是天牛村面临即将开发，所有的土建及挖掘机工程想独吃；（二）他本人工作太忙，所有的村务工作想叫韩心明统管天下！也就是说回到从前，像吕端良、郑大贵当村长时代的不管大小事由韩心明说了算。但是我们大家想一想，这十几年来，除了与回长命这届搭档外，前头他做了些什么呢？

1. 把学校、大礼堂、加工厂等统统卖光,据知情人说,林大夏与林洋善等人送了大量现金及礼品给韩、吕两人,才有低价卖给他们的结果。乡亲们,我们现在的下一代孩子读几句书要走、坐车这么多路,如果我们不把学校、大礼堂等公共财物卖光,现在我们自己的孩子就可以在本村就读中小学,其中的奥妙我们一般人是难解之谜。

2. 近千亩林山破坏得不能入眼,这是我们天牛村老前辈创下的财富,可惜呀,也是留给我们天牛村子孙万代的财产。从现在起,我们大家都要团结一致,在村委领导下,保护现有的生态环境,造福子孙万代,决不能让一小部分人破坏了。

3. 拉拢村民开赌场,从中得利,在群众中造成极坏的影响。身为一个共产党员、人大代表,乡亲们,我们大家想一想,杜喜民想当村长的动机、目的不良,在外传言,他要自己拿十多万元钱来浇路,这笔钱哪里来?今后怎样打算,他自己最清楚。我们想一想,天下哪有这样的大好事,请全体村民不要上当受骗。我们实话实说,他如果把关石木及杜喜民拉上去当村长,最终目的是同流合污。

4. 还有杜喜民庙里的土地定性与村里的利益怎么样?因为他们以家属大搞宣扬迷信,搜刮善男信女的钱财,占为己有,这来自他们的内部消息。

三、回长命,本村4组人,现任本村村长,党校农干班大专在读。我们认为,回长命当村长这三年,说实在的比上届村长强多了,确实做了几件好事。

1. 查清落实了砖瓦厂账,并公开公平以电视广告在全县范围内进行招标,所得款项还清了拖欠银行十多年的贷款,全体股民的股金100%还清。所以在查账过程中,也得罪了一些人。

2. 村里订立了村规民约,指挥引导村民浇了两条村庄道路,修复了大量的防洪堤坝,同时重新安装了两只水库的"汽运机",使管水人生命安全得到了保障,也造福了全体村民的灌溉饮用水。

3. 对破坏多年的毛竹山及林山进行合理、科学的统一管理,深受广大村民的拥护,但也损害一小部分人的利益,因为断了他们的财路,所以反对村里的封山育林管理制度。我们大家想一想,管好了封山育林,对我们整个村的吃水、气候、居住环境有了很大的改变,是造福大家、造福子孙万代的大好事。

四、对现有村里的进出、来往账目都要交到镇"村账统一代理"，请全体村民放心。同时提醒大家对村务公开多看看，不懂的，请多问问帅仲亮同志及"财监"小组成员。

五、回长命个人生活问题传言没有向大家说明，土岗湾的 12 万元现金用到哪里去了，他为什么对"下村头"这条路不浇？因为有的是钱，学校、大礼堂等都卖光了，钱到哪里去了，是不是请回长命向全体村民解释一下好吗。但话又说回来，回长命对村里还是有贡献的，他是能够挑起这副重担的，只要他愿意，我们还会像以前那样支持，投他的选票。按现在情况来看，回长命是吃亏了，因为他不会拉票，亲戚朋友也少。作为天牛村的有识之士，都要伸出正义的援助之手，帮他渡过这个难关，决不能一时糊涂，支持别有用心人来担任村长。

有识之士

2005 年 4 月 28 日

（三）财大气粗的单项选择

7 月 12 日，从柳达本家出来求访王银禄，传单上提到他阻拦事，林虎木说没有卧在地上，为求证事实，到达他的院子外，在高处瞭望，房屋大门紧闭，以为没人，邻居说人在也关门，我大声呼喊，他媳妇打开院子大门。我在屋后见他，凉风习习，在舒适的环境里听取他的讲述。

钱阿马说："村组织老人到江苏华西村参观，车上 30% 的天牛村人骂林洋善，村委委员柳金富阻止，他们骂'你下次不准到我村来，明年罢免你的村委委员。'"

郑大贵说："林洋善开过小吃部、面包房，都亏。还开过乐器店、足浴店、劳保商品店，稳住几家大厂，赚钱。承建邮电大楼，买地搞房产。"

以前采访下岗职工，白泥矿人称他是供应科"林科长"，村民还提到他从事融资业务。

在与陈义贵交谈时，天牛村乡村医生插话："林洋善表现财气，太狠。建房超面积，里面的住户恨煞，改造村道也不肯退让。村民被打伤，处理不公，老村长倒拿出，村民更加不满。"

林虎木评论："林洋善买来学校、祠堂，建起两幢高楼，空着。不结人缘，大家反对。"

韩本齐的谈话慷慨激昂："祠堂在西，学校在东，祠堂建高楼，北面超界，影响我们二十多户的出路。我儿子用拖拉机拦，阻止建造，林洋善阿爸抱住我儿，打倒在地，受伤。儿坐到墙角边继续阻止，林洋善将烟灰弹到儿头上。"

他出示法院初审不服的文字材料："县人民医院诊断自诉人第 14 椎体自前滑移一度，椎弓崩裂，右第四肋骨骨折。"

这份材料上有 24 位村民签名。

他继续说："住院五个月，开刀三万元。省委书记率团下访，批示已出的医药费由他支付，他不付，只好上诉，初审判决赔偿 6000 元。

"儿子伤后，建筑停一段时间，又造，住在里面的人都去阻止，他才答应再付 1.9 万元，但一直拖，到办进屋酒时，怕我们闹，才付清。

"又造时，老村长吕端良不服，被按倒在地，我去拉，吃到几巴掌。林洋善阿爸有心脏病，冲突后住院，处理结果反而要吕端良和我各出 1500 元。我不出，孙子说如果出，巴掌必须打回。"

他出示上级的认定书："在建筑西面占 8.5 平方米土地（该超占部分坐落在村主干道上）"。

他指出："实际超占不止这点面积。主干道我们自己出钱浇成，路边有明沟，他造房时挖掉，答应会还原，现在明沟变为墙头。

"学校拆造，北面两幢民房无法采光，补两万元算数。

"我们同一个小组，过去是邻居，他父母很早出门去运白泥，林洋善扔在我家。有次林洋善玩，不小心夹在树杈里，我儿抱出。他娘舅说，别的没有，老南瓜吃几块。他自己也说，小时我抱大。"

吕端良现身说法："村电灯亮度不够，电网改造，向他借 10 万元，2.5 分息，他不按月计算，而要按日，滚到 25 万元，祠堂折价 5 万元，学校 15 万元，白泥矿 5 万元股金，全抵给他。

"他建房，夜里施工，北面、西面超占道路，村干部连夜开会，责令退回。村民被打，我说赔偿后才能动工。"

夫人插话："我们出去晒谷，插几句话，挨打。"

他接着说："他老表拳头打在我腰间、脸上，倒在地上；我老婆腿上也被踢得乌青。"

夫人接过话题:"先打我,老公讲要打死的,林洋善阿爸将老公撞到地上。他阿爸心脏病突发,处理人说快死,要赔1500元,没有办法,只好赔。此后,房子建成。我想少点事,不让女儿晓得,不然,她要气死。收据在去年烧掉,怕女儿看到。"

他又说:"学校拆造,地基抬高,水沟被塞,往我园地冲。"

夫人情绪激动:"学校拆后建房,这条村道被占十厘米,不占便宜不走路。

"我们原来关系很好,他阿爸结婚,借我的蚊帐。"

他提到另一事:"后村五六亩林地向农户买去,建造别墅。工程车压破路,村民阻拦,他解释会重浇,却用村款浇。"

告别时他夫人叮嘱:"不要写出名字,他要报复。"

王银禄坦言:"我担任老年会长时,发起浇路,大家出资投工。祠堂的路他挖破,不浇。我房子东面的山挖进,要建别墅,没有人吃得消管,打手会出场。工程车进出,路轧破,一高一低。我中风已12年,走不动,一瘸一拐地到路中拦车。他阿爸打电话要他来,答应会修好,我不要他修,路早已修成。我儿子赶来,要我让开,我说今年讲明年修,明年又说后年修,到底修不修,不然叫新闻记者。林洋善解释没空,我说拿出10万元钱,交给信任的人,我来修,不够向他要。

"我拦时,村民拥护,但怕,站得正怕什么,不是无理取闹。

"女儿嫁给非农业户,户口在村,有0.7亩承包田,在学校南面。他要倒泥,想长期占有这块田,问我,我说只能租一二年。他打电话给女儿,女儿答应,但不知要倒几百公斤重的石头。学校有围墙,推倒,墙脚扩到女儿的田里,没有征求过意见,老板谁要得动!"

林大夏谈到两方面的内容:"林洋善经营劳保用品时,进大量货物,发货人来催款,他推托数目已忘,发货人出示借条,他夺过来吞下。报案,给点路费。

"与其他老板合作开发房地产,关系闹僵,在村建两幢高楼,流动资金不足。

"他是我堂兄,结婚向他借7000元,反复来讨,年关边还他,却不给借条。我要他老婆写收条,不肯写,强逼之下才写成。我开旅馆,出事,老婆被关,初定罚款5000元。他与有关人员通话,改为5万元,我托人说情,减为3万元。事后还说凉话,如果求他,不会罚得这样多。"

（四）舞棍人的背后有泥潭

2011 年 4 月 11 日，前往二牛村，经过天牛村，选举公布栏前围着人群，议论纷纷。从二牛村返回，拜见韩本齐父子。

5 月 19 日，丰牛村 60 多岁的老人在整理干柴，他叫冯大土，一阵聊天后进入医疗室，与陈义贵攀谈，丰牛村医生也点出见闻。退回天牛村，遇见关石水，随他进屋。

5 月 20 日，在山坞深处找到郑大贵，坐在锄柄上听他诉说。此后采访安木，又见邓义洋，他留我吃中饭，还介绍天牛村的王大春。王大春正在午睡，似乎不想见，但谈话不保守。电话约见 50 岁的郑川虎，赶到县城，在街道旁谈论。

公布栏下一位中年妇女议论：“林洋善失去天马村大部分选票，在丰牛村、白银村得票较多。郑川兵第一次参加选举，少二三百票，已经不错。”

冯大土告诉我：“林洋善发老年金，60 岁 600 元，70 岁 960 元，80 岁 1200 元，90 岁 1400 元，还组织旅游。他竞选承诺，2011 年再上，老年金加倍，尝到甜头的拥护他。有些年轻人，拿到钱仍不投他。”

关石水说明：“老年基金会 370 万元，向企业募捐，太阳能厂出 50 万元，‘两委’成员也捐一笔。2008 年重阳节发 50 元，年底 100 元，我建议集中发，2009 年每人 200 元。北京旅游三百多人，每人 2000 元，飞机去，火车回。”

郑大贵知底：“老年基金是郑川虎的主意，他给税务局长开车，面子大。林洋善的人送两只猪搞公关，到村报销，用郑川虎名义，他火。”

郑川虎说：“老年基金是我的建议，林洋善将基金借给在本村办的企业，2 分息，个人的钱搭进，取时要 5 分息。

“老年旅游，我随行，与林洋善睡一间，我说他坏，他反问原因，我说明，他原答应通往我家的路上装灯，我不好意思，要全村装完才动，但一直不动。他反应很快，回答泥路改为水泥路时一起动。我说路基归他，浇路归我，两米宽的路需要用地一亩，他没动作。

“党员活动，吃饭要花费四万元，改为发 50 元的杯子。柳岳春去签字，他说要全体党员签，柳岳春想撕发票，一位老干部夺下。我火，5000 元以下的发票，村长、书记有权签。

"小组长到户签名，配合村工作的才能享受利益分配，单子上有'经两委研究决定'的文字，我是支部委员，根本没有这事，林洋善一手操作，我不签。我母亲等 11 个老年人也没签，其中七位退伍军人，老年金没他们的份。

"我打电话给林洋善，他回答在外，下午回来会告诉我。等到夜里八点没音信，我电告弟弟郑川兵，叫他立即起床，就搁下电话。他反打电话，我说去打林洋善，他不同意，开车拉六个老人到林洋善家。我通知一位村民，他母亲在这里，没人管，我老妈三兄弟陪。几句话后就搁下电话，他联系我弟，赶到。林洋善打'110'报警，我告诉镇，镇与村干部赶到。我说今天是农历 27 日，明天不付，拉老母亲到他家过年。第二天发来老年金。

"郑川兵被激怒，要竞选村长，我说老年基金放贷，收不回怎办。他坚持要竞选。"

韩本齐说："林洋善的单子上没我的名字，没老年金，也没 120 元合作医疗补贴，林大夏父亲、不同意征地的第二组也一样。"

王大春说："配合不配合针对我第二组，我组半数人签字，发到老年金，退回已交的 120 元合作医疗费。2009 年 12 月 27 日，征地款定为每亩 5.4 万元，全组同意，林洋善表态三天后钱到位，后改为 4.8 万元。他说话不算数，只要他当村长，我们就不同意。

"2011 年竞选，他承诺上台后半个月就动工，已过两个月。

"村工程，他的近亲做，30 万元标的，结账 160 万元。"

丰牛村医生直言："白银坞一个点上届为林洋善拉票，今年为郑川兵。郑川兵计划拉到的票已足够，拉柳岳春去敲背，关掉手机。郑川兵派人守林洋善，林洋善派妇女骑电动车出门，送超市卡，一夜变掉。"

郑大贵指出："邻村人看到，林洋善一次买进超市卡 15 万元。他半夜行动，到丰牛村姓田的人家下手。"

安木谈见闻："郑川兵香烟送到我家附近。"

冯大土说："唱票时，天牛村的在先，林洋善得票少，轮到丰牛、白银两村，一下子上去，在场的天牛村人逃光。

"选组长误工费 30 元，选村委第一轮 60 元，第二轮 40 元。

"柳岳春没权。老年人游长城，他不敢答应乘缆车，林洋善敢，权大。"

二 草川村不相容的异性

草川村在南，童家村在东北，下山移民村在西北，三村合一，冠名草川村，位于草川镇的中心地带。镇建"三思亭"，痛思市场的夭折，而当事人却再次走马上任，村庄遭受折腾。选民年长而患幼稚病，心存幻想，以为错位的人转身仍是能人。江山好移本性难改，我们输不起损失，更输不起时间。唯才是举，也不能向无赖网开一面。

（一）地道人成不了玩家

2009 年 4 月 12 日，调查草川村，入户拜访裴盛德，他 59 岁，担任过 21 年正职，患直肠癌，祸不单行，夫人乳腺癌。他从纺织机房走出，与我交谈。他推荐 65 岁的林进名，我转到他家，他敞开说。此时一对夫妇进屋，占据谈话的主角，原来是林进贵。中饭在即，我只得离开，谈话没有尽意。他的话中出现杨邦中，2002 年的村长，52 岁。到他家，夫人在场，不时插话。转到钱成公家，他 67 岁，谈话立场鲜明。交谈间接到田立邦的电话，他已在家中等我。在采访钱成公之前，到达田立邦家，不在，夫人打电话告知，他乘出租车赶回。45 岁的人，肢体严重残疾，却承包工程，建成新房，令人刮目相看，说话一股韧劲。

4 月 14 日，专访童家村，第一目标人是 56 岁的兰禄仁，村民告诉我行动踪迹，一定在山。我不到他家，直奔山上，他在挖笋，背笋下山，在机动三轮车旁与我交谈。他说前一天晚上，杨邦中、田立邦赶到他家，通报我来过，不知调查是否有用。然后将话题转向自己，1972 年当兵，1977 年退伍，没进过校门，全靠部队学点文化。他推荐 58 岁的方长章，我在水电安装工作场地找到，他回家谈论，还留我吃中饭。下午，入厂采访 50 岁的田明森，他在办公室里与我交谈。我想到移民村调查，他报田老师，移民村鸦雀无声，都上山去播种，田老师在留守。向东，吴道贵在种菜，迎我进屋谈论。

兰禄仁谈经历："童家村 830 人，有个大队长想把职务推给我，我没有接受。2002 年村长曲日木，书记田明森，2005 年书记曲日木，村委海选，他希望心目中的人物能够当选，百姓推出我与田明森，第二轮我获胜。2008 年曲日木哄二人申报，分散我的选票，怕我当选。我无经济实力，不可能送钱，花两天时间，上门拉票，香烟一支支分，得票250张，他俩加起来也只有这点，全部在第一轮淘汰。"

田明森指出："兰禄仁不申报，快到截止时仍这样，他没钱，我催促，才勉强报名。"

方长章了解到："兰禄仁妹妹嫁给草川村，听她婆婆说，草川村百姓选自己村的人，连妹妹的票也没有投他。"

林进贵参与2005年的选举，又是2008年的角逐者，他自陈："报名截止日不见其他人，下午3点我临时决定申报，给方立安多点麻烦。摸过底细，草川村肥水不外流，要投自己村的候选人。我村1040人，三村中人数最多，没人申报，方立安可以坐得。我出场，分散选票，进入第二轮也痛快。

"兰禄仁靠干活养家的，帮我。"

田老师说："我不是农村户口，投票点设在山上，老婆得到香烟。林进贵派人上去活动过。"

吴道贵直言："第一轮童家村的候选人都上门，第二轮林进贵派人送来五包'利群'烟，方立安派干部送两包烟。"

"不知道，别乱讲！"他夫人从外进屋，听到谈话内容，发出指示，谈话戛然而止。

钱成公感言："林进贵一贯忠厚，做人稳健，没有一批乱哄哄的人，得不到票。我也帮不了，自己的兄弟也稳不住，明知方立安不适宜当村长，还要选他。"

杨邦中认为："林进贵穷，如花5000元就能打倒方立安，仅差十多票。草川村底子薄，能拿出20万元的不到五人。"

裘盛德谈家境："他开过织机，应收款变为死账，只好停业。"

杨邦中谈村主任方立安："他家底也差，第一个老婆相貌丑，头脑不活，但家里条件好，结婚后他合伙办印染厂。第二个老婆在深圳混，有七八十万元，结婚二三年离开，凭着第二个老婆的实力竞选村长。一直在外找'活食'吃，播种有收获；有的女人财气足，他揩点油。

"他以赌为业，输赢上万元。家里不开灶，吃饭店。"

田立邦感慨："我曾经是小混混，根据自己的经历，2005年投方立安，娘舅的票也拿来，共十张。他能力强，总能改邪归正，想不到讲一套做一套，只顾个人方面发展，赌博也不收敛，去年输十万元，自己讲出。"

杨邦中直陈："2005 年选举，我没分烟，方立安请客，送烟，赌友二三十人，为他效劳，妹妹也拼命送烟，这方面花数万元。

"2008 年他妹夫到裘盛德家做客，缠住裘盛德，不让外出活动，怕他为林进贵拉票。第一轮结束的夜里比打仗还紧张，赌友奔来奔去，用烟扳倒原投林进贵的人。"

林进名见证："方立安的妹夫当过草川镇镇长，选举时妹妹送烟，人多的家庭送一条。"

钱成公指出："他妹妹到我家活动过。镇所在地项目多，当村长有奔头，老百姓不知底细，组长、方立安的干将都帮他。村民觉悟不高，一餐饭、一包烟就能买通。"

裘盛德说："他包点工程，村工程有活干的选他，麻将朋友多。百姓议论，一张票 100 元，这种钱哪里吃得消。"

夫人挡驾："谈这些干啥！"

我告辞，后来了解到，他的低保户是方立安办理，左右为难。

林进贵获悉："方立安在童家村花 1 万元，买 50 张票，获利人不肯作证。"

方长章呼应："方立安送烟数万元，童家村最后几张票，200 元/张，高的上千元。"

（二）只顾羊卵子不顾羊性命

裘盛德回顾历史："我地的纺织市场很早形成，绍兴柯桥及周边省都来取经，却被'管理人员'管垮，客商看录像消遣，戴上嫖赌的罪名，罚 3000 元、5000 元甚至 1 万元。收取的管理费太高，客商无利可图。"

杨邦中谈相关点："草川镇组建印染的联合企业——四通公司，方立安挖到内部消息，赶建印染厂，拆几个染缸，算是企业。公司成立，他抓大权，管理市场。"

钱成公指出："工商部门委托'四通'收费，他们乱抓客商，搞垮市场。"

田明森是经历者："我在'四通'公司工作六年，'管理人员'不三不四，用拳头接待客商。有一次，客商的一车货被拦截，我在场，'管理人员'不便于做小动作，塞钱给我，叫我快走，我骑上自行车就逃，回家一看，300 元。"

市场荡然无存，村民仅作口头声讨，但对新账要追究一番。

杨邦中交给我一叠材料，其中有方立安 2005 年的竞选《承诺书》，第一点承诺如下：

> 在任职期内，廉洁奉公，把集体利益放在首位，全心全意抓好村财政收入，争取做到村财政存款逐年递增，村财务账目明细。每季一次返述各组长及村民代表手中，并在集中点张贴公布，由群众管理、监督。

但 2008 年 8 月 20 日的村民《报告》却是："成立清账协助小组，配合村'财监'小组，查看原始发票。"

具体的问题集中在《草川村财务混乱几方面的疑点》：

> 1. 建高速公路、省道时，交通局、标段指挥部及有关部门的拨款与村财务实收款项是否相符，应逐笔标明所有（包括村保健室七间公房地基款，2007 年后期的青苗补偿等）。
>
> 2. 原草川村道浇筑混凝土路面，总造价与工程量有出入，单价上差距很大（医院前的路是包工包料 38 元/平方米，我们村什么价），应有明细账目。
>
> 3. 村里有一个财务外的银行账号，私设小金库，账外号，是用某一个村委名义开设的，要求上级查明其账号的资金来源、去向。
>
> 4. 三年来共砍伐山林三大块，其中两块山林不投标以低价成交，存在权钱交易之嫌，散石岗 340 亩杉木材，高标不中，中低标，暗箱操作使集体经济受到两万多元的损失，长岭的 320 多亩松木，曾有人出价 30 万元价格购买，而本届村委却以 17.3 万元卖掉，无法无天令人共愤。
>
> 5. 以村名义承包的工程，如垃圾场、前溪滩埂堤包脚，偷工减料，豆腐渣工程，老百姓反响极大，说用于工程款还是入口袋的多，影响极坏。
>
> 6. 村务支出费用达 18 万元多，香烟费用 3 万元，招待费师出无名。

7. 草川桥头修栏杆所用镀锌管，其价位比同一时间段的价位高出很多，其经办人有回扣迹象。

8. 本届"两委"会成员，私分款项每人 2200 元，情况属实，是什么款项，我村多数村民要求上级部门对账目进行审计。

草川村大多数村民
2008 年

林进名指出："村官吃饭三年 19 万元，还要唱歌、洗脚。原积余很多，一届就亏空。400 户的 1/3 要求查账，准备在 2008 年选举前向上送报告，镇认为影响选举，村民在选举后呈送。"

林进贵说："'两委'私分钱，因内部分配不匀，少得的讲出。几百年的大杉树，全部砍完，只毁不种。"

杨邦中用比较法："2002 年余款六十多万元，2005 年九十多万元，另有拆迁补偿费二十多万元，宅基地补偿 20 万元。方立安建超市和茶厂，采用借鸡生蛋的方法，由使用人出资，不必动用村款，他一届欠 17 万元。他魄力大，砍伐五六百亩，要查总不会树墩一个个去数，吃子孙饭。老干部在年终会上提出看账，年年提，年年拖。有个热心查账的，让他承租 200 亩山，时间 15 年以上，是否付钱不知，他已冷下来。

"一位妇女眼睛瞎，房屋被征收，想出卖新安置的宅基地医病，方立安不同意，送 1000 元才答应。她仅一个女儿，丈夫没文化，不会讲话。方立安只顾羊卵子，不顾羊性命。"

田立邦语气中带有愤懑："2008 年选举后，我从外地做生意回来，到朋友家吃饭，他是呼吁查账的代表，告诉我，方立安派人来，警告他别管闲事，管就不客气。我一听就跳起来，此地无银三百两，动我朋友，先从我身上踩过去。不到半个月，遭到四人的拳打脚踢，花医药费 6000 元，没赔一分钱。为首的原是我老朋友，一起做过生意，他有奶便是娘。

"我哥哥上届在村委，为公我不会帮私。两万多元证据录在 MP3，放在抽屉里，被撬。另有三四笔，我一清二楚。

"方立安想杀鸡给猴看，谁怕谁，碰到他照样呼名，不叫村长。送我命，证据在小兄弟那里，灭不了。"

他口袋里插着材料，以为我来自纪检部门，我无颜相对。

2011 年方立安只申报委员，第二轮被淘汰。据林进贵夫人所言，原村长余款很多，他经手倒欠 100 万元。

三　活川村无条件的跨越

活川村在虹溪乡的版图内，由崇壁、木川、宏荡三村组合而成，处于同一条公路旁。属地辟有乡工业园区，耸立大型水泥厂，资源丰富。三位逐鹿人，谋而不合，无实力也无意投入，更无同盟军，挡不住另一人的凌厉攻势。林子一大什么鸟都有，枭鸟占到便宜，感悟权力的极品性质，没有它就没有利益固化的保护伞。现实让我们清醒，不对后选举治理下猛药，权位就会蒙羞。

（一）变化是规划的赢家

2009 年 8 月 22 日，抵达 810 人的崇壁村，62 岁的梁心木在吃早饭，他曾经代理、当选过村主任，是村的知情人。谈话将结束时夫人进屋，下达禁说令。我转向徐立本，他 50 岁，经营修理业务，坐下聊一阵。梁心木推荐 78 岁的陈相本，身体有病，家境不如意，但言谈不保守。他推荐 70 岁的金贤火，采访后拜访 72 岁的柳相腾，不在家，夫人找回。再向东，拜访 50 岁的陈舜本。

8 月 23 日，拜见 65 岁的严舜火后，向北，进入 800 人的木川村，70 岁的龙银本不在家，到田间找到，回家与我聊，他当过多年的生产队长、一届大队长。时针指向 11：40，入户调查不适宜，在厂的传达室见 67 岁的杨张本。下午，采访 56 岁的汤长桃，她担任多年的妇女主任，继而采访 76 岁的汤建长，他有二十多年的大队长、书记经历。退回，第二次张望 67 岁的毛季毫，他媳妇告知，下午两三点回家，正如她所说，我能够听到他的声音。

8 月 25 日，第二次登临江宏邦家，他 32 岁，村委委员竞选人，对选举特别关注。向北，到达 740 人的宏荡村，在菜地找到 63 岁的梁长章，他立即回家，开口便是调查没用，要上访，但不回避话题。他仍在打工，抬五六百斤的石头，年收入 1 万元。转到西边山坞，拜访 75 岁的陈承木，他当过大队会计、书记，共 28 年。夫人电话催他回家，一小时后他出现，热情地拉开话题。退回，走访 47 岁的杨完力，年轻的老村长。

毛阿季是中心人物，梁心木说："他率团为朋友出气，斩手，赔13万元钱，6人判刑四年六个月，其中两人对主角脱罪不服，毛阿季判四年，两年多出来。"

毛季毫提另一事："赌时起矛盾，龙季虎派人大打出手。被打人到龙季虎的调度室边，汽车不熄火，跳下，猛砍几刀，快速跳上车逃跑。"

江宏邦进一步说："龙季虎一只脚筋被斩断，另一只脚砍伤。行凶人获多年刑期，毛阿季每月看望一次，案情与他相关。大家议论，龙季虎没骨气，选举还帮毛阿季。

"毛阿季赌博，吸毒，不可生育。现在情况不知，欠债数百万元。"

梁心木谈发展："他出来后，瞄准水泥厂，供石料，质地不好，被拒收，他干脆整车倒在地磅上。现在轿车100万元，老婆的40万元。"

徐立本谈内情："他靠水泥厂供料发财，'黄泥证'在村，公告承包，上届村长汪大力落到他手上，收不回。后来不在自己村取泥，转到邻村，更没有办法。"

陈舜本见证："毛阿季没钱，全靠'黄泥证'发财。开赌场，无人敢举报。夫妇吵架，又想当村长，才停开。现在村民与他吵，他会说，如果是过去，早塞到垃圾桶里。"

另有村民说他的现职之一是"放炮子"，即放高利贷。

谈起选举，梁心木说："三村合并，崇壁村徐立本代理书记，宏荡村杨邦义代理村长，乡政府的意图是选举的格局不变。不料，毛阿季跳出，要当村长，帮杨邦义推上书记，腾出空间，自己可以爬上村长。意外发生，乡派人当书记，杨邦义为副书记，一年后乡书记调走，新任乡书记才将杨邦义转正。"

徐立本是当事者："党员人数，宏荡36位，崇壁22位，木川20位，我村不占优势。如果我当书记，毛阿季与杨邦义争夺村长，我肯定要帮杨邦义，毛阿季难度加大。杨邦义建有高楼出租，还有拉丝厂、制钉厂，是宏荡村首富。

"买票吃不消，无法花代价，信任我会当。

"毛阿季宣传，水泥厂旁住户的粉尘补贴太少，他当选会争取更多的，以此换取支持。"

金贤火回忆："毛阿季在选村长前，过年给老人发苹果，还出资旅游。"

江宏邦指出："他不是候选人，选票上没有他的名字，汪大力也一样。按规定释放两年后才可列为候选人，他们都没有到期。

"只有我村流动票箱，人员由杨邦义选派。"

毛季毫谈经历："拎票箱的全是毛阿季的人马，盯着人家写票。我投他，过去舅舅与他堂兄打架，他父亲站在舅舅一边。舅舅为他拉票，问我钱要不要，我不要。"

严舜火说："我血栓，儿子在事故中遇难，要养孙子，想进入低保户行列，为毛阿季拉票，参与拎票箱。他在崇壁村获得半数票，木川村得多数，宏荡村杨邦义等人帮他。靠钱，拿不下的给'中华'烟。百姓怕多事，投他算了，不然拿着棍子，追到山上。

"开会不会作报告，开口'相信你个屁！'"

龙银本说："毛阿季派人来，钱由拉票人拿去，我没有得到。"

杨张本感慨："年纪大的不当人看，我的票儿子拿去，不知投给谁。"

"我的票不能夺，"在传达室吃饭的女工接话，"我有选举权，有的被拉票人夺去，100元/张递去就算。"

梁长章说："宏荡村杨邦义等几位有影响力的人帮他，其中一人的儿子开轿车，戴墨镜，大力帮毛阿季。包田洋想当村长，后来退出，帮毛阿季拉票。

"小年轻一班班来，个别组长也来，暗中塞钱，200元/张，半数选民拿到钱。我不收，今后有事，村长会说已给过，不管我。投他的会帮办事，不投的不理睬。"

陈承木说："我是选举委员会成员，大家议论，崇壁村没选上支部委员，工作难做，毛阿季与汪大力谁更合适，有人讲毛阿季待老人好，大家倾向他。他打架犯罪，与其他罪不一样。汪大力赌、嫖，村务不太管。

"毛阿季在木川村坞里发油，发香烟。"

杨完力的言谈非同一般："毛阿季讲定给钱，办委托，选后给钱。有些人后悔，讨回委托书，他加300元，可以自己写，但要给他看一下。他计算过，选票不过半，买了也白买，加重买。

"当选后，票投给汪大力的建房不批，被卡。"

柳相腾评论："干部没当时场面上公正，当上没有一个公正，上届选举我弃权，2008年投毛阿季。"

提起毛阿季父亲，梁长章说："他父亲当过兵，担任过正职，到处活动，拉下徐立本，推上杨邦义。"

梁心木指出："毛阿季父亲担任正职时，承包茶厂，啤酒记在村账上。现在占用水库，养鸡、鸭送人，让有权的人来钓鱼。"

严舜火说："现在，他父亲当水泥厂保安副经理，月薪1800元，另外一个厂还拿1000元。水泥厂内有水库，电线由厂架设，电费厂出，老头在养殖。他新屋落成，厂的大小经理都去庆贺。"

陈舜本感叹："他父亲每年春节到我家打麻将，儿子释放后三年不来。最近骨折，我去告诉朋友，他们讲已看不起我们，何必去拍马屁。"

2011年4月12日，再访毛季毫，他说："原木川村村长说要竞选，后来没动静，毛阿季继续当选。

"毛阿季父亲与我亲戚铁哥，得到内部消息，毛阿季老婆说他不育，要离婚，这届一选好就提出。毛阿季给她车，贷款买房，她知不可靠，要100万元。乡干部想将侄女嫁给他，他却看中城中村的一位女的。"

（二）一举两得留下甜美的梦

2009年10月2日，接通汪大力电话，我立即骑车赶去，他让我上豪华车，在车内谈话。这天，他的车用于婚事，电话不断，我们的谈话在断断续续中进行。手机又响起，催促进午餐，我告别，他客气地说，有必要，可到我这里来谈。

梁心木深知内情："2002年选举需花费三五万元，我无实力，汪大力喊我舅公，问我要不要连任，我不敢，他当选。到一半任期，他娘舅母到菜场买肉，被怀疑偷钱，他率人去打，关六个月。

"他参加2008年选举，宏荡村夜里来电话，问他400元/张的票要不要，不要毛阿季拿去。他花费7万元，获胜要35万元。"

徐立本更加知情："有人想推出我，毛阿季与杨邦义联手，我抗不过。汪大力本来不想上，对毛阿季有看法，如不出场，毛阿季容易得到，出场形成压力。"

陈舜本持同样观点："汪大力没打算竞选，人家烧火才申报，临选的几天前才开始做工作。他娘舅寄拜我小组村民，选时打电话给我。写票时，毛阿季堂妹盯着我，我向汪大力解释，不差我一张票。百姓为难，只能逃写，但双方都怀疑。

"百姓认为汪大力直爽，毛阿季更不讲礼。汪大力在澳门赌，输数百万元。"

金贤火说："汪大力当村长，老人发100元，出事后老人去保。他老婆在乡政府上班，现在分手。他以'放炮子'为业，轿车卖掉，又买进，七八十万元的。"

严舜火评价："汪大力脑子聪明，尊敬长辈，讲话通情达理，容易出格，对年轻人要动拳头。赌输，逃债，威信下降。"

柳相腾分析："毛阿季释放早，底铺好，汪大力迟，不然胜负难分。"

陈相本谈票价："在宏荡村，汪大力出100元/张，毛阿季400元，重金收票。"

夫人插话："别讲，要遭报复。"

江宏邦说法相近："在宏荡村，汪大力前半夜出200元/张，毛阿季后半夜出500元，重新买过去。

"汪大力派人拍录像，想告，实力不够，中止。"

毛季毫眼见为实："选举时，调来外村人马，他们原来是毛阿季的铁哥们。毛阿季房前全是人，长期被他供养的，汪大力见势头不对，只好撤退。"

他心直，我希望他推荐人选，回答儿子叫他别讲。

汪大力自陈："我18岁当兵，升为班长，老乡受气，我出拳帮他，免职，退伍。做过泥工、油漆工，到外打工，踩自行车送快递。本村建水泥厂，拜托朋友，得到石子业务，叫外村人运输，每车可多赚100元，仍叫本村人，大家分点实惠。

"2008年竞选，徐立本因一个自然村人反对的太多，不敢出面，我气，决定赌一次。

"养猪户投我，毛阿季的人说不通，放出猪，还打人，户主报警，派出所人员来过。"

"赌博到底能不能赢钱？"我问。

"只输不赚。我原赚100万元/年，但到香港、澳门，输400多万元。没钱，只好吃方便面，不敢出门。2008年开始做借贷生意，欠款明年还清。

"不少百姓来说，下届能得60%的选票。当村长怎样？原来跺一脚，虹溪乡会发抖，那又怎样？澳门照样翻船。如果百姓真的信任我，也会上。"

"还想复婚吗？看在小孩的面上应复婚。"我们交谈时，他父亲抱来三岁的女儿，我乘机提问。

"不想复婚，农村的不要，要有文化的，高校的最好。过平静的生活，不想大起大落。"

村委竞选人江宏邦自述："2008年3月选举小组干部，我最高票，毛季虎第二，原组长第三，却任命原组长继续当，因我与汪大力走得近。

"竞选委员七八人，第一轮我票数最多，比第四位的多一倍以上。第二轮四人中产生三人，原第四位的排到第一，他背后有杨邦义支持，另一位委员有毛阿季支持，当选的都是他们一路的。

"下届不竞选组长，好处得不到，还要被人骂。2007年毛季虎与小组长挖黄泥卖，我是村民代表，阻止。他到我家，逼签名同意，我不签，却宣传字没签，嘴上同意。

"以后村委委员也不去竞争，参与进去空的。这批人不再乱，到时再说，要有实力。我水泥厂拼铲车，还拼挖掘机，实力远不如毛阿季。"

毛季毫说："委员选举，第一轮他明显优势，毛阿季找他，要他加入帮派，他不同意，毛阿季挖他的墙脚。"

杨完力也谈原因："毛阿季村长委员抱团，你帮我我帮你。江宏邦原有把握，被挤下，出泪。我劝说，要面对现实，干部不能当一辈子，自己赚点钱最实惠。"

（三）脚退心没退

2009年10月2日，万邦昌从外地打工回家休息，我抓住机会进访。

汤长桃语重心长："万邦昌承包木川村砖瓦厂，合同定第一年28万元，第二年27万元，后三年33.5万元，三年应一次付清。他与书记商量，三年分交，结果没交清。村上诉，法庭要求村退让，我不同意，既然上法庭就一分不让，退让就不必上法庭。

"那时三届没选出村长，我是'支委'、妇女主任，与书记、会计三人维持工作。2002年选举，万邦昌以查账吸引选民，当选后要我移交出纳账目，我偏不交。他扣压分给我的村款，到2008年他下台才叫我去取这笔钱。"

龙银本知情："查半个多月，公布，乡撕掉。"

汤建长从选举谈起："2002年，他买通拎票箱的人，夺选票写。2005

年有权安排拎票箱人，但出现疑问票，不能通过，乡怕麻烦，将疑问票转为有效票，他的小兄弟连放三堆鞭炮。

"上级要砖瓦厂停产，房子出卖没有投标，13间只卖6000元，村民恼火，拆走机器。"

杨张本也谈到此事："砖瓦厂一停，村民骂败家子，电动机、双轮车大家拖走，有些设施用氧气割。"

万邦昌自解："1995年至2000年承包砖瓦厂，宏观经济处于低谷，砖卖不出去，招来官司。村出诉讼费3.4万元，送法官8000元礼金，这是我当村长后查账见到的。"

龙银本抚今追昔："过去有座凉亭，取名'懊悔'，两兄弟打官司，争个你死我活，赢的盘算，金钱上不得也不失，后悔，建成这座凉亭，我村的官司也是这样。"

万邦昌将话题转到选举："我高中毕业，当过组长，1984年进村委。2002年前开扩大干部会议不能参加，会后有人告诉我，会上讲我的坏话，形象损坏。这年我当选乡人大代表，却被人替代，向上反映，不理睬。气起来要竞选村长，对手是娘姨夫，500张选票，我得400张。

"2005年，选前一星期不出门，朋友骂我。我想，帮的人有目的，一个工程不可能人人都轮到，伤到老朋友。得票390多张，已过半，出现五张票数不对，又有七张票'×'没有打对。要重选，我同意，县来人验票，宣布这几张票有效，我当选。

"2008年，木川村无人申报村长，我报，不然人家要讲笑话。上届的三个村长聚会，我提议，第一轮别拉票，选上的给没上的两人五万元钱。汪大力要我们退出，杨完力不同意这个方案，不去管。宏荡村我有不少亲友，我退出，不会投给汪大力，而要给毛阿季，我小组的票汪大力买不去。如果我进入第二轮，可以与毛阿季拼一拼，他是我朋友；如果我们两个候选人帮汪大力，毛阿季不一定能成功。

"组长代表拎票箱，扯皮，不在家的代写，写票的被出钱人盯着。"

"你采访干啥用？"他夫人听后插话。

"了解基层组织。"我回答。

"要紧不要紧？"她追问。

我们谈论已久，任务完成，不能再留，我起身告别。

毛季毫评论："他魄力不够，老婆怕失败。"

汤建长提到昔日的选举："记得我的第二届选举，开大会，三位候选人中决出二人，社员取两颗玉米，投到碗里。后来代表选，有年把不选，只作调整，在扩大会议上进行。"

（四）没钱凑不了热闹

2009 年 8 月 25 日，从陈承木家出来拜访杨完力父亲，他有两年大队长经历。

梁长章评价宏荡村的包田洋："他 2002 年当选村长，有预制板厂、水泥砖厂。性格不光明磊落，不得罪人，肚皮里做文章。"

陈承木观察："包田洋在村起码有四个结拜兄弟，与杨邦义关系密切，是否也是结拜兄弟不得而知。

"杨完力不愿与村的主流合作，1999 年他委员票最高，由于村长没选出，他代理。

"2008 年，书记已摆在我村，村长再放我村，可能性小。"

杨完力从进入村委谈起："1999 年选举，候选人由'两委'会提名，老干部要看新面孔，推出我，我得两百八十多票。村长没有选出，可以书记兼，也可以村委委员代。投票这天我在外打野猪，书记找我，要我代理。

"村的资源以前没有用好，轧石场没投标，从 3 万元降到 2 万元，又到 1.2 万元。我上任投标，3 万元底价，3.6 万元成交。预制场以谷计价，仅数百元，改为 0.5 万元。老板不肯付，我说方案已定，不交钱不能动工。乡支持，村准备接管，要么交租金，要么清场，强制执行，他顺从。

"完成电网改造，争取到浇路资金。

"2002 年，包田洋的结拜兄弟到处活动，我落选。2005 年，没有想过竞选，小兄弟哄我出场，上届挖我屁股，这届弄弄乱也好。我放出风声，要选。第一轮包田洋 249 票，我 146 票，第三人 141 票，过半数要283 票，村民以为包田洋十拿九稳。

"我认为，第二轮他的票数要下降，私心重，村民反感。村民有比较，不是二人争，而是两种人争。他的亲信跟随流动票箱，票箱没到，人先到，盯着写票，有人来电话，说被迫投票。第三号候选人是我朋友，他不选倒向我，我不选倒向他，他的票就是我的票。我宣传，如果对方盯票，我要抢票。选举委员会十分紧张，改变投票方式，一个小组设一只票箱，一个房间放两张桌子，里面不得超过两个选民，不存在其他人盯写，双方都守在门口。

"唱票时，我在开自己的散装水泥车，中午，小兄弟打来电话，得票285张，当选村长。

"2008年，我申报，他们预感我有把握，推出包田洋，要分散我的选票，后来他亲戚的50张票投给毛阿季。

"我与万邦昌议论，破费10万元当村长，不如买辆二手车，一年可赚10万元。买点烟，委托威信高的人递递，正常。选举前三天夜里，汪大力说他下决心花钱竞争，劝我俩退出，继续帮他。

"公平竞争，我有希望，木川村一个自然村与万邦昌有矛盾，那里我有老亲，能拿下。进入第二轮，与毛阿季争，要多花十万元，吃不消。如果有钱，也拼得下。我的选民，200元买不去，如果出价更高，也保不住。

"按规定，要组织竞选演讲，我准备充分，但是没有得到通知，驻村干部已一边倒。选前几个月就热闹，饭店交运。"

杨完力父亲说："杨完力长年跑外面，小兄弟不多，与干部、村民接触少。2008年选举缺钱，退出，他们钱多。"

四 包庄村山势推高的豪气

包庄村处于大山乡的尽头，千人的村庄全建在山上，穷乡僻壤，却拥有独特的旅游资源、水利资源。当选人梅开三度，依靠投资商的互动，张杨小兄弟的威力，施行精神攻击法。顺藤摸瓜，洞见人治与法治的纠结，跨越式发展寻求捷径，时间与支出成本最小化，留给"老黑"释放能量的空间。人治有现在必定没有将来，法制的刚性终将确立，社会在祛邪扶正中迎来理性回归。

（一）关键人物下重手

2009年3月28日，骑自行车三小时，到达包庄村，有人挖笋归来，我尾随到他家。他叫柳可木，57岁，担任过14年正职，正是我求之不得的人选，喜出望外。他推荐72岁的任达木，当过"文革"主任、大队长、书记。我沿着"之"字形的公路往上爬，任达木不在家，女儿电话联系，他从老年活动室赶回，以洪亮的声音与我交谈。向山下退回，到达冯财章家，片刻后他回家。他66岁，有着多年大队长、村长、书记的历史。

10月6日，再次进村。第一次仅采访三人，有主干，而少枝枝叶叶，必须再度采访，点缀成饱满的形体。社会上传言，这里选举花百万元钱，更有必要深入调查。我拖着自行车漫步，有人坐在门口，谈起选举，他叫来堂兄江本川，年纪75岁，退休在家，为避开耳目，邀我到家中单独谈。夫人不甘寂寞，后来居上。根据他们的介绍，求访75岁的田永生，他热情地迎我上楼，谈起村电站，夫人进来站一会，反对再提此事，他轰她去准备中饭。夫人反复说电站事已烦够，我请田永生带到另一家采访，62岁的田实夏，衣着地道的农民。田永生推荐王宫金，66岁，当过多年的村长、书记，有病在身，不拒来者。到他家时已下午3：20，预计4点结束，他的话匣子打开如泉水涌来，谈自己的病情，我提示后转到2002年的选举，他又谈电站，再将他扳到选举。

时针指向5点，我不得不赶路。全力蹬自行车，尽量缩短黑夜在路上的时间，怕迎面刺眼的车灯，更怕撞上逆向行走的路人。低头，突出眼珠瞄，幸好，一路平安。带去的梨子没时间吃，到家才完成任务。同事找刺激，缠住我，要随行调查。我以这次经历规劝，出门身不由己，无法保证安全，如有万一，受累面积扩大，于心不忍，苦行僧还是由我独立充当。

柳可木谈起村长陈本善："他与旅游公司关系密切，承包开发工程。我村在旅游区范围内，工程年年有，七百多位选民的半数，每人花1000元也值。"

冯财章也说："旅游公司发展必须用到我村地盘，办事要依靠干部，当村长的承包优先。"

江本川夫人话不离中心："陈本善在旅游公司有业务，得到公司的支持，上面一二级水电站让他承包。"

半年前调查南面的徐家村时，得到电站的书面材料。电站由全乡13个村的农民建造，1988年还清贷款，年收入70万元，归乡所有，300万元转让给旅游公司，时限20年。农民上访，按30万元年收入的20%分给农民，农民继续上访。

田永生揭底："13村电站，村民进京上访，陈本善说旅游公司欠他钱，由他经营。"

田实夏意思相同："因上访，让给陈本善一手操办，没人敢动。

"村电站他带头争，但吃两头水，一边争一边给老干部通风报信。一位村民在争吵中受伤，他要扔给老干部，我们不肯，送到医院。后来我被'请'到乡，他已当上村长，不说一句话。

"2002年郑立夏竞选，他父亲心直口快，得罪人，自己小组的票也流失。老干部推出陈本善，当选。"

田永生指出："陈本善爱赌，有保镖，如不选他，要给颜色看。一张票500元，有的给一条烟，看对象，我这里他阿哥来。"

王宫金侃侃而谈："老干部抬出陈本善，背大刀的，大部分老百姓害怕，压倒郑立夏。旅游公司求安心，让他赚钱，有依靠。"

田实夏说："2005年我在投票处观察，直到深夜11点。他要查记号票，贼喊捉贼，他自己在投给姬华王的票上做记号，导演选举无效。双方都邀请全县最有名的大混混，警察赶来才没出事。"

任达木观察："下午3：30要封票箱，陈本善阻止，乡也没办法，特警开进，拘留几个，票箱才送到乡。"

江本川夫人见证："这届唱票一结束就闹翻，警察见打人的就带走。一位小青年捋袖子，他娘知道要出事，求大家拉下，被带上车，关七天。"

柳可木说："他2002年当选村长，没业绩，2005年用钱，仍落选。向乡反映买票事，回答要有证据，但死无对证。

"富人当村官，富在自己袋里。"

关于2008年的选举任达木说："他花数十万元，一票高达几千元，有的送烟，办委托，没离开家的人也办。有的领票后不投票，交给竞选人或拉票人。我在选举委员会，关注这些小动作。

"买票我看到，但是举报要吃亏，上面睁一只眼，闭一只眼，没有大乱子就行。4月选举，上年底就活动，迟的春节后。村民代表竞选也激烈。"

田实夏观察仔细："起码500元/张，动摇的出高价。办委托，不办的，写票时将他推为村长，同时标自己为委员，这样就出现上百个委员（这样做能看出哪位选民投他的票）。他到我家拉票，给3000元，我不要。"

江本川说："关键票一张上万元，一般500元到1000元。"

夫人接话："我在洗碗，有人敲窗，一看是他，要我投他的票。我回答只有一张票，无关紧要，他却说，一张也好。2005 年他小票不重视，是落选的原因之一。2008 年村长是他，下届还是他，别人争不过，100 万元不如 30 万元的。老辈人讲朝中无人莫做官，一个篱笆三个桩，没有帮手，万万不能。

"村长当选后离婚，长住县城，盖公章找不到人。"

任达木也说："竞选时东钻西钻，拉票千方百计，当选后住在百里外，村里出事不知，死人也找不到他。"

田永生有同样经历："公章随身带，手机不接，找不到人。"

他夫人回忆："人机灵，初中保送县城的中学，没去，到社会上混。现在项链手指一样粗，西装 1 万元，皮包 1.3 万元，轿车 100 万元，这些你不要讲出。"

江本川夫人一清二楚："陈本善家境清苦，流来流去，到厂矿榨点钱，走上发财道路。"

（二）一相情愿的小搞搞

王宫金说："选举要打村电站的王牌。预算三四百万元，发电效益不错，个别人想拿到手，宣传负债 600 万元，村民信以为真，让他们买去。后来发现受骗，要翻案，想到我，知我公正，1999 年捧出我竞选村长。对方抬出姬华王，他没有干部经历，质地嫩，好说话。他承包电站建筑工程，百姓有看法，投我，两人差距很大。乡要我别捅电站，牵涉面太大，我力不从心，无法深入。"

江本川获悉："水电站有人买去，以前的干部暗中拼股，大房子建起来，所以争干部当。"

田实夏直言："2005 年选举，我倾向姬华王，但投票双方各一半。村电站有'老鼠'，他含糊，为人挑担子，我不满意。"

田永生话不离题："村民代表要求收回村电站，陈本善上台不提这事，上访不支持。姬华王支持，与电站相关的人不选他。

"13 村电站附近开办很多'农家乐'，用地成问题，上访大户向有关部门反映。按理这几个组要投姬华王，陈本善出钱，被收买。姬华王经营房地产、宾馆，认为犯不着争。

"他老小和气，不善于讲话，人善被人欺，马善被人骑。"

王宫金又说："2005 年，陈本善麻痹，落选，要打架。姬华王在建造宾馆，当村长办手续不求人。他比陈本善文明得多，在这方面占优势，陈本善粗野，百姓心里有疙瘩。"

冯财章指出："姬华王当村长花不少脑筋，关心老年协会，捐款给公益事业。选举仅多一票过半，不买票不可能，但没有证据。"

江本川夫人分析当选原因："他出钱让老人两次外出旅游，老年的140多张票投给他，当选后重阳节发过毯子，但是不再旅游。陈本善上台后没有声响。

"2008年姬华王母亲不同意花钱，没有意思，不当省事，夜里能睡好觉。陈本善以为他要争，钱背来。

"他住县城，经常能见面，这方面比陈本善好。"

田实夏分析："他在13村电站边建宾馆，又有房地产，到处欠债，如果有钱，2008年仍然能上。"

任达木比较："他这届村长比以前多做事，土地整理，自来水动过工，处理杂务。为人忠实，手段不够，正常人上不去，他花数万元，对手数十万元。"

我在采访田实夏时，田永生电话联系姬华王，我赶到，他在家门口等候，一直旁听。村民反映姬华王承包景区山庄，买下300万元，脱手1200万元，还建1000万元的宾馆。我想核实，他说：

"1999年承包山庄，2002年商业部门要结束改制，以零资产处理，但300万元欠债和职工工龄买断钱要我承担。现在股份制，请人管理。

"宾馆原是电站办公楼，危房，我28万元买下，2002年拆建，投资1000万元，现在值1300万元。

"陈本善当村长，公章难盖，现在仍要一个月，我傲气，2005年跳出竞选。他小兄弟在本村仅二三人，请来一批外地人，马刀装进。我的厂长朋友投票，他冲进看，仍落选。2008年，我得300票，过半数要380票。老干部有心理负担，怕我弄他们。"

田永生插话："上访大户帮他，村民认为不踏实，票不投给他。"

姬华王继续说："陈本善出钱后办委托，不委托的，委员格填自己的名字，他做笔记，唱票时可核实。买票被我抓住，一张2000元，我们到派出所，材料交给政协领导。当时气急，找领导，冷静思考，做死对头犯不着。

"我一届村长，已停建五年的民房重新启动，上山公路拓宽，村道开三公里，建村楼，修防洪坝。

"村有资源，旅游公司规划建别墅群，我当村长时已经协调十次。

"以后选举，要出钱我不来。"

王宫金观察结果："他在2008年只有小动作，不像对手拼命来。他没有占集体资源，不存在大问题。"

2011年4月18日，拜访王宫金，他细说村电站问题，再谈新一届选举。姬华王与陈本善约定不出场，但朋友烧火，选前一夜竞选，出钱买，得票不多，香不香，臭不臭。有人收到钱讲出，血也要气出。

转到江本川家，夫人告知："邻居讲，姬华王选前半夜打电话拉票，哪里来得及。他得126票，陈本善621票，把自己搞得臭烘烘。如早点，让陈本善紧张，出点钱。有钱人怕出事，他怕陈本善弄他。陈本善派小年轻活动，村民怕报复。"

五 六虎村失落的玩意儿

包庄村南为首地村，再南六虎村，原土社村并入其中，不再以行政村存在。竞选人搬来救兵，剑拔弩张，短兵相接只差半步的跨越。没有宿冤，却有友情，逆转为反目成仇。不是为蝇头小利，也不是怒发冲冠为红颜，只是气得发飙，推入两败俱伤的泥潭。箭在弦上可不发，好马多吃回头草，一切都在价值的调度。

（一）关键时刻不手软

2009年5月1日，调查土社村，村北尽头，万季天在竹场捆扎，他58岁，谈论生意后转到村情。他介绍路生贵，但不在家，我在村中游荡，遇到82岁的何本火，跟他进屋。他儿子中途进屋，反复说多嘴多事，我离开时他跟出，我到他家，倒也聊几句。他打电话给路生贵，在家，我奔过去。他52岁，拖着中风的身躯为我泡茶。他当选两届县人大代表，并村时代理书记。我问人大代表选举破费额度，他直言每户送一包干果，共4万元。

5月2日，调查六虎村，路生贵开列名单，我直奔76岁的何家生，他口口声声说以前吃亏太多，不想谈社会问题。与他讨论组织老干部"猫队"，捕捉贿选人，他说，过去极左，农民在地角种点南瓜，都要拔掉，割资本主义尾巴，已经教乖，比他更看破红尘的，嘴硬骨子不硬，料定猫队难有作为。他认为与我交流气爽，一定要留我吃中饭，采访徐本炎后返回，与他共餐。徐本炎75岁，担任正职23年，在帮夫人烧饭时谈论。下午，推自行车上山，行走1.5公里，到达帅开贵"农家乐"经营处，他在山上挖笋，女儿电告，一小时后赶回。

万季天给出总况："土社村510人，六虎村720人。现任书记何银六，土社村人，上届担任村长，经营'农家乐'；村长陈季木，六虎村人，制作笋干，借款太多，躲债，见不到人。"

何本火说："陈季木原是土社村人，过继到六虎村，他岳父是我堂弟，但印象中候选人帅开贵更好，他承诺要美化村中的水塘。"

他儿子插话："陈季木投资'农家乐'上百万元，竞选花大钱，日子难过。如我有十万元，宁可不竞选。"

路生贵深谙村情："陈季木2002年当村长，办过特产加工厂，亏十多万元。建造'农家乐'房屋出售，一次借款40万元，2分息，中途缺钱，又借40万元，送两间房，如果还不了，还要送。他儿子'放炮子'，流失15万元，托关系当兵，因金融生意结识外省女子，逃回，又要疏通关系，都需要花钱。

"他与帅开贵原是邻居，关系很好。帅开贵建'农家乐'房，在村是第二家，批不下，他陪来找我，因第一家我帮成。

"帅开贵有口才，讲话滚滚而来，两个陈季木都抵不上。陈季木烂好人，有事要溜，手长。

"帅开贵经营'农家乐'，有个村长身份便于拉业务，凭他的个性不会捞。有魄力，答应付钱，落选后照样付。性格傲慢，钱多不认人。过去成分不好，口硬，小鬼时就吃亏。你可以与他聊一聊，会接待，也可以讲我推荐的。"

帅开贵先从往事说起："父亲有十亩地，两间破房，从不雇长工，却划为地主成分，我也没好日子过。村干部诬告我，拔猪草时在地上写打倒党、打倒毛主席。下午4点捆绑，放在自行车上带去，当夜在公社开批斗会，第二天换地方斗，第三天接着斗，第四天挨斗后用绳子捆起，送县城学习班20天，押回本地斗，又送县城，20天后放回。

"问'文革'领导小组能否读书，答复同意。中午、放学都要关一关，老师问我为什么要当反革命，我回答，他们教我怎么讲我就怎么讲，反革命就这样编出来的。每天挨同学打，受不了，还手，又要关。太可怕，只得休学，这时读小学三年级。

"那位村干部想立功，每次批斗都是他揭发，现在见我打招呼，我没反应。

"1986年海选，511位选民，我得490票。书记徐本炎不想让我当村长，第二轮放到委员里选，副乡长却要放到村长里，我几乎全票。

"徐本炎决定白果树由屋边的户主承包，顾彪炎包一株，一年付15元。我当村长时白果涨价，陈某要强占，见顾彪炎女婿采果，动手打他。我向乡反映几次，处理不了。陈某越来越不像样，将肉嵌到树干，想引起树死亡，又挖根，烧树。我看不下去，促顾彪炎邀亲戚采果，来十人，陈某涌来几十人，先打人。顾彪炎身强力壮，我下令打，不打死就好，双方伤四人。派出所认为村长指使打群架，关五天，我口头辞职三次，到外承包公路。

"徐本炎说我贪污，查账四十多天，200元发票不对，原因是账没交。他原以为我报复心强，日久见人心，现在晓得我骨头硬，不打落水狗。"

徐本炎评论："陈季木平时话不多，背后要做小动作；帅开贵响亮，背后不弄人。"

（二）文明进行时中的摩拳擦掌

万季天谈选举："陈季木关键票用钱，一张数千元，一条烟200元，户长也不好当。"

何本火儿子也有同感："第二轮一夜间花十万元，一家人观点不一，为难。"

路生贵更具体："选举导致干部间矛盾，家庭不和，老婆投这个，老公投那个。有的女人偏向花心的，老公不满，偏要投另一人，邻村两对夫妻打架。

"报名前，帅开贵与陈季木协商选举事，陈季木不让，说人人可争。帅开贵碰到我，我劝说，村穷，犯不着竞争。他理直气壮，一定要竞选。

"竞选女干部也这样，王高春带礼物与老妇女主任柳心娥商量，柳心娥不让，选上就当。王高春拉票，花一万多元。

"陈季木借钱选举，何银六怕他上不了，帮借两万元，总开支十万元以上。有一人站在帅开贵一边，陈季木五张票给5000元，药头重，转向，一夜反败为胜。帅开贵早已活动，请客，有的村民放风声要钱，他花费九万元。

"土社村第一组内有石灰窑、石场，路窄需拓宽，要他押金，何银六定为违规，选上也当不成，迫使他收回。"

选举押金是很多有识之士的主张，在这里受阻，我要探个究竟，拜访53岁的姬在春，他说："陈季木是我同学，碰到要我投他。路口有户与他发生矛盾，拓宽不能，叫他押金，不押，只有口头承诺。帅开贵押钱，选上就砍竹动工，我们投入劳力，石场老板出石子，加宽不必浇油路，车来时不必让到田里就可以。何银六帮陈季木，不同意这种做法，我说要还，仍不同意。"

夫人有点激动："不伤几个人，不会加宽。大家讲，第一轮选举结束，一夜花数以万计的钱，我组也来买。"

他接过话题："到我这里动脑筋的也有，一张票1000元。这么多钱花掉，做还做不了，要捞捞不到，权力在何银六。我组除陈季木的亲戚外，大部分投帅开贵。

"唱票，我在场观看，投给帅开贵的票，笔画少一点的就无效。第一轮少三四张没过半，硬弄掉，怕有能力的上。这种选票，属于陈季木的就不要紧。"

徐本炎说："六虎村一、二、四组一半不投陈季木，用钱买去，三、五组500元、1000元也买不去。土社村最穷的一户有四张票，他们晚上去，要一万元。

"帅开贵村长的前任，对农户占道没办法。他上台，通知户主自己拆，石头自有，如村拆，石头归村，户主自己拆除，这种人不会投他。

"第一轮选民自己投票，第二轮被买的票撂去，代选，下派的监督人躲在家里，不作为。"

帅开贵自述："我已五十多岁，儿子成家，百姓哄我竞选，他们心中有我，我感到自豪。放出风声要竞选，陈季木回应，'独眼龙'抢位置，休想。我一只眼残疾，嘲笑污辱人格。我忍耐，如不再污辱，我不争。百姓再次哄我，他的污辱仍在进行，我火，决定竞争。

"土社村第一小组急于扩路，开户长会，叫我参加，问我当选后如何保证行动，认为口说无凭，要押现金两万元。何银六到乡活动，乡说不可以交到组，要交乡，落选不退，我只好取回。

"何银六有五兄弟，除一个当过校长的以外全部出动，拉得一百多票，归陈季木。王高春倾向我，老板做工作，何银六说投陈季木，妇女主任不必选，她 20 票掉转方向。另一位妇女竞选人，第一轮投我，第二轮何银六出面，又转向。

"我村一、六组他出钱最多，500 元/张，经手人从中得 200 元，实付 300 元。

"第一轮我得 506 票，比陈季木多 38 票，但过半数要 510 票。计票有问题，四票没有写我的姓，三票横写，超出直线，占到委员格，都宣布为废票，这些票加上，我就过半。第二轮，他比我多 28 票，那么有脸面的人帮他，也只有微弱优势。

"陈季木到外搬来 80 个救兵，如我当选，就要打，包括我的铁杆们。我不服输，也请来 80 人对抗。刑警五六人赶来，派出所所长也到。乡领导要我退人，我说人身安全得不到保障，他讲由他保证，要相信他，我决定撤退。

"我的一位好友没有听从老板的劝告，继续支持我，小混混扬言，毁他的挖掘机，他回答，命都不要，还要挖掘机？又来威胁我，叫我别跳，我不屈服：'选上要当，你们能把我怎么样，你们不怕死，我何必怕！'

"以前乡政府把我村看得很平常，选举大吃一惊。

"陈季木竞选增加债务 17 万元，共 250 万元。原制作笋干，剥笋的工资 1 万多元没付，其中有我老婆的。他说一生翻不了身，与我拼坏。"

"你竞选开支多少？"见谈话投机，我提问。

"9 万元。"他一点也不含糊，继而谈两人的关系，"有次相遇，问我去哪里，我答：'到哪里也要向你汇报？'两派敌人一样，不请打手，不会伤得这样重。

"下届，他申报，我还要争，其他人申报，我支持，为口气。

"经过这次选举，经验更多，下次把握加大。"

他没有说出秘诀，推测是钱用在刀刃上，第二轮重手出击。

我们还讨论举报的难度，他认为："有效就不怕，最怕无效，反遭报复，低保、批房、签证都办不成。选举委员会由老干部组成也不行，他们钱挣不到，有钱守不住，附近村庄选举，一张票三万元价格，也是老干部。"

告别时，雨量中等，眼镜摘下，放入衣袋，镜片打湿能见度低，要出万一。自行车在雨中穿行三小时，仍然豪情万丈，满载而归的喜悦不是雨水所能冲洗的。

2011 年 4 月 18 日，专访六虎村的文城平，他 50 岁，颇知内情："上届有人丢失选民证，四张票不能投，选举委员会决定结束时投，帅开贵不同意，发生冲突。

"本届他们没有申报，六人竞争，第二轮剩下一男一女，女的经营水管，男的财力低一等，女的要求男的退出，补偿五万元，他要十万元。朋友不肯，以为会上，结果输二三十万元。

"女的在我组各户扔一条'利群'烟，如选不上，出 5000 元浇路。他们放哨监视，到处一样。"

六 首地村超越文明的动能

首地村镶嵌在包庄村与六虎村之中，原为两个行政村，北徐家南韩家。二村的上届村主任展开角逐，除肢体冲突以外，无所不用其极。竞争引发高烧，一切让位于一个赢字，斗牛展示最直白的说明书。我们有能上不能下的遗传因子，保职位孪生保面子，单纯的竞争开始异化，赤手空拳向立体战延伸。村主任是稀缺资源，曾经拥有，已出人头地，足以笑对人生。

（一）老干部不送秋波

首地村在封建社会是全县第一区块，民国乡政府所在地，在时间的进程中逐渐边缘化，商业资源有限，其他资源更少，选举却异常炽热。

2009 年 5 月 5 日，进入徐家村之前，先拜访当地灵通人士路生贵，他的指点让我心中有数，不至于盲人摸象。在徐家村老街上徜徉，有人关上老年活动室的门，我迎上去聊，他有事，客气地领我到徐长川家，他 76 岁，言谈爽直。徐长川领我到林相水家，不在，转到韩家村的柳立岁家，年纪 80 岁，思维敏捷。退回到林相水家，他 53 岁，话题集中在汪心亮。再退，采访 77 岁的徐木土，他从麻将桌边站起来，只是浅浅地谈几句。向东，第二次登临徐土驿家，80 岁老人，26 年正职。

5 月 7 日，目的地在韩家村，拜访 78 岁的韩明贤，他当过 19 年正职。谈话期间，邻居入座，韩明贤拉些家常，等她走后重新回到正题。他告诉我，此人嘴多，她在场会多事。林相水提到杨本炎，他 52 岁，经营小店，我到达时有人来买菜，抽完一支烟才走。又进一人，我只能等旁人不在时才敢进入正题，刚谈到徐火南的为人，他夫人招呼进厨房，指示别讲。我退出，他敏感地跟出，问我为什么要找他，我直截了当地问他选举受威胁事，他向我叙说。希望他提供可采访人名单，他反问干什么，我说选举中出现很多问题，想了解一下。他回答，提供名单，出事会招来麻烦。退回到韩家中心村，采访50岁的史义洋，他不肯深入，希望介绍其他人，带我到邻居田雄本家，他63岁，谈话也放不开。田雄本推荐67岁的吴增才，亲自带去，夫人从麻将桌边拉回。

徐长川告知："徐家村690人，韩家村730人。徐家村的村长徐火南，已四届，以前开过饭店，与老百姓的关系较近。韩家村村长汪心亮，开小木加工厂。"

柳立岁关心世事："徐火南刁，有事求他，口头答应，不出钱不办。哪里有钱，往哪里挖，村有'九龙灯'，到省城表演，他讲红包4000元，后来送红包的公司问表演的人拿到多少，他出一万元，大家才知6000元私有化。一个景区开发，用到徐家等三个村的土地，停车场在徐家村范围，他得多少没人晓得。

"他儿子在电管站，女儿公务员，各人都有小车。

"老干部阻止他入党，选书记却要插手，权力太大。2008年村长落选，妇女主任选举还指手画脚。当干部时间长，下来比死还难过。"

徐木土指出："徐家村原有水电站，出卖，徐火南让给书记签字，调皮。"

徐土驿说话底气十足："村电站我发起建造，中途调到公社。发电年收入30万元，贷款200万元，出售，合同签后才通过干部。

"徐火南上任前，村一屁股债，他会向上争取资金，第一届不错，第二届就乱，建房、用车、送礼，用村款，插手工程承包。书记摄于村主任的威势不敢开党员会，后来考上公务员。徐火南想入党，我说必须先清账。他有人马，百姓不敢不选他，怕报复。"

杨本炎评论："徐火南能力强，私心重，村民申请建房，不送烟不批。"

对汪心亮，村民也有微词。

柳立岁说："汪心亮，韩家村首富，背后要弄人。

"汪家有一户，儿子、媳妇都是大学生，在外工作，女儿残疾，在福利工厂上班，生下一儿，二人享受'低保'，一人'定补'。我向村长反映，他解释企业申请得到的。今年又增加一个，我不再反映，不然明年又要增加一个，变为五个。"

林相水主要谈 13 村电站相关内容："村民三次进京上访，我是其中之一，还请律师上诉。徐火南站在我们一边，并村时代理村长得不到，而是汪心亮。电站名义由旅游公司经营，实权人物暗中入股，汪心亮有份，所以选举时这些人劈开脑袋都要上。选汪心亮的，路浇到门口，不选的就不浇。韩家村没水泥路的，一看就明白。"

韩明贤谈话正直："转让林山，年租 1 元/亩，村民代表几次开会都不同意，不三不四的户签名，办成。2007 年四万元没分给村民。村长老婆管水库，每年 6000 元。"

杨本炎谈另一事："他办小木加工厂已 20 年，执照是村里的，场地也是村的，有没有交使用费，村民不知。"

史义洋直言："汪心亮五届村长，文化程度低，办事不一，肚量不大。"

吴增才指出："汪心亮入党，老干部反对，我介绍，才进入。我儿房子要倒，申请建造，他说今年没有指标，要等明年。"

夫人插话："非农业户以我村亲戚名义建房，造在基本农田里。只要他出面，还有什么事办不成。

"村穷，他垫资 35 万元，大家议论，公房要抵给他。"

（二）万能的金钱没出路

韩明贤谈经历："起初双方拉票，后来放哨监控，山上也有。选前的 3 月七八号，老大队长生病有所好转，我去看望，不在家，他女儿去找来。一些人在聊天，徐火南进屋，不多时，外面有人喊他，他走。我待一个小时回家，屁股没坐稳，汪心亮打来电话，说我为对方拉票。"

徐土驿观察："选举开始，徐火南势力大，夜里三点送钱，被跟踪的抓住。汪心亮的人马一批批多起来，岔路口放哨，整夜不睡，徐火南手脚做不出，反而让他省点钱。"

徐长川说："汪心亮派人守候徐火南，不让活动，日夜围困好几天。那几天拉票人跑来跑去，打架一样，他们都是本村人。我家四张票，儿子拿去，投汪心亮，因媳妇在他厂打工。"

柳立岁留心选举："选举初期，双方都活动，关键时刻，徐火南的轿车被放气，录像控制，进出一清二楚。汪心亮九辆车上上下下，封锁徐火南，他的人马动不了。我孙子干爹选徐火南。徐火南对我讲，老头子，不敢到我家，我说大门开着，放心来，仍不敢来。他与我儿子打几天麻将，晚上12点钟回家。"

田雄本说："徐家村的老干部倒向汪心亮，公开的；韩家村人倒向徐火南，暗的，不敢暴露。后期徐火南的人马到不了韩家村，汪心亮却能派过去。"

吴增才夫人心直口快："选举时天气凉，放哨人冻得要死，徐火南有钱送不出。有人打电话来，希望接受钱，我不要，以后见到不好意思。"

她没有拘束，吴增才二次提醒，不晓得别乱讲。一般我怕夫人在场，往往充当挡驾的角色，这次相反，后悔不应找回吴增才，与夫人聊反而没有顾忌。凡事可遇不可求，经验不是万灵药。

林相水知情："徐火南家门被摄像七天，门锁被注胶，十来个朋友也一样。他有能量，但被告知不可出格，走动有人盯梢。

"2005年村长竞选人发誓，要在2008年拉下徐火南，汪心亮出资9.6万元，得到这人掌握的100多张票。"

徐土驿也谈此事："2005年竞选，双方票差不多，新手不知用钱，关键票被徐火南买去，2008年他要帮汪心亮。"

韩明贤提供另一案例："汪心亮2005届的搭档没权，为徐火南拉票，后来转身帮汪心亮。可能一个给实惠，另一个没给。"

林相水说："土社村在徐家村有亲戚，亲戚如不选汪心亮，土社村那人竞选，他要去拆台。

"我开三轮车到竹山，进入人家，借刀斩竹，突然被人高马大的抱住，其他二人搜身，以为我为徐火南送钱买票。我到律师事务所咨询，想起诉，一个老太太会站出来作证，律师说一人作证无效。"

杨本炎一吐为快："我孩子读书，晚上出去看望，第二天有人说我为徐火南拉票。我火，竟连行动权也没有。儿子出事，请汪心亮帮忙，他说也要我帮。他在村里宣传，他帮不了，非判三年徒刑不可。村民只知此事，不知轻重，他翻出老底，叫我失面子。他还派有能力、会说、有影响力的人出场，控制人。到我家威胁说，不投汪心亮，儿子出不来，出来还要送进，我更火。"

柳立岁说："碰到汪心亮，要我帮帮忙，投他的票，我说也帮帮我的忙。

"韩日崇、韩日龙两兄弟九张票，韩日崇老婆一手包办，答应给徐火南，回报 4500 元。韩日龙老婆四张，要给汪心亮，韩日崇老波泼辣，在韩日龙屋前种竹子，韩日龙院子浇水泥，她去挖。派出所人员来，也难处理，她到村里耍赖。

"唱票，开始二人相等，接着徐火南略多，后来汪心亮反超一百多票，徐火南的支持人走光。

"徐火南花二三十万元，汪心亮五六十万元。"

徐木土调和："我对徐火南岳父讲，不如让步，叫汪心亮给点钱补偿。"

杨本炎认为："徐火南见村民房子造到田，出面管，得罪一些人，不选他。"

2011 年，汪心亮改任书记，支持新的候选人，与徐火南对阵，双方放哨，徐火南花数十万元钱，仍然落选。

七　路心村鸡犬升天的外在推力

路心村分布在省级公路旁，并入后余、春溪二村，位于草川镇辖区内。一位棋牌室业主，突发异想，居然成为一村之长。物以类聚，棋牌室关联一个群体，江湖好汉不乏其人，他们的身后维系别动队序列。特别的队伍，特别的能量，封堵对手，把活动的空间留给一方，冲击天平的对称。好汉好用不好养，饮鸩止渴，不如掘井汲水，功到自然成。

（一）成败捆绑在父辈的恩怨上

2009 年 4 月 16 日，沿省道西行，擦过春溪村，在路心村口北折，进入后余村，骑车耗时一个半小时。遇到 83 岁的何心富，中风不便，夫人也中风，女儿同样中风，但没有悲观情绪，谈话自如。他 1972 年开始当大队长、书记，有人辞职，还身兼两职，一直到 1995 年。向北，拜访 64 岁的黄四海，老组长，谈话不久，他问我还有其他问题没有，要种西瓜去，我告辞。返程，52 岁的兰德力在田间铲草，聊几句。继续后退，57 岁的田力人在门口剥柚子吃，先谈退伍军人的养老保险，话语投机，几乎知无不言。

4月18日，调查路心村，拍摄"文革"留下的"毛主席语录"，84岁的柳可土经过，注意我的行动，买几包方便面后，邀我到他家。此时，75岁的黄银财偕夫人串访，两家通婚，邀他去亲戚家喝喜酒。黄银财是老大队长、书记，我拦住聊一阵，然后"放行"。中午，柳可土非要留我吃饭不可，儿子在座，又多一条信息渠道。向北，返回与后余村相邻的自然村，应森木出现在门口，我迎上去，他把我让进屋。这是幢危房，63岁的人长住不恐惧，我也不慌张，同样的感受才能拉近距离，他高兴地谈论。

何心富对村情较熟："村庄合并，我村300人，春溪村310人，路心村880人。2008年，后余村姬宏云申报村长，他在县城开店卖油漆，村民要选自己村的，办事方便。他扔香烟，有的一条，有的几包。"

兰德力指出："姬宏云的行业不清楚，为人不错，如果村大，会上。"

应森木知情："姬宏云没有市场，我儿子是他朋友，帮他。我弟弟能力强，东好，西好，都好，也帮他。"

柳可土儿子直说："姬宏云上门送烟，没开口我就说，已答应别人。我的票由父亲去投，父亲13年正职，自己建房，椽子用枫树、松树的边皮，社员用杉木。"

汪银水直陈："姬宏云办涂料厂，当村长便于贷款，周转资金。他是我外甥女儿子，送一条烟，我说在外办厂，有事叫不应，对百姓不利。"

黄有东认为："后余村人说，姬宏云父亲不通情达理，影响他的选举。"

黄四海告知："姬宏云父亲想当村长，大家不选他，因背后耍弄人。我建造房屋，要求批椽子，他反对，我到其他村买来。姬宏云得到我村1/3的选票。"

黄钱裕谈见闻："他站在投票处分烟，应当暗底下活动，一支烟解决不了问题。"

（二）酒肉朋友定乾坤

从应森木家出来，退回路心村，入户采访83岁的江松木，他当过20年村干部。转而拜访72岁的应祝木，一位老干部。应森木推荐64岁的汪银水，担任组长，第二次登门，如愿地见到他。

4 月 20 日，进入春溪村，路心村村民推荐姬银财，不在家。我推着自行车在村中漫步，东张西望，寻找目标，有人一直跟踪，追上来，质问干什么，我回答找人，他非要我指名道姓，幸好有备而来，他才没走下一步棋。以前的遭遇相反，在村中转，有人帮我喊："收鹅毛、鸭毛！"那天即将下雨，车兜里备有雨衣、雨鞋、干粮、水，鼓鼓囊囊，与收购小贩没有区别，我认同这种角色定位。判断见姬银财还要点时间，先去黄有东店里采访。回到姬银财家，他夫人爱理不理，我以为最多应付一下，其实不然，年近 80 岁的老干部畅所欲言。他留我吃中饭，饭后通知田邦水我要去采访，60 岁的田邦水干脆到他家谈。田邦水推荐黄钱裕，他 57 岁，正在建房，我到现场，他回家与我聊。黄钱裕推荐 56 岁的田邦兵，没外出打工。

江松木告诉我："现任村长杨宏父亲当过村长，人不错。杨宏上门，喊我阿公，要我选他，当上村长会像父亲一样尽力。"

他儿子插话："姓杨的、姓应的投他，他在春溪村有小兄弟，与书记黄根树交情深。"

应祝木为我疏理家族关系："我父亲姓应，死后姓杨的填进，我三兄弟。杨宏是我侄儿，他三兄弟，一个在镇政府，一个在家。"

得知这层关系，我不敢久留。

汪银水知情："杨宏帮黄根树拉票，黄根树当选书记后帮他。"

柳可土儿子认为："黄根树看中杨宏，嫩的好控制，帮他的是些不上路的人。"

黄钱裕也说："杨宏有职无权，如果抓权，黄根树不会拉他，一帮酒肉朋友捧上去。"

姬银财细说："黄根树弟弟黄明树，文身，在本地小混混圈子中排行'老三'，却进入村班子，负责'治保'，处理一件交通纠纷，赔 500 元，他拿 300 元劳务费。自己建房没审批，落在粮田里，填埋村里水井，打伤三四人。本家三兄弟，一个哑巴，身体健康，列入'低保'，母亲也是，家中有两辆轿车。

"我村 2/5 移民，有个组全姓黄，部分人也得到低保户待遇。

"黄明树这批人乱哄哄，日日夜夜帮杨宏拉票，买票。"

田邦水话题相同："土地复耕工程，由黄明树承包。高速公路服务区他承包，便道也是他承包，填埋池塘不补偿，用地不补偿，青苗费有的补偿，有的不补，我与其他三四户没有补。

"拼命为杨宏拉票，他在后余村的赌友一样拉。杨宏长期无业，家开棋牌室，实际上是赌场。我妹妹嫁给本村移民，夫家是杨宏亲戚，不选他。门角里拉屎要天亮，下届选举，如果不用钞票，没有一半票。"

田邦兵说："杨宏与黄明树结交，拉上当村长，没权，没位。"

汪银水谈经历："我在电管站待过，站长是杨宏娘姨的女婿，他照顾我，后来调到县城，住我媳妇旁，争取媳妇稳住我；他娘姨打电话给我，要我投杨宏，各种关系都用上。"

田力人说："杨宏叫我叔叔，他父亲是我老表，他是平常人，靠大家捧起。策划很细，哪里派什么人做工作，都要对路。有矛盾的，选择亲友说情。小兄弟两夜不睡，夜里一点钟敲门，带着亲戚去送烟。我弟弟当过村长，在县城开店，回来帮他，能够在三个村摆平。"

应森木谈话不避讳："我儿子'三角石头'，称为'老大'，徒子徒孙很多，帮杨宏。"

黄有东说："我们的票投给杨宏，他小兄弟多。"

（三）第三者的钟摆最有力

9月19日，进入田洋的工厂，他39岁，从车间出来，双手满是油腻，洗后到办公室与我交谈。他夫人两度来电话，赶到楼上，我请她坐下，说明来意，她脸上露出笑意。

提起田洋，江松木说："他当路心村村长时，厂房建到上面湾里，村民接的自流水管子被移来移去，找也找不到。80%的时间用于自己办厂。"

他儿子认同父亲："找他不容易，手机里回答忙，第二天再说。上门，碰上他与职工交谈，我们靠边站，干等。"

黄银财点出复杂性："田洋的前任村长汪邦章贴出'大字报'，揭露田洋贪污，自己放鞭炮，到村报销，镇来查，不合事实。汪邦章上届当选委员，2008年申报村长，到此声明退出。他管水库，放不出一滴水，要拿500元工资，田洋不批。"

"田洋忠厚，不多话，村开支自己贴，大事做不出。"

汪银水指出："我侄儿汪邦章撬埭（撬落埭上的石块），杨宏的叔叔参与，他们指责田洋的路窄，加宽后溪流变小。镇干部来，处分汪邦章，写检讨书，赔偿。退选后，黄根树要他为杨宏拉票，安排管农业。

"田洋不打算竞选，胀肚皮，后来活动，我已经帮杨宏，不可能再转向。他是历届最好的，村账没有再亏。人品不错，不吃喝嫖赌。"

兰德力说："村民问过田洋，他不想当，如想会帮他。进入第二轮，姬宏云来打招呼，要我选杨宏，他是什么人也不知道。"

应森木语气肯定："田洋重面子，办事公道，不搞两面派手法，我欢迎他当村长。他没申报，选票上没有他候选人名字，后来想竞选，如果早点放风声，80％是他。"

田力人点到要害处："田洋开始不竞选，姬宏云才决定申报，田洋半路杀出，他犯恨。如田洋竞选，他不出场，浪费一万多元钱，倒向杨宏。

"上届选举，田洋贴布告，要出合作医疗费，每人20元，只付一年。卖学校，用于安装自来水，没完成，老百姓不是木头。"

柳可土谈到几方面内容："他当村长工资不拿，跑关系用烟、通信费不报销。承诺交合作医疗费，一年后老婆不同意，因在建厂房。四川地震，募捐人与他有矛盾，他出1000元，村民认为太少。村建自来水池，我选在侄儿的水池位置，他要求用水不装水表，田洋不同意。村道加宽，用到他的田，要求的赔偿数额没达到。田洋造厂房，他阻拦，条件是补足他的田款。他上告，说厂房没审批，当一届村长富起来。

"村民告诉田洋，村长期间厂房造好，门面撑起，不竞选村长没面子，他说选上会当。春溪村的堂兄为他活动，主要为自己拉票，到我家，我讲他只得几张票，出丑，给田洋帮倒忙。"

姬银财说："田洋打电话给我，我说不必上门，老婆会投他。我村前半夜投他，后半夜变卦，黄明树的一批小兄弟作怪。后余村40张票等田洋拿，被盯梢，落到杨宏手里。"

田邦水了解到："田洋堂兄也被看住，路心村一个自然村只有几张票投他，几乎被小混混包去。"

田洋自述："我的工厂在同类企业中全县排第三位，一部分产品出口欧美、韩国、印度、土耳其。

"接手村长时，村里欠债七万元，到外用自己的车，不补一分钱，通信费也不拿。上届砍树数百万公斤，我不砍一株树，承诺的事自来水没完成。水利局没按村民选定的地址设计，动工时遭到反对，被拖延。并村时我代村长，原村公章上交，我要以自来水为主，黄根树要平稳过渡，班子快改选，人心七上八下。

"2008 年汪邦章想申报村长，我说他竞选我奉陪。选前一周贴出'大字报'，指责我贪污 28 万元，自己的烟花到村报销，还附上发票的复印件。并村时在扩大干部会议上说明财务，包括应收款与应付款，应收款中有向各部门争取的资金，口头答应不等于现金，大字报说成现金，责问哪里去了。烟花送给检查站，为村浇路，表示感谢，经手人还有书记、老村长。我厂正月开工放烟花，他在村民中制造混乱，容易煽动人心。

"镇干部来，向县选举委员会了解，他没有申报村长，在我面前解释不是攻击候选人，以顺利进行选举为重。我要求处理与道歉，回答已向纪检书记汇报。

"散布谣言，进行人身攻击，太气人。此前，杨宏、姬宏云问我要不要申报，我告诉他们不竞选，挨家挨户拉票吃不消，如百姓选我，不能推却。

"第一轮我 600 票，最多，比杨宏多 160 票，过半要 700 票。杨宏 2002 年、2005 年都竞选村长，有一批人。第二轮从日出村调来这批人，日出村第一轮产生村长，他们四五十人全力对付我。一夜到天亮，送烟，不能解决的送钱，我差 46 票落选。"

2011 年，田洋挑落杨宏，柳可土指出，杨宏用 30 万元装自来水，金狗狗承包工程，池太小，没水吃。

第四章
竞技场外的逐鹿

工业化、城市化卷走农民，农村趋于冷寂，选举却一反常态，打工者纷至沓来，空气骤然升温，迎来农村最热闹的时刻。候选人串门走户，附以经济手段，满足人的第一需求，争取心理倾斜。原有的恩恩怨怨，以选举为宣泄口，试图以成功证明自己。求胜心切，理智如同断了线的风筝，迷失自我，留下更多的遗憾。更有计取，设计线路图，让关公走麦城。天有不测风云，智慧的运行仅仅是一厢情愿，事实有时会反其道而行之。

一 满山村的沉浮两条线

满山村与溪西村各620人，隔溪相望，冠名满山村，北邻六虎村，同属大山乡。村庄合并，洗牌声中传出一首挽歌，生命诚可贵，权力不逊色，为之献身的在我们面前淡出。一位操持实业的人，权力只是一张名片，却以百倍的热情追逐，走火入魔，莫非权力的定格过于超级。同路人无视生命的离去，登峰造极后推出意中人较量选场，巩固后院，莫非权力的含金量富于想象。

（一）言谈是有心人的掘宝地

2009年5月3日，在溪西村拜访陈银岳，83岁的老人起床与我交谈，往事回忆是他的专利："人民公社时常教育，凳不可坐错，床不可睡错，袋不可放错。我们是那个时代训练出来的，规规矩矩，埋头苦干。"

陈银岳介绍69岁的陈海浪，没到家就听到乐器声，他见我到，放下二胡。不多时，一位妇女光临，激动地谈起弟弟陈义银。向南，在剥笋的工作场所叫出63岁的董诚善，选择一幢没有完工的新房前聊天，董诚向见状，也来凑热闹。返回，高处有位男子坐在家门口，他姓董，60岁，女婿奉劝他如实谈论，协助调查。谈话间，一辆面包车开进，新来的客人问我是否通过乡里，我反问乡公布的人均收入 9200 元，实际上大多数人 2000 多元，不直接采访农民，怎能了解两者间的差异，他不吭声。原有的话题被打断，他在场也不便于交谈，我起身告辞。

5月4日，目标地改为原满山村，60 岁的江益功在竹地劳作，我们选择在沟边放置扁担，坐在上面交谈。他介绍 76 岁的邓长水，经营小店，外面五六人在剥笋，我坐在柜台内听他叙述。邓长水推荐倪松柏，63 岁，在剥笋，领我到家中，谈话正投机时，他夫人催促剥笋，不然要误工作。转到江亮天家，第二次登门，终于听到这位 62 岁人的声音。倪松柏介绍溪西村的陈阿禄，他 76 岁，老党员，是位知情人。

陈义银姐姐低声说："陈义银担任两届村长，2008 年选举前，叫六个干部到他的修配厂，只到一人，其他人怕组织拉票。他担忧出事，将书记顾荣本给的'甜头'交到乡，一查数额变大，他签过字，判刑。几个月后，半夜来电话，通知发生意外。我们开去两辆中巴，准备闹事。录像显示，他在看报，摸头，身体倒去，是一种比心肌梗塞更严重的病，家属才确信无疑。"

邓长水说："四村合办塑料厂，陈义银管经济，他岳父当厂长，我跑供销，有人打小报告给销售网点，说我钱落腰包，辨认字迹是陈义银。乡了解我，想让我承包，我到省城，回家后见到通知，中止我资格。塑料厂名下另有修配厂，由陈义银舅佬承包。塑料厂解散，修配厂归溪西村，陈义银负责，后来转到他个人。

"2008 年 1 月，乡人武部干部修车，他透露私分款项事，那人讲不可用。问要不要上交，那人回答自己决定。"

董诚向谈所知："陈义银老婆倒枕头，发现一万元钱，引起事情。他修配厂很忙，不管村里的事。"

倪松柏谈原委："并村时，满山村书记黄季安代书记，溪西村书记顾荣本代村长。顾荣本肯办事，溪西村连订报的钱也没有，他一届不满，完成几件大事，预测他将会当选书记，我的票要投给事业心强的人。黄季安不安，联络溪西村陈立木和陈义银。在酒席上，陈义银老婆讲出私分款，他们催促立即上交，有事黄季安会挑担。陈义银想当书记，到我这里活动，送 200 元钱。他到乡，乡处理需要时间，黄季安与陈立木急急送县纪律检查委员会，多次去，'纪检委'动起真格。判决时我旁听，陈义银 2.27 万元，顾荣本 2.7 万元。"

江亮天补充："黄季安听到陈义银老婆的'机密'，如得宝一样，哄他上交，乡在开'人大'会议，要会后才处理，他们急切，跑上级。"

陈阿禄也有内容："陈义银是我堂弟，机耕路开不通，他老婆讲功劳是顾荣本的，他没有。她到我家，叫阿哥帮忙，选书记投他的票。我讲好的，但不会选他。

"黄季安预料自己选不上，要扳倒顾荣本，催促陈义银两万元交出，如有事，今天进，明天保出。他经常到修配厂，有次与陈立木到朋友家吃饭。陈义银也叫一批人吃饭，没人来，他敏感起来，投案。

"陈立木当过溪西村三届正职，卖集体林山、大礼堂，没办公益事业，原欠的四万元贷款一分不还，担心顾荣本弄他。

"2008 年 7 月开庭，陈义银判刑三年，顾荣本六年半。

"顾荣本做四件事，修水渠，浇油路，建公墓，复耕宅基地。原在乡民警值班室，赌博，被辞退，当上书记后不赌。我村铜矿 1958 年开采，20 年后动过，又歇，2007 年有人来联系，先付十万元押金，黄季安加到 30 万元，老板不来。矿动工，村民有活干。

"顾荣本父亲 76 岁，老婆身体不好，儿子在外当保安。出事后，百姓为他加瓦，不翻修，泥墙要倒。"

倪松柏获悉："顾荣本老婆说，内部有政策，空头开支，以后补发票，虚账变为实账。"

江亮天也说："他马虎，跑外面的开支，没有列明细账报销，变为贪污。他争取资金办事，影响不错。"

董诚向说明："他争取资金，疏通人情要用钱，没用老百姓的钱。他原想开发'农家乐'，造四星级宾馆，让当地村民有活干，老百姓鸡蛋也可卖几个。判刑后，家属牵头，大部分村民签名求保，保不出。"

60 岁的董老人叹息："他办公益事业，没向老百姓要钱。"

夫人插话："有人想占位置，弄他，这种人弄进，太可惜。"

（二）老账新账都有戏

5 月 1 日，在踏入满山村大门之前，采访 50 岁的郑二木，他与人合伙建房，经营"农家乐"。他夫人进屋，问为什么谈论股份合作，我解释，消除她的疑虑。她解除警惕，走出门，我立即转到正题，他告诉我："黄季安没企业，不做生意，却抽'中华'烟，干部来，招待像办酒席一样。没文化，一把抓，讲不过，打得过。村账不清，白头条子多，村民渴望清账。"

江亮天熟悉村情："村级电站站长是黄季安的侄儿，电站年收入20万—25万元，却有大量的欠债；资产达300万元，以108万元转让，没有拍卖手续。"

他打开抽屉，交给我1996年县农村合作经济审计总站的《审计报告》，纸色泛黄，部分内容如下：

1. 三年来村级和电站的业务交际、招待费、借款利息开支较大。经审核1993—1996年4月上述开支费274195.95元，占总收入656920.96元的41.74%，其中：招待费182814.20元，利息91381.10元。

2. 支出发票及款项的报销手续不严。经审核无经手人签字83笔计16231.36元，无审批人293笔计46858.96元，无经手人和无审批人81笔15980.72元……

3. 会计、出纳不按有关财务制度规定，白条入账票据较多，报销差旅费无车票，无出差日期，搭伙费无明细，购礼品、土特产、烟、酒，吃饭招待，业务费等无原始单据入账，仅凭自己内部写领条、干部之间互相证明签字报销，共有127笔114845.94元……

4. 你村对各项开支没有计划性，不是本着量入为出的原则，开支大手大脚，在没有大项目建设前提下负债逐年增加，如1992年底借款245769.76元，1993年上升到291249.76元，1994年底上升到313427.24元，到1995年底止为587218.33元，比1992年底数245769.76元上升138.93%，净增341448.57元。

他继续说："黄季安没产业，住房不错，在六虎村建'农家乐'房，可出售。"

倪松柏说："审计后黄季安下台，2005年又上台，直到现在。"

陈阿禄指出："有片林山500亩，锯板厂老板要竞标，干部私下以46万元转让，林业部门估价130万元，'两委'不知情。"

（三）一手遮天缺条腿

江益功谈 2005 年的选举："满山村江本命与黄季安亲信竞选，动用过钞票，承诺百姓建房，帮助办土地证，当选一届没业绩。"

邓长水说："江本命出两万元，买来郑锋朋的票，获胜。"

江亮天思路清晰："第二轮选举，黄季安一路的二人合并，没有攻翻江本命。选前一天，我讲黄季安的人马上不去，黄季安问原因，我回答在黄季安本人，失去群众基础。"

陈阿禄转到 2008 年的选举："溪西村两人竞选村长，都没有影响力。"

倪松柏知底："黄季安想拉我儿子竞选，抵挡江本命，我站出来阻止。他再拉郑锋朋，这人手脚不清，我放出风声，他申报我儿子就要出场。超不过我儿子，他只好退，儿子也退。黄季安又拉江士安，他开拖拉机，采石场有挖掘机。为人不错，但没有能力，村务摆不平。"

邓长水指出："江士安选前一两天提出，为修路出押金八万元，承诺给溪西村交合作医疗费，原满山村没有许愿。"

陈银岳夫人回忆："江士安押金，交合作医疗费，有人吓他违法，花钱买村长。他没有选上，取回押金。

"江本命派人来，一张票 100 元，加上儿子，有不少钱。我不受，有人说我笨，他拿 300 元。我说选出好干部，能创业就行。

"我与老头子去投票，带上大儿子四张票，乡干部认为有权利投，发选票的村干部却说没有委托不能代。这人与江本命一派，晓得我不收钱。"

邓长水说："江本命承诺安装自来水，村民建房帮助审批。"

董诚向谈原因："他承诺开通三公里村道，江士安也这样承诺，百姓拥护顾荣本，江本命与他关系密切，大家投江本命，溪西村五、六、七组，江本命不必出钱。江士安与黄季安一路，穿一条裤子，村民反感，只得到 200 票。"

邓长水持同样观点，陈银岳却倾向黄季安，会看望老干部。

从溪西村返回满山村的路上，见竹地一位五十多岁的男子在干活，我下田，他说几句："黄季安刁，挑拨事端，我们投反对派。"

倪松柏很知情："江本命有张王牌，2005 年用，2008 年也用。500 亩林山转让，他站出来阻止，要发动村民来抢。"

陈阿禄欣赏江本命："他会坚持原则，那次阻止砍伐后，买主惊慌，转让，新得主在选前几天推出郑锋朋，到溪西村拉票，没有几张可得。

"黄季安想收买江本命，给五万元，不收。第二次到县城酒店，买主与黄季安一起，要他帮忙，签下字给钱。他打开一看，八万元，要求 80 万元，村民分。我讲收来，送'纪检委'。从这点看，他有骨气，我全力以赴推他竞选，不然黄季安一手遮天。"

2011 年 4 月 18 日，进入江亮天家，他边烧晚饭边谈："方小盛有挖掘机，与江本命老朋友，受人挑动参与竞选。黄季安承诺包 100 票，陈立木、原溪西村妇女主任也一样，方小盛自己拉拉，以为能得七百多票。后来觉得危险，加大投入，一张票 1000 元的也有，最终比江本命少一百多票。

"江本命装自来水，在溪西村装路灯，有成绩，仍担心选不上，最后也买几票。宣布当选，很多人到他家祝贺。"

二　高日村动力源的告白

高日村与内庄村合并，以前者命名，北倚高山，东邻木余村，同属苍天镇。五人竞选主任，四人争当女性委员，群雄逐鹿，村民坐领飞来财物，应接不暇，短时间升为上帝。天下熙熙皆为利来，天下攘攘皆为利往，司马迁的时代与当今不能同日而语，大山深处不可与城郊相提并论。薄利也是利，见平头百姓望尘莫及，乐在其中。

（一）半夜鸡叫时的小动作

2008 年 12 月 31 日，骑车两小时，进入高日村地界，一位男子站在路边，姓刘，53 岁，没聊几句便说有事。我上路，与迎面而来的人交谈，他的夫人在 20 米外发出禁言令。我继续上路，转入内庄村，遇到中年男子，向他打听。走来一位妇女，他把我介绍给她。她叫杨木芳，原妇女主任，带我往她来的路上走。她长发不整，一脸老气，我怀疑她的能力，勉强跟到家，却意外的大方肯谈。返回，71 岁的杨能田在挑猪粪，就地选择石堆，我们坐下，他拉开话题。继续寻找目标，村边竹地里有人在干活，他姓汪，45 岁，边干边说。向南，37 岁的杜明贵在路边干活，站着与我聊。

2009 年 1 月 1 日，走过高日村的下村，没有发现目标，在上村推着自行车乱钻，69 岁的陈行平迎面走来，被我截住，另一位老人驻足，为谈话烘气氛。向北，65 岁的齐道善在断柴，与他聊天时一位 40 岁的男子加盟。继续向北，第二次进入内庄村，55 岁的石养天在晒番薯丝，他回家接待我。

53 岁的刘某告诉我："村长林立阳，高日村人，从事收笋业务，刚建过住房，还有欠债。

"各个竞选人都送烟，有的人家得到五六条。"

中年男子说："林立阳的业务与我相同，有来往，要我拉票，我不会做这种事，没有照办。内庄村田坚本进入第二轮，以前当过书记；林大坚也申报村长，务农。"

杨木芳熟悉掌故："田坚本拥有轧石机，在建筑公司管材料。内庄村田姓人头多，他外婆家在高日村，第一轮占优势，第二轮林立阳买过林大坚的选票。林大坚花费两万多元，淘汰以后帮林立阳活动，告诉支持他的人转向林立阳。林立阳总开支十多万元。

"内庄村还有一人申报村长，他在县城经营旅馆。当过大队长，早上八九点钟起床，我们挨家挨户去做工作，难做的也是我们带头做。他的家族力量不小，但私心太重，村民不认可。

"高日村也有一人竞选村长，以前当过村长，现在生产'脚手片'。竞选送烟，约两万元。"

杨能田观察："林立阳在内庄村有两个娘舅，为他拉票，第三、六组选他，每张票 100 元。高日村人团结，书记在内庄村，他们要争村长。人口内庄村 640 人，高日村 550 人。"

陈行平知情："我们高日村要上村长，办事方便。林立阳上届委员，我村一定要他上，大家齐心。田坚本委托我村委员竞选人，我儿子半夜赶到那人家，告诉他，如果为田坚本拉票，委员选不上，逼他把香烟退回给田坚本。我儿子是村民代表，很结人缘。

"高日村上届书记想竞选村长，村民劝他别出场，分散选票。"

40 岁的男子说："高日村上届村长申报原职，他住下村，四兄弟三姐妹全在本村，我们上村不投他。林立阳入赘我村，岳父大族，人手多，上村人选他。"

石养天谈委员选举："年轻的女候选人到我家，扔一包'利群'烟，我挡回，她一定要放下，我扔到外面。选干部如买肉，掂过，肥还是瘦。"

45 岁的汪某谈经历："第一轮发'利群'烟，给我数包，第二轮至少 100 元/张，我没有收。"

杜明贵说："竞选靠买票，我两张票，想当的都上门求。第二轮村长候选人，一个是我亲戚，另一个是小兄弟，我不会收钱。"

（二）放开手脚有空间

杨木芳口无遮言："这次竞选，老公、大儿反对我参加，小儿支持，老干部催促我竞选委员，他们搬出火红的过去，我的选票超过村长，但位置已定，竞选委员。

"五亩竹地，要花很多时间。三只毛驴，为山上建筑搞运输，与小儿一起经营，年收入五六万元。挤不出时间拉票，夜里活动一下，老百姓说，一届届选我，分点烟抽抽。我亏待他们，人家用钱，他们烟也拿不到，我只好顺应潮流，每户分包'利群'烟，开支六七千元。

"高日村两位妇女竞选，其中有上届妇女主任，她在家开小店。另一位候选人是上班族，老公开车，用烟拉票，我小组她有亲戚，拉走不少票。

"我村上届妇女副主任竞选，当过两年幼儿园教师，后来搞保险、传销，夫妻俩在台子上过日子。她发动组长拉票，村负责人也全力帮她。

"投票时，在外打工的、读书的回来，我感到自己没戏。这批年轻人，不会看重我这种土头土脑的'老娘们'，票要投给时髦的人。结果我少两票，上届妇女副主任当选委员。

"听说妇女主任有退休金。我近几届兼管林业、调解，得罪人，小儿子讲妇女主任工龄长，多管几届，可享受退休待遇。"

"妇女工作很棘手，你一定遇到不少困难。"我问。

"有一户碰到就骂绝子绝孙，"她将一将头发，又说，"生第二胎的间隔期没到，必须打胎。等到生二胎时大出血，她老公认为是上次打胎的缘故，半夜来喊叫，打破我的门。生后结扎，十天小孩断气，天天来吵，要抱我的儿子抵数。后来从民政局抱来一个女孩，总算平静点。"

"现在还生你的气吗？"

"时间一长，已经淡化。

"我村七人结扎，两人身体有影响，前几天还来过，需要检查，总有点恨。

"遇到计划生育的事情，电话来就赶去，秧在田来不及种，办完事秧已烂，只好再向别人讨来种。打胎、结扎后，我自己掏钱，买馄饨当点心，为她们洗一个月的衣服。

"间隔期不到想生育的，送烟想'开后门'，我不收。上门服务，喝不到茶水，祖宗三代也骂尽。"

儿子插话："老妈太忠，放开点应有油水。"

她反对："劳力所得的铜板生肉，白食不生肉，吃不得。负责林业，得到林山承包权的老板送两包烟，我送回。负责人转让，有回扣。

"旅游停车场，用地28亩，工程由干部承包，再转包，一般人不知。浇油路，负责人的侄儿出面，上面的拨款连我也不知。

"村民为土地，一锄头的地界也要打架，喊我，饭碗一扔就去。山林起火，要处理，得罪人的事轮到我。

"以前全年补贴300元，现在3000元。年纪稍微大点，就说老家伙，一脚踢开。如早点不当干部，一心发展家庭，会更好。

"不知你来自哪里，28年妇女干部，要呼吁呼吁。"

儿子喊话11点钟，该做午饭，我退出。

村民的片言只语，也能解读竞选的意向。

45岁的汪某说："山上造庙搞旅游，老板给相邻的三个村长每人6000元，算是管理费，但不需要管。此前，村长就抢来当。"

杜明贵提另一件事："我村林山转让，朋友托我出面联络干部，要先交两万元关系费，他认为太辣，不敢再提。"

他干爹帮忙，接过话题："生态林四千多亩，补贴5—8元/亩，账上只见5000元，余款是否用于还林业贷款不得而知；土地复耕没有看到进出账。我是三个财务监督人之一，2003年签过字，2005年只是看看，不签，另一人签字，还有一人已去世。项目在饭店验收，看看胀肚皮。"

（三）走向第三者

2011年4月23日，在高日村口遇到一位老人，一阵杂谈后，他推荐老书记汪乐章，81 岁，"文化大革命"时挨斗，头部打成残疾，发不出清晰的声音。夫人代言，她当过 18 年妇女主任。她介绍内庄村的洪季木，儿子打电话，他从竹山归来。七十多岁的人，十年前中风，思维清晰。我想找知情人，邂逅高日村老主任，又遇林立阳，他们行色匆匆，只能快速结束谈话。

汪乐章夫人告知："林立阳首次当村长，不老练，没有多少权力，今年得票不多。林水生竞选，兄弟条件不错。

"我得到消息，投票点出事，下午 5 点赶去看媳妇，她是选举工作人员。有人抢票箱，往车上塞，要到内庄村唱票，工作人员不同意，村民冲出，坚持要在我村唱票。几辆警车开进，改到老乡政府唱票。"

洪季木说："林水生黑道上的人，'放炮子'，关过 20 天，报名后有人举报，派出所没有拘留记录，候选人名单没刷掉。他拼命活动，盯梢林立阳。在村建三幢房，第四幢又开工。外地人想买，但没有土地证，不敢要。

"我的选票交给儿子，让他去投。"

老主任了解到："内庄村操场车辆来来往往，不安全，定在高日村唱票，内庄村有些人不同意，发生冲突。"

林立阳最知情："唱票场地公布过，林水生那批人闹事，镇临时改为内庄村，高日村不同意。

"林水生花 10 万元，硬做，我少 91 票。"

三　木余村老气的井喷

木余村合并前分为二村，木道村在东，高余村在西，归属苍天镇。竞选人二次投资，层层加码，在选场意气行事，请入派出所。双方都为荣誉而战，失落的要弥补，受压的要伸张，争夺不断升级，不能自拔。得意者应善待他人，进取者不失随遇而安的气度，社会在保有人文情怀中扬眉吐气。

（一）争取人心倾斜的出击

2009 年 1 月 1 日，从高日村返回，跨入人口为 640 人的高余村范围，齐敬祖在路边牧羊，他 58 岁，与我交谈时不断跑去照顾羊群，怕损害他人的作物。

1月2日，进入710人的木道村，路边站着一位男子，他姓齐，48岁，将我引进院子。向北，52岁的男子在烧火堆，我靠近聊。退回，遇见58岁的汪树金，他边晒太阳边说。到达高余村，67岁的汪明兴在晒太阳，我坐在旁边，听他的谈论。向北，61岁的江中定在断柴，坐下与我聊。退回，路上遇到一位老人，与他交谈。向西，68岁的田士木在阅读《资治通鉴》，我们从书谈到村情，重点放在村的矛盾上。

1月5日，进入木道村，路遇54岁的钱松木，跟到竹地，挖完笋，回家接待。往南边小路走，劈柴声传出，我敲击院子大门，52岁的主人开门迎接。第三次到达高余村，有人站在路边，希望他回家单独交谈，他不同意。60岁的余立善走过来，我提出请求，邀我到家，他当过兵，村书记九年。

齐敬祖介绍："我1993年当选村长，1999年对手拉票，我落选，2002年开始动用香烟、钞票，此后一次比一次加重。

"2008年书记沈长习，木道村人。村长华增亮，我村上届村长，在镇开香烟店，已三年。竞选人余季亮，我村上届书记，推销热水器，合伙办涂料厂，老婆跑保险业务，已三四年。双方各开支十万元。"

齐某说："余季亮的舅佬告诉我，原来约定，沈长习书记，余季亮村长，选书记时余季亮暗中竞争，沈长习恼火。"

钱松木也说："沈长习与余季亮商定后，开始帮余季亮拉票，这是好多人的说法，余季亮变卦。"

余立善知底："余季亮是我侄儿，沈长习内定人选，两位中间人不服，帮余季亮。我说争村长，不如争书记容易，他请两桌饭。

"沈长习挟两条烟，帮华增亮拉票。他父亲担任20年正职，第一轮没有委托书，拿人家的票塞进。被抓住后，沈长习要余季亮也塞两张，还说，即使送20张票，余季亮也选不上。他关一天，我们不服。"

齐某补充："投票这天中午，沈长习父亲塞进两张选票，余季亮的舅佬叫起来，说是多投，余季亮老婆在唱票处吵闹，撕票箱。"

钱松木谈见闻："第一轮唱票我在观看，公证处来人，派出所四人。华增亮得票过半，此时选票还没有唱完。在外观察的余季亮亲属不服，他老婆踢门进入，劝架人被打。"

汪树金见证："第一轮唱票我在场，派出所听到风声，可能要闹事，派人来维持场面，仍然夺票箱，撕票，三人拘留一个星期。"

江中定说："夺票箱的外逃，通知他要处理，另三人放出时，他主动进派出所。"

齐某说："过两三天选第二轮，候选人被叫到镇政府待着，亲信活动，挨家挨户送'中华'烟，有的人家给两条。余季亮是我朋友，华增亮派人送烟给我。这轮投票，派出所增加人员防守。"

钱松木说："余季亮以为药头不够重，第二轮用'中华'香烟。"

余立善告知："第一轮可以委托，对余季亮有利，第二轮公告，要选民本人投票，只有本家人可以，不是同一个户主的儿子也不行。北京、天津的都必须赶回，要出路费，引起矛盾。

"木道村老干部的连襟打电话给余季亮，老干部变卦，接受1.2万元钱，通知三十多位亲戚，改投华增亮。连襟接到指示电话，不服，提醒余季亮。"

一位老人说："两位候选人都住在我隔壁，余季亮的亲戚在唱票时抹去黑板上的计票。第二轮选举前，双方放哨，挟香烟，华增亮超七十多票。"

52岁的男子直说："华增亮六兄弟，妹妹嫁本村人；余季亮没有兄弟。我家三张票，余季亮送一包'利群'烟，我说与华增亮结交，一向这样。他反问，与我关系就不好？我回答，到选举时与我好已没用。"

汪树金坦言："华增亮三届村长，入党被余季亮卡住。他是我近亲，余季亮也算得亲戚，希望我倒向他，我直接表态不会投他。有些人口头答应，实际上不选。余季亮姐姐嫁木道村，但拉的票还是华增亮多，在高余村二人平分。"

汪明兴谈心里话："华增亮是我儿子的舅佬，余季亮是我外甥，我与老太婆的二张票平分给候选人。"

52岁的男子说："双方候选人都送烟来，两杯茶不喝，喝一杯茶，会得罪人，不如两杯茶全喝。第二轮没有来过，作为选民，选票投给谁早已决定。"

"为什么华增亮胜过余季亮？"

"他俩原来与我不共村，不熟。"

钱松木观察："余季亮姐姐、丈母娘在木道村，自高自大，遇到一点事就打人，群众基础差。华增亮外婆木道村的，人手比余季亮多。

"一个卖鸡蛋的人，用50元的鸡蛋收购一张选票，然后卖给候选人。木道村已换六七张，发觉后选票退回给本人。"

（二）后人不比前人聪明

余立善耳听八方："我村有一家，父女二人帮余季亮，两个儿子帮华增亮，争吵，翻掉父亲的桌子。

"一位村民要求华增亮签字保出他的舅佬，不肯，过一段时间，签字，但已无效。他敲大腿，后悔帮错。选举时，答应投给余季亮，后来反而拉一张票给华增亮。

"他的舅佬叫关华帜，卷入违章建房矛盾。江善本建房超面积，村民举报，法院判决拆除，江善本不服，二审维持原判，镇里定北京奥运会后拆除。双方冲突，关华帜打人，被关进。"

江中定简述经过："关华帜冲犯屋主，三人打关华帜，派出所人员赶到，关华帜打断江善本的手臂。"

余立善又说："原有十多人为此事上访，今剩两人。三个月前江善本想出2.4万元补偿，上访人担忧支持人说没骨头，不受。"

田士木也谈这一话题："上访、上诉已好几年，奥运会时上访，被拉回，奥运会后江善本也进京上访。主拆方帮余季亮。"

齐敬祖的话可作补充："余季亮落选，上访人更不服。"

余立善展开话题："有位组长将房子建在基本农田里，我们一定要见县领导，招来土管、执法等五部门人员，决定造一尺拆一尺。组长在周末、节假日造，现已落成，他在选举时帮助华增亮。里面一户属于余季亮派，申报建房，没有批准，也造，我们打气，组长造就跟造，也建成。这种房子共五幢，都没有审批手续。"

钱松木转换话题："现在有人告状，到纪律检查委员会数次，说沈长习有轿车，用贪污的钱买的，报账员、上届村长都叫去问。"

余立善也谈此事："最近，沈长习被'纪检委'叫去72小时，为修路、水利项目资金事，今后争取经费困难，可能要停职。

"镇综合治理干部、副镇长、副书记到我家，调解选举纠纷。我说，沈长习遥控指挥，如不处理，别进我家。"

汪树金提另一件事："木道村村庄整治，余季亮姐姐的房子应拆，另外安排宅基地，给予补偿，却死也不从。"

他留我吃中饭，以酒款待，我不会喝，舍命陪君子，时间一长，两脚宛如踩在冰窖里，冻疮爬上脚后跟。

2011年4月9日，观看木余村公布栏，余季亮夺得村主任职位。我急于要找答案，见围墙内有人走进小屋，我呼喊，得到回应。他叫王坤泉，56岁，停下活与我聊："沈长习癌症开刀，书记让他当也不长，华增亮却要争，没有成功，争村长又落选。

"华增亮不过硬，3000元雪松，上账7万元。

"教堂建围墙，用地有矛盾，村干部帮助解决。教堂主持人年老，出钱演五天戏文；给华增亮两万元，分给'两委'成员表示谢意。后来主持人打听，每人只给500元，其余落腰包。

"'两委'反感，邀余季亮竞选，他在外省做生意，赚得不错，竞选一举成功。"

四　花川村不般配的同盟军

花川村位于城关镇，工业园区的所在地，有上下村之分。两届竞选两种人，只见化友为敌，不见变敌为友。有道是没有永远的朋友，只有永远的利益，选举提供鲜活的版本。历史的长卷里，结为刎颈之交的，走向势不两立，都是利益的驱动，根源在于挡不住的鬼迷心窍。君子之交淡如水，多个朋友多条路，人间毕竟有真情。

（一）友情链接在利益上

2009年8月11日，专访花川村，全村1510人。根据邻村的推荐，拜访71岁的老干部胡水木，他主要谈论委员候选人。向西，进入杨邦诚家，不在，夫人电话联系，他赶回家，60岁的老干部，拉开话题。第二次登门，只有夫人在家，再聊一次。杨邦诚提到村长竞选人吕日雅，我立即去找，问路正巧遇到她的婆婆，婆婆找一阵。不多时，37岁的吕日雅走来，谈起麻将，她说锋头正盛，能够毅然离场，让人心生感激。

9月4日，拜访陈心达，他75岁，非常熟悉村情。问路时，与57岁的汪相长相遇，聊几句。

9月5日，拜见58岁的汪相本，他当过两届村长，坐在小店柜台里聊。

9 月 6 日，入户采访 61 岁的冯天地，刚从菜地回来。转到胡相公打工的企业，他在办公室接待我。他 54 岁，担任村长、委员各两届，到 2008 年为止。

9 月 8 日，到达毛泉土家，不在，夫人去找。他 64 岁，从工地回来，与我交谈。转向一家厂的传达室，63 岁的毛相水表示没有什么可谈，但冯天地肯定他会说，事实正是如此。

9 月 9 日，到达汪季毫家，他 69 岁，在院子里与我聊。退回，进入徐盛水家，三四个妇女在做客，他在菜地，想回家聊，我坐在扁担上，避免人多嘴杂。他 73 岁，与我交谈时，他夫人走到田头，热茶送到我手里。

杨邦诚开启话题："村长胡邦宝，34 岁，原来混混的。2008 年选举依靠上届村长的帮助，送香烟拉票。上任后硬不起，软不倒，温汤水，没个性。我认为，不应挤占这个位置。"

夫人说："他年轻时，见人超车，就要反超，拉下司机打一顿。"

吕日雅说："他在社会上混过，进服装厂开车，负责分厂，暗中卖面料服装，被老板发觉，吐出一部分，现在办服装相关企业。身边小姑娘多，家中吵，母亲不允许离婚，当选后还是老样子。"

"混的人要戴红帽子，搞个村长当当。"

冯天地说："胡邦宝送这送那，选民香烟吃不完。"

陈心达指出："全村选民 940 人，竞选人送'利群'、'中华'烟，过半数要 10 万元以上。"

汪相本观察："选举公开送烟，烟送完，用钞票 100 元。"

陈宏生说："胡邦宝直接用钱，有人愿意作证，我父亲反对多事，他是父亲老表的后代，自己人，低头不见抬头见。选举结果迟迟不公布，拖延半个月，肯定有人举报，上面怕推倒重来。

"胡邦宝新手，本领不大，想不到汪敬诚跳出来帮他。"

吕日雅指出："上届村长汪敬诚帮大忙，将下村的关系户拉来给他。汪敬诚会做人，下村吃老酒，场场赶到，结下人缘。"

徐盛水转述："我老婆去做礼拜，看到汪敬诚为胡邦宝拉票。"

胡相公谈另一方面："他善于小恩小惠，付一元的公交车票，百姓会讲他好。"

汪季毫说法相同："汪敬诚势头最大，年大的住院，他给钱，不出事，稳当村长。"

杨邦诚又说:"村民建房肯跑腿,搭建多,乱哄哄的。"

汪相长也说:"他保护搭建房,阻止有关部门拆房,办事勤快。"

毛相水有点不平:"他接到电话,跌三倒四会赶去,调解时自摸钱摆平。我没有搭建房,但不打落水狗,森林出事,不是他一人的事。他讲只吃到买山人的几支烟,死也不肯认错,三四百村民到法院保他。"

陈心达叙述:"我 1958 年至 1986 年担任正职,山林我栽培已 30 年,本地小木加工厂老板中标,转给外县人,得 3000 元。合同 49 亩,实砍 68 亩,法院到我这里调查过。"

夫人阻拦:"又说山林事。"

他拉大声音:"讲几句话,总是这样!"

汪敬诚解释:"协议'南至竹园',没有超过界线,实际面积超 19 亩,林业干部没有到现场定界线,要问责,希望我挑点担子,接受判三缓四的刑罚。胡相公弄我,想当村长。"

胡相公谈经历:"伐木超界,村选出调查小组,要我协助,得罪汪敬诚。判刑后还想上,镇不同意,又想上委员,到处做工作。怕我上,推出胡邦宝,胡邦宝问我是否报名,我没有否定,报名我先他后,他推三推四。"

毛泉土观察:"汪敬诚第一轮得到一定选票,第二轮不得参选,帮胡邦宝,还有销售汽车的、'放炮子'的三人也帮,都是铁哥们,请客,洗脚,送烟,花十多万元。"

汪相长评论:"他不出事,没有人能与他争。帮胡邦宝,想图回报,照顾他,但不一定。胡邦宝亲戚多,与竞选人胡相公也是亲戚,把他挤出。"

吕日雅知情:"原想托上胡邦宝,会听话,反而给反对派实惠,告状人的费用在新村长上台后不久报销。他气恼,现在唱对台戏,做任何事都找麻烦。"

汪相本阐释:"告状由村民代表会决定,我与书记为代理人,开支 1.6 万元,胡邦宝报销不签名,顶不过代表,只好照办。村建坝,汪敬诚哄残疾人去撬,理由是原定卵石,改为剖石。胡邦宝火,他父亲也一样,骂汪敬诚管制分子。汪敬诚回话:'你儿子村长我要他当就当,当当牢点,下届小心。'"

吕日雅细说:"告状人看中一块土地想建房,那位残疾人也看中,发生矛盾。汪敬诚烧火，残疾人多次撬埂，告状人外甥建房，他也撬，发生肢体冲突。胡邦宝忍不住气，出口'刮杀你，你有儿子，杀掉拉倒。'本性难改，急时要露出。我劝说，按老脾气要打架，残疾人耍赖，招惹官司。"

毛泉土也说："残疾人投标低二元，村工程没有中标，开会来敲桌子，大骂，选举时答应照顾，选上不管。"

夫人挡驾："不知不要乱讲！"

他没有停止，继续谈些其他内容。

（二）老干部的短板留着尾巴

9月12日，来到陈宏生经营的劳保商店，他40岁，母亲不在，没人阻碍，放心听他叙述："上届小兄弟哄我竞选，为这届打点基础。第一轮结束，胡相公190票，吕日雅225票，我250票，原估计300票，不知失在哪里。这天晚饭他俩在我家吃，决定饭后分头行动，8点，胡相公借口走开。我到吕日雅家找她，不在，她姑夫陪我找，不见人影。形势不对，我不再发烟，等于省一笔钱。我开支二万元，吕日雅三四万元，胡相公最少，吃饭，用烟，一万元总要。"

"做生意当村官，还能顾得上村务？"我问。

"老婆管店，我配货，我的角色可请人替代。下次不去竞选，没意思，一而再，再而三，难为情。老婆不会骂，再去也随我。"

胡相公知底："陈宏生有魄力，人头不错，2005年竞选委员，2008年我淘汰后帮他拉票，他配给我车，里面备有香烟。胡邦宝的车拦到我前面，叫我阿哥，帮帮忙，我中止拉票。陈宏生见每个自然村都有胡邦宝的车在跑，自己没有希望，不再活动，省下不少香烟。"

陈心达谈儿子："组长哄陈宏生，我挡驾，还是省点心事好。他们不再到我家，在外面弄。我对干部已厌倦，年三十夜社员哭到家，要求解决家庭纠纷，过年的心境被搞乱。儿子选上可当，硬做我反对。"

汪相本认为："陈宏生财力不足，他扔'利群'，别人扔'中华'，有的人家收到十条，上门都答应。"

毛泉土指出："他父亲处理事情，硬气，但个性不好，太专制。当村官时命令公家的不能动，不当私心重起来，也要动。村民担心，儿子当村长，父亲一把抓，不选他。"

毛相水的观点一致："他父亲自以为是，要敲桌子，他说了算。不当时私心重，拖回十多根树，还要追查汪敬诚，要弄他坐牢，村民反感，选举站到反面。"

大部分人持这种观点，杨邦诚是其中之一："陈宏生为人好，但父亲爱管，没他地球不转，让人头痛。"

女性村主任候选人吕日雅自述："我是外县人，那里的收入差距大，肯吃苦的人多，到全国各地做小笼包子，一年可挣 10 万到 20 万元。我母亲开香烟店，父亲经营孵坊，同学到深圳打工，工资五六千元，我被吸引过去，结识现在的丈夫。

"婚后，回家办衬衫厂，我怀孕，无人销售，关门。丈夫到深圳打工，要我带小孩过去。我告诉他，本地老板聘请他当厂长，工资 1500 元，要发展必须回来。实行目标制承包，我负责跑业务，超额有奖。合同三年，两年时投资人合并，我走出。省城外贸公司请他，月薪 6000 元，我与他商量，不如自己办厂，手头有两万元，缺额我会想办法。他说试试看，我加重语气，要果断，不可随便试试。

"初办，业务不多，客商不放心。经营 10 个月，购买 13 万元的面包车，人家认为我们经营有方，敢于下单，外表很重要。

"现在服装行情不好，还要为工人交养老保险。给贸易公司加工，不必跑业务，办公室坐不牢，为涂料厂跑业务。想到贵州或山西去发展，化工的利润比服装高。

"治理村庄没有仔细考虑过，距离县城近，有前途。我年轻有闯劲，边做边学，靠做。

"老公反对竞选村长，公公支持，其他人也哄我，说我有魄力，我不否认。亲戚少，老公不会打交道，下村人头不熟。我心计不如人，报上，没有退路。

"以后不去竞争，关系太复杂，不是想当就能当上。本届村长试探我，我叫他放心，作为邻居用得上会帮忙。下届想当的人，去年就活动，请人吃饭，洗脚，结婚场场赶到，封 1000 元的礼。作为一个女人这样做太辛苦，花这样大的代价犯不着。"

杨邦诚说："吕日雅心直，富态，夫家没有影响力，没做准备工作，太仓促。叫我帮，没去，她家里几个人跑。"

胡相公观点相近："她出场太突然，村民不了解，又是女的，凭什么要投她。得票还可以，没药头做不到。"

冯天地评价："她个性强，泼辣。"

徐盛水谈经历："她大气，单独到我家，给烟，我要她带走。"

胡相公受妻室的影响，按兵不动，没有得到天上掉下的馅饼。

杨邦诚分析："胡相公少阳刚气，主要靠住房附近的选票，这些人的利益照顾到，建房帮审批，他们感激。"

陈心达评论："他有能力，但无经济实力。"

汪相本看法相同："不是老板当不上，没钱，挨家挨户送不出。"

冯天地指出："他兄弟二人，由阿公阿婆养大，两老需要赡养时却踢给他父亲，父亲讨第二个老婆，养老受影响。"

徐盛水说："他是我朋友，娶第二房，不养阿婆，男人没骨气。另一方面，村民认为，以前当过村长，不出色，再当也差不多。"

汪敬诚自陈："第一轮很散，我得 130 票，汪相本 140 票，胡邦宝 390 票。"

（三）浪子回过半个头

关于委员当选人金秋高，杨邦诚说："背大刀的，打架如家常便饭，不顺眼就骂人，经常进派出所，二次被判刑。出来开茶馆，做生意。"

徐盛水告知："他服刑，告诉搭上的姑娘，必须等他，不然不客气，姑娘真的等他。"

胡相公提供近距离的见闻："父亲死时，他还在劳改农场。与我来往多，叫我阿哥，常请我去吃老酒，出轨的事我当面讲。1999 年开始变好，杀猪卖肉，起早摸黑。搭到大姑娘，成为第二个老婆，时间一长，说她不会持家，家里不整洁，二人吵。女的提出给五万元、面包车、肉摊，今天离婚，明天搬出。"

冯天地的话有点意思："已娶第三个老婆，以前的丈母娘他每年都去，办事还要叫他。他住院，三个老婆都来看他，他说，犹如老妈生三个儿子，娶三个媳妇。"

陈宏生指出另一面："2005 年向我借 1000 元，年终儿子来还，表明钱还清。我打电话给他，还有 2000 元向老婆借的没还，他回答给我母亲，母亲收钱肯定要告诉我。他说话十句九空。"

杨邦诚说："他 2005 年当选组长，娘姨在村，娘姨夫非农业户口，老表想迂回建房，分土地征收款，他顶住。村里这种户头不少，他一顶，减轻干部的压力，大家选他，送烟也起作用。"

汪相本更详细："他老表是道上人，在村有房子，卖掉。老表的地送他种苗木，闹翻后迫使原田归还，他第二天就挖，不管六月天气。原来大家认为，他当组长，几块钱管不牢，但管得很好。2008 年重新当选组长，全票只少八张。"

毛相水肯定："他是我老婆的侄儿，看到我不响，现在碰到就打招呼。村民以为他当组长，钞票捞光。做埂，他说如果组里不出钱，他一个人出。他有轿车，卖掉，又买进。"

毛泉土观察："竞选委员，他与另一位候选人冯莲花合作，两人你帮我，我帮你，各扔四五万元，请客，送烟。我家二人分别来，各人留下一条烟。"

汪相本说："香烟铺路，选派最合适的人到户拉票，大家议论，下届可竞选村长。"

胡相公了解到："当上村委，吃住不去，招待费自己出，六个干部中他开支最少。调解有勇气，必要时提高嗓音。"

杨邦诚也说："管调解，胆大，讲话有分量，不签字的就是不签，原则性强。"

汪相长说："他现在收入靠'放炮子'。"

我想现场感受一下，早上到他家，关门，呼叫，他从窗口探出，柔声柔气地说还在睡觉。十点再去，第三房夫人告诉我，不到中午不会起床。下午一点又去，关门，打手机，不接，无法接触，不敢再试。

冯莲花异军突起，胡水木告诉我："她有一台挖掘机、七台机床、面包车、小轿车齐全。样子不错，会说，经常陪上面的人吃饭。有人说她千不好万不好，我说办事快，村不会吃亏。乾隆皇帝游江南，戏得牢，因为美女多。老实好，老实吃亏。"

杨邦诚说："她这里喝酒那里喝酒，来尝当干部的滋味。"

吕日雅以女性的视角看问题："原妇女主任老公电工，家中财力有限。她文笔还可以，有自大行为，缺乏亲和力。

"冯莲花四十多岁，会做生意，应酬能力强。大家讲为节省开支，村委委员兼妇女主任，都让她上。选举硬买，不会写，开会，要我坐她旁，帮读文件。她有气魄，但滑头，签过名，会说没有，或推托没办法。有心计，对过失有备而来，应坦诚相待。

"书记烧火，要我竞选妇女主任，小姐妹当会计，很想上妇女主任，与我商量，我放弃。"

毛相水说："冯莲花家中雇保姆，有客人才在家吃饭，晚饭后老板车来接，半夜回，老公吃不消管。竞选出力的给钱，大方。"

"女会计竞选，空口喊喊的，不出钱。"

采访徐盛水前，在幼儿园见53岁的白茶芳，她说："2005年我村委委员落选，保住妇女主任。2008年'妇代会'候选人村定，我除外。我没有经济实力，老公、儿子打工，女儿读大学，一户一条烟送不起。女会计问我要不要竞选，我不敢。她能干，老公在电力公司，委员差几票。过去计划生育，去抬人家的猪，骂我生癌死，车撞死，退下没人看望。"

院长催她去工作，我凝神扫视，她的脸皱纹已深，衣着土气。

（四）假戏真演新人新艺

2011年4月15日，第二次找吕日雅，她跑业务仍然没回家，婆婆以礼相待。杨邦诚夫人串访，我采访一结束就转向她家。

4月17日，进厂采访胡相公。

5月17日，在小店见汪相本，再访转向徐盛水。

5月22日，赶在出工前找毛相水，前两次扑空，这次他正在吃早饭，放下碗就出门打工，夫人接待。

5月26日，到达汪敬诚家，院门紧锁，过路的中年男子打他手机，他起床应门。他50岁，热情地展开话题。

吕日雅婆婆概述："胡邦宝担心选不上，挑动卜初阳竞选村长，拉散金秋高的选票。金秋高放弃，卜初阳却不肯退出，两人发生矛盾。上届卜初阳帮胡邦宝，很起劲。"

她先生回家，插话："胡邦宝花五万元，卜初阳七万元。选经济合作社成员，卜初阳上，胡邦宝进不了。"

杨邦诚夫人谈见闻："这次竞选，胡邦宝坐在桥头哭，村民劝说会投他。"

汪相本观察："一个姓胡的，五十多岁，高中文化，上班前去投票，选举工作时间没到，要他中午来。中午，投票基本结束，工作人员在外放松，一个姓胡的'支委'跟进，指指点点。卜初阳的人马在旁监视，说是作弊，不让唱票。工作人员请示县，又请求市，决定唱票，夜里1到3点进行，80位警察压阵。那位'支委'被叫到镇，过一夜，等第二轮选举结束才出来。"

徐盛水告知："有个种菜人说，他收到一条烟，看来选举要花不少钱。"

毛相水夫人说："我在上村扫地，为胡邦宝拉票，晚饭后到下村小店听风声。劝他多走动，他想派母亲去，我说人家对年轻的脸不熟，要见见面。下村有个混的人，一定要用上，他送几条烟，那人答应协助。"

此后留心该人，卧虎村人告知，六七十岁的老婆婆在烈日下静坐，保护耕地。他带一批同行，屁股罩在她们头上，声称放个屁让她们吃。

胡相公权衡力量："卜家大姓，与胡姓差不多。"

毛相水夫人知底："卜初阳岳母有两个女儿，不让他招赘，说这种女婿100万元也要空掉。他在客车上玩'三张牌'骗钱，现在'放炮子'。两兄弟都拘留过，都讨两次老婆。

"他派人送100元超市卡到菜场，我女儿女婿在卖菜。"

汪敬诚熟知："卜初阳现在经营足浴，在安徽投资矿产。金秋高退选，他不退，有几票算几票，有人烧火，开始拉票，胡邦宝劝不下，痛哭。人心都这样，开始玩玩，报名后走火入魔，要了解百姓的支持率，自己的分量多大，汽油般着起来。

"他太信任人，两个得力助手，把选举操作内幕捅给胡邦宝，造成落后201票的失利。他中标浇路，选后屏气，扔下不做。"

汪敬诚是选举的一张牌，毛相水夫人说："开庭那天，胡强开车，一次次拉村民去声援。汪敬诚欠债不还，两人打架，他被拘留。放出时，卜初阳派小车去接，办三桌酒，以为他能量大。

"他说胡邦宝母亲找男人，胡邦宝打他。"

我向汪敬诚提问，他解释："胡邦宝受人挑拨，我打他巴掌，两人打在一起。

今年3月13日选组长，怕我当选，胡强找岔子，关进我，他当上组长。有位村民贷三万元，胡强担保，还不出，胡强要我还，他再担保。我照办，他却不担保。过四五年，那人出两万元借条，另一万元今年将要给我。我向胡强借7500元，此债由那人还，反正欠我三万元。胡强逼我还，冲突，他先动手。派出所罚他500元，4390元医药费，我赔3000元，还关五天。"

毛相水夫人还说："汪敬诚碰到超伐事，金秋高坐到检察院门口，死告活告要定罪。他要当村长，汪敬诚在他家待半年。"

吕日雅婆婆反映："金秋高上届选举结束就想竞选村长，我家死老母亲，他送来 1000 元、一只火腿。他办进屋酒，我送 1000 元，没他多，实际上不少。儿子借给他 2.3 万元，吕日雅急于讨回，怕打水漂。他还两万元，少 3000 元，就算了，等于 3000 元买一只火腿。他说催命鬼，让兄弟赚点钱不可以？他'放炮子'。"

胡相公认为："选举有同情票，金秋高赌博欠几十户的钱，竞选失败，懒得做，干脆不还，所以他当上委员。陈宏生运气不好，这届竞选委员，被轧落。"

他总结："选书记有人举报送东西，取消资格；选村委，不敢像上届那样公开送烟。"

五　傍水村金钱的似是而非

傍水村由三村合并而成，自南向北，分别为长湾、下庄、定峦，位于水库的西面，与成虎村隔水相望，同属虹溪乡。竞选人先退后进，面对财力与权力的双重压力，赢得最后一笑，不排除民力的倾斜。老百姓素面朝天，却有原始的直觉，权力不能垄断，用权人不能同一个鼻孔出气。他们是有责的匹夫，自觉行动，推出另类，不能改变强势，也能让人投鼠忌器。

（一）抓拍不能欠东风

2009 年 8 月 28 日，骑车 40 分钟，进入长湾村，见夏日导家门紧闭，以为他不在，邻居为我呼喊，走出 58 岁的男子，邀我进屋。希望推荐其他人选，他拒绝，只得改为随机调查。竹林中房屋显现，66 岁的杨达万从午睡的竹席上起来接待。他推荐 73 岁的谭钱木，住在村的尽头，说话耿直。向后退回，找到杨达万推荐的邓相本，72 岁的老人与夫人正在午睡，坐在席子上与我聊。他推荐五十多岁的杨正贵，在水泥厂办公室，等另一人走开后才向杨正贵请教。水泥厂打工的还有 63 岁的夏聪茂，在现场交谈片刻。

8月29日，第二次进入长湾村，奔向竹地，寻找保温杯，它仍然安详地躺在沟边。前一天中午，在这里啃完面包，竟然丢下"伙伴"。满怀喜悦，奔向夏立本门下，他63岁，谈话并不保守。60岁的陈金富串门，在我的请求之下，他谈得更多。

向北，转入下庄村，220人，仅有一个小组，找到夏日导推荐的冯相木，他离开麻将桌回家。他65岁，有着四届村长的经历。

8月30日，根据冯相木的推荐，拜见70岁的曹向江。坐下不久，一位妇女串门，反宾为主。

9月3日，拜访定峦村的丁本金，前次通电话，他有所顾虑，突然登门，无法回避。

9月12日，来到汪洋贤经营的餐馆，他在村委办事，接到电话赶回。他下庄村人，54岁，与我同年。

夏日导拉开话题："我1989年当村长，2005年退出，书记乡派，郑长平担任副书记，汪显吉村长。合并村庄后，郑长平代村长，白进富代书记，他是我老表，定峦村人。选举后，二人的职位没变。

"郑长平有散装水泥车。2008年选举，用油、烟、钱，总价不下于八万元。"

丁本金谈话比较自由："支部改选比村委早，郑长平最高票，白进富请客，邀我与郑长平。郑长平提出白进富任书记，白进富说郑长平高票应上任。我扮演中间角色，说郑长平姿态高，选村长帮他，白进富表示一定这样。"

杨达万告知："长湾村640人，干部抢来当，以后有养老金。村民对郑长平的评价高点。"

谭钱木有同感："抢当干部，要权，要经济。郑长平碰到村民要打招呼。"

邓相本谈类似话题："我1973年当大队会计，直到2003年。郑长平父亲当过民兵连长，与我关系近，我夫妻二人的半数票投给他，他住县城三四年。他们当干部没好处，也没坏处。谁当都一样，我上不欠皇粮，下不欠债，也不求他们减刑。"

杨正贵观察："郑长平在武汉开过服装店，实力不如汪显吉，本村得票多，外派人员拉票不得力。"

夏立本陈述："我儿子夏力，聘为村委委员。郑长平用经济手段，外村有几户用钱，但没有证据，白进富说他花十多万元。"

陈金富插话："里村七张票，小道消息传给 5000 元；中村十张票 1000 元；一个姓汪的，是汪显吉亲戚，以前汪显吉借他十万元，接济生意亏损，他八张票卖给郑长平，我们叫他叛徒。"

冯相木说："选举如打仗一样，郑长平的车在夜里转来转去。"

串门妇女："我投郑长平，近亲与他交朋友。下庄村上届书记邓凤花，她帮郑长平，门前被人堆石，出门就会遭石扔，怕她出门拉票。跟踪很紧，见人活动，后面就追赶，三卡、摩托车、汽车都有。"

汪洋贤话音掷地有声："在长湾中村，郑长平送油，我接到电话赶去，但照相机没胶卷，转身买胶卷，他的车已溜走，报告派出所。他在下庄村买票，九张花一万元，总票比汪显吉多 12 张。"

2011 年 4 月 15 日，在办公室见杨正贵，他说："中驿村的汪立森是郑长平姐夫，两人买下一块土地，准备开发，汪立森要上书记，叫郑长平负责投资；当不上，引起郑长平的竞选波动。他申报支部委员，公示时，声明不参选，后来，暗中活动。进入第二轮，对手是他朋友，他又声明不参选，结果票数多于对手。又竞选村长，定峦村两个组长倾向他，半个村要拆迁，乡劝汪显吉别争村长，他保住村长。

"上届委员曹平华、汪洋贤，这次没有资格竞选，汪洋贤的户口已迁出。"

前一天采访杨松栋，他指出："曹平华当选组长，另一组长请客，他也请，汪洋贤举报，说是竞选贿赂。"

（二）权力制衡推出三角石

2009 年 8 月 29 日，从冯相木家里出来，转到杨松栋家，他 61 岁，当过书记。

8 月 30 日，告别曹向江，到定峦村拜访 71 岁的胡心辉，他 1968 年担任革命领导小组长，2002 年从书记位上退出。与我告别时，一再提醒，如果碰到乡干部，别提谈话内容。继而拜访文良义，他 83 岁，当年的高级社长。

8 月 31 日，在定峦村拜访 68 岁的何邦安，他当过书记，住平房，身体不佳。登临胡长木家，曹向江推荐的人物，55 岁，当过村长。交谈时，64 岁的老干部任立夏串访。他推荐 56 岁的田善木，正在吃中饭，夫人为交谈助兴。下午，走访 55 岁的丁木水，家中麻将正忙，我请他父亲找，他在呼叫声中出现，选择清静的房间说开。赶到工地，采访文良义推荐的方金安，71 岁，坐在便床上聊。

汪显吉竞选村长，谭钱木说："他父亲当过大队长，与我一起长大，他不理睬人，有人说当点官，自以为了不起。"

夏聪茂有同感："他父亲当大队长时，待人分级别。他自己在外长大，回村时间少，不接触人，本身内向，人缘关系差点。"

在场的工友插话："他与我亲戚，不打招呼。"

邓相本说："汪显吉住县城已十七八年，他父亲与我有交情，两张票投他一张，与郑长平平分。"

冯相木说："他父亲与我是同期干部，手中的四张票全投他。我村汪洋贤与他都是 2005 年的村长，联系多，帮他。"

夏日导说："他拥有一台挖掘机，两辆公交车，开办融资公司，资产千万元。选举时，他告诉我，大户还省别人委托的 20 张票，要求给 2000 元，我说不能用钱。"

杨松栋告诉我："汪显吉母亲到我家拉票，因她母亲与我母亲是朋友。他用烟，一户 100 元左右。"

曹向江的客人说："有个'低保户'，将兄弟、侄儿的票拉来给汪洋贤，有'花纸头'（人民币），汪洋贤帮汪显吉。有人喊，谁票价高投给谁。"

方金安获悉："我的亲戚在附近做木匠，委托给汪显吉的人马，放过'药头'（用钱麻醉）。"

胡心辉谈话如数家珍："汪显吉是白进富的同路人，白进富 2002 年当村长，由文良义等几个老干部引荐，说村穷，要大老板来改变面貌。白进富答应支持 50 万元，办大的轧石厂，现实教训文良义，他痛心地说，不要说大轧石厂，连原有的都停掉，不增收，反而败掉。

"20 世纪 50 年代建的茶厂，旁有炸药仓库、工具室，没有招标出售 18 万元，交村 13 万元。一位老师买去建房，由岳父管理。我问又买房，又建房，哪有这样多钱。他答，没财力，是白进富弟弟买去的。原占地四五亩，现在扩大到六七亩。这些地变卖给老板，老板拿地 80 亩，可卖 1.2 亿元。

"白进富弟弟给老板当保镖，我村挨打的十多人，最大年纪七十多岁。

"白进富拉汪显吉,村民偏不选。有人说汪显吉花十多万元,落选,全家痛哭。"

文良义从村办企业说起:"我兴办两只石灰窑、两只轧石场,造五间学校、十间茶厂。现在不办企业,卖光就好,特别是土地。

"白进富的叔叔是汪显吉的娘姨夫,帮汪显吉拉票,到我这里来过。郑长平是党员,与白进富不合拍,我的选票投给他。"

他转换话题:"你要不要向县政府汇报?"

"作农村问题研究。"我低声回答。

何邦安谈吐不保守:"村办公楼建造由白进富垫资,村不能支付,最后还是他的,田地白白占有。

"汪显吉父亲当大队长,母亲妇女主任,势力大。汪家与白家亲戚,拉到一起,人多为王,水泼不进,针插不进。汪显吉原在厂开车,大老板的女婿,我去过这家企业,知情人反映,这个人搌一堆就走。我五张票,不会投他。"

胡长木谈论耿直:"夏日导是白进富的参谋长,想进'支委',与邓凤花平票,再选,邓凤花上,她不是候选人,大家偏要推她。村委选举,汪家与白家结合,百姓担心太强,汪显吉的母亲当妇女主任,做事厉害。"

任立夏观点相同:"汪、白同学,汪的妹妹嫁给白的舅佬,两代结亲。"

田善木告诉我:"汪、白结合,太强,一般人的心理都这样,一派人一把捞。两个候选人都给烟,我不会吃两头水,我不了解他们,朋友兄弟有知情的,不投汪。"

丁木水说:"我兄弟老大四张票,办委托;老小三张、离婚的弟媳,也办委托,汪显吉拿去,他们都没有出门。我不会出卖灵魂,自己投票,拿几块钱也会用完。事后有人得意地说,几张票,某人出钱拿去。"

方金安谈心里话:"邻居女儿在乡下教书,想进县城,如果汪显吉当选村长会办成。他鼓动我投汪,我回答各选各的。白进富要汪显吉上,组成乱班子,一人说了算,村民要摆'三角石头'。"

（三）反制衡选择聘用法

2009 年 9 月 3 日，结束丁本金的采访后，进访任宏贵，他 55 岁，村民代表，对我说他由任立夏找来，随身带书面材料，他的房子因高速公路施工而震裂，工程结束，索赔无门。我无能为力，心情沉重，不敢多留。

采访丁木水一个月后，他来找我，反馈信息。我去调查，村里沸沸扬扬，希望我能为民做主，将问题搞个水落石出。我回答，绝大部分村都有类似问题，没有能力分别落实，只能反映普遍性的问题，引起各界关注，帮助相关部门制定对策。他乘兴而来扫兴而归，我更内疚，恨无尚方宝剑。

汪显吉落选，改为聘请，仍要在数量上占优势，弱化"三角石"。

丁本金说："我年轻时出过事，1986 年贷款 800 元，承包鱼塘，年收入上万元。村长找我，劝我竞选，1998 年当选，2002 年胡心辉落选，我当上书记。老干部推荐亿万富翁白进富，他找我谈，担心能否成功，弄不上倒霉。他以前生过脑膜炎，我父亲卖一头牛，得 76 元，给他 35 元治病。有这层关系，我竭力支持，他成功当选。一届后支部改选，他对乡讲，选上也让给我。实际上在台子下做事，用重金，挤出我。我失去面子，再竞村长，第一轮多十票，第二轮少四票，叔叔的五张票被对手买走。胡心辉对我不满，敲破狗钵头，大家都没份。

"定峦村 350 人，我在第一组，2008 年改选组长，我最高票，却另定一人。我告诉白进富，要向上级反映，他再定胡心辉儿子。选举是试金石，得人心票子多，我当过正职，不会为小组长拉票。

"此后竞争村委委员，又落选。"

方金安有话在先："用白进富，要抢位置，丁本金说不会。我说财产白进富多，人头多，塞后手本领大，果然摞光。

"第一次任命的组长，负责造办公楼，拉在一起。胡心辉儿子是丁本金最好的朋友，丁本金无法起跳，哑巴吃黄连。"

丁木水指出："胡心辉儿子连村民代表都不是。"

除组长任命外，还有其他职位，以聘请方式增设。

胡心辉说："村委四人，选后封 20 人，大小干部三十多人。并村目的要缩减干部，减少负担，我村却相反。"

夏立本说："白进富提出不兼任经济合作社主任，由代表选。"

汪洋贤告知："28 位村民代表，汪显吉全票当选。"

丁木水谈观感："流动票箱到村民代表家，拎票箱的是圈内人，毫无疑问是汪显吉当选。"

任宏贵指出："选不选一个样，白进富要办的事情都能办到，不管哪里。"

杨松栋认为："汪显吉还当办公室主任，不应该设这一职位，村长反而没权。"

丁本金说："白进富要我当老年会长，我讲年纪不够格，他提示，如果愿意，叫乡任命。改为夏日导担任，反响很大，他只有 56 周岁，也不到年纪。

"并村时，任命夏姣姣当妇女主任，夏日导的嫡亲。"

任立夏分析："过去白进富做煤生意，发货给砖瓦厂，他叔叔厂长，出纳夏姣姣。"

夏日导也谈到此事："夏姣姣没有申报村委，竞争太激烈，反正选不上。'妇代会'候选人由支部定，夏姣姣得票第一。"

胡长木说："无职聘用，喜欢用谁就用谁，老年副会长，任何会议都能参加。"

任立夏提另一职位："夏力，竞选村委，没上，聘为'治保'主任、民兵连长。"

六 卧虎村不亲和的联姻

县城的西端为松田村，西邻卧虎村，西连上土村，三村合并，冠名卧虎，与镇的名称重合。选举是利益集团的交锋，有实力而少利益的一群，要罢免，要助长外村人，本位主义荡然无存。普通百姓，不满利益的流失，推举代言人，誓与"老派"一争高低。城郊是块唐僧肉，按规矩割肉，乱象烟消云散，取而代之的是宁静与祥和的自然属性。

（一）戏文演半场

2009 年 6 月 25 日，在上土村拜见 75 岁的杨能本。他推荐 69 岁的田珠英，担任妇女主任 35 年，说来话长。我希望采访其他人，她电话联系杨平娥，48 岁，2005 年的书记。田珠英还推荐钱杜若，平时忙于炒股，我选择周末登门。他 65 岁，当村长 15 年，书记三年，到 2005 年结束。话中提到田心亮，进入他的办公室，这位 48 岁的建筑老板谈吐不失热情。钱杜若推荐 60 岁的金能宝，谈话不多，他要去接客人，我转向丁良人工厂，在办公室听他谈论。

6 月 27 日，来到苏银生的经营场地，以前宰牛，后改为饭店，面积四五亩。他没起床，母亲呼不应，我打手机，他来接待。钱杜若提到砍树时杨钱木称重，可能另有线索，我挺进到山坞，杨钱木从菜地回家谈论。偏听则暗，兼听则明，他的话令人耳目一新，渴望指点能为失落的村主任汪泉兵说几句的人选，他报出数人。先找徐首财，洪能立在座，他当过村长，谈话以他为主。路遇汪能水，年近 60 岁，在埋设污水管道，站在旁边聊几句。

6 月 29 日，拜访 60 岁的周心洁，谈话间她反复问，有什么作用，告别时，叮嘱别写出名字。她丈夫回家，我推自行车聊几句，要我坐下再谈。

6 月 30 日，拜访 76 岁的杨金玉，一位老教师。

杨能本告诉我："汪泉兵在三兄弟中排行老小，老二做煤生意，老大有三辆五吨车。兄弟赌，房子抵债，不知去向，包括汪泉兵，他的钢构棚屋空着。向人借钱，第一次还不出，第二次还不出。"

田珠英指出："他有精神分裂症，过去来讨钱，我儿子给 500 元。他父亲说，花 36 万元买个村长当，我家不景气。"

苏银生也说："汪泉兵有精神病，企业可免税，罢免时到民政局取档案资料。"

钱杜若概括："汪泉兵成立公司，钢构棚屋气魄不小，购轿车八辆，2005 年选举结束后半个月不见车影。下台后法院起诉，村民才知空账。"

丁良人谈经历："2005 年选举，汪泉兵了解民情，穷人策划，分头买票。第一轮他第一，前任村长苏银生第二，我第三。我们不与他合作，第四名的田心亮也一样，在第二轮放弃。"

杨能本得到的信息：一张票 500—1000 元。

杨金玉回忆："他 16 岁就做豆腐，后来经营煤生意，精神病院待一年，开饭店，扔'中华'烟给来客，说看得起他。钢构企业我呆四年，买七八辆车，雇司机，员工西装 700 多元，数百套。职工用餐到酒店，有人重复报销，他不知。资金不能回拢，手头没捏紧。他竞选村长，我问原因，回答是人家看不起他。"

周心洁说："他原开饭店，客人排队，后搭钢构也赚，有钱没有把握好。太糊涂，当村长不适宜，要招恶。"

钱杜若自陈："我办小厂，贷款他不盖公章，只得向各级反映。

"剪伐森林，每人给一张票，50公斤，交8元，外卖46元，他印票，朋友多给。罢免汪泉兵，我跟风，到县政府、民政局上访。"

金能宝说："我1995年起担任财务监督小组长，2005年的村官拿下我。汪泉兵做手脚，将丁良人企业买地的村民签字，附到他的下面，办理国有土地出让。"

杨平娥说："我兼经济合作社主任，805亩土地被征收，汪泉兵签字，不与我商量。他自己的用地安排好，登报公布，村里轰动，说他乱盖公章，实力派发起联名罢免。罢免人在报上刊登启事，原公章作废。罢免由四五人牵头，两天完成签字，我体重减轻3.5公斤。"

请问罢免组织者，她笑而不答。

为核实她的说法，查阅当地报纸，2007年4月7日刊登《县国土资源局土地使用权登记征询异议公告》，若对公告的土地使用权等内容有异议的，在公告发布起15日内向县国土资源局申请办理复查手续。逾期没有提出异议，即认为上述权益有效。公告上有汪泉兵企业的8.27亩土地，用途为工业。

4月10日，报上出现《上土村村民委员会公告》，全文如下：

> 因卧虎镇上土村全体村民的要求，凡从2005年10月—2007年4月6日下午4时止，所有盖有上土村村民委员会公章的所有协议合同及有关文书等，全部来上土村委重新登记，登记时间从2007年4月10日起10日内，否则该协议合同宣布无效。
>
> 上土村村民委员会
> 2007年4月10日

杨钱木的见识不同："丁良人买田，钱杜若全力帮助，得到回报，办起加工厂，产品给丁良人。汪泉兵上任，要实量丁良人厂区用地面积，原来溪没算进，账面与实地相差太大。丁良人向农户直接买，不是'统征'，没有'留用地'，虽然价格比统征略高，但村民吃亏。田心亮占有几处土地，汪泉兵不同意转让，不盖章。罢免由这种老板发起，他来签字，我拒绝。"

周心洁丈夫说："苏银星、丁良人、田心亮联手选举，汪泉兵不受控制，要害他。田心亮土地只付定金，威胁如不办证，敲掉汪泉兵的钢棚。"

洪能立得知："汪泉兵的土地在统征后办理，那些已占有的跳起来，田心亮策划罢免时讲哪些话。"

汪能水说："'统征'后田心亮想承包工程，汪泉兵却从邻县请来工程队，田心亮气翻，发动罢免，我也签字。不签字的一百多人，钱借给汪泉兵，让他当，才能收回。"

杨金玉告知："罢免签字四百多人，我见过。得知汪泉兵的土地还是别人多，有些人签字后又抹去。"

丁良人的话意味深长："罢免，要狗急跳墙，威胁坐牢大家一起去。钱杜若讲戏文演半场，教训过就好，坐牢没意思。他有亲友，弄破，大家都伤，到停职为止。"

周心洁另有说法："'统征'有人塞条子给他，损失三四千万元。杨平娥也要土地，镇不同意，这些人掀起罢免，没能送进牢房，又炒树。告的人木头票多，还不承认，账上有记录可查。"

杨金玉说明："钱杜若运出木头很多，钱落腰包。田心亮统包，缠着要优惠，票子多给，造成超标。"

汪能水以数据说话：木头票杨平娥、田心亮各50张。洪能立指向更广：木头票多的是委员、组长，树由田心亮买去。

问罢免组织者，洪能立说："我以前调查过土地，没用，汪泉兵事已过去，应该清查流失的土地"。

洪能立转换话题："公章原在会计处，私下盖章，造成集体土地流失，所以汪泉兵要自己保管。"

田心亮现身说法："2007年4月30日，六十多人围住汪泉兵，如果不交公章，就强夺。问他公章在哪里，他答在镇书记处。打电话给书记，回答书记怎会放章。他电告司机，司机将章转给报账员，再交镇。镇来电话，说在财务室，大家带着汪泉兵去，非要交出不可。"

周心洁说："公章放在会计处，多次出事，他认为我年纪大点，稳重些，放到我这里。刚好他带在身边，组长以上人员开会，要抢章，他电话催我去，恰好我大儿子回家，陪我去。汪泉兵要我将章送到镇会计，会计不受，怕说不清。请示领导，叫总会计接受，也讲是定时炸弹。

"我一直担任报账员，他报的发票很少，有人讲他吃饭消费千把元，也有，如擅自搭建房子，有关部门来，要应付。"

杨金玉见证："查汪泉兵的账，花半年时间，没问题。"

（二）推倒重来是件美丽外衣

7月4日，在松田村拜访60岁的任金天，他忙于家庭加工业务，边干边聊。他女儿在场，我不敢多问，直接去找冯季毫。根据住房招租启事的手机号码，与他联系，他赶回家。

任金天告知："冯季毫2005年竞选村长，领先，选票超过半数，却推倒重来，上届村长毛森贵出重金，一户花数千元，反超。冯季毫不服，要我陪到民政局，镇人员已先到。

"村综合楼地址出售，仓促投标，毛森贵中标，怕冯季毫当选，重揽茅池缸。"

冯季毫自陈："第一轮投票结束，清点选票，发出与收回的数字相同，140位选民，差一人没投，选举委员会成员认为鲁水花缺位，找不到，要她丈夫代替。每人发误工费20元，丈夫代领时，选委会成员想起鲁水花已领，一查，确实是这样。

"我超13票，提议减一票，让帮办丧事而缺席的妇女投一票，选委会不同意。

"选委会成员，一个是毛森贵朋友，正想要地，另一个书记，是毛森贵弟媳，反正都是他圈子里的人。

"第二天到民政局，选委会成员、我都去。民政局讲选委会操作失误，同意我的意见。镇要求重选，说是上面的意思，文本在我面前一晃，公章模糊，没看清。

"我到选民中去签名，76人投我，写成请愿书，希望尊重选举结果。到省，回答下转到县，县说会解决。写信到市，认为选举整体无效，必须是非法选举，告知时重选已结束。

"重选，儿子认为已经选过，没有必要再参加，我想不上名单，镇叫我去，一定要印上我的候选人名单，我没有办法。我不懂，如不上名单，第二次选不成。

"过五六天重选，我少十多票。

"村民知我硬，第一轮将票投给我。

"沿街三亩地，100万元有人受让，毛森贵不同意。过四五月，土地办证数十万元，由村出资，召开村民代表会议，出价60万元转让，限三天内投标，我提出五天，无效。我叫来一人投标，毛森贵说外村人不可投标。我问出纳，是否有人交钱，他说一位干部交60万元。

"第五天，毛森贵派人开车接我到茶室，我回答村租房办公，何必到茶室。毛森贵亲自开车来，我坚持自己去。参加村干部会议，村委委员仅我一人。我说老百姓已知100万元，一定要超额，60万元我夫妇要少分4000元。有人提议再加1.88万元，大家签字，我拒绝，也不吃中饭。

"出面为毛森贵投标的人送来两条'中华'烟、十包干果、5000元钱。我退还给毛森贵，告诉他应通气，反正我买不起，这样做对不起老百姓。

"此后，我不去开会，内情不知。"

（三）肥水外流又一景

6月30日，在原卧虎村中游荡，迎面走来拄杖老人，他叫冯江星，83岁，转身领我回家，坐下与我聊，夫人回家，取而代之。下午，拜见83岁的萧有明，当过大队会计，他邀来四人共叙，其中有60的岁周泉林，他当过村长，积极参与土地清查，留心村务。

周心洁列出人口分布："卧虎村1230人，上土村1090人，松田村240人。"

田心亮自述："前二届村委不作为，园区不能西进，村貌不能改变。2008年我竞选村长，征求几个人意见，认为还是应搞实业。汪泉兵知我要出场，求我带进村委。我回答，村长当过，何必玩委员，上届不创业，要影响新一届村委名誉，他不必多此一举。

"我第一轮被刷下，反对的还是我的朋友，怕我当选，会拉开距离。"

杨钱木指出："造中学，田心亮没付拖拉机工钱，百姓还担心占地。"

洪能水说法相同："他欠的债没过颈部，过年逃出避债。"

金能宝评论："他五毒俱全，公司办公楼应拆。我提醒一位干部，不要与他搭界，不然要拉下水。他花12万元拉票，拿到钱的投别人。吃过饭的回来讲，不会投他。"

苏银生的说法相近："他是我朋友，要当村长，信心百倍，我当面表态不支持，现在碰到不开口。得票在于为人，平时动用流氓，建筑资质被取消，官司多。"

丁良人说："十多位富人催我申报村长，他要我别报，我不报，这些人选其他人，他却怪我不拉住。"

周心洁丈夫观察细致："田心亮请客，百姓说饭可吃，票不投。丁良人没有支持他，选举一结束，田心亮就骂人，要派人干掉丁良人，丁良人讲活不过 47 岁，田心亮也休想活过 50 岁。"

杨金玉总结："田心亮只得到一二百票。"

谈到汪泉兵，杨平娥说："2007 年 10 月村庄合并，镇让他复职，代理副村长，松田村的毛森贵也一样。2008 年选举，第一轮不错，第二轮差 200 多票。"

钱杜若指出原因："第一轮他最高，第二轮罢免的三百多票投给田义祝，他落选，镇聘他管'治保'，大家反对，其他人也要聘。"

冯季毫说："田心亮到松田村拉票，汪泉兵天天来求我，给毛森贵 100 条烟，送错烟，总开支 30 万元。"

冯江星夫人知情："原卧虎村土地问题很多，村民打破头皮也要维护权利，老干部一拨人，恨杀查账。田义祝讲，办得到办，办不到没法。他清白，大家推选，上面却要杨羊当。杨羊担任组长，私心重，填掉四亩土地，种苗木，问他，说是向村买的。这畈土地九十多亩，没卖过。2007 年过年前，他送油、米到户。说声恭喜老人。他是我邻居，不去得罪他，心里有数，选票投给田义祝。"

萧有明说："老干部想杨羊上，他分别送礼，大户五公斤油、15 公斤大米，小户 2.5 公斤油、10 公斤大米。第一轮落选，他们又希望汪泉兵上。田义祝办厂，当过财务监督小组长，干部吃喝数千元，他拒绝签字，我们一致推选他。"

周泉林插话："有一户选民证四张，选票只有三张，大家吵，一二组起哄。监选人员调走，票箱封存，五天后开箱，民政局人员、警察到场。第二轮唱票结果，田义祝超汪泉兵。"

（四）千言万语在巴掌

2011 年 5 月 24 日，拜访金能宝，他诚恳地与我交谈。

5 月 27 日，求访陈冠人，他 55 岁，健谈。他的话提到田心亮，我转到田心亮办公室，还是前一次那样的热情。走访洪季坚，近中午不合适，下午再来，稍等片刻，他归来，约 40 岁，原办厂，目前厂房出租，年收入 40 万元。2008 年与兄长洪邦义合力竞选书记，确定职位时发生矛盾，一直没有磨合。

5 月 29 日，拜访萧有明，媳妇在外嘀嘀咕咕，我不能久留。找到周泉林家，孙子带到田头，他想回家接待，我见他在揉油菜子，非在阳光强烈时不可，与他一起干活。

6 月 5 日，早早来到田义祝家，生怕像前两次一样扑空。他在 2005 年上任不久，于办公室遭人毒打，大批村民到县上访，我一直想见到他。谈话即将结束时，他夫人过来，说孙子急着要走。他们要出远门，我告辞。

6 月 27 日，想了解事态的发展，再次抵达周泉林家，他夫人 63 岁，卖菜回来，也加入谈话。

我想解开一些疑团向田义祝提问："有说你上届承诺每人发六万元？"

"我不会这样傻，自讨没趣。"

"有说你要清账，花三万元跨地区审核，结果不公布？"

"没此事。出事后，政府组织查账，土地问题进一步暴露。"

"当过财务监督小组长？"

"是的，很多账不签名，他们就不要我签。

"2008 年代表老百姓利益的人上不去，我申报，当选，却不公布，我不上任，过一段时间才送来任命书，但一直不公布。

"我两次受审，抓不到辫子，不能将我怎样。如果我关进去，有人代理村长，一切可以按他们的意志办。"

"上土村、松田村都装上数字电视，卧虎村除外，为什么？"

"洪邦仁书记想证明我无能，卧虎村人不选我。"

"为何'支委'五人，村委三人？"

"三村合并，村委可设五人，用意谁也清楚。"

周泉林由远及近："我村的土地征收稀里糊涂，其中 27 亩没征收，被房地产公司打围墙动建，村民阻止，被打，大家推倒围墙。因此八人判刑，其中有我，关29天，取保候审一年，后因证据缺乏而撤销。我要求赔偿，坚持维权。

"田义祝站在我们一边，他不能运用物质刺激，一发现就拿下。松田村每人分土地款十万元，是田义祝让村民签名表达的结果，他们讲没他分不到。"

次日在松田村采访三位老百姓，都认可田义祝。

洪季坚2011年申报村主任，有人讲他帮田义祝，谈话显现这种倾向性，我想一试："你竞选玩玩的？"

他笑而不语，还说以后别采访，难做人。

周泉林谈布局："洪邦仁推出陈冠人，有难度，再推杨木诚，怕上不了，又推田季立。"

陈冠人自陈："我担任2002年、2005年两届村长，第二届遭遇罢免，他们针对财务、征地问题，镇没有组织罢免。2008年田义祝当选，与镇配合不够，业绩不明显，一些老干部要我出场，我去报名，花数千元。如果与田义祝拼，要买他400人的铁票，多花钱我不肯。"

萧有明说他在家办15桌酒，发动拉票。周泉林认为他名声已倒，只得82票，馆子里吃的不付钱，不知谁付掉。

陈冠人又说："我报名后，杨木诚、田季立、田心亮也申报，杨木诚是我的外甥。田心亮进入第二轮，叫我去，我说买下杨木诚、田季立的票，至少花十万元，派人也得十万元。他第一轮花15万元，出不了手，到夜里一点半，他赶到我家，决定买，我说已经来不及。他得700票，田义祝1000票。"

我点出陈冠人话题，田心亮回答："其他候选人到我这里来过，表示互相支持，但没有做到。"

金能宝指出："田心亮买票，一张500元，如当选，我要告，2%的人总有意见，会作证。"

田义祝提起另一话题："今年4月28日，卧虎村村民到村委，要为数字电视讨说法，我问洪邦仁理由，他解释钱由他向老板争取来的，有能耐。我指出，如以上土村名义讨，我没二话；如以大村名义，必须解决卧虎村。他发怒，敲桌子，村民也敲。

"他说的老板，是想在我村用地的，这块地位于卧虎村与上土村交界处，两村共有。

"第二天下午选'妇代会'，20 名代表必须足额，原村民代表中有 17 名，另外指定产生，被指定人莫名其妙，讲出，村民不满。候选人也指定，明显想上朱邦娥。大家对洪邦仁的倾向性十分不满，出现比较一致的猜测。"

周泉林的话有补充："以前村民代表不分男女，村委选好再选妇女班子，各组最高票当妇女组长，其他作为妇女代表，参加'妇代会'选举。今年村代表中必配女性，妇女代表没单独选，叫叫的，不然上届妇女主任肯定要上。

"洪邦仁推朱邦娥竞选村委，没上，又想她当妇女主任。朱邦娥原来与我们一起搞土地问题，她屋后一片土地要征收，洪邦仁拉她进 23 人组成的工作小组，女性仅她一人，账由她管，从此走到一起。"

田义祝又说："一批妇女找洪邦仁，他首先声明，这张桌子只有他可以敲，别人不可以，接着发生打人事。"

周泉林夫人细说："那天我在卖菜，同组几个活跃的妇女找我，我说到镇去不了，菜要卖，她们说到村。路上才知妇女代表不足，我组两个圈定，是'老派'人员。到村楼，我讲自己妇女组长一直当到 60 岁，圈定人员不合理。洪邦仁回答，他想怎样就怎样！我又问数字电视，他说去找村长，我说村长是娘，你是爹，不为儿女做事，坐着做啥？他站起来就打我。

"我受伤，住院一个月，现在耳朵发热，腰痛。"

周泉林谈经历："我在干活，有人赶来说老婆出事，我赶去，见她坐在地上哭，头吃到巴掌，胸部中拳头。我喊洪邦仁，他办公室门不开，村民要踢门，我阻止，他错我们不能再错。

"他电话通知上土村人，来七八位，看到我老婆的样子，没动手，我老婆娘家在上土村。

"派出所、镇干部都有人来，他仍不开门。

"镇干部讲快送医院，我说谁打谁送，他还是不开门。镇干部又说，人要紧。我要他指定人送，他定新上'两委'各一人。委员支付 1000 元医药费，不够告诉他。用光，委员却说不付，联系洪邦仁，回答反正要处理，一起结账。

"老婆软组织损伤，派出所讲调解可以解决，如果要鉴定伤残，六个月才行，我要看鉴定。

"洪邦仁没到我家，也没到医院。

"事后他到村楼上班，带七八个保镖，现在一个司机在身边。"

七 雀场村信誉货币化的双重性

卧虎村西南为雀场村，处于卧虎镇版图内，它由三个村合并而成，分别为雀湾村、余家湾村和铺前村。竞选人多姿多彩，同样的失败，有的一诺千金，有的逃之夭夭；同样的成功，有的违约不就职，有的半推半就，昂首走向下一场。选民健忘的大有人在，再施小恩小惠，又投庄严的一票，有奶便是娘。古君子不屑嗟来之食，在丰衣足食的今天，廉耻不应钉到地板上。

（一）承诺的真假李逵

2009年5月9日，进入690人的雀湾村，根据邻村热心人介绍，首访69岁的魏绅培，不在家，转向他儿子承包的餐厅，他热情地聊开。

5月10日，路遇魏绅培，带我到洪阿毫家。他76岁，扛上锄头正要出门，见我们到达，坐下聊。魏绅培又领我见70岁的金邦治，听听这位退休乡干部的说法。

5月21日，进入方宏坚的鞋店，采访48岁的老板。

魏绅培说："2005年，方宏坚在竞选时宣传，他当选要清查账目，50万公斤杉树卖光，没办事情，也没执行原方案，按比例分给村民，镇干部说他敲桌子发言，火气太重。他承诺，每张票给80元，落选后他老婆讲，答应人家就要守信，挨家挨户去发钱。"

金邦治谈为人："方宏坚原来不打招呼，不分烟。如果当上，有事找不到。"

夫人插话："他长期在外搞经营，没当过干部，意图不清楚，群众中没有建立威信。"

金邦治接话："突然出现，选他给钱，看不惯的也有。"

在方宏坚店中，我首先提问："生意人，为什么想当村长？"

他答："村道没浇，全镇只有我村这样；年纪大的看到其他村外出旅游，也想出去嬉嬉；独生子女盼点慰问品。想回去做点事，与老婆沟通，她讲太辛苦，我认为做成功，有名气。

"有人催促查账，我讲再说。对小兄弟说，当选，违法的事帮不了，如在田建房之类。

"承诺对方出多少，我也出多少，如出现金，我会上，最后差 12 票。根据朋友提供的名单发钱，没选我的，只要开口也给，有的送到店还我。

"2008 年的两个竞选人是我同学，来沟通过，我想竞选委员，老婆不同意。

"我出世时父亲已四十多岁，家里苦，找对象，嫌穷，不来，曾经想出 300 元买个老婆。后来做泥工，结婚，老婆要开店，改行经营食品，再开皮鞋店，营业房年租 15 万元。"

洪阿毫谈竞争对手："书记于立功得知方宏坚要给甜头，连夜赶到上届村长家，拉他再当一届，组织人员开会，80 元钱于立功出。采用流动票箱，于立功派自己的人马督写。老百姓讲，没选上的付钱，选上的反而不付。"

魏绅培说："于立功帮上届村长，也承诺出同样的代价。当选的上届村长认为出钱没意思，80 元钱不愿发，村长也不当。于立功感到为难，将自己的位置让给村长，村长缺位，拉上委员代理。"

（二）逼退对手的点金术

5 月 11 日，第三次到雀湾村坞内找 69 岁的汪明坤，他是邻村推荐的人选，在田间种菜，回家聊几句。转到 460 人的余家湾村，拜访 64 岁的金道木。向东，拜访 77 岁的顾金坡。向西，根据魏绅培的推荐，来到余德立家，他 67 岁，老委员，正在午睡，抹抹眼睛接待我。向东北，找 65 岁的罗大悦，他住别墅，不锈钢围栏上挂牌，提示有猛狗，我不敢进。第二次到达，围栏门开着，斗胆进入。

金道木说："我当过两届村长，五届书记，并村时代书记，铺前村的江日水代村长。

顾成本资产千万元，工业区厂房 15 亩，生产围巾、帽子、手套，产品出口。2005 年选前十天才参与，活动太迟，落选。"

罗大悦直言："顾成本叫我姑夫，我劝他别上，钱扔掉，事情顾不上。"

他外出，夫人取而代之："田元高想查账，金道木推出顾成本。村在金道木的山庄里吃饭八万多元。"

魏绅培指出："顾成本承诺给村 20 万元，村民仍不选他。"

顾金坡获悉："2005 年第二轮选举，顾成本的票倒给田元高，挤出上届村长。"

魏绅培概述 2008 年的选举："铺前村土地全部被征收，余家湾村一半，我村没动。新修公路通过铺前村，镇的意图是必须安排正职，已落实书记，村长安排余家湾村，雀湾村没正职。"他手指落在桌上，"就在这里协商，雀湾村代村长魏火生与余家湾村田元高、顾成本三人，田元高是余家湾上届村长。魏火生问田元高到底多少实力，为他拉 200 张票，如果选不上要他倒贴。田元高回答，最多四万元。顾成本语气坚定，田元高每张 200 元，他加到 400 元，田元高不想自讨没趣。

"我村于立功、各组组长帮顾成本拉票，宣传要给钱。拉票人帮发超市卡，我家四张票，儿子没拿卡。事后村民去讨，才发。"

洪阿毫说："顾成本打算投入 30 万元，选后付，有些人打电话给他，投他的票，没收到钱，其他人已拿到。"

魏绅培插话："昨天你走后，儿子讲，买票好事，老百姓多 200 元收入。"

罗大悦夫人直言："顾成本在雀湾村花血本，一张票 300—600 元，派那里的干部发，来不及，又派他的嫂子发。竞选时只承诺，过后，有人到他厂办公室讨，回答没有选他，不给，那些人又到镇里讨。"

50 岁的叶某说："顾成本派人到铺前村活动，对我讲，投他有好处可拿。我当过兵，个性硬，否定，出钱买的不是好村长。"

余德立告知："高级社时余家湾与铺前村、上土村合并，很多田划出，吃亏。这次要争正职，顾成本成功当选，有事用得上。"

汪明坤三言两语："顾成本派人来过，到今天都没打过照面。"

洪阿毫也说："村长不见人，不与群众接触，不知在干什么，都为自己做。"

顾金坡回忆："我书记离任，余款七万元，办过电镀厂，分红 1 元/天。"

"我村 0.67 元。"我插话："一元在当时算不错。"

"现在的村干部占茅坑不拉屎，"他继续说，"我村无自来水，打井，不卫生。有人讲，还是上届村长田元高好，做点事。"

田元高也一度活动过，面不广，定位在不出钱。

金道木比较知情："田元高在外办厂，生产安瓿，本村 100 亩苗木，2008 年申报村长，得二三百票，在本村得票与顾成本差不多。"

顾金坡与田元高关系较近："他的亲戚在乡镇当领导，劝他别争，拉票要花钱，万一出事也不好。他后期退出，告诉我，一部分票倒给顾成本。"

罗大悦评论："如不并村，田元高肯定能上，做实事，村民有求帮到位。他不出钱，并不是没有实力。"

夫人指出："选举开始，有人贴布告，说他买票，村起哄，镇找他，他冷心。"

商火耀说法相近："田元高不肯出钱，正常选举，他能上。"

（三）七颠八倒也要火一把

5 月 11 日，从罗大悦家走出，到铺前村工地找到江德宏，他 61 岁，当 16 年村长，1999 年卸任。他头戴草帽，站着与我聊。

5 月 29 日，专访 590 人的铺前村，在洪林本院子里大声呼叫，这位 63 岁的人探出头，见我，立即下楼招待。他留我吃中饭，饭后向南，找商火耀，不在。邻居 64 岁，单身汉，也有话说。他介绍 70 岁的李广星，住平房，上无天花板，从瓦缝可以见到天。向东，50 岁的叶某在菜地干活，我下地聊几句。再找商火耀，已在家，他 78 岁，16 年正职。

洪林本说："我一届村长，两届书记。江日水退伍后，我一手扶持，一直到村长。我村选民 450 人，他在 2002 年得 230 票。

"他办电缆厂起步早，生产热闹，当选村长，人变样，骄傲，糊涂，迟办的厂产值上亿元，他却难转动。向别人借钱，超期不还；百姓求办事，伸手借钱；村的树款十万元，放在身边，不报账；承包高速公路附属工程，民工工资付不出。家在本村，却到县城住。再当要出事，推选他要害他。"

江德宏知情："他当过两届村长，与书记杨田培近亲，但矛盾深。村在电缆厂有干股，但没钱投入，村土地征收款 20 万元调去用四天四夜。有矛盾的人抓住机会，他受处分，说得一塌糊涂。"

50 岁的叶某说："高速公路拆迁，他有两个宅基地，我兄弟二人 200 平方米被拆，没有宅基地，问土管局，要村盖章，他不盖。我火，要'大字报'贴到省城，搞臭，他盖章，还是没有安排。2002 年他上门，一张票 300 元，我不收，2005 年投他。"

金邦治分析："2008 年他不能当选，布局决定，一村不能两个正职。"

魏绅培坦言："选前一夜，在外村的妹夫带江日水来，他是我妹夫的兄弟。我明白表示，书记在铺前村，村长不可再放，绝对不行。他解释，统一领导，各村都不会吃亏。他承诺，人家出多少，他也出多少。"

洪阿毫说："他是我亲戚，到我家来过，承诺付钱，落选就不付。雀湾村有人为他拉票。"

汪明坤也说："我这里派人来过，自己的厂七颠八倒，选举承诺出钱，赖掉。"

罗大悦夫人描述："江日水车开出，顾成本跟踪；顾成本出车，江日水跟随；你出三辆，我出四辆。"

江德宏说："江日水没钱，六七辆车监督顾成本，双方 20 辆车，奔来奔去，小偷不敢出门。"

64 岁单身汉告诉我："过年他照顾我，现在没人过问，我的票投给他。他的厂开动一天休息十天，看不到人。他老婆不美，女朋友带来过，相貌好。"

商火耀谈所知："江日水为外面的女朋友买房，钱用光，被抛弃；换女朋友，轿车被她拉走。现在不见人，没消息。

"他哥哥办厂，钱由老婆管，有实力。他厂倒败，哥哥帮过，现在一分一厘也不出，选村长不拔一毛。弟弟办厂，讨债的人多，人不知去向。娘舅二人，也是老板。"

洪林本惋惜："落选不见人，儿子手指轧断，我打电话也不回。"

李广星声调低沉："1958 年我全家从省城下放，1992 年落实政策，儿子转为非农业户口，今年 16 岁。老婆去年离世，医疗费八九万元，土地款 5 万元/人，我家二人可分。没列入'低保户'，江日水将我报上，镇补助 500 元。他见人和气，办事诚心。"

（四）发烧的拳头

2011 年 5 月 16 日，拜见洪阿毫，找魏绅培，不在，下午返回，他在看电视，又有新内容。拜访李广星，片言只语也可旁证。

5 月 29 日，再度求访魏绅培，打听当事人魏金生在哪儿，他答出门打工。问所在工厂，回答经常换，不知在哪家。我坚持要到家找，他咬定已出门打工，去也白去，内容就这些。魏金生在家，1.5 米高，有残疾证，他没有盘问生人，与我交谈。

洪阿毫打开新话题："今年选举，顾成本压倒田元高，当选村长，过年前给老人送毛毯，这是关键。"

魏绅培谈内幕："田元高希望我儿子魏火生竞选村长，到时并给魏火生，魏火生坚持不出场，代理一届村长，尝过就知足。他们宣传田元高搞村庄建设，欠几十万元，不管。"

李广星说他只有一票，两个候选人都上门喊声阿爸。

魏绅培提另一话题："侄儿魏金生无权投票，告诉魏火生，他追问，工作人员都说已经给票。魏金生很气，喝下农药，被救回。派出所要魏火生保当事人占宏，他要占宏自己打电话，占宏来电，他说不是村官，无权保。

"镇处理，召他，他说有人造谣，他送 300 元给魏金生，扩大事端。镇讲谁造谣，抓谁，流言才停止。镇打心理战，说他在林场工作，比当村官合算。"

魏金生长谈："第二轮选举在 4 月 11 日，我去投票，晃动选民证，叫谁要选谁，一位候选人的老婆要求投丈夫，我说让她自己投，她要我本人写。

"验过四张选民证，瞥见监票人占宏写完选票，快速塞到抽屉，我领取误工费后，要求写票，却说成已领选票。我告诉魏火生，他敲桌子，叫停止选举。

"过 10 分钟，我到镇，接待人要我找书记，拨通手机，回答会处理，

到现在没有回话。再赶到村楼，我说四张票撕掉算了，谁也不投，他们也说会处理。

"刚到家，派出所来人，叫我去，还有验票的组长也去，做笔录。要关我 24 小时，理由是诬告，我说就算我神经病，放我出去，只要占宏不打我就行。

"放出，下午又要我到派出所，说没有处理好。天快黑，要接孩子，办完，又进，晚上放我回家。

"12 日，去打工的厂扫地两小时，再到殡仪馆擦皮鞋，得 60 元，非常高兴。回家路上，占宏拦住我，踢破电动车，打我到地，左脸红肿。

"找派出所解决，得到的回应是下次打会处理。我回家，拿甲铵磷农

药，在路口喝两口，被人夺下，瓶落地打破。我对母亲说做人没意思，不如死。送医院抢救，灌药时抽筋，住院十天。

"占宏给母亲500元，请求别告状，不然要判刑。派出所罚他1万元。他40岁，在社会上混，没有结婚，有点征地款，搞村里的女人。他上届也是组长，魏火生捧上的。

"派出所补偿3000元，我不要。

"协商赔1万元，订协议，后遗症自负。我姐说，出三万元，拷他一顿，谁也不欠谁，派出所不同意。

"本来想要三万元，堂兄叫我别闹，他买占宏的宅基地，怕吹了。堂兄是我的媒人，老婆来自广西，小孩八岁，看在这份情面上，听他的。

"占宏派人威胁，还要打我，我回复，再死要死到他家。

"现在左膝痛，不能弯曲，40颗阿托品已用20颗。"

八　上壁村俯卧撑的准终端

新旧交替，岁月流金，造就无数英雄，时代的印记写在他们的脸上，大胆而敢于冒险，豪爽而疏于管理，重创仍在梦中。彼一时此一时，草莽英雄向精英让渡，彼时的好汉再次投身于现时的洪流，还是那种心境，淹没在淘沙的大浪之中。三度出场三尝苦果，跨世纪的弄潮儿，大起大落，审视他们的背影，意味隽永。

（一）尾巴夹住的进行曲

2009年6月13日，专访绣南镇上壁村，全村870人，水田九百多亩。问路时趁机与61岁男子聊几句，刚涉及村委，他不告而别。我走向75岁的老干部林天铁，他住附近。访后向西，拜见80岁老书记楼义江。

6月20日，拜访76岁的陈泉有，老大队长，陈火耀的叔父。他提到三人，我就近拜访83岁的金元兴，他曾经参加"抗美援朝"志愿军，每月"定期补助"728元。下午走访45岁的冯民良。向南，采访83岁的老妇女主任柳香荷。返回，找到62岁的冯高洪，他放弃浇菜与我聊。

6月21日，采访老书记毛林深后，来到赵贞娥家，她56岁，与陈火耀共届的书记。然后抵达林向银家，这是第三次，上午夫人告知，下午他不到地里干活，睡到三点，我按时进见。

6月22日，进入陈火耀物流办公室，不在，电话联系，他赶回，改在另一间办公室单独聊。

6月23日，根据陈泉有推荐，拜访76岁的冯长法。

陈火耀是村里的"天字号"人物，楼义江认为："他能干，胆大，空账一千多万元。气量大，肯帮人，吵后第二天打招呼。"

冯民良说："一位去世的老人讲，我们脏，挂鼻涕，陈火耀也递烟。他开拖拉机，生产编织袋，印制棒冰纸，当村长后停止。"

冯长法有感而发："我在他印花厂待七年，他烂好人，有人说没钱，他把袋中500元递过去，不还无所谓。要场面，欠人家油墨款，却要买车，买沙发。

"1993年，赵贞娥要他当村长，我劝他，没意思，他提出开发，我认为有这份心，可试。我当上这届委员，赵贞娥发烟，他出差回来，反对这种做法，传为佳话。第一年确实不错，周围的办厂朋友，吃喝嫖赌，他也染上坏习气，老婆还算得上美人。"

赵贞娥谈经历："当时认为，我女的，他引进企业，上下有关系，主张让他定。他主观性强，重大问题没有通过集体讨论，开支很大。"

陈泉有说："他权力大，讲出要算数，我推荐一人，他不用，这人后来办电缆厂。塑管厂厂长来自邻县，管仓库的大管套小管，偷出去卖。楼义江儿子推销员，中途变卖，报告被'遥控'的骗走，以领带抵消，一根三元，报70元，厂长签字同意。"

冯民良指出："销售员东西拉出，没有收回，第二车又出去。他面子拉不下，头钻过去，不顾尾巴夹住。"

柳香荷评价："他是烂好人，用赌鬼、吊儿郎当的人，我看不惯。他会办事，不会扫尾巴，我提醒做一事了结一事，不听；推销员出事，不处理，漏洞越来越大。"

我向冯高洪提示："你是大学生，上壁村动荡，请评价一下。"

他正经谈论："办厂我支持，但人没用好，推销员100根管子记50根，不及时清账。少考虑后果，烂账，会计、出纳名存实亡。白头条子，或者在笔记本上记一下，不记的也有，卖田竟有没钱的。我劝他多与'两委'商量，有成绩是他的，出事大家挑担。

"买轿车，全镇第一辆，别上'大哥大'，横着走路。一顿饭上万元，镇干部同吃，应把点关，防止过度豪气。老百姓有看法，毕竟是公款，创业要节俭。"

冯长法指出："厂长有技术股，仓库保管员是他姐夫，进出相差 100 万元。现金出纳管厂与村的公章，开出的发票少 18 张，一张可达 20 万元。她家没搞经营，只因与陈火耀的关系太好，又造别墅又开超市。我开过石场，承包茶厂、陶土矿、石灰场，财产仅有三间楼房。她公开讲，我踏来踏去，弄出啥？我回答，儿女笨，只好靠苦力搞饭吃。"

林天铁总结："我村陈火耀办塑管厂，一本糊涂账，审计二三次，500 万元转卖。"

林向银转换话题："办事打交道能干，守业无能，砖瓦厂白头条子一百多万元，拖拉机手运出砖头，结账不承认；电工报销一百多万元。"

冯长法也说："砖瓦厂集资，投资多的搞管理，采购三轮车的贪污，我去调查，那人撤职。陈火耀请进林宏生，杀猪的，村亏十万元，他赚 20 万元，后办电缆厂。"

楼义江谈另一方面："我村土地村级管理，公章在陈火耀手里，卖土地，搞开发。"

林向银说："卖田太便宜，我建议停止，第二年又卖。"

冯长法认为："我村像一头猪，只剩下一只脚爪。"

陈火耀说明："塑管厂与厂长都由镇工业办公室主任介绍，我对市场了解不够，厂长说投资 600 万元，实际上 2600 万元也不够。他捞回扣，模具 150 多万元，不按市场价进货。上梁不正下梁歪，带来五个推销员，货款打入自己账户。失去信用，银行不再放贷，无法经营，他偷偷走掉，我找不到。

"土地出卖，每亩每年给农户 500 元，等于 400 公斤稻谷。

"开发早，乱哄哄，80% 的村民有意见。1996 年开始不和谐，企业办不好，大家要分钱。我向镇建议，只当董事长，不当村长，不同意。请回毛林深，想让他上村长，村民仍选我，越陷越深。"

（二）头也夹住的急先锋

6 月 23 日，采访冯长法时提到童达升，他 52 岁，正在建房，停下工作接待我。冯长法的谈话涉及冯诚林，57 岁，不在家，我一直等候，他从外地打工回家。

金元兴说："陈火耀卖掉近一半的田，村民却没有分到钱，发怒，开始上访。"

林向银指出："卖田款村捏牢，企业引进，拖拉机有填土业务，村抽5%的管理费，但没有到账，拖拉机队长经常换。"

陈泉有更进一层："有家企业用地六七十亩，一位镇干部负责填土，村民每人分到200元，拖拉机手没事做，起哄，告陈火耀。"

冯长法说："有人说我与陈火耀一路，造反时我也去，他们拆轿车轮胎，我劝阻。个别人不怀好意，想夺权，我看穿，不参与。"

冯诚林告诉我："要查账，邓良明岳父来签字，我讲没资格管，他说明邓良明领头。我不信，问邓良明，他承认。他在银行开车，要我帮忙，我向亲戚借车，几百人去上访，推来推去。"

陈泉有说："出事时，我问陈火耀经济问题，他语气坚定，贪污一元，头杀给我看。"

陈火耀自陈："'纪检委'讲，没受贿，没贪污，为什么老百姓意见这么大？我回答，查账，给我结果。"

冯诚林指出："省城一家会计师事务所审计，公道，但内容吃不消公布。"

报账员毛林深说："公检法派工作组驻村半年，审计查明，应收款500万元，欠款200万元；砖瓦厂投资200万元，拆迁补偿一百多万元。卖土地380亩，830万元，用于农网改造一百多万元，修垒溪埂110万元，建桥、浇路、接自来水各30万元，另分口粮款，每人保险费花100元。共查三年账，他'大哥大'1.6万元，一年饭钱三万元。"

林天铁媳妇建议采访他，一定会让我见账目，事实并非如此，他没有这种意向，我进一步加深成见，财务人员偏向保守。

赵贞娥说："1998年5月工作组进驻之前，他表态，应收款能讨回30%，否则住房抵押给村，但有人起哄。刑事处分已经内定，我们认为那时有'遥控'的市场背景，不能全怪他一人，要求监外执行，能为村挽回部分损失。判刑三年，1998年7月进，1999年6月释放，一年牢狱，给他解脱。"

陈泉有提供判刑依据："他挪用公款。某个养鸡户需要15万元，他出面贷款，那人却说为了公司；拖拉机负责人赌输，他联系贷七万元，那人推说为陈火耀自己。"

金元兴说："邓良明发动百姓告他，上访人太多，妨碍公务，关半年。"

（三）美羡之下又想头钻过去

陈泉有的谈话提到陈火耀2005年、2008年的竞选，来自老人的愿望，金元兴是其中之一，他说："2005年换届，柳香荷上门，认为还是陈火耀有作为，会创业，我赞成。我们一起前往物流公司，请他出山，他不想再烦，我们问村民选上怎样，他答选上就回村。我没去拉票。"

柳香荷告知："卖田太便宜，业也创点，塑管厂有前途，建桥通路，引进一批企业。"

陈火耀回顾："1993年造桥，准备连接以后的一级公路，开辟工业基地，走在工业园区的前面。"

赵贞娥总结："企业纷纷进入，现在二三十家，解决劳动力出路，房子可租，还可以经商。企业对基本建设有贡献，浇路、装自来水，出老年金。公共事业建设后几届不如他。

"他来电话，告诉老人的想法。他出事，我灰头灰脑，希望他再做点出色的事业。企业欢迎他，会做思想工作，现在的干部征地时日夜服务，过分热情，事后的纠纷不管，前后不一。

"林宏生竞选村长，来拉票，我说陈火耀如不竞选，肯定会选他。第一轮，汪民上票最多，陈火耀第三，第二轮改为委员候选人，当选。"

柳香荷说："我没去拉票，第三个媳妇是汪民上的亲戚，儿子帮他，我这个自然村汪民上占上风。老百姓议论，村被陈火耀败光，陈伤还在。"

冯民良说："邓良明与汪民上翻脸，想利用陈火耀，2008年哄他竞选村长。弄他的人又说他好，我们搞不清他们葫芦里卖什么药。有人对他说，是不是想第二次进监狱。我们冯家80%不会选他，那时蹲牢房，看他出眼泪，记在心里。"

陈泉有知情："陈火爝要竞选，我说太迟，汪民上已跑好，他认为不迟，只得248票，汪民上444票。有人劝我别选他，山头没卖，出事要嫁祸给他。"

"现在陈火爝与邓良明老朋友，好歹不分，"冯长法指出："邓良明要陈火耀充当挡箭牌，陈火耀竞选拉拢邓良明一派，联合起来，原因不明。现在村里有能力、有钱的属于邓良明一派。"

冯诚林介绍："我到外县做面条，邓良明想入赘，我介绍，现在百姓怪我，介绍这样的人。

"他入狱时，我们到省市，千方百计去保，找各种关系，撕下布告去，上面打电话给县，听取汇报，抓人的面不再扩大。为他扔掉好多钱，车票仍放着。他老婆来哭，只有我亲点。他儿子读书缺钱，我与汪民上挨家挨户去讨，像讨饭子一样。

"他有能力，当律师也可以，当上村长，不理睬人，我们不来往，碰到不开口。查陈火耀账的这批人帮他，出狱时很多人去接，现在扔掉穷朋友，与有钱人打成一片。"

冯长法语气沉重："一位离世的老人告诉我，为了保释邓良明，在省政府下跪，脚肿起来，事后见面不打招呼，只捧有钱人。汪民上为他花钱上万元，出狱时带领百姓，放鞭炮迎接。当选1999年的村长，让给他，反过来要压汪民上。"

童达升说："我是保释人之一，他私心太重，2005年当书记仅六个月，又有借款挪用事。2002年选票汪民上多，再次让给邓良明，后来却想不让汪民上当选，我们偏偏要让他上。"

金元兴说："村款60万元不知下落，汪民上第三次到毛林深家，如继续保密，不再上门，毛林深才讲出。款项追回，邓良明留党察看。"

毛林深告知："60万元是抵押贷款。"

冯高洪说："汪民上查账，邓良明下台，与陈火耀交友，通过他人告汪民上私挖陶土，也想弄他到监狱里。"

赵贞娥说明："陶土在茶山，汪民上调来，邓良明说是集体的，十多万元充公。邓良明八字步，衣裳角刮死人。"

柳香荷总结："汪民上没文化，与邓良明攻陈火耀，现在邓良明请陈火耀来攻他。"

冯长法观察："邓良明当村长不如陈火耀，百姓事不管，钻来钻去。一家企业倒废料，他阻止，换取高回报；利用职权造别墅出售，两届村长半届书记，资产上千万元。"

我问陈火耀下次竞选打算，他答："除非70%的村民选我，拿得起，放得下，不能鸡肚肠，我从不斤斤计较。"

"物流业务还想扩大吗？"

"货主盯得紧，小赚。业务要扩大，五年后肯定不一样。"

2011年4月29日，首访金元兴，再访陈泉有，他说："陈火耀租用田 5.3 亩，已填土，林宏生说村长不同意。他要求补偿填土开支，林宏生不同意，气起来竞选村长。林宏生帮汪民上，怕能力强的当选。"

拜见冯长法，他直言："拉票的不是捞的就是赌的，怎能上。"

金元兴具体化："那个拿领带抵钱的来拉票。"

第 五 章
选举资格的定夺

村庄合并，互不了解，没有宣传平台，候选人启用原始的张贴手段，告知个人履历。任职需要量化，更需要亮化的配合，接受选民的监督，候选人挨家挨户散发传单；民生工程正在进行中，候选人将现金补助分送到户；也有走捷径的，施行经济刺激。信息上达，处置当机立断，竞选人全部靠边站。另有无权竞选以及户口外移，当选无效的。当选人中，非农业户口也不乏其例。世界林林总总，火眼金睛，熟视无睹，是对待现实的两种姿态。

一　木市村履历的衍生品

城关镇西北为木市村，3700 人，合并前共四村，东面郭地村，与金土村隔溪相对，金土村以南为下郭村和木市村。一个吃赌饭的人，略施手脚，将张贴履历定为违规，直接跃入决赛，乘胜出击，下一届又奏响凯歌。无毒不丈夫，该出手就出手，用物质换取回报。人不免有软肋，猛攻软肋，老虎变为羊，任凭驱使，还会带来一群羊。选举是台戏，站在前台的不一定是正人君子。

（一）简历踩动的刹车

2009 年 7 月 31 日，专访 810 人的金土村，老书记亲自带我到周盛本家，他 71 岁，一番谈话后，老书记再带我到杨善德家，他 60 岁，当过七年书记。热情的老书记继续领路，来到建房现场，见 61 岁的村民。

8 月 1 日，第二次进入金土村，在家庭式工厂找到 76 岁的徐木宝，他在包装手套，边操作边谈。转到王洋平家，不在，电话联系，他从外地赶回，这位 47 岁的人谈吐温文尔雅。向东，找 72 岁的贺远本，老婆婆带到麻将桌边，他回家与我聊。向西返回，拜访 77 岁的老大队长马士亮，回忆往事，称那时的村干部管头管脚，处理家庭纠纷，到深更半夜，小孩跟去，吵，影响谈话就打，不知打多少次。

8月2日，第三次到达金土村，47岁的杨盛贵准备出门销售鸭子，简略聊几句。

徐木宝观察："王洋平批发杂货，赊点，欠点都没关系，后来生产拉面，近几年改为拉金属丝。村务表现积极，为人和善。"

贺远本评价："王洋平好好先生，点头一定完成，讲过就算。忙于办厂，村民不能随叫随应。选举除名，不应该。"

我从民国及西方基层治理的视角向他解释，村官不领薪，业余管村，如果家务正忙，忙后处理村务，符合情理。有事没事泡办公室，村不是造血单位，村官喝西北风会滋生腐败。

老书记感言："村民查账，他不肯得罪人。"

周盛本言谈率直："村有交拥军专项费用的任务，6000元王洋平个人出，这是会计说的。他张贴布告，不能参选，我照样选他，全家的票我一人投，选举不犯法。"

杨善德告诉我："王洋平被除名，得票三百来张。"

王洋平自述："经营批发部时还开车，附近村庄接触人多，红白事到场多，选举把握性大。朋友出点子，要我写简历张贴，4月16日每个村各贴两张。两小时后，书记商火裕岳父撕下送到镇，镇领导做三次工作，要求我退出。我到县民政局，负责人讲撕下就好。"

我对他说，如果不介意，想拍摄这张布告。他找来，送给我，一张A3纸，标题《木市村委主任候选人王洋平同志简历》。内容没有超越简历范围，载明出生、学历、职业、职务、奖项。职业体现多样性，务农、做工、乡扫盲教师、县计划生育委员会工作、个体经商；村官职务从1999年开始，2002年当选村委主任，2005年担任书记。

木市村的胡善本说："汪洋平贴简历，镇到村开专门会议，加以批评。"

杨盛贵认为："王洋平除名，太过分，被选举是公民权，不应剥夺。"

我向61岁的村民提问，王洋平被取消候选人资格，村中有什么反应，他答没有异常表现。以后问其他人，证实他的说法。

2011年5月3日，来到村办公室，王洋平说："我问上届委员白安要不要竞选村长，他答只竞委员，3月21日我报村长，30日他却报同职，杨前进也一样。

"白安帮卜初阳在花川村拉票，对手胡邦宝的岳父是木市村企业家，拉掉他的票。

"我村在水泥搅拌场三四十辆拖拉机，不超载无钱可赚，一个姓彭的威胁，不投林长吉，就要举报。他们怕事，照办。林长吉送超市卡给村民代表，花12万元。

"我进入第二轮，少300票，有人说花三万元也能上。下届不来，年纪已大。"

（二）重要时刻不能没有美人儿

2009年7月27日，进入郭地村，一位男子坐在门口的椅子上，向他打听人选，他推荐董娥花，65岁，老妇女主任，不在家，我在门外等候，她洗衣归来。她带我见周德裕，61岁，有20年"支委"经历。

7月28日，来到周德裕推荐的郭仲学家。他57岁，老生产队长，因大雨没有起床，母亲唤起，接待我。

7月29日，第三次到达郭地村，拜见71岁的汪能星。向东，拜访79岁的杨林火。转到陈贤泉厂，聊一阵后，他打电话给杨前进，赶来。

周德裕说："杨前进退伍后开车，务农的，没经济实力，无钱买票，对外活动能力不强。岳父住在上村，家族力量较大。"

杨林火有板有眼地说："2005年杨前进本来当不上村长，大家在查账，推翻前任，把他托上。"

杨林火观察："他妹妹有车，长相好，2008年选举到处跑，帮拉票。在我村办厂的老板陈贤泉，木市村人，有影响力，帮他。"

老妇女主任说："杨前进住下村，上村的票被林长吉拉走。"

汪能星自有说法："2005年姓余的帮杨前进，有矛盾，2008年帮林长吉。余姓1957年从外地迁入，村长杨前进说本地人造房优先，郭仲学是本地人，这种说法不公正。"

郭仲学指出："杨前进喊我姑夫，选举帮他。姓余的二兄弟都是老板，因建房对他不满，在上村三、五组拉票，每张200元，送烟给小兄弟。"

在杨前进面前我问造房事，他答："村民建房排次序，郭仲学在先，碰到姓余的承包田，不同意，工作做不通。现在余姓的建房用地两亩，我没报复，反正不是我批的。

"选举时，我对商火裕说，三个支部委员不可帮一人，如帮我不参选，实际上他帮林长吉。商火裕木市村人，我在那里也有不少票。金土村的老干部与我关系近，100张票不成问题，但林长吉硬做。林长吉的所在地下郭村我基本没份，最后差九十多票。"

王洋平说："到第二轮，杨前进送来12条'云烟'，想转给组长，我退回。后来托给另一人，按他的意思办理。"

下郭村的王益禄告知："下郭村上届村长陈仲明帮他拉票。他帮下郭村委员候选人拉票，反过来也为他拉村长票。"

杨王立指出："我女儿在企业当会计，按照她的要求，我家六张票投给他，实际上对他不熟。"

（三）后台由老板串演

2009年8月2日，从金土村转移到710人的下郭村，根据王洋平的推荐找王益禄，不在家，邻居正要到他作业的田间，捎信给他。我先采访以前接触过的方木本，又不在，夫人接待。61岁的王益禄出现，头戴草帽，浑身是汗，邀我到他家，单独谈话。方木本再次来催我吃中饭，他65岁，话语滔滔不绝。有人推荐69岁的金成生，夫人、媳妇在场，谈话没受影响。

8月3日，进入1540人的木市村，采访83岁的田水木，他由王洋平推荐。向东，拜访55岁的老村长胡善本，挽留进午餐。下午，折回下郭村，采访上届村长陈仲明，他58岁，与林长吉共事。他推荐杨王立，78岁，多届大队长。转到魏士善家，他62岁，当过村长，刚从田间回来，坐下与我聊。

8月9日，在邻村采访，有余暇，折到木市村，拜访陈贤泉推荐的田季木，他60开外，开小店，在柜台内聊天。

方木本夫人介绍："林长吉过去穷，老婆吵，我老头子借他一万元，让他做笋干生意。他到处讲我好人，老头子恩人，当上村官后，遇到纠纷一再回避。"

王益禄有感而发："他岳父是我朋友，我做媒。他老婆原在乡文化站打工，我在县农机站，需要帮手，调她，现在升任镇领导。他堂妹讲，2005年陈仲明当选村长，请客拉上的。我回音，林长吉也一样，第二天他老婆脸色不一样。我建房，想落实在公路边，他说'基本农田'批不下，但后来人家全造在田里。

"林长吉以赌为业，有事叫不应。我地三个懒汉，他排行老大，不管田里的一根草。"

方木本知情："下郭村他有十个铁杆，吃赌在一起。林长吉2008年到澳门赌六次，今年两次。我外甥是老板的女婿，他带去，房子、车子卖掉还债，仍欠60万元。一位供电部门的包头也去，工地不管，电杆倒下，出事，剥夺施工资质。过去有钱，不理睬人，现在袋里空，见人打招呼。金土村电镀厂落成，林长吉在山上赌四天，抽头。

"老板在我村建厂，他买来1000元石头，要老板3.5万元买去，不买，他房前的山坡太高，必须降坡。以他人名义批宅基地，出卖。

"新建公路，拆房158元/平方米，农户不肯。他拍拍手，'弄不过你，卵不相信。'"

他带我出门，指着说："这幢房是他女朋友的，敲几下，按拆迁标准赔偿。"

又领我看别处："这是他的住房，北面一房是职能部门人员的，非农业户反而安排得很好。"

谈话结束，他总结："不是想依靠你解决问题，而是出出气。"

田水木说："我组长当到75岁，只知林长吉赌博，当兵回来就没干活，待人和气，投他，儿子听我的。"

杨王立谈吐没有老态："有人讲他花花公子，我看大局，钱搞来建村楼。不来麻将，朋友结不拢，是社会风气，不是个人问题。"

魏士善说："有人问林长吉情况，我答好，人大方，捞也吃力。"

夫人插话："他懒汉，有人拉上。"

陈贤泉吐露心声："开会，林长吉东西读不清。木市村认为，他当村长近点，投他，我也这样。后来听朋友说他是懒汉，好赌，要老板出钱，不还。"

金土村有同感，杨善德说："林长吉离我村近，找村长方便。"

徐木宝所持观点相同，贺远本也相似："两个候选人，我们只知林长吉，并村时的代村长，摸生不如摸熟，投他。"

陈仲明知情："他要关手机，开会推托有事，不来。场面上不会讲话，有难题，不敢正对，难人少做，利于选举。"

王洋平谈其他方面："征地时向企业伸手；善于拉关系，上面来人招待到位。选举时送两条'云烟'给组长，31 个小组长基本拿到，要他们拉票。"

方木本夫人谈见闻："选举时，警告金土村制沙老板，如不投他，除非车辆不经过，不然要翻身。"

王益禄获悉："商火裕听从岳父，不听要骂。岳父到我家多次帮拉票，拿出的都是'中华'烟，现在抽十元一包的。"

徐木宝引出另一话题："金土村老板到外县办电镀厂，禁止，回村办，抽水出电费，浇路出资，60 岁以上给 100 元。"

金成生介绍："电镀厂向下郭村排水，鱼死，井水污染，大家去吵，拿东西。"

贺远本回忆："2008 年上半年下郭村来吵过，2009 年没有。"

王洋平指出："林长吉到老板家三四次，老板要职工投他。"

王益禄说："电镀厂老板是林长吉堂兄朋友，老板督促写票。"

杨盛贵更明确："老板威望高，出面串联，效果好，金土村的票投给他。"

二 木池村独立行动的副作用

草川镇的东端为木池村，由三村合并而成，菱池村西为金地村，由省道贯穿，林泉村在菱池村北侧。菱池村原为木池乡所在地，以乡名冠村名。候选人的承诺走进寻常百姓家，封杀接踵而来，旁观者莫名其妙。矫枉过正，却彰显选举制度趋向成熟，将那些夸海口的玩家拒之门外，压缩选场的泡沫。平心而论，下拳过重，执法如此刚性，必定剑指贿选，事实却是光打雷不下雨。

（一）承诺的时间冰点

2009 年 4 月 25 日，在菱池村调查，有人带我去采访杨贵泉，邂逅 59 岁的田成水，将我介绍给他。他开浴室，在锅炉前与我交谈。再找 74 岁的杨贵泉，邻居带到田间，他回家谈论。

4 月 26 日，调查 970 人的金地村，74 岁的何德明在绿化带拔草，见我到，坐在石条上谈论，他当过两届书记。向南，深入到坞底，路遇 43

岁的何森天，坐在石头上听他的说法。正谈时，有人喊吃中饭，我只得退回，邂逅 67 岁的何正乐，坐在笋袋上，与他交谈，得知当过 17 年干部。此时，他儿子开来拖拉机，运走笋，我全力踩自行车追赶。到家，他赶紧烧饭。返回，登临杨水华家，他 66 岁，12 年正职，边剥笋边谈。根据介绍，找金立明，向 63 岁的林树华问路，同时听取他的谈论。到金立明家，他准备去干活，见我上门，客气地留下聊。恰好一位妇女进入，她接过话题。

9 月 30 日，大雨，骑车 80 分钟，到达杨华贵家，不在，改到商家村采访，获悉镇电管站开会，赶去，不在。电话联系，在家，我折回。他 45 岁，家有老书记做客，助长他的谈兴。

何森天说："上届村长杨华贵办事急，要么不答应。"

林树华也说："我造房子请他帮忙，肯办，公道。"

何正乐回忆："2005 年，一位候选人在我自然村见人发一支烟，在中心村发一包，不平等待人，我们投杨华贵。他个性太强，当上自高自大。"

金立明家的女客坦言："土地复耕，一百多万元，他转包给外地人，钞票入袋，意见怎能不多？他有轿车，县城有商品房。"

杨贵泉转述："金地村人反映他不好，个性强。"

何德明说："并村时杨华贵代村长，过渡期花费数万元，村民有意见。他在镇电管站工作，村民有事找他的弟弟。"

杨水华知情："并村时代理书记菱池村人，支部改选，杨华贵风声放得太早，只要选上委员，就能当上书记，其他人只争委员，连我村上届书记也没投他。他弟弟不错，反而进入'支委'。"

田成水说："杨华贵竞选村长，他哥哥上门发承诺书，一两小时后，镇电话指示，他来收回。我是选举委员会成员，为什么取消资格，底细不清。"

杨华贵自述："我办事果断，一户柴占道，干部去喝喝茶，谈不下。我去，如果不搬，点火烧，那人服从，选举时仍帮我拉三四个户头。另一家垒埂，影响别人道路，两户去撬。我到场，他说我们两家儿子同年，老朋友手臂弯进。我坚持缩进二三十厘米，他照办，也没怀恨。这样的事不少，无理硬做，用得到帮他们。

"浇路三公里，到处去化缘。村原欠六万元，我下台余款二十多万元，没砍树。大礼堂出售十万元，除用于公墓外，发给村民。

"传单由朋友发，镇催我收回。领导讲，要劳改，因关系好，不追究。百姓认为这种方式好，很多人不交，保存起来。"

正如他所说，我在林泉村见到这份材料，印在 A4 纸上，全文如下：

竞选村主任承诺书

各位村民：

　　大家好！新一轮村民委员会选举开始，我作为一名村民，曾担任过一届村委会主任，在职期间为村里做了几件实事，也受到大家的肯定和上级领导的赞扬，我有信心和决心为村里再干几件实事。这次我将竞选村委会主任一职。如果能当选，我将带领村委会成员在村党支部的领导下，积极主动向上级有关部门争取足够的资金，来做好富民强村的实事，如能当选将努力完成以下承诺：

　　1. 木池村新农村建设方面，三年内做好各自然村村道浇筑、路灯安装、卫生设施建造，来改善村民的居住环境。

　　2. 自来水工程，一年内做好各自然村、老百姓饮水工程，使全村百姓能用上干净卫生的自来水。

　　3. 民生保障，全村 60 岁以上老年人、低保户、残疾人的合作医疗费全部免交。

　　4. 每年组织全村妇女在"三·八"节期间、老年人在重阳节期间，开展丰富多彩的娱乐活动，创造条件免费组织外出考察旅游一次。

　　5. 为使农业增效、农民增收，进一步完善配套农业生产设施建设，加大投入水利设施建设力度，来提高本村民的经济效益。

　　以上几条本人的承诺，希望广大村民相信我，支持我，如果选上，我决不辜负广大村民的期望。谢谢！！！

承诺人：杨华贵

2008 年 4 月 20 日

承诺到家反而被取缔，我向民政局业务负责人请教，他解释，为防止空许诺，必须审核后统一张贴。后来与一位干部交谈，得到另一种信息。他参加天汉镇2011年的选前准备工作，村召开扩大会议，选定当务之急事项，让候选人承诺，年底乡镇考核，完不成的辞职，或面临罢免。

村第九届村民委员会选举自荐人
"竞职、创业、辞职"三项承诺书

本人姓名＿＿＿＿男(女)＿＿＿镇(街道)＿＿＿村＿十八组，＿＿＿年＿月出生，学历＿＿＿，＿＿＿年10月入党。这次村委会选举，我竞选的职位是＿＿＿村，现在我向全体村民郑重作出如下"三项承诺"：

一、竞职承诺
1. 我承诺要"阳光选举"，严格遵守村民委员会选举办法的各项规定，自愿接受村民选举委员会的资格审查，若不符合选举办法规定的，主动退出竞选。若当选，接受当选无效的决定。
2. 我承诺在选举同赛时不诬蔑、诽谤或攻击他人，不威胁、恫吓其他选民，不作违规和不切实际的承诺；不搞分发钱物、请客送礼等任何形式的拉票贿选行为；不以其他任何不正当手段妨碍选民行使选举权，被选举权，若发现配偶及其他亲属朋友等有干扰选民意愿的行为，本人及时予以制止。
3. 我承诺自愿接受党组织的领导，依法、公开、透明，自觉按照法定程序参与竞选，无论结果如何，都能正确认识，配合新一届村两委开展工作。

二、创业承诺
1. 我承诺要努力实现富民强村。如果当选，我就新一届任期第三年目标任务，我要努力为村民服务，不断壮大集体经济，在村党组织的领导下，办好富民惠村的实事，为建设社会主义新农村贡献一份力量。我个人的初步创业设想是，在当选后要努力完成以下创业项目：
(1) ＿＿＿＿＿＿＿＿＿＿＿＿＿＿＿＿＿＿＿＿＿＿＿＿＿＿
(2) ＿＿＿＿＿＿＿＿＿＿＿＿＿＿＿＿＿＿＿＿＿＿＿＿＿＿
(3) ＿＿＿＿＿＿＿＿＿＿＿＿＿＿＿＿＿＿＿＿＿＿＿＿＿＿
(4) ＿＿＿＿＿＿＿＿＿＿＿＿＿＿＿＿＿＿＿＿＿＿＿＿＿＿
(5) ＿＿＿＿＿＿＿＿＿＿＿＿＿＿＿＿＿＿＿＿＿＿＿＿＿＿

2. 我承诺严格恪守村干部行为规范，做到公道正派、廉洁奉公，严格按照《临安市村务公开暂行办法》《临安市村经济合作社财务管理办法》等有关制度办事，尤其是严格遵守《临安市村干部廉洁若干规定》，本人一律不参与村级建设项目的招投标，同时也不为亲属朋友参与招投标提供便利。

3. 我承诺对于创业项目具体实施情况，按照村党组织的统一安排，听取广大村民意见后，再研究制定；只要创业项目明确以后，就将用自己全部能力努力做好，我愿意自觉接受广大村民的监督。

三、辞职承诺
在任期内如有下列"十一"情形之一的，我将自愿辞去现任职务：
1. 不贯彻执行党的路线方针政策，不支持党委、政府决策部署的；
2. 不执行村两委的决定或村民代表会议的合法决议，造成严重不良影响或后果的；
3. 无正当理由，村干部创业承诺事项不能按时兑现，或在年度考核中，综合评定被确定为不称职等次的；
4. 严重影响村级班子或村民团结，给农村工作造成不良影响和后果的；
5. 违规决策、违规管理或严重失误、失职，造成村集体经济较大损失的，或者造成较大负面影响致群众反响强烈的；
6. 煽动、组织或参与集体上访、无理上访的；
7. 存在不赡养老人、不抚养子女参与赌博、嫖娼、打架、酗酒闹事等严重违反社会公德的行为，造成恶劣影响的；
8. 被劳动教养的，或者因涉嫌犯罪被立案侦查且6个月以上未撤案的；
9. 违反计划生育政策的；
10. 患重病6个月以上，身身体状况不佳及连续外出6个月以上，严重影响工作的；
11. 有其他不正确履行岗位职责行为，不宜再担任村干部的。

以上是本人的三项承诺，恳请村党组织、村委会、村民监督委员会、村民代表和全体村民对我履行承诺的情况进行监督。如果违反了承诺书的内容，本人愿接受有关规定接受党纪政纪处分或组织处理。

附件：
1. 学历复印件
2. 身份证复印件

自荐人(签名)

张贴的承诺书

（二）情商偏向老好好

4月21日，抵达1280人的菱池村，首访65岁的老书记田光盛，然后转到290人的林泉村，拜访田喜善，74岁，25年正职。重返菱池村，拜访83岁的徐雷星，银花光临，参与谈话。在村中搜索目标，见山庄，随便参观，与老板交谈，他提供村治的信息。

田光盛感慨万千："我1977年当书记，直到2005年，当干部六亲不认。那年杀'年猪'，请亲友聚餐，侄儿偷竹被罚，当场骂我，站起来就走。我只得去说好话，大辈不计小辈仇。

"现任村长童金平，上届也是，无原则，村民树乱砍，他不去得罪。见人笑笑，红白事都到场，办拉丝厂四五年，被火烧了，2008年下半年停办，资产三四十万元。"

银花说："树没人管，一车车装运，整块山偷光，写张纸贴贴。"

山庄老板提相关事："有个老板想开发，准备投入亿元，已付村民100万元，二三年后仍然没有拿到土地，到我这里用餐，发牢骚。不是村搞不起来，而是干部碍于面子，不敢作难人。"

田成水观察："老板承包山头，准备开发，树木整片被偷，村不管，老板根本管不住。"

杨水华谈见闻："据护林人员讲，童金平告诉他，看到偷竹木，赶掉就行。两家纠纷，他去喊停，要赔偿，他自己出钱。选举托朋友来说情。"

在杨华贵家做客的老书记说："童金平到医院看望病人，见人就分烟，见三次分三次，这种人几百年都得民心，但办事软弱。"

田喜善说："童金平有事自行车一拉就去，打架、死人，一个电话就到。我村桥冲倒，马上骑车来看，下半年就造好。"

何德明肯定地说："童金平老小和气，大家选他。"

田喜善见证："竞选放哨，我村堵住其他村人来拉票，其他村也一样。"

银花谈所见："选举，吃香烟的沾光，没吃光就递来，有的扔几包。参与拉票的人讲，前一天夜里没睡。"

与田光盛讨论贿选检举，他指点63岁的汪茶花，是位老妇女主任。到她家实谈，她要为儿女考虑，作难人吃不消。

此前我问何正乐贿选敢不敢举报，他正告："1000个朋友太少，三个冤家太多，种刺不如种花好。"

2011年童金平继续高票当选，杨华贵竞选委员，第一轮出局。

（三）进退两难选择退

4月25日，又一次进入菱池村，魏桃芳院子大门紧锁，邻居告知，不在家便在厂。找到厂，职工说没来上班，折回，邻居帮打电话，无人应接，又找手机号码，敲门呼喊，她出门迎客。我坐定，向这位41岁的女性提问，办厂人为什么要竞选，她回答："进入村班子，对办企业有利委员放放的，事务不多，不要紧。妇女主任事多，不敢竞选。我厂房用田，一旦当选，会不会有人拆台，咨询过支部，回答不会。

"我最后一个报名，还是小花代报的，她上届竞选过。小月申报，见我报名，就到我家，我解释玩玩的，她放弃，帮我拉票。阿贵的老婆也申报，他打我的拉票人，还说我选不上，能选上去问他阿贵。我讲男人大丈夫，不可打人，心态不可这样。我可以退出，不当委员不搭界，如报警，要处分。他抓我的把柄，说我厂房用田，交那点钱不够，要罚。

"我是外乡人，娘家一带也有人嫁这里，她有两张票，赶回来投票，她阿公已投。阿公说不知她要回来，她不满，投票应征询本人意见。为我拉票的人去质问选举委员会，有位村民托姑妈写，为什么不允许。

"我跑一天，脸放不下，原来不走动的人家，上门讨票，多难为情。主要靠朋友帮忙。

"我进入第二轮，最后差八票。上届妇女主任也竞选，小月想倒来她的选票；另有人要争取阿贵老婆的，我不想上，阿贵已放口风，当选不会安宁。

"老公的阿公从外地到这里落脚，关系户少，竟然只差八票，想不到。如果竞选妇女主任，肯定会上。"

从她家走出，来到医疗室，一位妇女就医，描述所见情形："金地村不认识魏桃芳，自己不亲自上门，叫二人来，人没选对，在我村没有影响力。"

田成水评价："魏桃芳家富，人不错。"

何德明说："她婆婆到我家，没出香烟。"

何森天告知："她夜里来过，没分烟，我开玩笑，糖发几颗。"

银花很知情："魏桃芳大方，和气，不想上，大家劝她申报，她没提前打招呼。周梅花聪明，先去拉，出钱，其他竞选人的票倒给她。阿贵老婆，也是别人几下一哄，去撞撞看，得票不多。"

徐雷星插话："阿贵父亲五兄弟。周梅花夫家四兄弟，还有娘舅，经济条件一般化。"

汪茶花说："并村时，金地村周梅花代理妇女主任，她上届也是这一职位。老公车祸死，男朋友菱池村的，老婆也车祸死。他能力不强，但家族成员很多，二村同时拉票，当选村委委员。"

三　修湾村裸捐的脆弱性

八湾村与修里村分别在草川村与路心村以北，处于平行的两条山坞内，合并后称作修湾村，属于草川镇。宁静的山湾突然震动，候选人"失踪"，特邀到派出所作客。贿选无处不在，偏偏在这里动真格，只缘一封公开信，没有掩饰钱的关键词。贿选伤及公平，专攻裸露也欠公平，不是作秀的行动，应在地下拉网扫荡。

（一）裸露没有安全性

2009 年 4 月 5 日，骑车 90 分钟，抵达修里村，有位男子出现在门口，他叫葛田木，55 岁，让我坐下，先谈些鞭炮致伤的题外话，然后转向正题。他介绍 72 岁的苏金贵，正在烧饭，他当过两届村长。苏金贵指点兰东盛，住在坞底的水库内，这段路泥质，浇筑是住民的要务。兰东盛 46 岁，匆匆聊几句要去上班。我返回，到达田德水家，他 50 岁，儿子打电话联系，他赶回与我交谈。往回走，拜访 66 岁的胡长宁，当过村长，我等候片刻，他劳动归来，拉开话题。转到胡贤邦家，他 77 岁，当过兵，是苏金贵指点的人选。

葛田木开启话题："我村候选人马向虎为本村村民出资，用于自来水，交给村，组长领去。不知谁告状，村里没有死对头，组长收回，还他。他在镇办厂，人老实，不太会讲话。"

苏金贵说："八湾村 670 人，我村 800 人。马向虎哥哥当过村长，亏电费，由村赔偿。马向虎申报村长职位，是哥哥的主意，当村长有花头。"

胡贤邦语速较快："百姓埋怨他的哥哥，他没有这种想法，是哥哥烧起的。他在外办厂，搞得不错，影响好。老百姓的评价超过哥哥，哥哥当村长，私心重，吃饭报销七八千元。马向虎拿出三万元，应交到村，分点烟，与村民接触接触，哥哥应该懂。关几天，不是道德问题，不倒霉。"

胡长宁介绍："马向虎老实，水平不高，口才不好，长期在外，与村民接触不多。当过村长的哥哥，口才很好。我问马向虎为什么竞选，他答，祖父当过连长，等于今天的村长，父亲大队长，哥哥村长。子女已结婚，日子好过，想为村作点贡献。"

"他出资，修里村九个组，我与代表去领钱，决定放着不动，已发的组长叫去做笔录，证明发过钱。"

兰东盛指出："选干部时发钞票，大家有想法，用钱当不好干部，我提出不要，小组没去领。有个得到钱的打麻将输掉，借来还。马向虎资格被取消，时间在选举前一天的中午。如果早一个月发，不会出事。"

田德水认为："马向虎不适宜当村长，不能靠表面，炒作一下，百姓千日敲不到一杠。钱到二三个组，我组没到户，我不会要。"

八虎村村民也有所反映，53 岁的徐某说："有人告，想弄他。"

徐宏善说："我村上届村长不申报，有人劝马向虎上马，他到我村活动过，这里他没亲戚。现任村长老婆的亲戚举报，出问题。"

方松银指出："他父亲拖着自行车来活动。刚受控制时，镇书记、镇长认为仍可参选，我判断不可能，真的取消资格。"

村民反映，此事见过报，查找，确有一则报道：

我县严肃查处一起贿选案件

在全县村级组织换届选举的关键阶段，我县对违法违纪行为，坚持"有报必查"、"露头就打"，收到良好效果。

2008 年 4 月 18 日下午，草川镇接到举报，该镇修里村村主任自荐候选人马某某有违法违规行为，该镇立即组织力量开展调查。经查，马某某在报名参加该村村主任竞选后，安排原修里村的九个村民小组长，以资助村民安装自来水的名义，向原修里村每家农户发 100 元现金，同时发放一份竞选材料，说明竞选的职位、发钱的目的以及希望村民投他一票。该行为严重违反了我县村民委员会换届选举的有关规定，扰乱了选举秩序，造成了恶劣影响。

草川镇党委、政府在经过调查核实后，在第一时间采取了应对措施：1. 责令该村党支部和村民选举委员会通知村民小组长，立即停止发放现金和宣传材料；2. 镇党委找马某某进行谈话，严肃批评其违法违规行为，责令其在一天内收回发出的现金和宣传材料；3. 取消其自荐资格。截至 19 日晚，马某某已全部收回发出的现金和宣传材料，同时，方水派出所根据举报对此案件进行了调查取证，进一步查清了马某某违法贿选的事实。20 日上午，公安机关对马某某作出了治安拘留五天的处罚决定。

20 日下午，草川镇召开了由各村党支部书记、工作指导组、村委会自荐候选人参加的警示教育紧急会议，通报了马某某的案件，重申了当前村级组织换届选举纪律。

（二）最抓狂的五天

9 月 19 日，在草川镇街道上找到马向虎家，夫人在扫地，将我迎进屋里，原原本本地谈论过去的一幕："马向虎与村书记关系不错，当选可做伴。从来没有当过干部，想申报委员职位，有人提议竞选村长，来两桌人，都哄他，他心动，开始拉票。书记家召集组长，马向虎为自来水出资，托他们发放。对手有压力，举报。他被叫去做笔录，当天没有回来。

"书记打电话给各小组长，到镇开会，组长提问，他能否再选，回答可以，再问，仍然这样。2005 年有个村，服刑的当选，仍有效。他父亲与哥哥陪我到镇，问明白，我挨家挨户跑，如果信任他，就投一票，不少人答应一定会投，哑巴也会投。选前一天，我仍在跑，书记要我到镇去一趟，告诉我选上不能当。我反问，几天前说可当，为什么急转弯，回答理解有误，错在说话人。

"他去年 47 岁，这种地方没去过，有人讲风头上，要抓典型。书记劝我去看一下，我气，不去。

"选举这天，马向虎出来，镇长来看望他。

"牛宏兵当选，做人缺德。我对他老婆讲，村民出事，应当来过问，叫她看着办。他来，我问有没有吃过饭，他答吃过，实际上没吃。我说不能这样弄人，他回答不知情。我指着说，他老婆是我同学，要当，可以来商量。我生活不错，素质也好，他老婆二婚头，这样做事没良心。

"马向虎找他，为什么发到修里村的纸头拿到八湾村，他不回答。马向虎身上带刀，一激怒就捅。儿子在县城，他说太气人，忍不下，要派人去弄。我阻止，要记住，有证据再来，不可害人。

"我们出资两万元，供村民买自来水龙头，是民生工程，别人请客送烟，一样的事情。儿子讲再来过，看对方能否沟通，态度傲慢，要参加下届选举，比比看。"

向她索取传单，她说刚清理掉，还剩几张。从抽屉里找到粉红色纸头，递给我，大小不到 A4 纸的 1/2，内容如下：

致修里村全体乡亲们的公开信

我叫马向虎，是土生土长的修里村人，文化程度高中，在草川镇经商办厂多年，先后捐资过草川镇中小学校，镇老年活动中心等工程，2006 年被评为草川镇五好先进家庭。

此次村委换届选举，我竞选的职务是修湾村村委主任。

各位父老乡亲们，本土本生的血地抚育我，培育我，但是我没有为修里村的父老乡亲们做过一点贡献，使我感到非常惭愧，我想趁这次换届选举村干部的有利时机，以我本人现有的实力，为修里村的父老乡亲们作一点微薄贡献，做点实事，就是趁现在村里改装自来水之际，给修里村所有的农户安装自来水进行经济资助——费用每户壹佰元。不管这次竞选结果如何，我以一个普通老百姓的身份，将这笔捐助款贡献给修里村所有的父老乡亲，我无怨无悔。希望全体父老乡亲们，给我一次机会，还你们一个满意，投我宝贵的一票，我将衷心感谢大家！

竞选人：马向虎

2008 年 4 月 18 日

她打电话给马向虎，他从外地赶回，继续夫人的话题："我开过商店、印染厂、绣花厂，承包镇的织布厂。2008 年承包修路工程，借别人的资质。

"公益事业有所表示，村道出 800 元，镇小学 500 元，镇中学 1000元。三代人当过正职，外公农会副主任，我很羡慕。八湾村有些人哄我上，正好修里村在装自来水，村定每户出 80 元，村民认为饮水工程，上有拨款，不肯出，组长收不上。我临时决定出资，有些百姓讲，应当选前出，村民才相信，怕选后不认账。问题出在第八组，那里有八湾村的近亲。"

夫人插话："我们问第八组组长，为什么限于修里村的传单会跑到八湾村。水库内的也有几个帮八湾村的。"

他接话："知举报，立即去收，第八组不到 20 张，四五张已送到八湾村。夜里派出所来人，要我去，我讲没犯法。第二天镇开会，领导讲没有扰乱选举，只是方法问题，派出所认为有道理。

"取消资格可以，已写好放弃选举的条子，与镇讨论，镇定仍可选举。他们又告，上级为难，指示必须查办，我被关。这是人生的污点，到拘留所难听。"

夫人接话："我越想越懊恼，气得哭，到镇拍桌子骂。

"他哥哥讲，选举已到刀口上，各组送两条烟，我决定不动用物资。拼命跑人家，狗在后面追，怕得要死。"

他话题指向对方："我出场，牛宏兵没把握。八湾村传来消息，他要到我村活动，一张票50元。"

夫人又说："他在任，人家不会捅出，下台要漏风。"

告别时，她冒出另一想法，现在谈已没用。

（三）红娘的美言摇动芳心

4月3日，推着自行车翻山，岭下便是八湾村，一位老人出现在竹地里，他叫杨春成，72岁，曾经管过"治保"。站在路边，听他的开场白，得到全村粗线条的认知。

中午，找个僻静的地方啃面包，正值清明时节，一位中年男子上坟，看见我，主动打招呼，应我的请求，聊几句。在村中游荡，见山坡上有位男子，我靠近。他姓徐，53岁，站着拉拉扯扯，然后让我进屋。村民对魏天华感觉良好，不妨一谈，他却不在家，夫人接待。再找54岁的徐宏善，当过两届书记，正在竹地干活，我们站着聊天。他推荐方松银，一位老队长，正在负责亲戚的建房，见我到，进屋接待。

上坟男子说："上届村长魏天华，有威信，厌倦职位，不申报。"

53岁徐某也说："不并村，魏天华能够连任，现在准备到北方去做生意。我四张票，竞选人一班班来，牛宏兵也来。"

徐宏善说："魏天华诚实，管得紧，有些人难过，我为他拉票。"

方松银说法一致："魏天华人品好，精打细算，'十兄弟'要拆大礼堂，他不同意，矛盾指向他。"

魏天华夫人细说："我家经营纺织业，老公2002年开始当两届村长，第一届每年补贴500元，第二届700元。自己袋里摸出倒贴。有些人想占便宜，不帮他们，记仇。他们查账，县'农经站'的结论没问题，他们告到市，镇长说，查账费用先抵押，没贪污要道歉，才熄火。

"百姓讲再报名，肯定会上。六年已讨饶，父辈也反对，并村事多，更复杂，不再占职位，现在承包中学的小店。"

杨春成话题转到牛宏兵："现村长经商，老书记哄他竞选。"

53 岁的徐某谈身世："他父辈五六个兄弟，自己两兄弟，老婆本村人，人头多。"

徐宏善也从身世谈起："牛宏兵岳母全家下放，女儿上调到企业，与同厂电工结婚，他技术很好，承包我村电费。牛宏兵与她拉上关系，成家。目前在县城开店，经营出租车，还有'农家乐'。

"有人哄他竞选村长，他不肯。舅老有挖掘机，村有工程可做，也哄他。方树盛也是被哄人之一，他出 1000 元请客，牛宏兵请他退出，请客的开支补足。方树盛退而竞选委员，没上，两人发生矛盾。

"牛宏兵平时话语不多，默默无闻，想不到会跳出来。各组长得到一条烟，我送回，只要肯干，我会投票。现在大部分时间在县城，官塘倒塌没人修，两个月见不到干部不搭界。"

方松银细说："我弟方树盛有'十兄弟'，他们不让上届村长魏天华连任，推牛宏兵，他没有这种意愿，再推方树盛。牛宏兵舅佬的亲戚认为值得当，项目经费多。

"'十兄弟'在路上喊，他们想叫谁上，谁就能上。我气不过，要插蜡烛头，推出我儿子，刷下方树盛，不让一手遮天。牛宏兵到我家多次，我反向活动一下，他上不去。我在村有影响力，红白事一般都是'总理'。

"'十兄弟'影响极差，吃吃喝喝，伸手要利益。土地复耕三四十亩，他们一手落。修两村公路一定要牛宏兵承包，但他没有资质，如外人做，要给数万元好处费。"

修里村的兰东盛谈投票心理："牛宏兵承诺浇水库内道路，马向虎没有声响。"

邻居插话："他承诺，还到户跑，我只要这条路浇成就行。"

苏金贵说："牛宏兵派来的人送烟送钱。"

田德水告知："牛宏兵到我家，夸奖我有威信，帮拉票。送来的东西，我退回。"

胡长宁从大局考虑："我对书记讲，两个正职各村摆一个，书记在我村，八湾村应上村长，便于工作。经过一段时间，选任何村的人都能接受。我这里一百多人，一般都选牛宏兵。他当选后，因竞选出事放弃二十多天，我告诉他，凭自己水平，要管好。他不会讲话，年终会议上，总结与计划说不出。"

胡贤邦如出一辙："我不会投马向虎，八湾村应有村长。牛宏兵来活动，请客送烟，送钱次要。"

胡贤邦指出："马向虎不能竞选，百姓哄田德水上。他高中生，以前跟父亲弹棉花，忠实，办事踏实，群众印象好。八湾村有亲戚，有些地方走动过，最后差200票，如果一开始就竞选，牛宏兵上不了。"

"上届他活动也迟，宣传选上会尽力，我们老的肯定他，也去活动。对手拼命来，请客送烟，第二轮落选。"

兰东盛说："水库外的村民想推田德水，水库内没有。"

田德水谈经历："1999年当选村委，2002年推上村长候选人，我主动放弃。2005年第一轮我落后，想放弃，对手的哥哥在镇当出纳，预计能得370票，一定要我陪选，想不到我得317票，比他多7票。2008年没有申报，得到400多票，如老干部站出几个，肯定要翻。

"当村长有荣誉，却要牺牲家庭，拉屎撒尿都管，做工作憋气。起早摸黑，一年补贴720元，后来2000元，乡补1500—2000元，没有通讯费。

"家中织机开10年，2005年行情好，2006年改品种，没时间销售，老婆没骂。布送到轻纺城，那边有朋友，一年能赚五六万元，行情好达到八九万元。"

胡长宁作今昔对比："书记提名我当大队长，户长投票，得票90%。第二届不当，条件差，分田到户纠纷多，半夜赶去。计划生育抓得紧，乡镇干部十多个到村，吃饭自己贴。现在工程有'外快'，种田不交'皇粮'，反而有补贴。"

2011年9月14日，方松银电话告知："马向虎在外省承包公路工程，没有参选。八湾村的老书记报名，没有经济实力，在选前十天退出，牛宏兵一人竞选，再次当村主任，兑现承诺的实惠，每票100元。"

四 飞鱼村现金导演的归去来兮辞

卧虎镇西端为飞鱼村，由两个村合并而成，分别为立栋村与飞鱼村，飞鱼村是小集镇，知名度高，给新村冠名，起商标效用。世事有万一，一般难"中奖"，却有人撞个正着，候选人因贿赂而取缔也是万一。橘枳的变异全在于风化，贿选行动只是通病中的个案，治理需要正本清源。就职没有寻利空间，贿选没有溢出回报，发烧人不会抢戴乌纱帽，职位只向赤胆忠心的人亮起绿灯。

（一）徒弟带师傅新鲜出炉

2008 年 11 月 7 日，在县城北面采访，走进一家企业的传达室。值班人姓张，六十多岁，飞鱼村人，谈及贿选引起我的关注。

2009 年 3 月 19 日，沿省道骑车一小时，进入立栋村，坡上一位男子在割门前的盖菜，我靠近，他迎我进屋谈。向南，平房前有人坐着，他姓柴，66 岁，谈几句起身去烧中饭，我跟到灶边再聊。他认为村官应该富人当，穷的要拿公家的。退回，陡坡上有人在种四季豆，他叫方灯亮，67 岁。进入房屋密集区，有人在盖柴，与他聊，另有四人加盟，谭邦浪变为主角。向西，公路边有人将竹叶灌进袋里，他叫林金龙，67 岁，脚残疾，跪着作业，谈话热情。他是退伍军人，没列入"定补"。我有点困惑，比他身体好的进入"定补"名录，他却不能，这里的空间伸缩度太大。

3 月 20 日，第二次抵达立栋村，找到 62 岁的文启亮，正在门口吃早饭，将我迎进屋里。转到林大立家，他 57 岁，抱孙女在院子外走动，引我到办公室聊。他 2002 年竞选村长，但不拉票，落选。

4 月 21 日，采访林泉村的田喜善时，一位立栋村的中年男子入座，谈及贿选事。

文启亮告白："我一向担任村会计，立栋村 730 人，飞鱼村 1550 人。田邦祥立栋村人，他的布厂办在飞鱼村，那里有基础。"

方灯亮告诉我："田邦祥经营纺织，现在合伙生产氧气，他来我家拉票，我说到时再讲。在飞鱼村出钱，被举报。"

飞鱼村的韦富本说："田邦祥母亲与我老婆姐妹一样，他在我村的关系不紧密。"

传达室张某直言："在这个岗位上已呆五年，选举时儿子来电话，征求我意见，立栋村的村长候选人上门，一张票50元，换点香烟铜板，我随他去做。"

割盖菜男子说："田邦祥竞选村长，一张票50元，东边的小组没付现金，西边的小组已付。有人举报，派出所干预，不得再选，有人夜里来通知，改选周成雄。他们二人原做木工，周成雄是田邦祥的师傅，目前村中最富。"

林金龙有点不平："田邦祥被派出所叫去，待一夜，第二天就选举。其他村也用钱买，只有他出事。"

根据李亮听到的数据，田邦祥破费13万元，数十人拉票。

林大立说："选举一般用烟，小店里'中华'烟卖光。用现金是傻瓜，田邦祥委托组长白天发钱，现金上纲上线，群众不信任。"

谭邦浪告知："田邦祥退出后，钱由周成雄拿出。周成雄三兄弟都办厂，他的厂300个职工，老板娘掌权，原由舅佬管，老公管不放心。老大的厂也是老板娘管，只有老二的厂是老板自己管。"

柴某说："周成雄的房子靠近飞鱼村，关系好，那里还有亲戚。"

文启亮观察："周成雄厂里的职工一部分来自飞鱼村，有利于拉票。当选后，工作没有动静，自己手中的事太多。"

中年男子说："徒弟买票，师傅也买，各地公开买票的在50%以上，这种干部处理问题，怕人说买票上来的。"

文禄金指出："我是退休人员，党员关系转到村，支部选举我监票，周成雄最高票。村长票投给周成雄，他没来拉票，老百姓心中有杆秤。飞鱼村穷，这么多届干部没作为，我们已失去信心。大礼堂5000元出租。生产节能灯，爆炸，老板伤到脸。厂内茅坑直通溪，户头也这样。去年10月1日，在大礼堂旁的空地演五夜戏，周成雄包一夜。老百姓高兴，演一半下雨，撑雨伞，戴笠帽，如在大礼堂更好。老人说，礼堂是他们义务造的，要还给他们。

"上届没动作，本届也差不多。我讲木市村种植葡萄、梨头，还有一个村种小番薯，规模经营，周成雄计划做什么？"

方灯亮评价："他为人好，老少贫富一个样，穷的借点也可以。"

割盖菜男子认为："干部应由有钱人当，家搞不好，哪能管好村。有人讲，立栋村原来买红纸的钱也没有。"

2011 年 4 月 21 日，采访林大立，他说上届没创业，村长当选书记，原书记少一票，暗中竞选村长，得票不多。

（二）老婆最怕三心二意

2009 年 3 月 20 日下午，从立栋村转向东面的飞鱼村，见一位老人站在门口，正想打招呼，手机响起，接完电话，与他聊天，以为我对邻居有觊觎之心。看过我的工作证后，他自我介绍，叫韦富本，83 岁，1963 年精简下放，1977 年上调，务农不算工龄，退休返回农村的家。原定在住地参选，现在村不管他的选举权。

走向村头，田间有人在锄草，他叫何静水，77 岁，身体硬朗，乡干部退休，我们坐在沟堤上聊天。他介绍 66 岁的文禄金，正在杀鸭拔毛，见我到，立即放下手中的活，专门与我交谈。再找何静水推荐的李守富，70 岁，干部经历十多年。

9 月 30 日，大雨转小雨，采访商家村、定安村、金地村三位参选人，返程经过飞鱼村，时间有余，进厂找李亮，不在。他夫人打扮入时，但待人有礼，想与她聊几句，恰在此时，李亮的车进厂，邀我到办公室交谈。

何静水打开话题："上届村长柳农发押金两万元，承诺搞卫生，修水库，浇村道，全部实现，2008 年担任书记。我村李亮竞选村长，没有承诺。"

李守富认为："李亮这小鬼人好，活动能力不够。"

李亮自陈："少年就认为读书还不如赚钱，职业高中不去，直接进厂打工。19 岁开始跑电缆业务，共六年，结识一些朋友，积累点经验，28 岁办节能灯芯柱厂。"

"当官与办厂有矛盾，"我提出问题，"你怎样解决？"

"父亲当两届村干部，我听得多，有间接经验。问题想在老百姓前面，吃苦在他们前面。企业分工明确，各负其职，村委也一样，安排得好，不矛盾。不过，我的企业势必要老婆多管。

"老婆反对我当村官，对我父亲的情况熟，好的听不到，骂话有的是。父亲镇官兼村官，一次性杯子要数箱，茶叶至少 20 公斤，都自己贴。办事太公正，自己不伸手，别人也不能。有块地拍卖，一万元无人要，降到 8000 元，我要。他说我是儿子，要两万元。他当村官，我低人一头，必须退让，不当，有理不让人。老婆对政治不热心，我要当村官，急得要死，与我吵。父亲也反对我在这方面发展，只有母亲支持。

"我住县城，平时与村民来往少，他们不了解我，提到父亲就知道。立栋村得票很少，靠一个同学，他与父亲二人帮一下。为我拉票的人少，我对小兄弟说，帮忙归帮忙，公事公办，当官与做人一样，一讲出口就关系信誉。侄儿建议，有几户应给点烟，我不出，没有发过整包的烟，平时给条烟没问题。

"镇干部来做工作，说年轻，有机会。这次少200票，但我没有申报村长，选票上没我的名字。暂时几年不会去竞选，兴趣不大，以做大企业为先，如当上，讲得响。有钱，睡在床上有人问，没钱，当村长无人问。村官要影响生产，但可接触人。"

"你现在企业的规模怎样，今后有什么打算？"我问。

"我四间平房起家，只有一条生产线，现在扩展到12条。今年36岁，50岁扩大到50条，2000万元产值，可能三四年后就达到。节能灯用汞，有污染，又有国际反倾销，以后选择其他行业，要看机会。"

村民提到女性的选举，具有一地特色。

韦富本说："上届妇女主任办幼儿园，老公办食品厂，倒闭后买小车接送幼儿。她和气，关心人，工作不错，不拉票。2008年的妇女主任，理发，竞选送上等烟五十多条，现在的人大多是好好主义，多说几句好话，就说选你好了。"

何静水告知："另一位竞选人叫李花，与人合办节能灯厂，宣传投她一票，送小笼包子。平时影响不好，没上。"

文禄金更知情："妇女主任一般由'两委'兼任，上届妇女主任是'支委'，本届当选村委委员，被架空。两个李花参选，一个理发，三十多岁，相貌不错，想参与政治，碰到我叫声文师傅，有的人去理发不收钱，活动能力强。老公下岗职工，老实。

"另一个李花，有夫，与男朋友合伙办厂，又开茶室，实际上是赌场。男朋友当组长，是柳农发的朋友，上届帮拉票，选上村长。这次李花没上，对柳农发有意见，敲桌子骂，柳农发只好让他骂。李花是李守富的侄女，他曾到我家来坐很久，我老婆推测是为侄女拉票。他回答不赞成开赌场，反对竞选干部，不会为她拉票。"

李守富谈话内外有别："理发的李花与柳农发关系近，给干部送烟，成功当上主任。去年老年节，负责招待，多余的水果带回家，私心重，办不成大事，有人当面骂。"

五　金东村没有准字号的自唱自演

金东村位于卧虎镇的西南，由二村合并而成，原金东村内为钱坞村，处于同一条山坞里，人口分别为 730 人、780 人。有人住房不保，企业不保，刑事在身，却当选村主任，没有刚性的制度，真的黄袍加身。新的规则，限制候选人，也限制当选，防止次品充正品，保持选场的圣洁。但愿法律没有行政化、人性化，断案刚正不阿，不让清白人蒙冤，避免得民心的领头羊无缘村政。

（一）秘方里的优先权

2009 年 5 月 15 日，深入到钱坞村，登临龚森俊家，夫人电告，在他从工厂返回的间隙，以言谈招待。龚森俊回家，匆匆聊过，返回工厂烧饭。夫人为我准备中饭，在等饭的空当里，走访 82 岁的老干部徐松春。63 岁的柳金生经过，徐松春喊住，进屋聊一通。饭后，龚森俊夫人邀来龚慈荷，她 44 岁。转到雷川木家，他 62 岁，正在整理三轮运客车。百步之外是林钱一的小店，在闷热的矮房里，这位 63 岁的老组长津津乐道。返回，抵达金东村口，走访 56 岁的龚邦安。

5 月 17 日专访杨树花，扑空，邻居提供手机号码，拨打，没有回音。次日，接通电话，约定在她打工的场所相见。

龚森俊夫人说："2008 年选举妇女代表，我村上届妇女主任龚慈荷仅得 12 票。选举有问题，村长李力兵等三人捧票箱，票箱是只放皮鞋的纸盒，下雨天打湿能够挖出选票。龚慈荷不信，一户一户去核实，不对，吵过，没有结果。"

徐松春认为："龚慈荷是龚森俊的堂妹，不会让她上。"

龚慈荷自述："2005 年我担任妇女主任，前任郑金琴，待公婆不孝，落选。2008 年早有风声，龚森俊的人马要撤光。我不去拉票，硬选没意思，不信任不可当干部。

"妇女代表大的组三个，小的组一个，我组 34 户，选我的人认为不会这样少，催我去签名，核实后是 18 票。道理不应这样，到镇讨说法，镇打圆场。退一步想想，这种氛围，当上也没意思。组长换光，他们控制妇女代表选举,不会选我当主任。

"我组妇女代表龚金娥,李力兵常去,是选村长的根据地。"

林钱一说:"李力兵开面包车,停在龚金娥门口,常吃饭。"

雷川木指出:"龚金娥叫我伯伯,她连家长也当不像。"

龚邦安谈起另一人:"金东村的杨季珍手脚勤快,会伤人,与上届村长万季木关系不错,与现任委员徐诚夫关系很近,她们两家都开农用车。她得票不多,我们推一把。"

柳金生的内容较为充实:"她是我表妹,入赘,老公在外有花心,经常不回家,听说已离婚。我对她讲,在外省合伙买车,何必争干部当。人家不信任,硬拉,没用。她答做人为一口气。金东村有人为她拉票,也有干部帮她。"

龚慈荷评论:"她儿子劳改回来,家搞不好的可当干部?"

雷川木指出:"她婚姻出问题,原因在本人。"

杨树花细说:"杨季珍有时会做绝,一位村民建房,组长是她老爸,同意,组里也同意,她不肯签名,造不下。老公开车,她将钱捏得太死,出走,2007年离婚。

"她以前竞选村委委员,落选,2008年又出场,选前一个月不上班,拼命拉票。生性会捧,代表家有小孩,送牛奶。父亲也一样,还有一批人帮她。

"全村18个小组,24名妇女代表,确定四名候选人,郑金琴是其中之一,当过三届妇女主任。杨季珍、龚慈荷帮她,我村委员徐诚夫及候选人也助一臂之力。

"'妇代会'由三人组成,选举时我投自己一票,获得24票,杨季珍、龚金娥都是十票。主任职位没有宣布,但开会杨季珍去。论年纪,龚金娥比杨季珍略小,李力兵以为主任一定是她。杨季珍一选上委员,就讲100%会当主任。当上无权,又后悔。我到镇找妇联主席,为什么圈定杨季珍,答案是上督下,不要谈。"

冯木吉谈另一事:"组长推选报账员,我有事先走,龚金娥最高票,镇不同意。原金东村杨树花,并村她代理,钱坞村的退出。"

鲁贵平是当事人:"李力兵要调换报账员,两次选举,杨树花都是14票。书记当场不同意,某某人的老婆,名字都不知道。"

杨树花的谈话更细腻:"2008年9月,李力兵召集开会,'两委'会成员、组长、团支书、民兵连长、妇女主任参加，原金东村三个组长缺席，文书发票选举，龚金娥14票。我想说，书记讲让李力兵去弄。杨季珍回去告诉父亲，父亲宣传报账员已经撤换。李力兵到镇，说账目不清，要换人，送上投票结果，镇没有批准。镇领导对我说，报账员暂时不动，要动全镇统一行动。

"去年年底，组长开会，他说要发钱，领九万元发给钱坞村，发票上周才交来。村民出售毛竹梢头，15%归村，他收去，不交。诉讼费5000元，书记不知，我也不知。不交账，想交给龚金娥。"

龚森俊指出："除杨树花外，原村各增设一个报账员，钱坞村是他的堂兄，想架空大报账员。"

（二）等待不是战术

5月15日，从龚邦安家出来，往北走，进见60岁的冯木吉，见面时告诉我，龚森俊通电话时说我即将登门，谈话投缘。

5月17日，经过通往金东村的岔路口，雷川木叫住我，告知鲁贵平在，拉我上鲁的车，听取发言。胡善本反映，龚森俊在任期内鲁贵平垄断村内的收竹，利润丰厚。往西，入厂采访57岁的龚贤平，正是中饭时候，桌上就座的还有上届组长汪达德，自然进入采访对象，一举两得。

杨树花谈见闻："钱坞村有位村民建房，土管局叫停，他以为龚森俊插手，第一轮没投这两人，第二轮投给杨松龙。选组长时，我到龚森俊家签名，几个老年妇女叫我别去，说他爱报复。还有一次，遇到钱坞村妇女，问我干啥，我说开会商量合并村庄的事情。她说最好村干部都让金东村的人当，她儿子当兵，没请他吃饭，毛竹山划出。"

龚森俊自陈："我1998年担任书记，堂兄弟建房，我拆；公墓建成，村民不习惯，岳父带头；叔叔儿子打人，关15天；干部吃饭报销，我付，下不为例。四件事一做，大家心服，但遭人恨，房子被拆的，见到我不理睬；打人被关的，讨不到老婆，怪我。

"村有遗留问题，六个小混混上门敲诈，我抓住一个给一拳。要我泡茶，我说自己动手，他敲桌子，儿子一把拎出。我说小时候也是流氓，为公事，派出所会解决；为私事，我可开一车人来。此后这种人不敢横来。"

杨树花又说："支部选举，龚森俊与杨松龙平票，当场进入第二轮，座位没变，龚森俊落选。这轮钱坞村有的党员离开，但旁边有人看到，龚森俊的亲戚不选他的也有。"

徐松春说明："龚森俊动员选杨松龙，否则他上不去。"

龚邦安指出："龚森俊在原金东村评价高，书记没选上，气不服，竞选村长。如果他当书记，村长冯木吉，他竞选村长，冯木吉只好退选委员。"

冯木吉谈经历："我劝龚森俊必要时应当自投一票，他没选上，书记落在我村，两个正职落在同一个村不太可能，我放弃竞选村长，降为委员。龚森俊选举不出门，不可能当选，我也没有积极性，一步输步步输。我三届村长，做过老子，再做儿子，犯不着。

"村长候选人还有万季木，金东村上届村长，他落选，搭档是竞选委员的老板杨邦日，放弃第二轮选举，第三名的徐诚夫拉上，与我竞争。他俩对没有把握的下手，一张票给80—100元。"

林钱一说："万季木不活动，龚森俊如拉票，轮不到李力兵。"

鲁贵平认为："龚森俊创业，做人硬，钱坞村一半人选他。"

（三）拉人心有本领

徐松春介绍家底："李力兵原金东村人，兄弟三人，他抱到钱坞村，给老会计做儿子。"

龚森俊夫人说："他50岁，无业，拉票，吵得狗也输液。"

林钱一概括："他很灵，只要村民与龚森俊有隔阂，就去争取。"

徐松春细化："一位开面包车的村民，选举时到村外接人投票，要价200元，龚森俊付100元。2008年到村外拉票，没拿选民证的，他开车去取。站在投票点大喊，有事会帮。李力兵当选，他放鞭炮。

"一户围墙占道一米多，村民代表会议决定要拆，李力兵却私下说不拆。这户兄弟多，选票多。有人在荒废的石场私搭羊棚，代表会议决定复耕时不补偿，李力兵付800元。石灰厂荒地种作物，村民代表表决，复耕不补，龚森俊按决定执行，李力兵却要支付。"

龚森俊夫人也谈此事："这种补偿，龚森俊不签名，镇会计退回。龚森俊做事，三块板两条缝。民兵训练，有工资，村补十元，李力兵说太少，再补，这些人选他。李力兵经常与女人老K、麻将，关系很近，选票投给他，拉人心有本事。"

柳金生说："他喊出口号，铲除龚森俊的人。新上书记是我儿子同学，告诉我将被撤换。我25年组长，他对我不满，哄现组长的娘舅，16户我得7票。"

汪达德提起一事："我2005年当组长，组里汪姓、鲁姓两派，2008年鲁姓当组长，是我亲戚。李力兵想上的人选不上，只当选代表。

"一个八十多岁的人，30年的癫子病史，没投票能力，李力兵用车子接来投票。我问镇监票人，癫子有没有投票能力，他讲没办法，没有公告过。"

冯木吉说："万季木弟弟放鞭炮，庆祝李力兵当选，2005年万季木当选，李力兵的哥哥这样做，互相祝贺。"

林钱一也提此事："放鞭炮的人说'龚森俊今晚吃酒，还是吃农药？'不过，他也没有得到什么好处。"

钱坞村老组长一个个下台，满腹牢骚，我见到李力兵时提问，他解释："龚森俊选组长，到组讲，组长与我配合很好，同意连任不？文书接音，同意，就落笔。2008年各小组集中投票，两村干部对调监督，操作公正。"

胡善本认同这一说法，还说李力兵城里有商品房，夫人在兄弟的厂里当经理，他的工作也在那里。

（四）攻占心灵的一张纸

2011年4月25日，再次进见冯木吉后，推进到钱坞村，73岁的胡善本坐在大礼堂西侧，对我笑笑，我要求聊聊，他领到家中单独谈。请他指点人物，去找，无不出去打工，我从坞底退出，一位四十多岁的妇女在割花草，我打招呼，她到路边荫凉处聊一通，手上还提着镰刀。求访龚金娥，夫妇从午睡中起来接待。退到金东村，路边一位69岁的男子准备去干活，我拦住聊几句。其他人也来凑热闹，我想听听民意，一位五十多岁的妇女领我到小店，店主与我聊开。龚邦安入座，接过话题谈论一番。

4月27日，约见李力兵，次日，他带着材料见我。

7月4日，与一位经商老板娘交谈，我有意外收获。

2012年2月15日，电话采访龚金娥，了解事态发展。

冯木吉陈述："龚森俊打包票，只要进'支委'就能当书记，我拼命活动，进了却没当书记。

"村长选举，杨邦日最高票。他赌博输光，电缆厂承包给人，印染厂倒闭，住房40万元抵押，得到的人送他两万元作零用钱。"

割花草妇女提到另一事："杨邦日出钱给一位男子，勾引自己的老婆，当场捉奸，立即离婚再娶。"

龚金娥指出："杨邦日宣传投票十元误工费是他出的，文书点破，是村出资。"

冯木吉又说："选举时发生抢票、摞票事。"

胡善本告知："第二轮前一天，最里面的自然村夜里两三点还在乱，杨邦日买票。"

店主转告："北面有位妇女对人讲，李力兵出500元买她三张票，她不要，还是杨邦日承诺的合作医疗费合算。"

大家议论，村老板支持杨邦日，办点事有靠山。

经商老板娘说："20岁时与杨邦日同厂，曾经想与他谈恋爱，念头很快消失。选举时龚老板在场督促，他是我老公的堂兄，他要硬做，我们就顺从。"

龚邦安指出："第一轮杨邦日少二十多票，第二轮多一百六十多票，却不宣布村长名单，老百姓七十多人到镇上访三次。村民闹事，支部会议到镇里开，小组长会议又要去，大家火了，将'两委'牌子背到镇，反正村不存在。村民要求杨邦日当村长，八百多人签名，今天下午送镇。"

大家提到保证金，我提问，他说明："先放在龚森俊那里，一天后退还给龚老板。如放到书记那里，不办事，不放心。"

返回时又见到一张承诺书，内容为浇筑村际道路、为每位村民交合作医疗费120元等，还以30万元作保证金。

69岁的男子有点激动："李力兵为难杨邦日，不肯盖章，如果是我也要打，李力兵当选，我们不会让他进办公室。"

李力兵说明："2009年5月的一天，杨邦日姐姐来电，要我到交通银行，我带上文书一起去。业务经理引见行长，要求在贷款单据上盖上村的公章。"

他递过材料，大意是：经股东大会决定，贷款500万元和汇兑800万元；落款是原金东村委和杨邦日。

"杨邦日挂靠村办企业，要村埋单，我不能同意。"他取出第二份材料，指着说，"行长要求在这份上盖公章，合并后的新村承认原村文本，有效期在2007—2012年。我坚持要征询书记意见，他催促业务经理随我们去，中途镇土管所来电，要盖公章，我让文书陪到书记家。书记只写'书记×××'，不表示同意，也不表示不同意。

"我到律师事务所，业务经理跟去，我们无法交谈，他只能离开。律师说，除非组长同意。

"与驻村干部商量，他认定不能盖章。

"我让你看贷款材料，以为镇派你调查，可以说个清楚。这份材料，是前往书记路上偷偷复印的，杨邦日不知，也没让驻村干部看过。"

他又出示撤销建庙项目经理的文本："这是万季木村长时的事，建庙负债，村吃官司，因这个文本上有村的公章，建庙变成村的行为，负担43万元债务，哑巴吃黄连。杨邦日赌博输得惨，我必须多个心眼。

"杨邦日催得急，我想开组长会议，书记说党员会都难召开，何况组长。杨邦日到组长家签名，80%服从他。集体开会与单独上门不一样，一张脸抹不下，会违背意愿。

"我要开'两委'会议，他认为刁难，砸来烟灰缸，我躲开。又掷过电话机，我又躲开。砸凳，我用凳挡，凳碎，他拾起凳条劈，我用手臂挡，造成粉碎性骨折。

"他刑拘四个月，缓刑六个月，取保候审。即将开庭，镇调解，都是一村人，能化小就化小。赔偿医药费、误工费九万元。"

我提问："杨邦日的承诺书落款时间4月12日，在10日的选举之后？"

"不是，贴两次，都在选举前，第一次派出所撕掉，第二次到处贴。镇作出反应，到村张贴，明确当选无效。"

县选举办法规定，被判处刑罚者刑满释放（或缓刑期满）未满五年的，不得作为候选人，当选也无效。

他继续说："主持选举的镇干部认为，反正他不能上任，让他乱蹦，摞票也不去理睬。如果他主持工作，我不肯，除非'两委'集体领导。"

我提起金东村南面的桥，半拉子工程，村主任脸上无光。

他解释："报账员无能，组长会议决定换人，镇拖着不办。杨邦日与报账员的老公作梗，煽动村民阻止，完不成，毁我形象。"

经商老板娘告知："老板们为杨邦日贷款担保，必须扶上去，鼓动他坐到村委做起来，真的是这样。"

龚金娥细谈："杨邦日做起不是村长的村长，锁办公室，不让书记进去，镇另派书记进村。我们得知杨邦日已在 500 万元贷款单上盖村章，催促原书记追查，他当着镇派书记的面拨打报账员的电话，她回答不知道。原书记又问章由她保管，用章怎能不知道，她说要么老公盖的。"

六　高金村户籍触发的权力缺位

高金村归属交溪乡，组入三个村，呈"V"字形分布，宏春村在北，伟木村与修月村在南，全部镶嵌在深坞中。当选人因户籍而取缔，造成权力的真空，轰轰烈烈的选举留下一片冷寂，此案不在户籍地而在住地。城市化牵引农民举家迁移，融入城市社区，却杀回马枪，在不属于自己的地方戴红帽子，放射人生变轨的光艳，倒映城市社区自治的缺位，英雄无用武之地。

（一）雪地上的荣誉

2009 年 2 月 12 日，骑车两个半小时，到达高金村北向的自然村，一位男子坐在门口，他叫苏木坤，63 岁。苏钢心来凑热闹，他是位老干部。深入到坞底，院子传出断柴声，我入内。80 岁的谭士亮串访，替代主人的发言权。他领我去欣赏旧宗祠前的蜈蚣，画在小溪的石埠上，红黑相间，经历百年不褪色。惊叹中一位妇女留心我这位生人，我们跟到她旁边的家，先生在家，叫钱意兵，70 岁。钱意兵介绍弟弟钱意定，66 岁，一位小组长。

2 月 14 日，骑车三小时，到达伟木村，首访上届书记洪习明，他 63 岁，与我谈论数小时，留吃中饭，在他烧饭时采访 76 岁的老大队长，有位妇女在座，问她知道村长候选人江创前还是冯木虎，她答冯木虎。再问投谁的票，她投冯木虎。江习明带我到修月村上届村主任家，他推荐我，主人没有谈论的意向，因他受报账员身份的限制，我让他们寒暄，到屋外听他父亲柳上水的谈论。江习明推荐老书记董银通，我向一位妇女打听，恰好是董银通夫人，她回家与我聊。她说老公 1984 年当书记，到目前都没有领到工资，计划生育要垫支，一届后她不让当。返回，进入高金中心村，有位六十多岁的男子在锯柴，我走近，与他聊。顾士德串访，主要谈论选举事项。

苏木坤告诉我："高金村 790 人，宏春村 600 人，修月村 540 人，伟木村 280 人，现书记汤邦强，家住坞底的自然村。"

苏钢心介绍："我 57 岁，三届正职，2005 年下台，只领一年工资 800 元，余款 7000 元，现在村亏三四十万元，仅吃饭一届 9.5 万元。村民要求清账，六七人到省城上访。"

苏木坤插话："冯木虎的老家在这里，他 50 岁，有两个砖瓦厂，上届村长，招待客人不报销一分钱，我自然村支线浇路他出钱六万元，村楼垫资五六万元。冯木虎肯出钱，村务书记一把抓。"

谭士亮指出："冯木虎六兄弟，他老小，文化程度低，过去以赌博为业，但不在本村赌，目前在邻村养甲鱼。"

钱意兵称道："老年开会，给十元钱，我们有子女，不好意思领。他出钱做戏文，要他讲几句，却不肯出场。"

董银通夫人说："去年雪灾，冯木虎派出铲车，扫除从乡进来的道路。出村便是邻县，我到那里做豆腐回来，厚雪已铲除，可通车。不光是本村，邻县冯木虎也铲，村长是我妹夫，给钱不收。平时江创前要来收购木头，村民议论，作为并村时的代村长，应跟在铲车后，还是冯木虎觉悟高，选举讲也不必讲。"

锯柴男子说："上届造村办公楼，装路灯，通广播，接自来水。"

淘米男子说："原高金村欠账没屁股，土地复耕，青苗费拿不到。伐木五万公斤，我们有林权证，分不到钱，合作医疗费不交，要村出。冯木虎吃赌饭，老婆换了又换，不是衣裳，要扔就扔。"

宏春村的于季豪告知："赌博全乡第一高手，现在叫人赌，抽头。他所在的自然村，老人每户发面条一公斤、白糖半公斤。"

（二）交际场合的羊与狗

2 月 13 日，骑车三小时，抵达宏春村，见田中有人在种马铃薯，走到他跟前，他立即停止作业，领我回家。他叫章明尚，66 岁，大忙人，早上最迟 5 点动工，晚上扫帚扎到深夜，疲劳睡一觉就好，我劝他保重身体。往里走，66 岁的于季豪在田间锄草，我站到他身边，听取发言。他推荐 63 岁的江水德，正在吃中饭，告诉我，他小组 50 户，22 户迁往县城。从他家走出，又遇于季豪，带我到洪导金家，他 70 岁，放弃习惯性的午睡，在太阳底下与我聊。老书记夫人路过，坐下谈几句。路过就座的还有江季木，也加入谈话。退回，来到于季豪推荐的江姓家，他68岁，与我聊一阵。返程，二人在锯柴，主人叫江士刚，55岁，见我到，停下与我聊。返回到高金中心村，从房子的间隙望去，有位中年男子在淘米，我钻过去，听他的说法。

章明尚说："上届村长江创前，团结人，有魄力，接通自来水，开林道近两公里。原开锯板厂，现在交给哥哥，自己到县城管厂。"

于季豪说："他会化缘，过年小野猪送关系户，并村有余款。装自来水，本村一个姓章的想承包，他开材料店，村决定外地人承包。姓章的不满，他三兄弟，同姓占我村的1/3，大都不投江创前。"

江水德认为："半杯水比没水好，自来水雨天浑，水池没有过滤设施，要花三四万元。林道一半集资，有的地方太陡，村民有点意见。"

洪导金说明："原有自来水水池，管道破，瘫痪，2007年重新安装，村委委员、党员考察生产水管的企业，决定由这家单位安装。姓章的小村由开材料店的安装，水表便宜20元。"

江某说："考察水管厂家，我去，汽车压水管，不破，质量好，价格高点，免费安装，我参加干活。姓章的想包，他与冯木虎一起赌。江创前有能力，脑子灵，嘴会讲。我在他厂呆两年，他想进便宜的木头，还是不当村长为好。"

洪导金又说："江创前有拖拉机，用到就帮，不收油费，比儿子还叫得应。这种年纪的人，他算强人。"

老书记夫人插话："我村老年十元，80岁以上的20元，还有水果、白糖，江创前出的，第二、第三次不知谁出。"

淘米男子感言："百姓信任江创前，不当时有余款。"

江士刚评论："江创前有活动能力，开林道，但难通车。"

帮手插话："林道表面化，管理人员不对，没按测量施工，水泥少，埂倒，不可用。江创前打交道，送羊送狗。"

江士刚接话："林山卖19.5万元，30%到农户，余款12万元。我参加造林，义务工，应付钱，却没付，村民提意见，不理。"

（三）县城回乡团的哥儿们

2月19日，进入高金中心村，有人站在门口，我估计是曲木禄，一问，果真是。他56岁，肠胃开大刀，用袋接大便，一天用三只，年开支1000元。谈话间，曲平木光临，60岁，是苏钢心的前任书记，共两届。他回家，我跟随，一番谈话后，他招待中饭。曲木禄提到85岁的冯邦平，抵达他家，不在，儿子接待。在村中寻找目标，72岁的杨绅通在敲钉子，我靠近，听取他的发言。继续在村中走动，听到电视机声响，进屋，主人韦安，53岁。

于季豪谈2008年的选举："冯木虎利用小混混，我村两个姓江的属于这类人，他们住县城，回来拉票，不少姓江的被拉走。"

江水德的内容相同："冯木虎赌王，徒弟很多，听说我村有人得到他的好处，他们拉票卖力。我家来三四批，有个拉票递'中华'烟，我没答应。夜里，外甥从县城开车回来，要我做蛋炒饭，试探我，我很干脆，要投江创前，不必来拉。"

洪导金有点激动："冯木虎所在地的人来收笋，告诉我，他的人马督写，有几个偷写，投给江创前。社会上混的回来拉票，带冯木虎到我家，宣扬铲雪功劳，我反问，做好事可当县长？我家三张票，两个娘舅六张，都是我投，选江创前。"

老书记夫人说："我十张票，眼睛不便，冯木虎的人员走近，叫我阿婆，帮助写，我只给一张，其他坚持自己写。"

江季木透露心迹："高金村有路灯，冯木虎承诺安装我村路灯，我们想夜里走路方便。"

老书记夫人接话："冯木虎只浇家所在地的路，高金村其他地方没有浇。"

江某说："冯木虎派来拉票的是帮赌鬼，从县城赶回来，轿车停满，有的选民得到300元钱。我写票时有人跟进，要求让他代写，我四张票，一半给他。"

洪习明知情："受汤邦强敦促，冯木虎竞选，花十万元，县城打工的都请去吃饭，我也在县城传达室，没叫到，观点不一致。"

柳上水作比较："冯木虎人马多，到处拉票，给烟，江创前不拉票，马马虎虎。"

于季豪也说："我五个舅佬在县城开店，发动一下，可得50张票。伟木村有朋友，高金村三个外甥。上届我帮江创前，这届没来求我，儿子说，帮他不睬我们，随他自己去。我的票儿子拿去，叫他投江创前，写票时被人拿去。"

韦安有类似说法："我四张票，另两位兄弟四张，都在父亲手里，我电话告知投冯木虎，却被别人讨去。"

杨绅通认为："我当过 20 年出纳。书记、村长住同一个自然村，关系太近，不能选冯木虎，而选江创前。"

谈到唱票，钱意定提高声音："我村有两人名叫木虎，姓魏的入赘，离婚后外出，候选人名单上没有魏木虎。选票上只写木虎不写姓的作废，这样的有一叠，我跳出来，责问搞什么鬼？"

顾士德指名道姓："洪习明将选票塞掉，曲木禄亲眼看到。"

冯邦平儿子观察："冯木虎小名虎虎，唱票时有人看到写虎虎的不算数，跳出来，不让读票，上面来人，封票箱，叫警察把守，第二天重新唱票，在房子外公开进行，冯木虎获胜。"

高金村主任选举节外生枝，委员的申报已埋伏笔。

曲木禄说："我舅佬韦向浪，上届'支委'，村委报名时我打电话去，他要参加，我托人填报，不接受，向上反映，理由是本人不在村。问驻村干部，回答别寻开心。他卖掉蜂，急急赶回参选。中心村姓韦的为数不少，我三兄弟，老婆都是本村的，伯父四个儿子，大家关系不错，叫得应，上的可能性大。"

（四）老大座席没人影

曲平木谈起选前的布局："乡征求我意见，我认为，汤邦强应继续当书记，两个正职不能放在同一个村，第二个大村宏春村应摆村长。江创前跳出竞选书记，乱了阵脚，落选。以为村长任何人夺不去，空气放出，冯木虎不服，选前五天报名，到各村拼命活动。他到我家，我说别争，先入党，下届再来。江创前后来不到我家，以为我弄他。"

钱意定的观点不同："最好江创前当书记，冯木虎当村长。"

洪习明谈第一轮选后态势："冯木虎胜出，下午 6：30 他在县城饭店请客。有人举报，户口迁出，没有资格。7：30 选举委员会到乡开会，我是成员之一，会上宣布选举无效。

"问江创前是否要再选，他回答既然村民不信任，再选没意义。再问当选的委员，他们也不想参选；他们申报委员，却得少量村长票。"

曲平木谈见闻："第二轮选举委员，乡干部亲自捧票箱，快餐从外面送进，村民抢来吃。"

曲木禄谈经历："我第二次跳出来，封锁老年活动室，老革命冯邦平坐门口，我送饭。我讲，要么铐我，没尝过这种滋味，派出所人来，我不怕。选后，乡叫我去好几次。"

冯邦平儿子说："唱票后宣布无效，村民起哄，阻止第二轮选委员，派出所夜里进20人。第三天流动票箱到户投票，我放弃，反正选了白选。父亲等人在办公室前阻止唱票，改在家里进行。"

冯邦平回家，谈话清晰："村长选出无效，村民要我出面，选不好不要选。我坐在村办公楼前，不让进入唱票。"

村民作出反应，伟木村老大队长夫人说："选上的干部不能当，今后不去选。"

冯邦平的儿子不平："你没上，叫别人也不能上，做人不可取。亏得不上，上了想弄谁就弄谁，把人捏死。"

钱意兵夫人说："有人发起签名，同意冯木虎户口迁回，大家响应。冯木虎回应，不回来，出钱要淘气。"

原高金村上访气盛，村主任缺位，村务陷入困境。

洪习明说："汤邦强不敢开会，生怕百姓闹事，没有勇气在办公室坐一天。"

冯木虎没上，他所在地的桥成为"半拉子"工程，村民叹气。

谭士亮说："桥是大门，没桥没财气，老百姓讲来讲去讲这座桥。村民集资款用光，木匠做一半走，桥不造，管账的账不交。"

他带我去观察现场，木质桥梁正在日晒雨淋中变黑。

钱意兵说："桥的木头从外省买来，造一半选举出事，停下来。一拖拉机木板不知去向，石子、水泥都被人家搬走。"

2011年江创前没申报，冯木虎当选村主任，据乡干部说，他将户口挂在村，可以竞选。采访两位村民代表，都说没开会讨论资格问题。

七　银山村户籍的柔性

苍天镇的银山村，位于合溪村东北，由三村组合，自北向南分别为方家村、王家村和田家村，县级公路穿村而过。户籍当道，有人完成两次跨栏跑，当过村主任又当委员。高能量不在跳龙门，而在后续的进取，土地生财，就裸奔而去，看不见的战线更是独挑大梁。此地无银三百两，却有各路好汉披挂上阵，占地称雄，传递的信息发人深省。

（一）一票也是定海神针

2009年1月19日，在方家村北邻的村庄采访一位65岁的村民，谈得正起劲时，四十多岁的儿子第二次进屋，脸一沉："调查什么？做作吃，讲这讲那！"

我立即离开，心头直跳，不敢在这个自然村滞留，南下方家村，有位中年男子在院子里做斧柄，还有一位60岁的男子在场，问主人干部总况，再问候选人怎样上门做工作，他答已经谈过谁当干部，上门事不想谈。二度吃到半杯闭门羹，心有余悸却不善罢甘休，继续寻寻觅觅。有位50岁的男子站在房屋与田野结合部，随便聊聊，提及竞选，他拔腿就走。在村中行走，透过院子大门，见39岁的何仲秋与小叔在聊天，我进入，申请加盟，获得批准，得到"妇代会"的选举信息。

66岁的薛庆木推着独轮车走过，我紧跟，一直到竹地。他从自己的家境谈起："我心脏息肉，到省城看要花数万元，回来用点草药。身上带救心丸，有险情自救。老太婆在厂扫地，月薪650元，背上生疽，碗一样大，还有骨刺。"

"她为什么不去看病？"我疑问。

"我建房子，娶媳妇，欠不少钱。他们俩住县城，好几年没有回来过，老太婆这点工资用来还利息。

"昨天踏进哥哥家，见他与嫂嫂对哭。哥哥70岁，两年前打工，从屋上摔下，无钱医，嫂嫂中风。大儿子脑子不好使，做泥工，被倒退的拖拉机压伤。小儿子口吃，娶二婚头，她的脚跌断。"

他介绍60岁的同辈薛庆力，找到他家，原来在做斧柄家见过，他反复说已经谈过，无话可说，不停地干活，我缠住，他非常被动地讲几句，最后坐到灶前烧火，缄口不语，我只能与他的女儿聊几句，为"体面"退出作好铺垫。

1月20日，在穿村公路上走动，见51岁的吕贺盛站在胡同口，请求到他家聊天，他爽快地邀我，谈话也同样干脆利落。他是下岗工人，医疗保险没交，在村有选民证。从他家出来寻找新的目标，52岁的陈某站在门口，没谈十句就走开。来到村东边缘，一位五十多岁的男子站在路边，正聊时另有三男一女走来，他介绍我来自高校，他们说没用，转身走开，他也跟着走。漫步在村中，北边53岁的游某在劈柴，没聊几句他手机响起，我接过斧子顶替，他见我手势熟练，判断务农出身，近距离地与我交谈。走到村西，58岁的薛某朝我看看，一脸和善，我大胆进入他家，夫人在包水饺，在宽松的气氛中进行交谈。回到公路，有人站在院子门边，一问是老干部柳亚木，63岁。

1月22日，直奔王家村白羊家，多人提到他是村主任候选人，他四十多岁，谈话犹如闸门打开。后来采访雷全虎，他介绍方家村880人，王家村830人，田家村410人。

吕贺盛说："干部一届全部造房子，方家村上届村长童雷天四五亩，有的七八亩，年租1500元/亩，村民吵，买去，4万元/亩。买五亩，占七亩。干部带头，村民跟风，房子乱造。"

薛庆木说："童雷天，原来不错，后来为自己，造房开酒店。"

五十多岁的男子直言："童雷天帮小兄弟，有人造房子，偷砍的树堆在他家，第一次没有处理，第二次到酒店里去化解。"

游某说："我小儿子寄拜他，村民说他没资格竞选。"

白羊细说："我与镇干部争论，童雷天有选举权，但没有被选举权。对方说有选举权，就有被选举权。组长以上干部会上展开辩论，有人说，他是原供销社主任，改制时供销社的营业房我们能买吗？不让他选就是不让他选。这些人包括原方家村村干部、王家村村委委员、田家村书记，我敲桌子，坚持他可以选别人。

"他是现任书记汪平母亲前夫的兄弟，互相走动。第二次开会，在反对派部分人缺席的情况下投票，赞成的多一票。

"他57岁以上，笑嘻嘻，经营'农家乐'。以前物资供不应求，他送点票子，有基础，当选委员。有人怪我，为他说话，村里连个干部也没有，要非农业户口的担任。"

2011年童雷天进入"支委"，没有户籍问题。

柳亚木作比较："我三届村长，一届书记，1994年结束，那时穷，村没花头，不如到外打工清爽。一个代村长后期不来开会，打报告求退。现在抢来当，与占用土地有关系。"

（二）自家人容易撞车

2009 年 1 月 22 日，拜访林雷水，81 岁的老人没有惊异，数小时前向他打听白羊的住址，再次出现在他面前，心中有数，谈论放开。根据白羊的介绍，采访雷全虎，请教田家村可采访的人选，他领我到汪明龙的工作点，提示到家单独谈。汪明龙 53 岁，20 世纪 70 年代当书记，到 1993 年为止。他没有采纳雷全虎的建议，就在现场谈论。交谈时白羊哥哥入座，话题自然涌出。

做斧柄男子介绍："书记汪平，王家村人；村长谢立吉，田家村人；副村长魏生虎，王家村人；三人都开办节能灯厂。村委委员汪贤生，方家村人，有笋加工企业。"

薛庆木谈见闻："谢立吉父亲与我哥哥是朋友关系，哥哥讲他还好，将票投给他。他厂里有我村的人在打工，帮他拉票。一个负责人也是我村的，拉去不少。有些村民讲，谁钞票拿来就选谁。"

薛庆力三言两语："谢立吉到我小组，每户发一包'利群'烟，只有三户没拉去。"

薛某说："谢立吉朋友多，拉票的人按数量给钱。"

白羊观察："他母亲信基督教，父亲信佛教，都是负责人。父亲修桥补路，也会宣传，他出面，百姓会说好好。谢立吉兄弟姐妹三人，厂里本地人不多，他拉票，香烟一箱箱出。"

汪明龙指出："谢立吉以前为公，后来私利放到第一位，建厂房三四亩。不三不四的人拉票，靠香烟。有些人认为投村长的票，出事会保。拉票，正规部队不如杂牌军。"

方家村的汪贤生申报主任，薛庆木说："他办笋加工厂，我们的鲜笋不必拉来拉去卖，对老百姓有贡献，我家的票投给他，也可以让他试试。"

薛庆力评论："汪贤生方家村人，方家在三个村中最大，以为自己能胜，拉票太迟。"

吕贺盛提到特殊事例："他上届村委委员，2008 年承诺王家村的山林纠纷一定要处理好，上访人放鞭炮，但摇摆不定，一下不想当，一下又想当，人家票已拉好。"

52 岁的陈某说法不谋而合："见自己村有个小组的票被拉走，像一觉醒来，又想当，但来不及。"

游某很知情："竞选人明朗后，老干部哄他参选，下届年龄超出，没有机会。他的寄拜娘是谢立吉母亲，谢立吉与他年龄差不多，希望他别出场，他说选上没办法。

"他名气大，贫富都帮，我伯母眼睛瞎，过年也去。他生产绿色食品，有项目资助，肥料送给大家。规划开路，与工业园区接通，他在跑，其他干部不管。老板当村官，能力没有放到村。"

魏生虎单人申报副村长，白羊指出："他靠汪平以及老书记雷树茂，锁定几个小组的负责人，再拉人四出活动。"

白羊哥哥说："眼看他上不了，汪平打电话给雷树茂，再拉一批就能上，果然拉上。"

林雷水评论："汪平拉魏生虎，他当选，大家呆掉，没有影响力，一点事都没做。"

何仲秋为"妇代会"选举提供线索："我参加'妇代会'选举的投票，每小组派出三位妇女代表，由组长圈定，打招呼选某人。我在黑板上记票，田家村妇女多两票，但当主任的却是方家村的。我已参加三届投票。"

吕贺盛说："妇女主任漂亮，与干部关系近，老公聘为厂长。"

（三）大众化的脚踩两只船

王家村人纠结"林权"，白羊说："林权证 1.2 亩/人，1992 年为便于造林，村统一管理，1996 年以前村民自己山上的树自己砍，交给村 20% 的管理费，此后由村砍伐。2004 年林地转让，64 万元造林开支，转让价 74 万元，村官五人相关，有明有暗，包括汪平、魏生虎。

"村民不可上山砍柴，有个脚跷的拾点柴，却被没收，百姓火，上访，签名 80% 以上，如果不外出可达 90%。我们八人进京，超过 80 岁的二人也去。

"吃热的拿冷的太多，获利人讲他们各出 50 万元也要与我们争，汪平也到村民中签名，每签一人给 500 元。镇讲他也签到 80%，我反驳，最多 30%，如果 80%，我们不上访。"

林雷水老当益壮："我 1958 年就当会计，查账叫我去，发现少 28 份收款收据，后来汪平说没少，我回答像假钞一样。到'农经站'，问我会计起什么作用，我讲核算成本。一千多亩山，转让价略高于造林工夫投入，实际上值千万元。信访部门向我们要超伐的依据，我们拿出，砍伐证仅300亩。这批山在雷全虎手里决定集体管理，雷树茂上台砍伐，主管部门解释可流转，但我认为价格应合理，要有完全砍伐证。

"除北京外，各级上访我都参加，费用由白羊和雷全虎垫支。"

"女儿劝我，自来水装好后，其他事千万别去管。村定自来水按户安装，我与儿子分户，却说我儿子已装，不能再装，不然叫我去告。我不信，向工作组反映，才装上。我还要上访，集体财产卖完，不利于子孙，为子孙要去上访。"

雷全虎话不多："我是北京上访人之一。汪平讲其他可以放弃，山不可以放弃。白羊身边的人被各个击破，三四个骨干离开。"

白羊的哥哥指出："2004年卖山，第二年我贴出反对书，上面讲挑动群众。曾经有二车放出去上访，在当地信访室睡一夜，没想到会这样复杂。雷树茂女儿很神气，说我们这些穷酸坐飞机也赶不上。他公房转到个人，买田造厂，又买山伐木，是赶不上啊！"

话题转向选举，白羊说："老板当官为土地，不为百姓说话，我要竞选村长。第一轮谢立吉600票，汪贤生与我都是三百多票，我排列第三名。他们拉票人有任务，承包户数，拿不下的用钱财。

"村庄不合并，我能上，一合并，其他二村没关系网。老百姓叫我'小羊'，'白羊'的书名连小兄弟也不知，要求选票上加括号，指明小羊即白羊，不同意。

"下届还要竞选，不管对手是谁，与林山相关的各种人出场，我肯定要唱对台戏。14个组长，有些他们买不去。"

林雷水说："竞选用烟，我对白羊说，不如退出，一个人撑不住。第二轮选票上没有他名字，我不去选。力量年轻的大，儿子能拿到父亲的选票，父亲却拿不到儿子的。白羊下次竞选，年轻人控制局面，他也难胜。山林事不反转，选举他没戏，脚踩两只船的人多。"

雷全虎的说法不约而同："我劝他别竞选，老百姓没有钱买票，胳膊扭不过大腿。"

2011年5月2日，再访白羊，他说："山林事有结果，砍后归还村民，伐木所得每人分1000元。

"经济社会，不是老板，不能竞选村长，我申报委员，当选。"

第 六 章
女性世界的一角

中国女性在家庭中的地位日益提高，但在政治和经济领域没有平分秋色，村委选举也在这一格局内运行。女子没有完全俯首称臣，异军突起的不乏其人，在清一色的男性政治领地撑出异类的标杆。她们食人间烟火，身上有着深深的时代印记，不可能超凡脱俗。社会主张男女平等，现实并不平等，村主任选举技术近于严密，而妇女主任的选举缺乏健全的制度，任命掺杂其中，堪称混血儿，给候选人带来不良刺激，她们呼唤早日走向正轨。

一 共日村装饰风土的地方

共日村归属方水镇，省级公路穿越村庄，南北群山的距离较远，视野开阔。村办公楼像模像样，村庄美化紧随其后，烘托一位女性的靓丽容颜。她的前任债台高筑，而她争取反哺农业的资金，华丽转身，站在侏儒的后面格外挺拔。不守望村落，游走于职能部门，让肥水流入自家田，推崇为能人。欣羡之余，也应反思，社会将村官引向何方？

（一）哭鼻子也不放弃

2009 年 9 月 1 日，调查 1900 人的共日村，根据村民的介绍，奔向方银财家，告知在看工地，很快找到他。他 65 岁，担任村长六年、书记五年。有位 30 岁的青年在场，对话不投缘，他愤然离开，青年建议采访 74 岁的田禄吉，我奔去，媳妇找到他，初见面就要我与媳妇谈，我坚持不变，他才开口。他介绍 78 岁的蒋铁贤，一见面就说，不是乡干部别来，孙子说明来自高校，才邀我进屋。结束谈话时，他解释，初见时以为是广告推销商，烦人。他提到 63 岁的金德木，李宝花丈夫的干爹，我赶去，金德木的谈话有代言的意义。他推荐 65 岁的杨火华，报账员，谈后带我到蒋立本家，现任老年会长，74岁，夫人与李宝花外婆为姐妹。转到杨成木家，他50岁，不在，夫人带我前往田间，路上见他拖着运粪的双轮车归来，热情地展开话题。

9月2日，拜访59岁的老书记蒋大邦。接着前往何季坤的企业，48岁的他客气地邀入办公室聊。他提到村委候选人蒋铁洋，登门拜访，不在家，夫人介绍51岁的蒋大洋。返回，在建房工地找到71岁的蒋铁德，前一次经过，家中有其他人，不便于交谈，只得再碰机会。我们坐在扁担上，他弟弟在场，也来加盟。向北，采访68岁的蒋铁英，蒋铁玉与另外一位妇女在座。

方银财介绍："书记王银火，村长李宝花，已三届。她有厂，老公在管。"

田禄吉陈述："李宝花相貌中等以上，能说会道，有交际能力。上任后数百亩山林转让，得56万元，消灭前任留下的欠款。"

蒋立本认为："林山转让，百姓有想法，如卖亲儿子一样。"

杨火华概述："李宝花1999年担任妇女主任，不捞，顾大局，得民心。原村长增加亏损70万元，村欠债达90万元。她2002年上任，垫支当年的农业税。砖瓦厂1979年创办，合同定土地归村，2007年转让200万元，村得50万元，没见合同，百姓不满。"

有些说法不清，2010年5月12日向他电话咨询，明确建村楼、还旧债，可用资金约100万元，此外靠向上争取。

蒋铁德弟弟有看法："我当小组长，村楼原定60万元，决算100万元，不搞建设，没有回扣。"

蒋立本提起另一事："岗山40亩承包，党员、组长多次开会，不同意。这里是上高速公路的转角，可以开发，但承包后种花木，用时赔偿太多，没法利用。"

杨成木指出："我三届村长，宣传李宝花不错，工作踏实，胆大，泼辣。当上村长，要我帮，说从来没当过。第二届不对，有人讲是武则天，我讲个人崇拜，一人说了算。岗山承包期还有四年，不能再发包，宁可荒。党员讨论，我记录，组长饭店吃一顿，坚持不同意。后来仍发包，大家有想法。"

蒋大邦评论："岗山事后，她威信下降。"

30岁青年提到自来水："最要紧的事没有解决，以前开通过，用溪里的水，那时没有污染，到户 2 元/吨。"

"村民不交水费，高价水也吃不到。你这样讲，她比粪还臭？"方银财一气之下拍屁股就走。

蒋铁德指出："井水不能吃，90% 的村民不满意。"

他弟弟认为："水库水量不足。"

蒋铁德不服："不想解决，水源难不倒。"

他弟弟还说："李宝花不住本村，平时不见人，有事电话求她，要看人，有的不接。"

蒋铁贤评论："时间一长，她顾上不顾下。"

蒋立本女儿告知："不顺心时她打电话来，哭，哭几次爽快。"

杨火华也说："急时要讲，王银火没事一样，天塌下来要她顶，当村长吃力。诉苦归诉苦，弄还是要弄，当惯了掼不了，选举要拉票。"

金德木知情："她住镇上，农业委托给委员，精力用在争取项目经费，人家轮不到，她能得到，女村长在镇干部的眼里不一样。这么多年，一点成绩做出就行，对得起大家。下届不会再来，太累，劳而无功，老百姓风言风语，处理事情，'两委'通过，没通过大会，也有人要讲。"

方银财也有微词："前任村长蒋大地，大家要查账，叫她签名，不肯，她母亲与蒋大地母亲是朋友关系。干部不能太长，一长变为老油条，不做难人。"

（二）别插蜡烛的心灵呼唤

9 月 2 日，与蒋铁玉的谈话结束，我去见蒋铁忠，刚穿过高速公路，她从后面追来，怕我迷路。破烂的平房前站着一位老人，告知蒋铁忠暂时外出。蒋铁忠回来，那位老人跟进屋，一直不走。时间近晚，我只得进屋，听取这位 77 岁老人的陈述。

李宝花自有当选轨迹，方银财回忆："先哄她当镇'人大'代表，再摆村长候选人。"

蒋立本作类比："以前附近两个村有女村长，大家选李宝花。"

蒋铁玉谈最初情形："李宝花老公勤快，能力一般性，当团支书，选上村委委员，对人讲还是他老婆强，选上妇女主任。很多人问我，李宝花是谁。她一直在镇上开店，收购纺织品，后来办制线厂。"

蒋铁英往事重提："杨银华'破烂王'，有竞选村长意向，他侄儿帮李宝花，叫他别插蜡烛。职能部门来压他，他缺少许可证，竞选会多事。李宝花的住房在职能部门对面，有来往。"

蒋铁玉接话："杨银华人很好，51岁，2002年就想上，大家会选他。2008年也想，李宝花上门，'你不出场，我能当选。'请他吃饭。他对我说，铁玉，再不会去弄，三次没出场就打倒。"

蒋立本指出："她问我村长可当不，我答如要赚钱，别当；为民办事，个人经济要受损失。当得好千年传，当不好同样千年传，要她自己考虑。"

蒋大邦说："前任蒋大地不管事，女的手不长，让她试试。"

蒋铁德也谈前任："十人九厌，死也骂。"

田禄吉说："2002年，上届村长蒋大地竞选，差数百票，一轮就结束。"

何季坤提到2005年的选举："蒋大地弟弟想竞选，我说他父亲当书记评价不错，但蒋大地是败子，再搞不好影响后代。如作点经济贡献，家庭吃不消，不支持他竞选。"

杨火华告知，那届没人与李宝花竞选。

谈起2008年的选举，杨成木说："她的演讲，大道理，没有具体内容，我批评过。"

"不要讲这些!"夫人以理菜为由，坐下旁听，最终下达指示。

蒋铁贤点出内幕："她老公的干爹金德木，将钱发给投票人。"

杨火华说："听说一张票500元，在金德木自然村下手。"

蒋大洋的说法相同，他回想2005年也送钱。

蒋铁英指出："金德木是何季坤的老表，何季坤送给他数条烟，叫他别出门，派人守。李宝花算算票不够，后半夜行动，何季坤没想到，毫无办法。夜路走得多，总要碰到鬼。一个小伙子来买烟，要我投她的票，我说有数，自己会投。"

蒋铁玉谈写票："有个人视力不好，被代写，拿来仔细看，没按他意愿。年大的被代写，调胞，旁人看到，喊起来。"

蒋铁玉提到别的内容："孤老头蒋铁忠在投票点挂牌，宣传李宝花吃白食，被拉开，当作废人，不加理睬，旁人讲不能这样。"

蒋铁忠自述："我胸前挂骨折的片子，口叫不公，乡干部说不能这样，李宝花的老公与村干部过来，说不能喊。我讲今天不喊，哪天能喊。开公路，我的树被挖，大树70棵，每棵250元，中树50棵，杜仲树8

棵；羊毛竹、石竹 2500 棵，每棵 4 元，只补偿 1.3 万元，应给二三万元，村长扣住。三间村属平房，我修理 1500 元，只给 500 元。邻居的宅基地被高速公路占用，到我地里补偿。

"李宝花讲，送我进敬老院，办理'低保'，还不好，还要讨这些钱？那时脚好，敬老院我不去。去年推出农村养老保险，交两万元，70 岁以上领 450 元。我是低保户，只需交 6900 元，钱向兄弟借来。

"踏三轮车，翻倒，脚跌断，医三万元，自出两万元，一点积蓄，全部花在上面。

"她第一次竞选，我认为男人贪，女人胆小，选女的，为她拉 100 张票，反而弄我。"

为核实他的言辞，2010 年 5 月 14 日，电话咨询杨火华，他告知，树大小一律补偿 150 元/棵，由此核算，他的话不虚。

蒋铁德说："挂牌时，我分析给他听，要协商，不可这样，他停止，事后，告诉我问题没有解决。"

杨火华翻出记录："她的得票率，2002 年 87%，2005 年降到 78%，2008 年 53%。"

30 岁的男子谈另一话题："上届妇女主任顾心娥，当选村委委员，没选上妇女主任，哭，宁可当妇女主任。"

方银财接话："我管理村时，村长指定妇女主任，由女委员兼，不兼的少。本届选举，支部讨论过，新主任上，乱了套。"

30 岁青年又说："公平竞争。邻村选举妇女代表，送 20 元钱，沾到政治边就好。"

杨火华也提到此事："据这个村的朋友说，选妇女主任，台挤倒，人压伤，住院。失利的人一车村民装到镇讨说法，获胜的人放二车去，驻村干部很尴尬。"

何季坤分析："顾心娥属于李宝花人马，已上委员，村民不会再让她上妇女主任。"

杨火华是参与者："妇女代表每组二人，两个组选出，争吵不息，要我去监督，说我公正点。我去，组长主持，集中投票。代表投票处，一些人来吵，七十多岁的妇女也争，为落选的顾心娥抱不平，被拉出，理由在于选举权给代表，是代表的事。我负责统计选票，代表 36 人，吕娟兰得 28 票，顾心娥 20 票，另一人 19 票，高票当选主任。"

（三）彰显自我的原始广告

何季坤 2008 年竞选村主任，蒋大邦说明起因："岗山承包人不交承包费，中止他的权利，换人承包，赔他四五万元，心里不服。他担任小组长，有文化，谈功两个李宝花也比不上，哄何季坤竞选村长。"

选举场前的标语

杨成木说："何季坤没演讲，但准备过，我看到提纲，如演讲，效果更好。"

30 岁的男子坦言："我的自然村不选他，他更差，一家人都这样，做人好歹平时看得出，要有常心。"

田禄吉指出："他与人合办厂，捞一百多万元。原不想当村长，被人哄，那些与李宝花有意见的帮他拉票。他外甥多，用烟，花数万元钱。"

蒋铁贤说："以前做事奸刁，我儿子和他所在的小组选他，要培养新人。"

蒋立本说:"在投票点,他老婆、母亲胸前举牌,标明村长选何季坤。我不选他,鸡毛当令箭,衫袖刮杀人。他派人盯梢,看李宝花的行动,她没有这样做。"

夫人接话:"弄里都是人,不花钱哪有这么多选票。"

杨成木说:"举牌时,驻村干部反对,遭到村民的指责,围攻,我出场,让他的轿车离开现场。"

蒋铁忠观察细致:"选票上没有何季坤的名字,三位亲人举牌子,文字是信任何季坤,请选他。李宝花一派要砸牌子,驻村干部支持,村民要打他,老村长拉开,逃出。"

蒋铁玉见到另一情景:"驻村干部划界线,何季坤的人认为有选举权,不能进,偏要进,打架,派出所来人。老百姓讲,底下好看。"

蒋大邦说:"何季坤在酒店请客三四天,给家家户户送一包烟,得到钱的组长帮他,年纪大的干部认可李宝花。老百姓说他私心重,厂房用地,丈量时尺寸缩短。"

蒋铁英评论:"他从小没做过坏事,坏的影响没有,与我儿子一起开拖拉机,现在轿车开过,笑一下。"

在座的妇女反驳:"见我不理。他在我的自然村发烟,有的没有,不一样心。他宣传通自来水,会出钱吗?要我选他,除非他出资。他老婆听到某人选李宝花,去争,有人讲,他没上,上了还得了。我投李宝花。"

蒋铁玉接音:"十个指头伸出有长短,有人反映,厂址面积丈量缩小,见人发财肚皮胀。如果李宝花后半夜不放药头,他要上。"

何季坤自陈:"我今年48岁,原是一家企业的法人代表,想将工厂迁到村,村里的章难盖,事难办。在集团公司当副总经理,管一千多人,2008年办板厂。

"2008年竞选前,李宝花对我讲,有些人要我当村长,她当书记。我回答不会参选,一百个放心,她可以继续当下去。她高兴,说我对她有信心,要再干一届。她要我竞选委员,书记让我填申报表,交到镇。过后我到镇,要求退出,镇要我写辞退报告,我解释表不是我填的,只签过名,辞退报告不写,反正不演讲等于自动放弃。候选人名单上墙公布,没有我的名字,她将我与蒋铁洋的名字放上去。村民哄我竞选村长,何必争个小委员,上届的钱到哪里去了?他们操作,一传二,二传三。

"蒋大地弟弟支持我竞选,李宝花报复。他女儿读书,要盖村的公章，她说，那时没想到她，盖章时想到。村长做小人，哪有大人气魄，不可喉咙邦邦响，显示权威。"

"你当村长，有什么致富门路？"我问。

"致富没想过，就想解决一些实际问题。村的头等大事在自来水，村民闹过，敲村办公室的热水瓶，坐到办公桌上。造村楼没必要，老学校占地三亩，学生已并到镇上读书，装潢一下就可用，省下的钱可用于自来水工程，总投资约120万元，可以向水利部门争取项目经费。"

采访杨火华时，请教选举的时间表，他翻开记录本，时间的脉络一清二楚："2008年3月22日，召开党员、2005届村民代表及选举委员会成员会议，推举2008届选举委员会候选人，入选资格是村民代表。3月30日，召开村民代表会议，投票选出选举委员会成员，主任由党支部书记自然担任。

"3月31日，选举2008届村民代表，14个小组，每组选二人，高票当组长。有人买户口，人户分离，我们向上请示，同意，才任命他当小组长。

"4月3日，召开选举委员会会议，布置新一轮选举。

"4月23日，召开选举会议，办理委托。

"4月26日，第一轮选举，村长产生，委员没有过半，次日第二轮选委员。

"5月7日，经济合作社换届，举手表决，社长王银火，委员李宝花、我。村务财务监督小组同时改选，海选产生六位候选人，第二轮六选三，二人平票，主要干部与二人协商，产生主任。他们从来没有接触过财务，资格嫩，村民议论纷纷。"

2011年，李宝花改任书记，何季坤外甥当选村主任。上届争取"精品村"项目500万元，美化村庄。2011届要完成自来水工程，从水厂接来，每户出资1000元。

二 超日村两代人的心灵归宿

阴盛阳衰，在家庭为"妻管严"，在国家是竞技体育，在村庄有选举，超日村村委女性全覆盖，主任三连冠，超额完成上辈的期望指数。竞选的法宝在于投资，三届一以贯之，形成公信力，擂台人无形资产缺失，争而无功，选举文化脱颖而出。

（一）公公与媳妇的共鸣

村庄在共日村西延八公里，西邻为边际村，同处省级公路的纵轴线上，超日村北折为赤湾村，再北，山坞向深处蜿蜒。三村合并，超日村位于镇所在地，名冠新村。

2009 年 6 月 10 日，进入赤湾村，有人在种田塍豆，我走近。他叫钱开川，71 岁，谈话后介绍郭立洋，我入室采访，他推荐超日村的白相本，指点近路。我翻过小山坡，登临白相本家，他 67 岁，正准备午睡，见我上门，以客人接待。转到中心村，52 岁的汪钱木在处理垃圾，让进屋里，聊几句。继续在村中漫步，见屋中有人，却是退休人员，领我到林土明家，没人，墙上有手机号码，接通，他在八公里外做客，赶回。他 69 岁，当过县"人大"代表，掌故明晰。

9 月 16 日，拜访 71 岁的老大队长林坤木，话后，领我到杨成森家，不在，恰遇 58 岁的方富水，将我介绍给他，带我到家中谈论。返回，64 岁的杨成森在家，一番话后，领到夏季虎家，留吃中饭。再转到石富木家，三月前登门，他外出喝喜酒，这次又呼喊，他下楼接待。他打电话给 66 岁的吕冬芳，我赶去，做客的五六位妇女见我到，让位而离开。

白相本介绍："村长占丽云，与我同一个自然村，办厂。新上项目失败，设备当烂铁卖，近几年没赚到钱。红火时职工 80 人，2008 年剩 20 人，今年也这样。"

一位妇女串访，也说几句："我很早就到她厂，那时还不像样，全靠公公扶起。这家厂给小儿子，老二开同样的厂，老大在外经销。公公的父亲算得上做出的'富农'，公公说要畚谷吃，全靠做。集体干活时，我们歇一下，他要骂。现在仍然汗流浃背种苗木。还懂得医学，有病，会给药。"

石富木记得："她公公偷国防电线，判刑，1955 年释放。1957 年鸭放到田里，花草分到户头，户主驱赶，他争吵，说鸭蛋被赶化（指鸭肚里的卵）。1958 年戴上'富农'帽子，摘帽后跑厂业务，厂倒闭，他自己办。以前要斗逃不了，要搬凳子给贫下中农开会逃不了，对我讲要翻过来，我说过去的事应该淡忘。"

林土明回忆："'文化大革命'中，她公公的家被抄。公公行医，拉去游街，心里不服，想儿子当官。家里的财产分不匀，大儿子上法院，分得19万元，断绝父子关系。老二分90万元，不接触人，老三也一样，靠媳妇出头。"

白相本又说："有次麻将桌上占丽云说起要当村长，她老公答话，能当选，买小车奖励。老公四五年前去世，医掉七八十万元。她公公说，有钱还要有权。她叫老书记、县'人大'代表吕冬芳干妈，吕冬芳另有一个干女，想培养，死在前。"

吕冬芳从土地谈起："占丽云擅自建厂房，村民上访，镇土管所要我盖章，补办手续。村民不肯，未批先造，柱牢我，如盖章，农业税不交，要我交。我想，用不着威胁，我自有一杆秤。她多次求我盖章，镇长也这样。我带章到镇，解释百姓有权，补办对不起百姓。

"我对她讲，挨家挨户跑一下，开个会，认个错，说明办厂可安排劳动力，对村民有好处，争取谅解。她却认为，跑跑他们屁股翘得老高，不答应。七天后，村民打电话给她，问她拆不拆，她掼过去，随他们的便。

"全组村民去扒房，她叫来邻村的流氓，我赶到，制止扒房，呼喊要犯罪，他们从房上下来。派出所要抓头头，我到镇，驻村干部问我，我说她错，建房没批过，扒房也不对。小组派代表协商，上访费用她出，损坏的瓦片村民赔偿。

"她公公感叹，没权的苦，要把她送上去。她用得上，叫我老妈妈，达到目的，不太理睬，今年来过两次。前几年，有重大问题要来。"

方富水谈经历："我2000年起生病，二三年不能干活，女儿读大学，儿子上高中。老婆在她厂打工，年终定为最困难的工人，赤湾村也有一个，由乡镇工业办公室救济，后来工友问老婆有没有拿到，其他人已到手。问镇政府，已发300元钱，还有油、米，再问占丽云，回答没有。好气人，不是她出资，如不付向上反映，镇要垫付，我不取，气吞不下，假如我是主要干部，肯定会送来。如不定我家，也心服口服，一直讨到2006年才兑现，赤湾村的那个也这样。"

杨成森评论："我老婆、女儿在她厂打工，她的性格炸婆子。"

（二）等不到黄脸婆

4月4日，大雨，在超日村占家自然村走动，见小店中有人，是田继圣，80岁，他要去吃中饭，匆匆聊几句。再向西行，65岁的汪云芬坐在门边，对着雨与我聊。

石富木说："2005 年海选，占丽云多次到我家，我劝她先上委员，再当妇女主任。"

吕冬芳看法相同："她想当村长，我答复，当村长不反对，但要一步步来，一点干部没当过，户名叫不出，田地、石埕指不明。她说，我当书记，任何人当都一样。我解释，她一点不会做，全部压到我身上，吃不消。她急，说我退位，她上不了，趁我在位时可拉她上。我仍不支持。

"上届于银本竞选村长，一毛不拔，我帮他拉票。他当出纳，又有两届副村长经历，我俩配合不错。

"老村长田继圣帮她发钱，我赶到占家自然村，见他在代笔。听到村民议论，还是女的好，反正我快要退出。我立即召开支部会议，专讲此事，她不敢再动。

"第一轮结束，于银本多十票，二人都没有过半数。第二轮想安排在第二天，我一看不对，火速赶印选票。把两位候选人叫来，不让他们活动，她到走廊接电话，得到上面支持，通知近亲。她妹妹嫁占家自然村，堂姐嫁中心村，四出活动。工厂停工，全部拉票，两个小时搞定。

"用钱，口头承诺 50 元，有的实拿 30 元，派人代发。我去走走，连老太婆也说，这些人不要脸，十元钱也要，她不会要。

"我火，不安排工作，一个月后向上打电话。占丽云积极性很高，经验不足，到处碰壁，要我擦屁股。回复到处一样，不能硬做。没办法，环境是这样，我只坚持两个月。想不通，为啥会这样。基层管理人员最好天天选举，有烟还有饭。"

夏季虎谈另一方面："于银本当村长，被架空，没有财权。2005 年第二轮选举不能现场活动，百姓不想吕冬芳一手遮天，选占丽云，我也去拉票。我们第六、第八组 180 人，吕冬芳一票也拉不去。"

2008 年的选举有难题，吕冬芳说："我打电话给占丽云，'与你商量，书记定我村的于银本，你配合一下，托出村长。'她问托谁，我指出田增亮。她语气很重，'这样爱管事，你别退！'我叫她来，分析三个村难管，办厂，单身，这些问题解决后再当不迟。她很干脆地回答，到那时，已是黄脸婆。"

方富水说："我是组长，参加候选人的演讲会，镇干部说，不安排她演讲，大家议论，她已出手，法律乱套，明知不追究。"

林坤木也说:"她被叫到办公室,要她放弃,她不肯,后来演讲。副镇长在会上露一句,选上也不能当。"

杨成森有独到之处:"演讲会结束,又把我们叫回,听她的演讲。她用普通话,土音很重,听不懂。"

田增亮更明确:"有人拿着香烟去举报,她的演讲暂时搁置。"

石富木指出原因:"演讲前,50元事出,但只是许愿,没付现金,抓不住把柄。我对镇干部讲,看看贴出的宣传品。上面对贿选讲得明明白白,我想不通,官好买,搞乱掉。选举时,各级人马坐镇,叫得很起劲,谁搞小动作,苗头发现就抓,消灭在萌芽状态,问题出来,不见人。"

田继圣说:"占丽云来我家活动,有些人投票要钱,现在竞选不买的少。"

汪云芬告诉我:"承诺给50元,没到手。"

郭立洋说:"赤湾村这一带,主要有两人拉票,一个是组长,另一个是她的职工,讲话有分量。过一二月付钱,每张票50元,估计只付半数人。"

白相本夫人印证他的话:"拉票时说付钱,有的付过,我这里没有。有魄力的拿到,老实头拿不到。下届要出现金,不然不投。要么明买,竞拍,投资到村多少钱,反正要捞。"

白相本接话:"问我选谁,本村有候选人,冤家也投他,不管给不给钱,有事外村的不便。老人讲,修路集资,年纪大的她出,票要投给她。"

汪钱木说:"我第九组,组长帮她,出钱50元到1000元,有的得到,有的没有。"

方富水也谈此事:"没拿到钱的人仍在叫,再不会选她,我说50元用不光,下届塞来还会选。"

边际村的田林水直言:"我邻居两张票,白上秋来付钱。"

胡安德说:"边际村事后付钱,有些没拿到。"

田长有说:"田增亮的前任书记等十多人帮她拉票。"

王桐木指出:"她承诺,为边际村浇路,给老人600元钱,给赤湾村200吨水泥浇路。"

石富木牢骚满腹:"做埂,质量不好,拿不出像样的东西。水库豆腐渣工程,涵洞闭塞。溪里挖砂,挖到田,大水来,埂要翻,年纪大的骂,反映不管，找吕冬芳，镇出面才止住。"

吕冬芳评论："绝对讲，老板当村官并不好。"

与一位原镇委书记讨论贿选，他和盘托出："你讲的对我们来说是小事，我们重结果，完成中心任务是目的。如果抓一人，这派就要找事，给选举带来麻烦。或者上访，搞得沸沸扬扬，出尽洋相，乡镇声誉受累。

"有这样的个案，不识字的叫人代写，A 写成 B。有人抓住不放，要求宣布选举无效，推倒重来。搞一次选举很不容易，再选村民有情绪，难以正常化。

"我的辖区有个村，三股势力，互不相让，数届选不出村长，只好任命主持工作，很被动。2008 年严格程序，有个结果，村长人品不错，容易被各方接受。"

（三）山寨大的为王

2008 年 12 月 21 日，首次调查边际村，一位老干部报出人口分布，边际村 540 人，超日村 970 人，赤湾村 670 人。向他请教可采访的人选，不报，只能去碰。路遇 69 岁的田林水，略谈边际村委员候选人白上秋事。向北，61 岁的王桐木在劈柴，把我让进屋里，也谈白上秋。

2009 年 4 月 4 日，从占家自然村进入赤湾村，48 岁的董桃林站在路边，迎我进屋。他介绍小组长董桃成，57 岁，我出示工作证，他说不识字，我以为要拒绝，谈话得知确实识字不多。

7 月 30 日，第二次调查边际村，64 岁的胡安德在撬沙，主要谈占丽云买票事。不远处住周林森，61 岁，夫人婉转推辞，我不能久留。胡安德推荐 60 岁的田长有，在挖小品种番薯，因雨而回家，与我交谈。来到田增亮家，他在医院，向他夫人要手机号码，我顺道走访他人后来到医院，他 50 岁，身体乏力，在输液，夫人已坐在床边，我们展开谈话。

吕冬芳的谈话是关键词："支部选举，田增亮高三票，村民赶到我家，别的村当书记，要将牌子扔掉。以前开会没房子，我上台，工作理顺。我认为书记应摆超日村，村长由田增亮担任。田增亮上门，叫我阿姐，问书记谁当，我讲，'论年轻化、知识化、经验、上层意图，应你当；论安定和谐，要超日村的，你去问镇。'他说要问我。镇书记要我去，我谈以上看法，他说想法一致，难办。我说，附近一村今天这个告，明天那个告，超日村会更乱。

"支部会上分工，书记落在超日村的于银本，一宣布，田增亮站起来走，他妹妹是委员，也走。他一翘，人家有看法。竞选村长，他当不当无所谓，最后来不及。他无钱，拉票时没说给钱，而占丽云采用老手法。他妹妹威信不高，她跑起反作用，有人怕兄妹串通，力量太大。他为人正派，由不得自己想。"

告别时，她问是不是代表政府，我只能说代表关心选举的群体。中途问调查目的，解释先从个案入手，扩大到问题的梳理。

田增亮自述："2007年村庄合并，县领导征询我的意见，我答愿意与超日村合并，我村不欠债，超日村不会嫌弃。他又问再扩大，我指向赤湾村，但穷，超日村不欢迎。估计吕冬芳提条件，才将赤湾村并入。

"支部分工结束，我有情绪，石富木讲，耍脾气不对，没有我地球会不转？我解释上面工作没有到家。支部选举后，镇领导叫我，说书记安排在超日村，吕冬芳她们势力大，提议我竞选村长。我说太不把我放在眼里，捉弄我。如果真的要我上村长，应将她们叫去，施加压力。

"村长选举，我差150票，问题出在自己村。白上秋当过一届委员，高速公路拆迁补偿没有满足，矛头指向我，拼命为占丽云拉票，二人互帮，她也为他拉委员票。村民恼火，赶到超日村，宣传他不能上。真的上不去，他到镇查票，自以为足额。"

王桐木指出："田增亮落选，两个小组人赶去骂他，第二轮不投他，集中投赤湾村候选人。他花二三万元，落选，老婆哭。"

田长有细化："他种蘑菇，到厂给职工每人发一袋，一公斤重。"

董桃林说："赤湾村书记是田增亮妹，开大道，修屋后的水库，另一只水库灌溉面积更大，却没有开路。"

董桃成也谈田增亮妹："大礼堂出租办厂，钞票不知哪里去。茶厂出售，村民要求分钱，建造时大家夜里挑瓦片，没报酬。田增亮竞选村长，百姓不听他妹拉票。"

占家自然村的汪云芬说："我儿子木工，认识田增亮，他来过。"

超日中心村的方富水说："我第八组，90人，一半人选他。"

采访白相本时有位中年男子插话："田增亮在超日村呼叫，投他给60元钱，发狂似的。他私心重。"

持这种观点的，还有汪钱木、林坤木，夏季虎认为权威人士宣传的结果，村民对贪心最反感。

石富木更有感慨："他在选举前一天才做工作，这人可惜，大事会处理，山坡上安置新房，没权威处理不了。"

田长有感言："田增亮办事果断。我村在鱼背上，不能在田里建房，推平山坡，有人说他占便宜。他会办事，装路灯，通自来水，修水库。现在的村长，洋炮也打不着。"

周林森说："并村后，路灯乌掉没人修，水库溢洪道冲破，反映没用。"

与田增亮交谈时问经济实力，他回答："经营小吃两年，到省城建筑工地打桩，拥有1.5台挖掘机。胆子太小，1993年一位朋友转让纺织设备牵经车，2.4万元，他有业务，不敢接手，受让的已发财。"

"你的干部经历怎样？"

"1976年高中毕业，1984年选举最高票，给副村长，连任三届，1989年兼会计。1993年当选村长，1998年村办砖瓦厂出事，负责人潜逃，村民有高息借款，怪我，老婆哭泣，脱身去开小吃部。2002年村办毛巾厂重复砖瓦厂故事，选我当书记，2007年并村时代理村长。"

"我还想听听你的业绩。"

"自来水在1985年完成，2006年需要换管，上面补助120元/人，村要贴。派人专管，组长收费，0.4元/吨，保持维修运作。浇路，建设银行结对，资助100吨水泥；供电局支持，电线埋到地下。修水库，请出生于本村的局级干部带路，到有关部门活动，第一只完工，认可，第二只争取经费容易些。为水利达标工程，天天去缠，开通机耕路800米。

"高速公路拆迁安置最难，22户，要造到田里，反对在山坡，表决多次，都是半数。开会如造反一样，爬到桌子上，镇要我放弃，按照他们的意愿去办。老书记认为，看准的事要果断，只要不为自己谋利益，放手去干。有人跳出，村长害怕，想让步，有个老党员站出来顶。他去签名，吵的人也同意，不久，村长来电话，那三个跳的要划去名字，我说让他们划。第二天动工，填池塘，所在的组阻止，派那三人管。我连夜做工作，立即破塘填土。这项工程，县委书记到场，没人敢跳，最后大功告成。"

（四）男人靠边站

2011年5月6日，拜访田增亮，他从邻居家返回接待。从他家出来，见超日村马路边有人在锄草，他六十来岁，我下到地头聊天。再访白相本，然后拜访赤湾村的郭立洋，有位中年妇女入座，一起聊几句。退到超日村，听取方富水发言。石富木是必访人，他有自己的信息。

墙上横幅

我首先向田增亮提问："有些村民反映，新安置点填土，你有油水？"

他解释："镇主持投标，五万方土，十来人举牌，高的每方14元，低的八元，中心标却是五元。投标失败，叫人包去，二包给我村有挖掘机的，完成后镇给每方7.5元。"

"今年的'支委'是否以票数说话？"

"上届书记去年10月辞职，今年占丽云申报书记，我报委员，然后'一推两选'。党员与代表101人，推出候选人，我得74票。党员78人，从六个候选人中选出五位委员，我得58票。'定职选举'由党员投票，我仍是58票，最高，担任书记。"

"占丽云没进'支委'，竞选村长。边际村依靠五个组长，4月8日每张100元，现在没付钱。

"林土明弟弟林盛木竞选村长，每票出钱50元，得700票。"

锄草人告诉我：“我家四票，占丽云定 50 元/张，还没有付钱。”

白相本说：“占丽云承诺，林盛木出 50 元，她加五元，村民担忧，林盛木选不上，可能不出钱。上届部分人没有拿到占丽云的钱。”

串访郭立洋家的妇女说：“我地四五人为占丽云拉票，里面的自然村拿进两万元。”

方富水推断：“她两届用钱，人家相信，林盛木新出场，不熟，怀疑会不会出钱。”

石富木指出：“林土明问我，我说林盛木不如占丽云老道。他开超市，当过副书记，派小混混封锁。占丽云前半夜不动，后半夜突然行动，送出 100 元。”

“占丽云当选村长，两个委员也是女的，”田增亮提起另一话题：“六人竞选两个职位，确保一位女的进村委，单独选。第一轮都没过半，第二轮四选二，不分男女，从高票到低票，二男二女为候选人。两个女的胜出，她们上届都在村干事，一个是妇女主任，一个坐办公室。

“赤湾村没人进‘两委’。”

第二轮男女候选人的确定，还有探讨的余地。

4 月 10 日我挂上选举工作人员的牌号，参加一个村的全程选举，第一轮决出村主任与女性委员。三个候选人中抽取二人进入下一轮，第一线工作人员认为，不分男女，从高票到低票，但以前从男性中产生。

中饭时，副乡长告知，乡请示过县选举委员会，采用工作人员的意见。饭后，工作人员分别找三个候选人谈话，告诉一位男性退出，确定女的进入第二轮。

在返回乡政府的路上，接到副书记的电话，说理解有误，还是按老办法行事，第二轮由男性竞选。工作人员满腹牢骚，自己定的方案自己推翻，无脸面对那位参选的女性。副书记风风火火，亲自去扭转局面。

三　水马村产儿的错位

虹水镇在县城西 60 公里处，镇东隔河相望的是水马村，下游筑坝发电，链条上诞生旅游业，派生“农家乐”，传统的蚕桑业开始退化。近三届村务由女性担纲，村民看好经营能力，又有权力制衡的筹码。熟能生巧，读秒阶段敢于重拳出击，瓦解对方阵营。选举是技术的较量，新手不知秒杀的威力，功败垂成，找到感觉时，弹尽粮绝，信心雪崩，难以支持，下届卷土重来。

（一）经营性的女子看高一线

2009年9月14日，调查990人的水马村，有位村民推荐74岁的田士本，他为我展开一番长谈。他推荐江银荷，老妇女主任，72岁，我登门时正在午睡，先生起来催她会客。一年后再度拜访，她仍然说来话长。田士本推荐66岁的周长亮，到他家前，征询江银荷意见，认为他讲话不守尺寸，实际交谈，并非如此。周长亮介绍林贤银，也是66岁，我立即登门。

9月15日，赶在严德虎出门之前到达他家，前一天他在外做电工，我扑空。他53岁，是村主任候选人，谈话内容他人不能替代。随后采访杨小狗，1960年当大队长，1982年结束，年高82岁，反应迟钝，无法深谈。随后拜访胡林本，谈话结束时说我这样弄弄，作啥，也没名堂。不远处住杨岳崇，拜访后向北，来到邱柏林家，他55岁，在门口空地里交谈，邻居来访，蹲下与我说。接着采访同一区块的邱林钱，他一人在家，谈话不需顾虑他人的干涉。附近住周文元，56岁，在院子里踩果壳，我站在旁边听他聊几句。下一站是王建水、裘松延。

2010年7月21日，路遇林季安，乘机了解选举事。

田士本告知："村长文重菊，在外承包水利工程，我晓得拿到三处，最近有一处到手，从这里看，她有本领。"

江银荷熟悉村情："文重菊与邻村一位男子合作承包工程，那人精明，钱赚得多，后来有隔膜，她工程量减少。有次我遇到邻村老书记，他说为文重菊管账，太混乱，大手大脚，有些事不能对外讲。我对她说，老书记为什么不信，他早已识破那位男子。"

林贤银告诉我："那位男子多少聪明，带她十来年，现在关系破裂。她在外承包工程，人头活跃，有开发意识，比一般人能干，留在村的老实巴交。"

邱柏林的邻居谈选举："2002年文重菊竞选妇女主任，最高票，却安排其他人当。她开小店，会拉关系，要带妇女出去旅游，得到支持，开始竞选村长。"

林贤银指出："2005年文重菊竞选村长，老干部卖力，杨小狗相当出力，他儿子更是这样，我也跑，2008 年都没跑。"

杨小狗直言："我全力支持她，拉来二三十户。"

林季安说："她拉业务，经常到杨小狗孙子开的饭店请客，杨小狗的儿子拉票很卖力。她不会捞集体的钱，这点过硬，我选她。"

胡林本反映："书记杨立华推举她，她到镇上请客，派亲戚到我家拉票。竞选人白成木，当过村长，第一轮失利，在第二轮竞选委员。另一位竞选人魏树本，做生意，票最少。"

严德虎评论："白成木讲话死不死活不活，不会跳，只会跟。造电站，赔偿淹没区，发点财，造起洋房。比较而言，他还好。"

邱柏林的邻居也评论："一处山头树被砍，魏树本组织上访，快成功时退出，百姓怀恨。他有组织能力，素质不够，本来村长位置稳拿。"

关于文重菊的为人，王建水说："她有男人性格，酒醉失去常态，行动果断，能为民办事。"

周长亮表示肯定："涨水时，到水库跑来跑去，毕竟是女性。到县'妇联'拉来业务，用玉米衣做花，一天赚 20 元，越做越快。组织鼓乐队，现在锣鼓喤喤响。"

胡林本也说："有事叫一声就来，很热心。"

林贤银作两方面分析："人活跃，跳舞，敲锣；但其他工作看不出门道。"

江银荷感言："文重菊初中没毕业，与她接触数次，场面上没分量，年终总结没几句话可说。她开会回去要对老公讲，老公到外传，对班子成员说三道四。我提醒她，有些事不可以告诉老公，她不听，我就不再讲。与她谈心里话，当干部家务扔光，全靠男人支持。女人当干部比男人难，骨头要硬，让老公放心。

"她开小店，邻村杀猪的送肉，不称，我感到奇。杀猪的老婆找上门，文重菊老公说在楼上，等很久不下来，上楼看到他们站着做小动作，大骂连床也没有。一气之下离婚，到加拿大打工。

她讲老公一点功能也没有，经常吃闷酒。我开导，要体谅，他有糖尿病，家里的活干完。"

林季安也说："她不算美，有点气质，一位上面的干部到村，总是上楼与她商谈，丈夫走开。"

谈到"妇代会"选举，串访周长亮的妇女说："流动票箱到家，不是代表选，候选人不知怎样确定。"

问邱柏林，他告知妇女报名，女性普选。

（二）伴娘不用美人儿

田士本指出："村里一年吃用十万元，总的亏空五六十万元。杨立华报销15万元，文重菊不同意，要弄清账目，镇出面才报销。白成木也反对，他原是会计，后任报账员，被撤，百姓不肯。他资格老，直爽，办事认真，如果他没权，村班子会一边倒，现在仍管公章。

"我1984年任副村长，次年代村长，当过27年会计。杨立华2002年当村长，撤我老年协会成员职务，财务监督小组全换班，我是其中之一。那时'财监'小组候选人由村民代表选，他改为指定，举手表决，谁敢不举。"

邱柏林说："1.8万亩山，库区和旅游区有补偿，收入十分稳定，却亏损累累。我原是'财监'小组成员，除名不打招呼。"

胡林本也说："杨立华想一手抓，要撤掉白成木的报账员职务，我们小组长不同意。蚕桑合作社等于几人的事，股份两年没分红，下拨款不知。"

林贤银指出："蚕桑合作社已亏六万元。"

杨岳崇也用数据说话："合作社上有资助款，2005年五万元苗木补偿费，没发。

"2008年选举，文重菊与杨立华争论，说他支持邱林钱，他回答到时会知道。"

严德虎亮出观点："杨立华感情用事，钱可多给，也可少给。村搞绿化以及养护，交给他朋友，费用'两委'没讨论，文重菊不签字，照样支付。邱林钱与他穿一条裤子，不行，我的票转给文重菊。"

田士本说："杨立华想换人，叫邱林钱上。第一轮结束那天半夜，严德虎带文重菊上门，拉我的票。严德虎掌握的票主要在下半村。"

裘松延也持这种观点："上面拨下的钱一点不知，有人告。杨立华想拉邱林钱上，文重菊过硬。"

夫人插话："我这个自然村认可她，她来到我小店，在场的人说选她，牛奶弄点吃吃，她出钱买。她空车，我们几个妇女上车，人家议论，进我小店，给钱。还有传言，她给邱林钱嫂嫂100元钱，嫂嫂气死，自己弟弟竞选，怎能接受人家的东西。"

裘松延接话："我家七张票，有人讲我的自然村每票 100 元。"

胡林本说："她派兄弟来，发一包烟。"

江银荷点到要害："杨立华支持邱林钱，后来感到难控制，又托文重菊。他在第一轮选举结束后到我家，我说，上届与文重菊配合不好，再选她要出事。他充满信心，没什么可怕。我说，泥鳅翻浪不可能，搅浑可以，你能控制吗？他答没事。

"严德虎的票倒给她，没有发完的烟她拿去。核算选票不足，另外派人去买，100 元不够，200 元，200 元不够，300 元。"

（三）村长的钱大点

严德虎言谈爽直："我 30 年电工，接触面广，了解村民的心思。竞选村长好玩，但上马容易下马难。我跑三天，人家讲其他候选人早已到过。我得 200 票，文重菊略多。

"杨立华 2002 年竞选村长，我出大力，包下 80 票。2005 年当上书记，我竞选，帮我只是表面现象，我的个性太直。邱林钱来争取我，他办事不如文重菊，没帮他。"

田士本评论："严德虎是我朋友，能力一般，个性太强。"

江银荷说："他看看村里不满意，被人哄起，也想试试。叫我娘姨，想弄一下，希望投他一票。我说，牛轭套上，要上牛路。他答那总要的。"

周长亮告诉我："他人品不错，直炮筒。电工技术很好，但电管站招工轮不到，现在的事情搞不清，看看好笑，到处一样。他要我投票，我说好。"

林贤银的观点不同："百姓好感，与电工有关系。但能力不足，弄点票卖卖，聪明就在这里。"

严德虎住址接近中心村，上村的胡林本、杨岳崇都说接触不多，不了解。

邱林钱自陈："我养猪四五年，存栏 40 头，还有母猪，没发生过瘟疫。2007 的收入二三万元，2008 年也这样。还要开拖拉机，年收入两万元。在外跑跑，想引进企业，蚕桑的老行当不能致富。

"选举前两天，有人电话告诉我，杨立华为文重菊拉票，我简直不相信。我在电话中与杨立华争吵，当初他说凭实力，我讲如一边倒，不来争。第一轮，我得436票，差六票过半。废票36张，我只知数字，没有看到实票。

"她夜里放哨，跟踪，拦截我的人马。

"我对严德虎说，不管谁上，互相支持。他倒票，有人连夜打来电话，将选举当作生意，赚点钱，上届也这样。我或许能东山再起，他是泡烂污虫。

"老婆说下届千万别竞选，还是开拖拉机为好。我没有什么后悔，养猪，开拖拉机，没心事。"

邱柏林告知："邱林钱能力超过杨立华，杨立华的舅佬打招呼，'把你选上，不可抢杨立华的位置。'在位的，不喜欢强的上。"

林贤银陈述："邱林钱有人缘，能说能做，他上门，问他为什么要竞选，解释声誉好，儿子上大学，有好处。我反问，自己经营得不错，是不是村长的钱大些？"

胡林本指出："邱林钱聪明，上门发一包烟。"

田士本说："邱林钱派我的外甥女来，我说太迟，已答应给严德虎。"

周文元坦言："我帮邱林钱拉票，下村也去，拉得不少。第一轮还硬，第二轮他的票一二小时内逃掉，我这个自然村也逃。"

夫人插话："老的有经验，新的没有。"

他继续说："她派出二三十人，快得很，气死人。一选上，她们拍拍手欢呼，邱林钱像落汤鸡一样，我们拉不上，倒霉相。"

他进屋扫地，是送客的信号，我起身告别。

周长亮谈感受："邱林钱与我锯板数年，肯干。干部要从实际工作中发现，从组长、委员一步步上，他要一步登天，人家可能不选他。送烟给我，不收，哪能白拿。"

杨岳崇说："没当过组长，能力很难衡量。"

夫人插话："做人可以。"

裘松延夫人指出另一方面："邱林钱发烟，落选，恨别人。"

她谈话主动，裘松延有时封她的口。

（四）走向成功的二次押宝

2011年5月19日，登临江银荷家，再找田士本，他在地里干活，见我到，回家聊天。他推荐白成木，56 岁，报账员，本届村委委员。白成木在剥笋，边干边聊。

6 月 11 日，在县城找到田士本的女婿田阳生，53 岁，有村长经历，田士本极力推荐。

采访江银荷之前，我在公布栏下抄录文重菊的"三项承诺"：

（1）改善自来水供应。
（2）积极争取生态精品村的创建工作，力争三年内完成。
（3）建设好××水库主渠道浇筑工作，××水库脱险和主渠道工程、部分农户饮水工程、部分小组道路建设工作。

田士本启动话题："2011 年支部选举，推荐时文重菊第二高票，但在第二轮被淘汰。

"村亏一百多万元，一年吃 20 万元，村民怕两个正职一路，选她好点。杨立华帮邱林钱选村长，文重菊从拉票人汇报后推测，票数不够。4 月 9 日，选举的前一天，第二次下药，给每个小组一万元，在原送烟的基础上加一条烟，到我家讲加 100 元。当天晚上，杨立华派出支部委员和党员监视，宣传晚上不能'动'。"

白成木具体化："杨立华以为能控制党员、组长，结果十个组只有两个组长没有失控。"

江银荷获悉："文重菊每张选票 100 元，邱林钱香烟花五万元，他的一个铁杆中途帮她。"

白成木得知："邱林钱的三个邻居也没投他，原来帮的讲太小气。双方放哨，钱能送出。"

田士本又说："文重菊的人马有文娱活动分子、锣鼓队五人，跳舞的二十来人，拉票很有力。"

田阳生细说："今年清明回家，邻村朋友约我到饭店，文重菊已在，说是她请，不敢直接叫，要我助一臂之力。我直说她不够格，但没有更好的人选，答应帮她。岳父田士本有一批人，我打电话去，他说，上届承诺解决林权问题，但不了了之。我骂，哪里是她一人事，权不在她。邱林钱上，更糟，他生性软弱。

"问她还有什么困难，告诉有个自然村拿不下。我去，几桌人聚一聚，作点宣传，再派人去就搞定。"

"人家口头答应，怎么知道是真还是假？"我问。

"拉票人去，村民会讲给什么好处，讲定，选前就给，现在都这样。"

白成木总结："她第一任还可以，第二任没做事，修水库只加泥，不夯实，水泥砖贴面，已剥落。"

四 绍鱼村歪打正着的产儿

绍鱼村1400人，昔日乡政府所在地，撤乡后归并到方水镇，守望镇的东端。砖瓦厂的烟囱拔地而起，矛盾也渐次升级，村主任陷入三年的不自由，新一届他的夫人走马上任。一个案例，有断案的偏颇，也有对法律的敬若神明，目击者从遗憾到感奋。现实露出半张笑脸，村委选举摆脱外力的干扰，在自治的轨道上行驶，把我们带向未来，一个敬重民意的法治王国。

（一）艰难时刻另寻新欢

2011年1月11日，调查农民流动，偶遇绍鱼村村民陈松天，乘机探问村情，让人耳目一新。我的《村委选举调查》进入二次修改，决定增加该村，突出民主政治的大气。

3月10日，骑车两小时抵达绍鱼村，此行可以省略，前几年与村主任何加义夫人杨小英及其同伴接触多多，拥有成文的足够材料，但担忧听取一面之词，有必要微服潜行。村北出现保洁员，带我到老书记家，有幸他正面走来，因开会不能与我交谈，列出九人名单。

我直奔齐来朋家，却不在，媳妇找来。他79岁，身体羸弱，正职22年，2010年领取"定补"200元/月。谈话间，下届村主任候选人进屋，争取老干部支持。我问首选村务，他答通自来水。我回避，便于他与齐来朋交谈，当我返回时，他介绍新到的杨齐来，65岁，邀我到家长谈。齐来朋小媳妇邀我吃中饭，夫妇参与聊天，饭后继续听取杨齐来的谈话，请求开列名单，我按图索骥，先采访洪见静，他61岁。杨齐来提醒，洪见静曾向何加义借钱，何加义到南京，没有声响，洪见静有想法，他与我的交谈有所透露。向东行进，拜访66岁的陈泉涌。

3月11日，求访白盛木，79岁，曾任13年正职，领取"定补"60

元/月。转向田明生，他66岁，不在家，田中作业的一位妇女告知，他回家与我攀谈。下午，进见81岁的梁六水，有着八年正职经历，曾在砖瓦厂拍卖决议上署名。下一站齐绍平，52岁，组长，自称没能力的在家混日子。另一位48岁的组长金茂林住村中心，邻居金建生告知在邻村建房工地。我将目标移向他，他单身，衣着不净，二层房屋没粉刷，一番谈话后，找到金茂林。

关于何加义，齐来朋小媳妇说："村级砖瓦厂收入不知，森林、大礼堂被卖，老百姓意见大，要换人，选何加义当村长。"

杨齐来熟悉掌故："何加义当过兵，退役后担任生产队长，有魄力，比其他队搞得好。改革开放，到外经商，先富起来。村建砖瓦厂，向他借钱，3分息。村干部经营，亏损，改为承包，何加义等三人接手。三年后村贴出布告，标价180万元出售砖瓦厂，没有人响应，降为150万元，仍然没人报名，再到100万元，蒋湖原与邻村会计以120.1万元中标，何加义与妹夫119万元失去机会。"

以前村民提供的资料有《绍鱼村红砖厂转制拍卖决议》：

> 绍鱼村红砖厂原村办集体企业，始建于1994年，1995年3月正式投产，整个总投资124余万元（基本靠借入资金投资筹建），因近年宏观调控，银根紧缩，基建压缩，大气候影响，使红砖厂急剧滑坡，通过四年生产销售，至今厂负债150万元。上届曾经用大包干责任制，三年包干上交45万元，但通过负债及利息，包干上交还不能支付企业债务所发生的利息（银行借款33万元，占27%，社会借款部分73%）如果继续维持原来经营方式，红砖厂债务本金将难下降，村集体不但不能受益，而且尚需付息。

杨齐来继续说："合同原定15年，却私下改为25年。蒋湖原投标的目的，想要移进在邻村办的花线厂，暗中办成国有土地出让，建成厂房。承包田被无偿取土，抽水机埠被拆，村民一肚皮气，开始上访。"

村民在2000年致信省高级人民法院："我们村民在2000年起就向当时的村领导反映土地违法问题，拆除机埠问题等，得不到解决，在2000年8月5日开始，开党员、组长会议向镇委上访，8月8日去县土管局上访，反映非法在农田中批建厂房，9月12日又到县政府上访，给县长写信，村民又数十次打县长电话，有的还抵制上交农业税等等。"

白盛木说："可堆 35 万公斤的储备仓库、种子队房子，茶厂被卖，大家叹气，议论纷纷，这样下去，不光卖财产，人也要卖，讨饭没路。

"建造砖瓦厂，用砖 128 万块，村官进货，每块 0.20 元，转给建窑人 0.22 元。产品运出，半途变卖，却说干部可赚，他们为什么不可以。发货人看不下去，拒绝发砖。维持不下，改为承包，何加义等三人接手，他在南京经商，由娘舅代理。1998 年拍卖，何加义妹想经营，他出面竞标。那时何加义母亲有病，他在家照顾。原在村办纸厂跑业务，成为小老板，村民推选他。"

梁六水告诉我："2002 年，上届村长竞选，百姓讲村道没浇，他拉来水泥，但选举开始，来不及，何加义高票当选。"

洪见静告知："何加义赚钱走在前，村里财力数一数二，对前任不满，跳得最高，竞选村长。他活动，我出场帮助。"

村民 2005 年的上访信统计，何加义得票七百九十多张。

（二）刑事民意两张皮

杨齐来很健谈："何加义当上村长，要解决砖瓦厂事，开会，我们提意见。向镇汇报，反而说成素质差，眼红，搞文化大革命。应该深入调查引导，却戴高帽子。何加义不服，打电话给村里有影响力的人，称血狗喷头。他文化程度不高，用错词。

"我们继续向上反映，回来开组长会，大家起哄，要聘请律师，通过正当渠道，表达意见。到省上访，接待人说上访是正当权利，可提意见。上情下达，地方解释为个人恩怨，大家不服。省信访人员到镇，认定砖瓦厂不可无偿取土。村民听到省级官员来，前去围观，心情急躁，骂官官相护，拦住车，闹数小时，我们阻止，被骂烂好人，拍马屁。

"村民心血来潮，挖路，切断砖瓦厂的通道，闹大。县领导来，数百位村民站在桥边不让走，要求对话，领导没开车门，僵持二十多分钟，何加义与村委委员多次劝说才让开。

"厂主蒋湖原口口声声称上面有人，矛盾属于个人恩怨，告不倒他。过去'知青'下放，一位女性在他家搭饭，对象下放邻村，后来在省里工作。有这层关系，他母亲很轻飘，小菩萨不可填颜料，一填就无法无天。

"何加义儿子买来面包车，无证营运，'乘客'一阵电话后，公路管理人员拦车，发生肢体冲突。村民认为这种行为是'放鸽子'，报复，人家无证开七八年没事，他第八天就出事。三十多人赶去评理，有人拿钢筋，我夺下。那天下小雨，我入睡，电话来，在派出所有村民受伤，我问到公路管理所，为啥跑到派出所？又有电话告急，说三人被抓。我姐夫新买拖拉机，黑灯瞎火的晚上不想去，村民催我动员姐夫，我最后一车去，场面熄火，被抓的三人放出。

"事后了解，村民与'公管所'人员冲突，派出所人员到场，他们涌到派出所。厂主蒋湖原的帮手乘机制造混乱，村里的妇女指着骂他'贼骨头'，挨一拳。敬老院的单身老人不服，吃一刀。村民也有冷拳捅一下，用脚绊一下。

"何加义被拘留，2005 年 3 月 28 日开庭，我在场，他不如其他人强硬，口气要和好。律师让我看审查笔录，前两次讲得不错，第三次却说有私心。"

开庭结束已是晚上 8 点半，数百名村民下跪，我录下这一场景。4 月 1 日宣判，以聚众冲击国家机关罪量刑五年。当天，又有数百名村民等候在法院外，我以镜头见证。

一个半月后的 5 月 15 日，村换届选举，县选举委员会规定，服刑人员不可作为候选人，但选中也认可。何加义得 980 票，83% 的选民投向他。

杨齐来说："流动票箱，每只都有一位镇干部压阵，睁一眼闭一眼，也没办法，没想到他会得高票。

"我得 800 票，另一人 700 票，当选为村委委员。何加义不能行使职权，镇要我代理，我不受。三个支部委员、两个村委委员、四个代表九人无记名投票，我得九票，填补村长空缺。

"村民带着钱，常去探望何加义，没脱一个月。"

田明生指出："大家议论，何加义不为砖瓦厂不会出事，要选他，不在，村委可代理。"

齐绍平有同感："人有感情，心里有杆秤，没人敢竞争。"

陈松天代表另类："村民房子失火，向蒋湖原募捐，他回答去找村长；村浇路，他却将水泥送到外村。我属于中间派，看不下，倒向何加义。

"村民去掀蒋湖原的瓦片，守门人嘴硬，称老子。一个 80 岁的老太婆叫儿子去打，逼他跪下。警车来，老人拦在门口，一定要守门人承认自己倒地，才放行。"

齐来朋儿子发出不同的声音："我与蒋湖原朋友关系，与何加义也不错，堆石阻止砖瓦厂通行，我不去，被骂成叛徒。何加义投标没中，报复。但入狱我去看望，是私人关系，不是支持他。"

梁六水反映："温州老板想包厂三年，90 万元，何加义提出村民优先，没人出面，他讲了算，30 万元。1998 年拍卖，他没中标，不满，叫我作证，蒋湖原以前宣传，投标最多 80 万元。我认为做生意，不会没手段。风声由蒋湖原连襟放出，不是他本人。"

"村民认为何加义正确，我们对选举没资格策划。"

洪见静直言："镇里讲，他没资格，选上没用，到我家二三次。我认为，他没有选举权，选上可不当，我投他。"

（三）夫人是个符号

杨齐来说："2008 年面临新一轮选举，镇里来人，宣传选何加义没用，百姓不管，照样要选他，态度坚决。县司法部门召集村'两委'以及何加义老婆杨小英，一个个谈话，强调如果选他，不减刑。选他不现实，征求意见，他儿子怎样？儿子老实，大姑娘一样，吃不消。又问他老婆行不行？她不接受，村民肯定要选何加义，我做工作，她转变态度。老干部、村民不同意由杨小英替代，我说，与上面劈硬板，不行，选上杨小英，照样可以出气。何加义出来帮一下，下届还能上。1100 位选民，她得八百多票。"

白盛木说："我不知杨小英竞选，没投她。"

陈泉涌知情："她没报名，村民要报恩，还情。杨功报名，竞选为蒋湖原，只得二三百票。杨功父亲老村长，买村电站，暗箱操作。他叔叔多年正职，有股势力，拉票很厉害。他四十多岁，原做被面生意，买电站后回来。到我家，我劝他别争，家族负面影响太大。"

田明生代表多数人意见："何加义为集体而吃亏，家庭损失很大，选杨小英是政治上不会忘记，安慰他。"

金建生有独到的细节："村里有几个小英，不共姓，杨小英到我家，发纸头，印有姓名，吩咐别写错。投票时，我叫人代写。

"杨功没有到我家，大家议论，他叔叔卖茶厂，叔侄都要为自己着想。"

关于政绩，齐来朋大媳妇说："村浇一个水池，向上化来八万元，用于做埂，村民的吃水没有解决。"

小媳妇接话："打井，化粪池、制笋干的咸水渗入，我们吃的水到别人家拎来。有两户从水库接水，村民分接，要交 3000 元，天旱，下面的缺水，太阳能用水上不去。

"黄牛坞水库大，水好，传言 100 万元转让，分年付，每年两万元，时间 60 年，那时我儿子也 75 岁。村民议论，2011 年改选，谁不卖黄牛坞就选谁。"

白盛木说："合同五人签名，其中两名镇干部，杨小英因父生病在外地，没有签名。讨论开发时，给组长发雨伞，仍有几个不同意。村民贴红榜'大字报'，批评镇干部一手遮天。

"杨小英及另一位委员没有签名，来我家，我说走群众路线，开村民大会，他们讲驻村干部不同意，村长不签名那人照样去做，砖瓦厂地改田就这样。"

田明生指出："我参加四次讨论会，合同已签，大多数人不同意，又作修改。"

身为组长的齐绍平最有发言权："第一次开会，讲开发，发展旅游业，我们签名同意。后来看到买卖合同，500 多亩山，卖草也不止 100 万元，我们反对，又开组长会，多次，修改后的合同，还是不对，再签名，我有事外出，没到场。"

金茂林组长也这样："全村 23 个组长，对合同意见大，再讨论，对修改的合同，大多数签名，我不签，村民要求开大会表决。"

涉及能力，洪见静说："她不会说话，与政府配合不够，没工程，没款子，'新农村'改造没到位，水利维修没动静，人家小小的塘也开发，我村变化最小。她这届浇水泥路，建花园，小搞搞，能力有限，再选上不去。"

金建生也这样认为："很多人讲夫妇村长多年，没办啥事，2011 年杨小英选不上。"

何加义也彼一时此一时，杨齐来说："他不提同时进去的人，只提自己，他们也反感。以前常找我，卖山后几个月不打电话给我，自作主张。

"黄牛坞老板他引进，卖山合同他代村长签名，有些老百姓讲，不是村长，没有资格签名。一直帮他的人气急，直指是他的责任，三年班房白坐。"

陈松天总结："他原来跳，现在不跳，换届不会再选他。"

6月15日，拨通杨齐来的手机，传来他的声音："选举前两个月，夫妇俩到轻纺城帮儿子做生意，选举也没有回来。村民注意力转移，县城经商的人当选村长。"

五　日出村章法的零效用

草川镇木池村以北三公里为日出村，东连郭家村，西接商家村，南邻陈岗村，四村合并，以居中的日出村命名。选场上的女性，不亚于男性的勇武，求胜的激情如火，工作人员稍有闪失，局面急转直下。村委选举的规则少有瑕疵，舍弃而不用必遭反弹，咎由自取。习惯养成随意性，有法不依增添乱象，方向感迷失在被动式里。有能力制订规则，不应没有勇气信守规则。

（一）敲击神经末梢的两位数

2009年4月27日，骑车出门，拖车翻山，历时两小时，到达日出村，见一位四十多岁的男子，交谈的请求被拒绝。西行，81岁的兰延寿在挖地，见我走近，拄着锄柄与我交谈。此时一位中年妇女路过，他问女干部名字，她下地共聊，介绍日出村720人，商家村810人。兰延寿推荐郭心定，73岁，13年正职，客气地招待中饭，提到核定正职时少一年，影响"定补"。他介绍商家村的杨季水，63岁，当过四年大队长和书记，恰好在家。一番谈话后想找组长，连走三家都扑空，见一位老人坐在门口，问其他组长姓名，反问目的，我解释，他讲也能说清。问他事情的原委，答不上，却愿意领我到小店见金邦贵，夫人不同意，认为人多口杂，不如叫过来。金邦贵40开外，邀我到他家畅谈。

4月28日，再次拜访金邦贵后，折回日出村，找到田川娥的先生，却拒绝采访。转向坞内拜见62岁的文山水。向南抵达陈岗村，向80岁的万邦水问路，他在扎扫帚，也聊几句。最后拜访78岁的文本贵，老干部，不在家，夫人找回。

4月30日，第二次登临商家村方健力家，他78岁，老干部。向北，拜访56岁的方诚上，知我前一天上门，大方地与我交谈。他说我调查不起什么作用，但仍招待中饭，饭后继续原话题。返回，郭华方的大门紧闭，但屋后有挖地声，判断是他，不出所料，这位 59 岁的老村长把我迎进屋，展开一番长谈。

兰延寿说："日出村一位妇女当选委员，上届不是干部。"

中年妇女补充："那人叫汪月玉，竞争对手是她老公的姑妈田川娥，多年的妇女主任。老的得罪人，年轻的关系好，当上干部出风头。"

方健力评论："汪月玉走近男人，爱好麻将，田川娥为人不错。"

文山水说："汪月玉住在田川娥附近，家里养猪是老公的事，她空闲。"

郭心定深入一步："养猪近四年，行情不理想。夫家四兄弟，娘家在商家村，陈岗村有亲戚，原打算竞选妇女主任。田川娥指出投票有问题，争吵，深更半夜重选，商家村反感，干部也一样，票投给汪月玉。"

杨季水谈见闻："田川娥阻止开票箱，镇抽调人马重选，派出所人员到场，一夜到天亮。实际上多投票的人倾向她，她担心选不上。重选大家吃苦，百姓发火，起反作用。我这么大没有见过。"

金邦贵说："夜里投票，百姓扔掉选票，让组织的人去填写。"

方诚上细说："田川娥听到有人投十多张票，叫我老婆作证，她是我老婆亲戚。我握有 11 张票，父母、弟弟、姐姐的票给我，我打麻将，老婆去投，又给三张。出事后，他们决定夜里 9 点选举，我们打电话问上级，回答不可以，后来改变说法，紧急情况下可以，我们强烈要求第二天白天选举，镇主持人指着我的鼻子说，不选弃权。我回家已两点，他们叫门，催我起床投票，我不去理睬。第二天去写票，不同意。上访，没有答复，我们更起劲。

"我们上门调查，多写票的、不同意夜里选举的按手印。干部的近亲开织布机，很累，需要休息，夜里敲门感到厌烦，也按。干部责怪我们多事，我吃自己的饭，他们做的事叫人不舒服。

"镇主持人打压，想不到我们这样跳，只好请客，私下道歉，还派朋友金狗狗来说情，天天要见面，省点事，大家算了。我与郭华方退出，金邦贵一人再弄也没意思。"

郭华方补充："我投 11 张票，弟弟、妹妹的交给我。有个弟弟在 60 公里外种菜，汪月玉开车去取票。在剃头店听到田川娥不服，阻止开票箱。选举委员会决定夜间选举，方诚上与主持人争论，主持人说话有点过分，我抱不平，站出来，逐户调查，弄清投几张票、多少人投票，反映到镇与县。"

（二）土秀才心血来潮的奏折

金邦贵在这次选举中扮演重要角色，问及田川娥事，他未作解释，交给我三人合署的上访信。

草川镇日出村村民委员会选举纪实

村民委员会选举工作已在 4 月 29 日全部结束，本届选举宗旨是"自荐报名，竞职演讲"的民主阳光政策，是我县选举史上的新创举，深得民心，然而百姓却还是失望和寒心。

处在公平、公正、公开的合法氛围中的草川镇日出村却发生一起选举工作人员参与指使和操纵他人选举，玩忽职守，违背组织原则非法选举的重大恶性案例。

4 月 25 日在法定时间上午 8 点到下午 2 点，第一轮选举投票在商家村、日出村、郭家村、陈岗村四个固定选举场有序展开，1859 名选民行使着自己神圣的权利，时约下午 6 点新选村主任产生，两名村委委员未过半数，有待次日第二轮差额选举。26 日同时在原选场按第一轮各项合法手续进行，就在紧张投票的运作中，发现选举工作人员非法违规操作，故意松懈验票手续，免检合法委托票，超投法定限额选票和收票、代投、多投行为，违规举动顿时传开，引起候选人田川娥的检举，并有两名选民当场作证，每人各投 11 张。当即请示选举委员会和镇党委严禁开箱，暂不得擅自唱票。随后镇干部王炎立、郭松鹤来到选举现场，传候选人田川娥上楼谈话，王某以威吓的言语向田川娥施加压力，要证人去派出所作备案笔录。证人认为王某无权指责传唤，要求现场由政府领导记录。王某不同意，无奈之下以有事为由，当即离开事发现场，激起广大选民的公愤。本村当过数十年的老支书方健力也亲自到现场为百姓申诉，指责选举委员会的非法行径，怒斥幕后指使者目无国法，严重违纪的恶劣行为。时延 9 时许，双方一起协商无结果。

令人费解的是村选举委员会主任郭金方，不顾群众的反对，也没有给群众一个满意的交代，指使委员会其他成员自制四只简易纸票箱，马上黑夜敲门，强行要求选民起床投票，并大肆叫道，"选民必须在凌晨 1 点前投票，如有违抗视为弃权，是否投票对我无关……"顿时激起现场所有选民的不平，强烈要求违法选举停止运作。然而在镇干部默许和派出所人员的壮胆下，郭金方更是胆大妄为，一场强权操纵违背民心的违规选举又开始了。百姓无奈，有的被逼顺从，有的弃权抗议，直到次日凌晨 4 点许才结束。

事发后，选民金邦贵、方诚上、郭华方三人为我村 659 名选民讨回公道，走访商家村各小组选民，大家一致公认"4·26"事件是不合法的，对村选举委员会的做法公然不满。该村 659 名选民有 500 多名自愿为不合法选举按上自己的手印作证（其余选民走访时不在家），印证率达到 90% 以上，示威、抗议、弃权选民 116 人。经过查证获悉，当晚强制投票的、一人多投、选举人跟踪参与的、未合法选举权少年提票箱的、免检选民证和委托票的违法行为等等不胜列举。当晚 3 点婴哭狗狂，严重扰乱百姓的安宁，侵犯他人的隐私权，"4·26"选举事件无人不愤。

为了规范村民委员会选举工作，保障村民依法行使民主权利，根据《村民委员会组织法》，结合《省村民委员会选举办法》第 20 条，每一位选民接受的委托票不得超过三人；第 28 条，五分之一以上选民联名可以要求罢免村民委员会成员，本届日出村第二轮村委员选举应无效，另行选举，对于镇人民政府工作人员和直接参与指使干部应责令处分。

信后附有《选民登记表》14 页，分别标出未选、一人多投等内容，调查过的村民按有手印。

（三）谁的门大向谁开

9 月 19 日，从木池村折入商家村，直接找汪季英，没有在家，一位老人推测在杨兴夏家，亲自带我去。大门紧闭，老人不知所措，我呼喊，杨兴夏从楼上的窗户探出头，似乎在午睡，告知她不在这里。电话联系，汪季英回答在外村看望病人，约定在县城见，又一次阴差阳错。听口气，为人爽朗，更激起采访的冲动。

9 月 30 日，按照前一天的电话预约，我骑车上路，冲风冒雨，到达她家。她 40 岁左右，一身睡衣，更换后正式接待来客。

郭华方谈论当选委员杨兴夏，自然牵出女朋友汪季英："杨兴夏已离婚，女儿长大成人，不同意再娶。"

方诚上说："汪季英竞选，得票最高，没有安排当妇女主任，人家说到县政府上访不归，我村一位女政协委员劝说，才听从。"

见到汪季英时，我提问竞选的基础，她回答："这里家庭织机很多，我姑娘时当纺织工，结婚后开牵经车，四个村的人都认识。现在入股，一百多职工，老公去，我不太忙。家境还好，与人相处不错，多少人理我与不理，心中有数。

"先选村委委员，尝试一下，上门拉票，不用烟，最多几颗糖，获得334 票。汪月玉多 30 票，她在两个村各委派十人拉票，付出不少代价，我单枪匹马。

"四村合并时，陈岗村的苏月花代理妇女主任。新一届'妇代会'候选人由 32 个妇女代表推荐，代表由妇女选举产生，我也是其中之一，先去活动一下。日出村上届妇女主任住山湾内，八十多岁的父母需要照顾。我老公与她是同学，送她 300 元，如不在选举时会更多。

"七个候选人要淘汰两个，我得 27 票，郭家村老妇女主任 22 票第二名，苏月花 20 票并列第三名，她当妇女主任。我想不通，到镇三天，没有得到满意的解释，却看到文件，规定妇女主任高中文化，45 岁以下，苏月花已 49 岁。再问，无话可说，劝我回家。后来了解，有个村年龄超一个月不能上，另一个超过却能上。

"'妇联'干部找我谈，主任可任命，不必高票，下届有机会。但文件上没有讲可指定，谁的门大向谁开。当干部也辛苦，算了，不任命没意思。下次不去竞选，讨厌，吃力，要么竞选村长。

"你的调查没用，不如去了解路怎么修，里面漏洞很大。"

2011 年 6 月 24 日，再次登门，她说："今年'妇代会'选举速战速决，上午 9—11 点'两委'开会，郭金方心目中的人选得到确认，报送镇。下午流动票箱到户，每组选出两名妇女代表，5 点唱票结束，6 点代表到场选举，五选三。真奇怪，一个小时内，代表能及时赶到，能走的都在外打工，路远的根本赶不到，一定事先已拉好票，我被蒙在鼓里。组长老婆往往当选代表，郭金方放心些。

如果到第二天选举，肯定要翻掉，我从内部得到消息，与五个代表碰头，得到十票。我是上届委员，不安排候选人，另一人也一样，只有苏月花是，她已经 52 岁，我们更年轻，放上候选人，她轮不到。她容颜不错，与郭金方关系密切；另一位委员在附近打工，郭金方的老关系户；还有一位在邻县经商，长相漂亮，郭金方上届就动员竞选。"

（四）拿不到的也不放过

2009 年 10 月 4 日，电话联系李邦川，汪季英告诉小名东东，我这样呼他，他感到意外。他 41 岁，夜里到我的住所谈论。

金邦贵指出："日出村 2005 届的村长被邀到饭店，吃拳头，他老婆发誓竞选就离婚。夫妻承包水库养鱼，怕遭人暗算。"

文本贵直言："万大安下手，那人要告，或者叫人报复，万大安厚礼安抚，那人反而为他拉票。"

金邦贵道出另一内幕："我想竞选村长，万大安夜里上门，劝我竞选委员，下届拉下书记，我有机会。我不同意，他说一定要竞选，看着办。第二夜金狗狗又来，他是'十三太保'老大，他们在水库喝血酒。金狗狗的老婆是这里人，他人头熟，带着万大安挨家挨户跑。我让步，已印好村长竞选演讲材料，改为委员要重印。"

郭华方指出："镇干部称金狗狗为班长。"

李邦川自陈："我父亲是老书记，讲话有分量，挑选新书记时，他倾向万大安。上任后与我这个村长配合很好，开会同一车，财务他没到我签字，我没到他签字。2008 年选村长他催促我上，会帮我，金狗狗哄他上，选前两个月活动。"

万邦水说："万大安当过兵，结人缘，朋友多。住县城，不晓得做啥行当，问他不肯讲实话。他叫我外公。"

文本贵说法相同："万大安不到 40 岁，大方。陈岗村只有 260 人，70% 的姓万，投他。他娘舅姓田，儿子全村最富，日出村姓田的多，能拉动选票。"

郭心定说："万大安承包农田水利方面的工程，有魄力，高压线碰到房子要拆，他争取更多的赔偿。日出村他没有亲戚，排起来叫我舅公，到我家，仅递一支烟。我跑一次，到老年中拉一二张票，年轻的不会听，后来想想犯不着。"

文山水说："万大安有一帮人拉票，十人为首，向下分任务，到处跑，听说请客三四万元。他多次到我家。"

方健力分析："商家村水库移民四百多人，大多姓郭，一动就不得了。"

方诚上最细腻："日出村安银木竞选村长，他是我小舅舅，我帮他，商家村方姓是大族，势力大。他突然退出，金狗狗赶到我家，万大安也来，要我帮他。他父亲年龄与我相近，有交情。安银木大户人家，女婿帮李邦川，我去两次，力度大，拉得多。他告诉李邦川，我出场，他拿不定。

"李邦川拿500元钱去看望我婶婶的姐夫，我说动婶婶，她去倒来，日出村这条坞倒来不少。

"方健力受李邦川拜托在商家村拉票，他是我叔叔，大儿子被我争取过来。小儿子给一包烟，路上碰到，再给两包'利群'烟，他说还是万大安能干，决定选票。我只留方健力一人，让他自由投票。

"有一人与我一起干活，他讲我不能算数，必须万大安上门，我陪他去，抽几支烟，搞定。

"有一户家境贫穷，四个儿子，大儿子与我友好，但不一定听我，只听最亲近的朋友。估计拿不下这份人家，我与万大安仍然上门争取。

"有一天，刚到郭家村远亲家里，李邦川已在，问我是否拉票，不然主人的票投给他。主人答应他，实际上照我的办。"

"候选人一票票计算，你如何确定'铁票'？"我问。

"举个例子，到亲戚家，她说投谁都一样，第二次说钱拿来就投。第三次陪万大安去，给一包'中华'烟，她笑笑。第四次路上碰到，我催她要确定，她点头同意。

"我一票票核定，料定万大安十拿九稳，唱票一半我就回家。

"拉票人是关键，没人要看的，拉不到人。"

他得意地将话锋一转："李邦川托电工杨兴夏拉票，被金狗狗的车队控制住。"

金邦贵说："万大安八辆轿车，路路控制，怕书记郭金方为李邦川拉票，另派人缠住他，打手机必须能听到。路心村人说，多亏这批'社会活动家'拉过去，不然杨宏当不上村长。"

文本贵指出："万大安从县城过来，金狗狗在他下面，县城来一批人，轿车奔来奔去，两夜拉光。"

与李邦川同来的朋友说："万大安的人写票后不走，盯住其他人写票。"

郭华方扩大话题："万大安上任后，我打电话去，搁掉。我将此事告诉金狗狗，他了解后转告，没听出我的声音。现在不见人，金狗狗说要辞职。"

汪季英说："他停职一年，绿化的决策没通过他，郭金方的权力过大。"

李邦川告知："刚上台就不管村务，辞职，镇已签字，上面不肯，辞不了。平时不赌，现在到澳门'放炮子'。"

我恍然大悟，曾打电话给他，在县城，但有事不能接待。第二次听到粤语，莫名其妙，原来如此。

（五）哥儿也不靠谱

万邦水说："我老婆姓李，李邦川叫我姨公。他老婆在县城开网吧，他在村里办拉丝厂，已七八年，二十来个工人。他夜到县城，白天回村。"

文本贵说："李邦川手不长，不会捞。"

与李邦川交谈时，同来的朋友插话："老百姓要推出厉害的人，可以顶郭金方。"

李邦川接话："万大安宣传我老实，自己能干。吓唬我的帮手，要斩手。最后我少140票。"

他的朋友继续说："万大安与田川娥联手，我组逃掉30张票。安银木有影响力，是李邦川的好朋友，讲定谁有能力谁上，后来倒向万大安。金狗狗拉他姨夫投万大安，姨夫却投李邦川，二人争，摔杯子。商家村人讲，选万大安不必干活。反对郭金方的人，票投给万大安。"

文山水比较："李邦川老实点，拉票的人不如万大安多。"

方健力指出："送东西不如万大安，日出村人明帮李邦川，暗地里戳，屁股后捅。那里有他最贴心的朋友，想不到会反叛。"

金邦贵说："李邦川的弟弟与郭金方的妹妹谈恋爱，选举前分手，不然，姓郭的票给他，结果将会不一样。"

郭华方评论："李邦川方法不对，我村委托三个人，钱扔给他们。后来我对他说，'你死人，来也不来。'万大安不是这样，亲自上门缠，慢慢谈，一人一包烟，控制的范围大。他与我儿子同学，到我家，一定要我帮他。我与李邦川关系很好，村长开会时睡在一起，我们夫妇的票给他，儿子的票给万大安。

"唱票结束，他到日出村，晕倒，要见我叔叔的儿子，我用摩托车带去，没见到，他已前往县城医院。"

郭心定也谈这方面的内容："李邦川想依靠日出村的家族力量，落选后讨回送出的两条香烟，村民这样讲。"

陈岗村的文本贵也谈到此事，三村说法一致。

（六）电老虎的熟人社会

方诚上有点不平："小娘舅安银木在省城做木头生意，已十年，两个儿子也在那里。日出村没人竞选村长，安银木不服，跳出来试试，我们活动。临近选举时他退出，改选委员，谁会帮他，自找没趣。委员票我们早已答应给别人，哪能说了话不算数！"

金邦贵说："安银木报名太迟，演讲已结束，委员得票最少，向我道歉，拉散我的选票，发誓两个儿子以后不准参选。

"我没请客，只发简历。选前半个月，张贴宣传品，呼吁有素质的人出来竞选，文笔还可以。第二次又张贴，希望健康选举。镇干部赶来，制止发传单，我骂他，帮郭金方。郭金方扬言，宁可出几万元钱也不让我上。

"我退出村长竞选，参加第二轮的委员选举，却被取消资格，问郭金方，他要我去问选举委员会。村选举办法规定，村长候选人可改选委员，日出村还贴着，我骑摩托车去看，一点不错。组长打电话来，我反问，他们说糊涂话，认为不会这样细。

"李邦川开支七八万元，晕倒了，我赶去，已送医院。郭金方要他改选委员，挤我。李邦川来电话，竞选委员，有失面子，不如放弃。排来排去，我会上，但本村的选票还是比其他村多，主要是姓方的票被拉走。"

"一位平民，没有知名度，怎能竞选？"我问。

"我在各村打年糕，认识的人多。"

"你有什么富民措施？"

"我为上海加工吉祥物，40 元/天，可以介绍给村民。圆珠笔加工基地，供不应求，我村打麻将的多，要扭转风气。"

杨兴夏竞选委员，杨季水说："日出村徐松茂，上届的书记，接到电话，骂他骨头胀，没事找事。不知谁打电话，从此不敢提竞选。"

金邦贵点破话题："杨兴夏吓唬徐松茂，怕他出场，分散选票。"

方诚上谈原因："徐松茂女儿开织机，怕电被控制。"

方健力谈底细："杨兴夏原是最困难的人家，茅草房倒塌，我安排一间教室，'知青'上调，让他买点。当上电工，我村织机二三百台，不经过电表，偷二三夜电不得了。现在房子八十多万元，与郭金方弟弟造在一起，占田 10 亩。

"过去造田，将溪移到山边，增加耕地二三亩。用三个冬天完成，夜里进行，喇叭哇哇叫，男女老少都去，不计工分。储备粮十多万公斤，造两只仓库，戏台下也是积谷。陈岗村分不到口粮，上级指令我村多交公粮，我不交，坐牢就坐牢。"

他指着对面的房子说："世道变了，粮田成为人家的院子。杨兴夏整只猪送电管站，电管站来人，杀狗招待。要你一家富，还不容易！派人拉票，送'中华'烟。只有我木头菩萨，白白投票，没有进账。"

郭华方说："他向上送草猪肉，去年我舅舅的两只他买去，还有家鸡。他偷电，被电触，身体发黑，反而说成是电瓶起火，排气管烫伤，要村报销医疗费。我不服，多次到县'纪检委'，他被关押两个月。这时，我弟弟出事，手指被咬，我陪到公安局评残。在公安局遇到熟人，熟人告诉他以为我弄他，把年老的父母放到我家，要挟。

"当电工，四个村电费他收，接触人多。选举时人托人，当选委员。"

文山水感叹："没技术、没文化，仅仅管电，造百万元的房子，叫人呆掉。"

（七）送不走的老戏

汪季英的第二次谈话，提起 2011 年选举："李邦川竞选村长，郭金方全力帮助。郭金方的侄媳也是老关系，开棋牌室，一个小混混常去，派此人去买票。有位村民两张票得到 100 元，打电话给村长竞选人杨兴夏，说他没有希望，李邦川到处买票。

"杨兴夏边接电话边录音，阻止唱票，时间在下午 3 点。他与证人召到派出所，5 点 40 才接待，这时听到郭金方用手机对话，说唱票已差不多了。村民认为有纠纷就不应唱票，开始闹，他们匆匆忙忙唱票，晚上8点结束。第二天张贴布告，李邦川当选。

"李邦川是我姐夫的弟弟，已换了一个人，烧掉拉丝厂，套取保险赔偿，改行'放炮子'。

"接受钱的村民说，三人竞选，肯定会进入第二轮，第一轮投他，第二轮按自己的意愿投，想不到一轮就结束。"

她联系金邦贵，他从竹地返回，她说："你参选，与杨兴夏争选票，不过反而让杨兴夏省点钱，如果两人竞选，肯定要花钱。"

他接话："我外甥是春溪村黄根树儿子，混混班子的头头，关进，同行保出。他要我退选委员，我不肯，他率队进村，30辆车冲来冲去，见门牌号码进屋，事先请亲友、同学打个电话。主人问出多少钱，双方谈定。他们放出风声，我250票，杨兴夏360票，结果不出30票。

"近亲郭华方经常来坐，选举却不来，他儿子也是社会上混的，委托叔叔投票，如选我，他娘可以回来。人家讲，你看，自己人都不投，还差他几张。我知道没戏，再也不见人就分一支烟。"

"到镇，"他播放手机录音，"领导说要调查，需要时间。他钻进小车走，我们不见调查，也没有回复。到'纪检委'，领导的娘舅带去，回答至少三个证人，李邦川本人必须承认贿选。找证人容易，李邦川自己承认不可能。第二次到'纪检委'，找以前接触过的领导，他说，上任后有问题可指出，名声不好下届选不上。我接音，选时是对手，选后是朋友，不能没完没了。"

汪季英插话："到户买票的，过好几天才叫去，已经有对策，咬定自己出钱，与李邦川没关系。这个买票的是单身汉，混的，哪有钱买，法律是这样的！"

谈话间不时敲击桌子，提高嗓音。

六 安民村时间化育的峰谷差

虹溪乡的一个合并村庄，呈"丁"字形分布，贺家村在横线上，前安村在竖线上，向内延伸是后安村。村委女委员、妇女主任人选不一，多一份支出成本，多一个空间让实权人物安排意中人，多一次火拼，质疑声此起彼伏。老规则定为兼职，新政不如回归。回归很脸熟，合作医疗回归，土地家庭经营回归，企业私有化回归，现实又一次呼唤回归。

（一）捧冬瓜上树

2009 年 8 月 14 日下午，在前安村采访徐江平，他 43 岁，刚从外省开车回来，以言相待。向西，转入贺家村，拜访 64 岁的田乐安，他开办家庭养鸡场。随后求访 68 岁的余柏新，他推测何璧珍已下班，我冒雨赶去，她在切肉，放下手中的活与我聊。

8 月 15 日，拜访贺家村 78 岁的老干部田有贵。步入田有贵家之前，将自行车放在遮雨处，见到 45 岁的江前平，脸上露出善意的微笑，印入我的心底。对田有贵的采访结束，马上登临他家，仍然笑容可掬。向北，求见 60 岁的于富水，他是司炉，刚下班，躺在椅子上谈话。

8 月 16 日，在北面的虹溪村调查，顺便采访贺家村的田荣善，他 46 岁，经营饭店。

2011 年 4 月 30 日，进纸厂采访何璧珍，她将纸筒正位后坐下与我聊，纸筒有点小问题，我不能再耽搁，怕出事。

5 月 10 日，专访田荣善，纠结前年的账目，再次请教。

徐江平介绍："何璧珍，贺家村上届妇女主任，在 2008 年的委员选举中第一轮顺利通过，书记余光明说，进村委不一定能当妇女主任。"

夫人插话："过去妇女干部由所有妇女选，现在村干部叫亲友当代表，由代表选，听说余光明的老婆得票最高。"

何璧珍自述："我 40 岁，高中生，2000 年担任妇女主任，2008 年竞选村委委员，1800 位选民，我得票超过 980 张。

"贺家村六个小组，前安村三个，后安村十个，参加'妇代会'选举的共 26 个代表，由余光明他们指定，从四个候选人中产生三人，各村分配一个名额。余光明老婆 20 票，后安村妇女 16 票，贺家村蒋花 15 票，我八票，主任定给蒋花。"

"候选人谁定？"我问。

"不知道，余光明通知我开会，到场选票上的名单早已印好。蒋花也竞选村委委员，村里传言，她上不了就上妇女主任。过去先选妇女主任，然后选村委，兼职是大家的共识，现在却要多设岗位。"

田有贵有点困惑："蒋花村委委员落选，却当妇女主任，大家议论，她相貌平平，是不是因为文化高，没人说得清。"

江前平说："蒋花没接触过，现在干啥不晓得，听说在毛里求斯留学，那是个很穷的国家。她父亲养猪大户，与一个姓薛的交朋友，余光明是薛的外甥，要推蒋花上。"

于富水获悉："蒋花本国大学考不上，到国外去读，老公办电缆厂。委员选不上，怎能当主任，会上没宣布过，大家说是余光明想她上。"

余柏新指出："她在阿联酋留学，那边的小伙子在这里待数年，她自己搞网络销售。父亲原养猪，后来养鸡，两万只。过去不上路，母亲实惠，我在《中国农民报》宣传过。"

田荣善告诉我："她在外贸公司呆过，现在做网络生意，老公加工电缆，生意不错。"

夫人插话："听说在泰国留学。我是妇女代表，不去投票就知道蒋花要上，到投票现场，一看更明显。"

田荣善接过话题："选女的当村委委员，就是要当妇女主任。"

据老剧村的老书记占立炎回忆："原规矩先选村委，后选'妇代会'，村委委员一定进入'妇代会'，节约开支。1985年以后改为代表选，不会出现村委委员在选'妇代会'时不得高票的怪现象。"

2011年又一次换届，何璧珍说："蒋花申报村委委员，女性仅一人，得三百多票，我一百多票。我已担任支部委员，是老书记推荐我作候选人，第二轮村委选举我不想参加，让她上。余光明说不行，她等额选举上不了，再选出洋相。我退出选举委员会，竞选村委委员，得700票，又当选。"

"'妇代会'在4月28日选举，参选代表是村民代表中的女性。候选人由'两委'定，我上班没去开会，他们确定三个村各一人，等额。后安村是上届妇女主任，前安村是余光明老婆，贺家村是我。我得票最少。蒋花做外贸生意，没时间管村里的事，不参加'妇代会'选举。"

田荣善分析："余光明捧蒋花，因她父母都是党员，支部选举有利自己。"

（二）无文化苦胆大

2009年8月13日，深入后安村，到达柳炎木家，他手执竹竿，正准备去拦鸡，见我上门，优待客人。他62岁，正职五届，向我介绍人口：后安村1290人，前安村490人，贺家村810人。他推荐68岁的童有木，在家修理电子钟，与我深谈。再找柳炎木推荐的童大公，他81岁，在午睡，仍起床接待。返回，拜访62岁的老主任万松柏。继续返回，在童再胜门前止步，他62岁，老会计，正在门口打瞌睡，应我所请展开话题。童再胜领我到钱生木家，不在，电话联系后赶回，他47岁，当过村长。万松柏提到童平岗，65岁，在前安村纸厂上班，恰逢偷闲时刻，可以一聊。

　　8月14日，在前安村东端采访65岁的张泉木，坐在门前的走廊上听他说。他介绍57岁的余乾坤，正在调试机器，停下聊天。余乾坤推荐一人，在求访的路上遇见余森旺夫人，领我上门，主人不在，她回到家与我聊一通。

　　童有木告知："上届村长、书记童兴平，纸厂老板，村建老年活动室，要东西到他厂拿。修自来水池，他送水泥。"

　　万松柏也说："童兴平气量还大，村民交不出的合作医疗费，他补贴。当干部时村民问他厂里缺钱不，自愿借给他。"

　　童再胜谈另一方面："有位村民，当生产队长时，几年就改变面貌，一届村长卸任，到童兴平厂管生产，一年后离开。童兴平贪小，材料中加进代用品，多次这样，他看不下去。"

　　钱生木告诉我："童兴平想当好村长，问题是初小文化，一吨纸的成本算不出，眼光不远。他的机器规格2400毫米，印花纸大多1300毫米、1400毫米；2600型可以复作，2400型只能单作，浪费纸浆；电动机大，耗电多。用料报纸加木浆，他却用书本纸，失去信用，就无钱可赚。不跑外推销，发点财靠运气。

　　"离婚后主厂交给原配，自己办小厂，亏损270万元，2008年7月15日转给我，自己到外省办厂。"

　　柳炎木说："有位村民借他18万元，住院缺钱，只还8万元。"

　　张泉木也说："办厂烂屁股，不办东讨钱，西讨钱。"

　　童平岗谈另一事："2005—2008年我担任'财监'组长，他要查以前的账，给他管厂的以及童再胜都参与，发现没经手人的白头条子、电网改造漏洞，交给他，不知下落。"

　　童有木谈选举："童兴平2002年当选委员，第二届当上书记，又当村长，我劝他村务让委员主持，他没有表态。这届承诺修路，已经完成。"

　　童再胜说："2005年百姓自发选他，有人准备竞选，发觉形势不对，不敢出面。百姓讲，一个人当当算了，所以他挑起两职。"

钱生木直言："厂办不好，干部同样当不好。2005 年到我家，要求当村长，我劝其他人别争。2008 年打电话来，我骂，他仍申报。他是我同年佬，人不坏。"

余乾坤感言："他无文化苦胆大，运道不是一生世都有。2008 年到我家，要我投一票，投一票也上不了，第一轮就淘汰。"

童有木说："2008 年我在选举委员会，设固定投票点，投票约占 60%，其他在流动票箱，拎箱的三人一组，三个村各派一人。

"原配公开帮他拉票，想复婚，小老婆先下手，办过结婚手续。原配气量不大，闹得凶，无法挽回。"

田荣善评论："原配漂亮，机灵，我们在纸厂一起干过活。"

童大公谈见闻："童兴平人实惠，小老婆出事，那女人两个女儿都已结婚，被他儿子打，缠住他不放。她到这里住过，待不下，搬到县城。"

张泉木观察："童兴平'搞腐化'，我见过他的后妻，长得漂亮。他的堂兄弟反对，童再胜最坚决。后安村姓童的多，童兴平属于六房，房头童再胜。"

余森旺夫人有微词："童兴平欠债没屁股，乱七八糟，在外搞女人，上帝不会祝福他。他儿子去捉拿，那女人从窗口跳下，脚跷，缠住他。"

（三）闹猛现象的实地走光

童平岗回忆："我大约在 1987 年当村长，第二届又当选，但到第三年辞职。村里的毛竹出售，我要收购人押金，柳炎木书记让他老表收，我退押金。他卖不掉，改为村收，垫资，亏本。我忍不住气，退出为好。我不要便宜，不会占集体的一分钱。"

钱生木的经历不同："我办竹丝厂，另有八家为我加工，当上行业协会会长，长期在外跑业务。当选村长，没有时间照应村务，书记说他多做点。乡开会多，干部来招待多，太烦，第三年辞职。

"办厂没精力，当不好干部，占茅坑要拉屎。"

田乐安别有一番滋味："18 岁当生产队长，一直到 1983 年分田，大家一定要我当，别人当都不肯。1991 年当村长，讲定一届，第二届选上坚决不当。九年半后乡压我当，缺钱会拨，一届又退。想当，不用选，反正是我。

"不是当干部的料，村长会议不去，让书记去，分配工作合理的接受，不合理的推掉。自以为不是村长，只是管管。村长不想当，如果开会要去，百姓会说我。当干部家里开大会一样，上下都要招待，脸抹不下，儿子挣来的钱我用，家里关系搞不好。

"现在的干部小收入抓抓，日子好过。"

徐江平谈选举经历："2005年我与余光明竞选村长，他老婆说我票拉得要死，仍然没上。太气人，拎票箱人选应由'两委'定，而不是余光明；没公开唱票，在妇女主任家关门进行；没张贴选举结果。乡要我向上汇报，他们向上反映，县里来人，问我，我指出以上三点，来人讲一切了解后再说。乡选择我姨夫的哥哥来说情，他担任乡书记，劝我下届可以再选，反正只差20票，闹下去对乡不利。他出面协商，我讲算了，村长不能当饭吃。"

田荣善也有类似经历："2002年进入村委，2005年竞选村长，对手杨川贵，别人的票他写，我上告，重选。第二轮都没有过半，第三轮不开箱，他怕我票多，乡担心又发生第二轮一样的事，召集村民代表商量，定他村长。2008年如不并村，还要去竞选村长。"

江前平谈村民代表选举："我与杨川贵当选，第二天宣布不公平，要重选。改在夜里进行，余光明一人拎票箱，我落选，杨川贵当选，还排上组长。如在白天公开选举，他上不了，他妹夫与余光明关系很近，有帮赌鬼，拼命拉票。"

他带我到山坞踏看饮水工程，只见水池，没有进出水管。他解释："验收时将旁边村民的自接管拉来，算作齐全的设施。上面拨项目资金，杨川贵要领工程款，报账员田荣善不肯，他硬要。"

请教田荣善，他肯定这一说法："水池六七万元，2007年账目结清，2008年还要支付7000元，我顶。他们以争取项目经费开支为由，数目自己写写。原书记要我去翻，我如不从事服务行业，非去翻不可。"

同样的事也发生在前安村，徐江平告知："装几只水龙头，做个水池，接入村民自己安装的水管，算是饮水工程，验收后池中没有一点水。"

中午，我找僻静处啃面包，发现这只水池，确实是贺家村的"双胞胎"。这种旱池，开支约5000元。

惠农资金成为零花钱普遍发生，村村有"复耕"，主管局、乡镇、村庄分成，各有所得。复耕后的土地整成水平面，根本不能蓄水，死泥翻上，变为不毛之地，但作为"粮田"上报，落实"占补平衡"，保持基本农田数量质量不变，甚至补大于占。有位老村主任指着砖瓦厂边的地块说，这些耕地取土后，不知"复耕"几次。他还带我参观小山坡，推平"复耕"，验收后又挖山取土。

污水处理工程也这样，春溪村老乡长领我观看验收标牌，明写着接纳全村的污水，实际只进入一户。

水利工程实中有虚，天溪村的周银开说："有一次在交溪乡遇到水利局副局长，等车时间太长，干脆走路散步。进入我村地界，见有人在垒渠，他说这次总算落到实处。我反问，难道经常有水利款下拨，他回答每年有六七千元。原来这样，村民都不知道。"

七　天溪村无边际的代理权

交溪乡天溪村由三村合并，天溪村处于旧时的县级交通线上，秀坞村在西，芳坞村在秀坞村北面，两村平行，由大山分隔。村委选举制度近于成熟，"妇代会"却不成体统，处处碰出火花，老皇历仍然没有翻新。参选人全体与代表的定格、候选人与代表的确定，没有合理的游戏规则，个人意志乘隙发挥，加剧人际的火药味，不变也得变。

（一）没有胜负的较量

2009 年 3 月 10 日，骑车两小时，进入秀坞村地界，连续采访三人，都是无效信息，忽见家中有人，我出示工作证，这位 77 岁的老人审视两次，刚提到女干部阿莲，夫人从屋内走出，说他身体欠佳，入内又嘀咕，我请求指点人选，回答还是坐下喝点茶为好。找到阿莲家，婆婆正在腌制盖菜，话语不多。请她介绍组长夫人，想得到详尽说法，按她的示意，找到一位组长家，正在打麻将，夫人起身，三言两语，又回到原处上岗。在村中寻求目标，72 岁的马青乾坐在门口，谈话时，五十多岁的胡泉涌出现，家住旁边，当过村长、书记，必定要登门访谈。

3 月 14 日，调查天溪村，85 岁的方盛木出现在门口，我上前求访，尔后拜访 81 岁的周银开，他由一位种菜的老人介绍。重返秀坞村，登临徐山英家，她 63 岁，前一天出门喝喜酒，对我的到访表示欢迎。

3 月 15 日，第二次进入天溪村，在何邦德家门口驻留，有人在办理贷款业务，有碍访谈。他问我来意，我说要了解农村各方面问题，他引入屋内谈。退回，再度走向秀坞村徐山贤家，他67岁，前一天外出的情形与徐山英一样。

10月21日，带着"妇代会"选举的制度困惑向县"妇联"主席求教。

2010年2月20日，与一位司机交谈，恰好是天溪村人，得到相关信息。

阿莲婆婆说："阿莲是我小媳妇，孙子16岁，上下不磨嘴皮。"

马青乾告知："阿莲本质不错，选上干部，妇女主任会议没让她参加，百姓闹。"

胡泉涌说："选村委委员时，天溪村的红红吵过。第二次全体妇女去选'妇代会'，没有开票箱。"

徐山英说来话长："我妇女主任职位到2005年结束，交给阿莲，2008年村委委员选举，她得702票，一轮就通过，红红400多票，但不宣布妇女主任名单。天溪村一些妇女对红红不满，上访四次，我也参加一次，五六人去。她们到县'妇联'，激我同行，老头子说干部不当，让她们去。召集妇女选举，不开箱。两位乡里的女干部问我，两人哪个更合适，我回答阿莲初中生，红红高中生，人品要选阿莲，但书记高相举安排红红。她俩没有什么反应，从此进村不到我家。

"村长杨海浪来，我问春节值班为什么红红仍在内，他答有人安排她。又问2008年的误工补贴，他说阿莲与红红都是2500元。我认为，红红并村时代理妇女主任最迟到4月选举，只能领四个月的钱。讲后减500元，还是太高。

"红红娘家在我村，与高相举关系非常密切。"

徐山贤对我说："两位女性竞选，红红力度大。"

何邦德细说："红红2002年当上妇女主任，以流动票箱方式投票，2005年任命。2008年选举时，她在大礼堂骂我，说我妨碍她选举，选后又骂。她在外省经营出租车，开会电话通知才到村。

"她原有两间房，新造一间，婆婆想要住楼下，不同意，后来干脆不让住，老人搬到小儿子家。争吵时我这里能听到，老人三次反映到乡。

"有意见的不通知体检，妇女不满，她作出反应，'不通知能当六年，你们有啥办法？'"

夫人插话："4 月村委选举，一直不确定妇女主任，开会红红去，四人到县'妇联'上访，答复调查后再说，到 9 月才选。组织人解释参选人不到半数，不唱票，没有宣布职位。

"原村设'计生'员，年底补助 1000 元，她职位到 2008 年 4 月，却领 2500 元。"

与胡某交谈的妇女说："开会时组长说委员兼妇女主任，一般情形都这样，不必多花样。三四个月后选举，按理已过时，我到投票点写票，五元误工费，不领现金，充作合作医疗费。"

孔勇为评论："红红有点小架子，见我客气，用得上，用不上的人不理睬。选村委委员时，有人吵过，说捉弄红红，是策划的结果。妇女选举，发动过，上班的走不出，还有人认为随便啥人当都一样。"

向司机问起红红，他说："老公患糖尿病，目前在邻县办涂料厂，她相貌一般，但会吸引男人。今年如不通知妇女体检，要出事。只领钱，不办事，老百姓要反。"

我问县"妇联"主席："妇女选举，有书记圈点代表，有高票当选，还有乡政府任命，有没有规章？"

她答："没有规章，只有全国'妇联'章程。选法各乡不一，一乡也不一，有的村普选。过去由书记提出代表名单，'两委'附和，书记直接点名的少。

"天溪村上访，我们才知道没有选举。此前曾经问过乡妇联主席，回答全部选举，出事后批评她。补选，参选人没过半，要求'两委'任命。

"我向县建议，要求按村委方式选举。"

"无章可循，会伤害妇女。"我补充。

"是的。"她回应。

2011 年 4 月 30 日，拜访何邦德，他说："今年原定 4 月 28 日选'妇代会'，程序没到位，延迟。"

6 月 20 日通电话，他告知进展："参选代表不少于 20 人，村代表女性 12 人，再从村代表的选票中遴选，以高票为准，各组取一名。候选人海选产生，四选三。"

（二）"亲帮亲"在商品化中走神

2009 年 3 月 14 日，在天溪村采访方盛木后，路遇一位男子，希望交谈，他说买点菜就回来，谈话后才知他是徐刚平，已当两届委员。

3月15日，专访芳坞村，76岁的金岳林对村情了如指掌，告知芳坞村620人，秀坞530人，天溪400人。向山上行进，一位56岁的胡某在等人修摩托车，路过的妇女与他聊天，我加入。再往里走，56岁的孔勇为站在门口，我迎上去，他从个人身世谈到选举。他当过队长、副村长，目前以酿酒为业。

何邦德概述："村长杨海浪炼铜，污染太重，被禁，到邻县办橡胶厂。性子直爽，肯吃亏。"

孔勇为也说："杨海波橡胶厂红过，前年不景气，叫我管生产，不去，万把块钱，不合算。"

金岳林说："上届书记杨海浪，撤并村庄时他代理，高相举代理村长。杨海浪在支部选举中失利，很烦恼，选村长拼命来。他四兄弟，堂兄弟两个，外婆家在天溪村，秀坞村没有亲戚。"

孔勇为直言："芳坞村55%的票投给他，组长操作，他们去分钱，刚才桌边站过的矮小男子，他父亲五张票，得到1000元，我亲眼看到。在秀坞村，徐刚平亲戚多，答应选他。一位老干部陪杨海波开车去发钱，一夜大变，亲戚转向。

"选举委员会五人，我是其中之一，到乡实话实说，他们回答各村都这样。"

胡泉涌说法相同："杨海波打电话，说选他有钞票。"

马青乾也谈此事："芳坞村用钱，一票200元。"

等修摩托车的胡某说："我在县城打工，组长打电话催我选举，我骑摩托车带老婆回来投票。儿子在外省做生意，弃权，我不管。"

徐刚平热情参选，母亲芳坞村人，九兄妹。

方盛木指出："徐刚平父辈不联系人。他自己做过'赤脚医生'，加工鲜笋，合办碳厂，不和，停办。在大礼堂堆柴，戏台被压倒，百姓修好。有人想租用办厂，他不搬出，也不交纳租金。"

周银开更细化："父辈没有便宜不走路，岳父也一样。大礼堂堆柴，戳破玻璃，不赔。买木头，要一部分付给村，不交。

"想当村长，岳父小组也不选他，大村更难，做小动作。"

何邦德另有内容："他收购木头，定价后结账扣钱；收笋，叫妹妹砍价。岳父秀坞村人，入赘天溪村，条件不错。

"他是我朋友，1999 年争取到等额选举，我退选委员，他没上，我代理村长。2002 年他花一万多元，还是我上。2005 年他花数万元，有人讲一票 200 元，仍然没有拉下我。2008 年用烟用钱，得到四百多票。他的亲戚讲，平时不理人，偏不选；老百姓认为，如果他上，与另一位正职合伙，一切捞去，偏不选。接连选四场，结果一样，几天睡不去。"

徐山贤说："他出数万元，夫妇争吵，被人听到。"

金岳林指出："他满以为能当选，算过多少人会选他，实际上表面答应，背后不同意。他姨姐在芳坞村，到我家拉票，我不投他，要投中性的杨海浪，有事叫得应。"

我问徐刚平竞选目的，他回答："村穷，像样的房子很少。可以发展毛竹，种植香榧；有个县养兔产业化，老板直接收购兔毛，价格比自卖贵，也可试试。"

2011 年，杨海波申报村长，因替人担保贷款，不能如期归还，牵涉经济案，他撤销自荐，无法参与竞选。徐刚平不再申报，到芳坞村安心养猪。

第 七 章
快餐文化的浸淫

快餐从饮食领域扩大阵地，衍生快餐文化，继续延伸，又有快餐人才，村委选举成为酝酿的作坊。竞选人豆蔻年华而事业小成，春风得意马蹄疾，从经济领域快速推进权力圈，各有蓝图在胸。他们突然杀出，敢放豪言，出手大方，毕其功于一役。没有从政经验，一步到位，沿用企业的管理方法，不习惯于沟通，踏上没有烟火的孤岛，或者触犯法律的边界。没有从农经历，种植业回归自然状态，偶然的决策，难以吻合天时地利。

一　金坞村以动制静的单项式

金坞村的选举有点炫，小村力克大村，初出茅庐的弹压饱经风霜的。竞选的动力来自公务员考试，邻近的村官示范在先，铺块跳板也可试身。公务员是大学生的职业首选，父母辈疾呼千万别当工人，物质生产者成为草根族，社会的分层有悖逻辑。澳大利亚的公务员难以买房，跳槽到公司如愿以偿，假如我们也将一线的劳动者奉为上帝，没有人再去打村官牌。

（一）赏脸播下好感的种子

2009 年 3 月 17 日，骑车挺进深坞，路牌标明绣南镇金坞村，它由三村合并，穿过大坞村，到达甜坞村，尽头公路盘旋而上，不得不推车而行，接近山顶，出现山花村。76 岁的戴宏仁在编竹器，短暂聊天后继续上行。53 岁的何大林在晒腊肉，要我稍等片刻，然后引进屋内，关门密谈，他是上届委员。村中正在办丧事，56 岁的何云天催他去干活，他说何云天人实在，应当讲几句，我听到新的声音。

4 月 6 日，专访甜坞村，87 岁的钟吾泉在削竹片，做蒸器出售，聊几句。76 岁的何阿贵挖笋回来，我跟进屋，听他谈论。他推荐 83 岁的楼贵大，前往的途中见 61 岁的何千喜正在清理野菜，在我的请求下谈几句。

到达楼贵大家，儿子催他接待来客，我感激地聆听这位老人的谈话。从他家出来，遇 51 岁的林某，他的房前有个水池，48 岁的吴女士在洗衣，与我聊几句。

在旁边转悠，突然冲出一位汉子，向我叫道"东张西望，鬼头贼脑，我桌上有手机！"

我解释，他嚷道："走，别啰唆。"

楼贵大提到 2005 年的竞选人季林天，他 63 岁，正在家门口烧炭，有时间与我长聊。抵达甜坞村底，找到 55 岁的杨立邦。在推车拉瓦片，停下接待我。

5 月 31 日，大坞村田中有人在铲花生草，他叫徐长木，59 岁，老村长。告诉我大坞村 610 人，甜坞村 960 人。交谈时，58 岁的汪天平走过，对话题感兴趣。我转到他的地块，听听他的说法。不远处有老书记马春林，75 岁，与我一起坐在锄柄上，拉开话题。走访徐仲生、田士银后，登临马泉义家，夫人到麻将场"顶职"，这位 67 岁的老人坐在水泥墩上聊。

何云天说："山花村 240 人，路与邻村没接通，信息不灵。"

何在春介绍："山花村人何乾理竞选'支委'，没进。麻将桌上亲戚宣传选他，路上村民议论，何乾理有头脑，年纪轻有路，能改变村貌，如打通山花村的路，搞度假村，发展种植基地，开发竹林，深加工竹签，做罐头笋。实际上原封不动，要政治帽子，要多赚钱。"

何大林肯谈："何乾理当上大村村长，他太公不机灵，被老百姓欺侮，伯父有教书的，有当局长的。父亲 58 岁，上届担任正职；做人有手段，能帮他的，亲近的，看得上；用不上的，有事求他会拖拉。何乾理家亲戚多，父亲六兄弟，外婆本村人。母亲八姐妹，有嫁甜坞村的，表姐妹有嫁大坞村的。现在干部，人多，钱多，就能上。"

徐仲生说："大坞村何姓从山花村移来，占全村人口 1/3，徐姓、钱姓各占 1/3。"

何阿贵直言："何乾理的婶婶在甜坞村，担任妇女主任，本届也是，出烟拉票，攻下不少人，大坞村也有这样的亲戚，职务相同，也大拉。"

何千喜也说："何乾理在甜坞村有不少亲戚，里村有人来拉票，叫我选他。"

楼贵大观察："何乾理请客，送烟，甜坞村拉去一半。"

林某说："年轻的得手，骨干得到钱，再往下拉。吃过，拿过，不选的也有。"

徐长木告诉我："何乾理从事广告业务，开酒店，靠伯父局长拉点关系。大坞村有娘舅等老亲，选举时来认，吃餐饭，递支烟，就是赏脸。委托十来人拉票。"

马春林陈述："他父亲来打招呼。我女儿嫁山花村，带信来要选他。到目前为止，不认识。"

金明贵关心周围："我问邻居是否认识何乾理，他答有人关照过。有位女的，拼命拉票，不知什么关系。"

何东川夫人指出："甜坞里村一人想承包工程，报价更低的做，他对村长何东川有意见，帮何乾理。2002 年村长季林天，老朋友，2005 年还想当，没上，气不过，农民气量小。"

汪银泉说："何乾理拉我吃饭，我说年轻人，选上也好，选不上，下次有机会。吃归吃，选归选，他后来说'阿爸，你没选我'，我明讲没有选他。"

我向甜坞村坞底的村民提问，何乾理当选原因，回答搞不清，夫人脱口而出，出钱拉票，马上改口说不知道。

汪天平说："何乾理不认识，总要有人管管，在外面的应好点，有无干部不搭界。"

杨立邦认为："何乾理当过兵，有文化，当村干部为了打基础，乡镇干部从这里起步。"

马泉义告知："来拉票的人讲，不是村官不能考公务员，我年轻也会去考，1000 万元资产也去。"

徐长木也说："当村官，为了捞资本，可考公务员。"

马泉义谈："抢官，为权力，两届正职可以退休，老板也看中。"

这件事村民普遍提到，该县 2008 年 12 月的文件规定，正职五年以上给予定期补助。五年一个时段，第一时段每月补助 60 元，第二时段 100 元，上面三个时段各增加 50 元，25 年以上各时段每月增加 30 元。

何阿贵谈绩效："毛笋偷光，何东川当村长派三人看山，现在没有一人。"

徐长木评论："何乾理住县城，没做工作，没威信，本届干部都忙自己的事，放放的。"

（二）皇帝不急太监急

5 月 31 日，与马春林交谈结束，根据徐长木的推荐，拜访 62 岁的徐仲生，他正在拉二胡。62 岁的田士银住在附近，路上相遇，坐在路边树荫下的水泥墩上聊一阵。

6 月 4 日，第二次抵达大坞村金明贵家，邻居说到电缆厂找夫人，夫人告知在睡觉。他 58 岁，开车受伤，在家休息。向内，第三次登临何在春家，他 79 岁，正在与一位女子交谈，与我的谈话对何东川作出正反两方面的评论。推进到甜坞村，何东川不在家，夫人以言相待。67 岁的汪银泉在杨坤义家做客，我赶去，中午，主人留我吃饭，杨坤义劳动归来，告知投票一次误工费五元。

何在春说："甜坞村 2005 届村主任何东川开办印花厂，排污水，小溪里不见小鱼，百姓提意见，夜里放水或涨水时放。"

楼贵大谈土地："村中无田，落在县城旁，被征收。价格便宜，后补一部分，没分到组，影响大。"

何大林也说："村'留用地'出售款用光，组长起跳。"

汪银泉细说："村'留用地'29 万元，2008 年到款，乡定 30% 给村民，小组要求 50%，第四、第五、第六、第七组查账。"

季林天比较："我村共九个小组，四个组在县城东有田 18 亩，我当村长时三万元分到组，其中村'留用地'七八十万元，我不知。三级核算，分到组只 30%，应 100%。"

杨立邦观察："土地款用于'新农村'建设，百姓不买账，上访，钱用掉，要求土地归还。"

戴宏仁说："何东川村账不清，山花村的票拉不去。"

吴女士告知："土地款用掉，我这里的溪埂没浇水泥，如办妥，肯定能上。"

徐长木观察："合并村庄时他代理村长，镇想他上，最后几天活动来不及，甜坞村的里村全被拉光，这届活动最激烈。"

季林天说："4 月 25 日选举，前三天何东川问何乾理娘舅拉多少票，应讲帮帮忙。我小兄弟在场，又问他打过多少电话。我自然村姓夏，应该讲他有威信，帮拉一下，却把他们推到对立面。

"有位村民被摩托车撞坏，儿子要求他到上面活动，没有去，选举时朋友去拉票，回答父死不帮，还来拉票。"

马春林谈自己："他只捧老板、镇干部。请客，我村五六人去，不理老年人，我火，不让他上。"

何在春说："他建房，内有一家被柱死，应退让点。"

楼贵大总结："还是他做点事，大家以为不会落选。"

何阿贵说："小年轻讨饭吃，哄他上，他很相信，心里也想当，办四桌酒，每桌1800元。我当场看出有问题，提醒他，他以为会成功。我女儿嫁大坞村，朋友多，我准备三人去活动，他摇摇手。"

何云天认为："他有财力，有经济头脑，村道边绿化，接通自来水。我这里没来拉票，他不善于做这种事，如大拉，会上。"

楼贵大说法相同："外村相信他，人家拉不去，他不活动，活动会成功。"

季林天说："他以为模子上摆钵头，拉票不积极，在我这样的老朋友面前也不提。"

徐仲生指出："过去自行车稀少，他与我一起拼买，后来折给我。我俩同学，他当老板后我不去，我有这样的脾气，不攀有钱人，但关系依然存在。我女婿与他有业务来往，也建立朋友关系，但他没上门，以为坐定。仅差几票，我兄妹、外甥一大批，没去讲，失手。

"他有能力，社会经验丰富。"

田士银也讲："我们同学关系，没来，我拉一下，30张票不成问题。"

马泉义30年会计，经商，与他老同学，说他没上门。

金明贵说："何东川六十出头，厂由儿子办，他有时间，再干一届合适。他不抽烟，应当递几支拉拉感情。我们同行，没叫我拉票，我家五张票选他。有些人不考虑利弊，邻居打个招呼就选。"

何东川夫人指出："我村上届委员阿安，与何东川关系近，村工程他做，有事老何出面解决，本届第一轮淘汰，帮何乾理。"

汪银泉说："我看出问题，对他讲阿安靠不住，他不信，结果证明他错。村口一带我与杨坤义两人把关，留住70%的选票。何东川六十多岁，上门求人，面子落不下。"

何大林留心："他来山花村拉票，不用经济手段，很节约。"

钟吾泉指出："我选他，村民讲选自己村的，要紧要慢近点。"

杨坤义感叹："选后，何乾理设宴庆功，我方落魄。他拉我到酒席，我向镇反映，笑笑。"

何东川夫人也说："汪银泉与老何年龄相近，出力，选举到下午，懊恼，头上着火。"

季林天说："代理村长时劲头十足，落选闭门思过，一个月不出门。"

田士银也说："代理村长时种下第一批香榧，轰轰烈烈，落选，气坏。他不会拍马屁。"

金明贵观察细腻："并村时到我村棋牌室玩，落选后不见人。"

（三）三种人靠不住

6月9日，电话联系何东川，约定厂里见。他65岁，谈话思路清晰："33年前开大型拖拉机，又开'文革'生产的汽车，一年后承包，后来折给我。办过安瓿厂，2003年改为印花纸，油墨废水到池，溢入溪流，村民告状，罚数万元。现在厂移入工业园区，行情不错。"

"为什么想到当村长？"

"见村干部工作不踏实，以前讲成分，属于'地富反坏'四类分子，从没当过干部，想试试。

"建三个停车场，改变路窄车不能对开的原貌。修水库，早一趟晚一趟到场。浇村底的道路，监督沙石与水泥的配比。村道绿化三公里，没买名贵树种，用山上的柴替代。安装路灯，解决饮水问题。林道投入五六百工，银行工作的捐2000元，外县任局长的3000元，建成后妇女也可将毛竹拖下山。"

"村民反映经济问题，到底怎么回事？"

"2005年，上面规定经济合作社主任由书记兼，汪邦安抓经济权。水库拨款15万元，我以为7.5万元没有到账，向水利局催讨，实际上2004年已到位。村道绿化，很简单，却有图纸费2000元，总开支5.5万元，问他间距、数量、单价，答不出。村口的竖石，刻'甜坞村'，问多少钱，不知，他付1.9万元。他电话通知要运进来，我讲不能，基础没做好，仍然运进，第二次又花2000元起重机费。

"县城西110亩土地，他手中卖，仍有欠债。"

"群众反映，'留用地'出售，钱不分，为什么？"

"请示镇，分30%，选前发到组。"

"从调查判断，你不拉票，为什么按兵不动？"

"钱分到组，百姓不感激，劳而无功，我想算了。老婆、儿子、女儿不肯，希望再当一届。我劝儿子别活动，已上年纪。何乾理拉票那么凶，估计我只得数百票，不敢争。"

"为什么报名？"

"我不想，镇书记、专管员催我，九个组长也催，何乾理报名后，他们开始转向。

"汪邦安用轿车接组长，到大坞村议事。他煽动第四、五、七、八、九组，说我不肯分'留用地'的钱，只剩下三个组没变，第六组一半掉头。选前两三天，我想退出，有人劝，选上就当。

"村委设置三个，女的限定一人，村长占一个位置，另外只有一个可上。大坞村的候选人是我老朋友，没选上，说我帮自己村选上的。我村候选人阿安没上，说我没帮他。他们矛头对准我，到山花村开会，帮倒忙。

"第一轮少30票，第二轮下午就选，少60票。"

"同为何姓，本是一家人吧？"

"我家祖先来自外面的柳山村，与山花村不同支脉。何乾理当选，来电话说，我没上，工作上帮帮忙。我回答，甜坞村有事，我会帮。

"没有办理交接手续，哪些事没处理完，哪些钱没付，不问。我计划的项目，也不问。估计各村一样，应妥善处理，平稳过渡。"

何乾理一届没有作为，2011年挑落新手，有人认为他叔父当局长，容易争取项目经费，六个月后他考上公务员，村主任由书记兼任。何东川不甘寂寞，争得委员过把瘾。

二　成土村没有着地的诺言

苍天镇最西端为成土村，组入东面的上油村、南面的南岭村，企业家进入村委，扩大惠民项目，时运不济，在金融危机下缩手，亮丽的光环大为失色。财力有余，回报父老乡亲，美誉助长成功，不必挤占官位，一心两用，顾此失彼，村民期望变为失望。富人村官为哪般？为民办事的答案藏有弦外音，莫非成功要人高马大，企业家头上加顶红帽子。

（一）一只手高一只手低

2008 年 12 月 11 日，骑车一个半小时，到达 1100 人的成土村，在小店采访 62 岁的田泉木。向南，60 岁的杨某在锯柴，我靠近谈话。继续向南，到达南岭村，与方进宝等人聊一阵后返回成土村，五十多岁的徐某坐在田坎上休息，他说因求变而选新人。57 岁的江某在制作竹器，谈话时他 77 岁的叔父光临。

12 月 12 日，专访 1100 人的上油村，推进到一条坞的深处，隆冬的清晨，不少人还在睡觉，大门未开。返回，78 岁的田某站在门口，成为采访对象。兰盛银 65 岁，在经营农资，我进店听他的说法。向西拜见 80 岁的方盛邦，交谈时，72 岁的文本富串访。

田泉木说："田通，我侄儿，44 岁，在镇工业园区开办纺织厂。选举前与我通气，我认为没有时间管村，他一定要竞选。曾与原村长田天顺儿子争吵，他警告'别傲，下届挤落你老爸。'"

杨某谈原因："村庄老样子，想新人改变面貌。田通父亲当过 16 年正职，茶叶搞得不错。"

江某的叔父说："田通的哥哥，带老人出去旅游，不去的给 100 元。田通给 70 岁以上老人发 100 元，已两年，给我 500 元。有人车祸重伤，村长向他募捐，给一万元。他说有困难，村长出条子，一二千会给。我选他，主要是他有钱，会做善事。"

天有不测风云，2008 年的金融危机，给田通蒙上阴影。方进宝指出，纺织品销路不好，田通 150 台织机，只有 20 台在转。

兰盛银说："现在大小事都要花钱，年初申请项目，中途垫资，不是老板办不成。田通承诺六七事，我很感兴趣，推他一把，不然，没有当过干部的人不可能很快上去。电视费，他口头答应过。"

田泉木说："他承诺为南岭村装路灯，现在已亮。但每年八万元的电视费没交，拉票人说交三年。我问田通，他讲没有这样的承诺；问书记，回答承诺书没有。现在百姓不肯交，电视台讲，不交就中断信号，我回敬，如果不来收钱就这样做，我不客气。"

田某告知："老书记兰盛银来拉票，承诺要交电视费，现在收不起来。我建议承包收费的人，应请村里熟人带路，效果会好些，他采纳，见效。有人讲，田通说话不算数。"

竞 职 演 讲

各位领导、各位党员、各位代表大家好：

今天我非常荣幸能够站在这里演讲，首先，我要感谢各位对我的支持和信任，感谢大家给我这个机会。无论我竞选是否成功，我都要向各位领导和在座的党员、代表们表示深深的谢意！

光阴似箭，三年又过去了，我们又迎来了三年一度的村委会的换届选举工作，随着时间的推移，根据社会的发展和本村的实际情况，我在这里作一个竞职演讲。

我叫顾凤英，1970 年出生，初中文化程度，2009 年 7 月被吸收为入党积极分子。2010 年 7 月转为中共预备党员，平时一直在外经商。

我这次竞选九狮村村民委员会主任一职，我认为自己具有以下三个方面的有利条件。

一是：我为人正直、工作踏实。在为人上，我自认为还算公道正派，为人友善，我始终认为吃亏是福。在工作作风上，能吃苦耐劳，认真负责，不揽功避过、假公济私和与人争名利。

二是：我有较好的群众基础。虽然我不是土生土长的当地人，但从板桥婚嫁到这里，我一直十分重视与邻里乡亲和睦相处，能够帮的忙我总是尽力去帮，能够为乡亲们做的事我总是尽力去做。

三是：我具有一定发展农村经济的能力。尽管我的文化水平不算高，但是，多年的社会磨练与在外经商的经验，培养了我对经济发展的敏锐性。

四、我有一颗善良的心，具有较强的奉献精神，不管是左邻右里还是亲朋好友或其它村民，需要我帮助的，我都会毫不犹豫的奉献自己的一切，当集体的利益与我个人的利益发生冲突时，我将始终以集体的利益为重，不讲个人得失，保持着一个普通预备党员的本色。

各位领导、各位党员、各位代表。这次如果我能够得到大家的认可，当选为村委会主任，我将始终与镇党委政府保持高度一致，以村党总支为核心，紧紧围绕本届村两委会所定的三年工作计划开展各项工作。我会密切联系群众，主动地向老干部们学习请教，充分听取广大群众的意见和建议，取长补短，不断充实、调整、完善和提高自己。我也会把全村干部群众团结起来，思想认识上形成共识，行动上形成一致，营造一种和谐向上的氛围，按照法制、有序的轨道开展各项工作，做到办事公正、清正廉洁、热心为群众办实事，竭尽全力为九狮村的经济繁荣和社会和谐作出自己的贡献。

各位领导、各位党员、各位代表。我不想做许多不切合实际的口头承诺，也没有目标把自己塑造成一个什么样的村干部，我只想努力去做好每一件事，只希望用实际行动把自己的愿望变成现实。总之，我期盼着大家支持我、信任我。最后，我只想向全体村民说一句话，那就是：给我一次机会，还您一个满意！

谢谢大家！

演讲人：顾凤英

二〇一一年四月二日

竞职演讲

方盛邦说："报账员来收电视费，村民讲田通会交，他不收，已收的退回。先交的年费 120 元，后来承包人收 135 元，已提价。"

杨某提另一方面内容："竞选承诺，治理污水，原成土村一百六十多台喷水织机，浆水流入小溪。"

田某也谈水："人不能到溪里去，痒，浇竹地，笋不出。"

73 岁的应某路过，加入谈话："还有茅坑水排到小溪，手伸入，要生疮。"

谈到农业，杨某说："老村长懂农业，会处理人际关系，年轻的会办企业，但不考虑种植，主要经济作物已退化，生活没来源，不可一只手高一只手低。"

田某有共同语言："村民议论，还是田天顺好，懂农业，现在田埂倒掉没人修，渠道堵塞没人管。"

应某插话："公墓山风水不好，竞选时讲要移，不见动静。"

田某接过话题："第二轮选举，误工费五元，他背钱来发，老婆不太肯。他有心脏病，还有糖尿病。"

方盛邦也说："第二轮选举前，儿子说我与老太婆有十元钱，他文气，挤不进，挤到已无钱。"

兰盛银观察："不一步一个脚印，竞选力度大，办实事难，头缩进去，不出面，靠书记撑门面。"

文本富提起妇女主任："组长讲，妇女主任是小平老婆。有次共车，我祝贺他，他吃惊，回答是田天顺媳妇。小平牵经车（纺织上拉经线的机器）破产，老婆翻过来，造新房，女强人，田天顺媳妇不知哪种人。有个妇女也以为小平老婆，搞清不是，叫起来'还有这样的事！'我问组长，回答他也搞不清，同名同姓，不同村，没有办法区别。"

杨某指出："选举有地方性，560人的南岭村没人进入村委。"

（二）僧多粥少时当仁不让

2011年4月23日，一口气走访田泉木、杨某、兰盛银，提到田通，杨某说后期没做事。

田泉木认为："肯出点钱，考上大学的送1000元，三村合并后500元。今年申报过村长，后来划去，烦不过。"

兰盛银说："老年金200—300元，90岁以上的3000元，一届资助八万元，其他人上还没这点，如果保留候选人，他会上。

"一个姓许的，当过村长，申报，不允许，他有经济问题。"

杨某说："另有一个姓李的，报名，镇不批准。他当村长时，四个电工判刑，电管站拉闸断电。村民几乎家家户户开织机，强行合闸通电，电管站没办法。他为难，几个月后辞职不管。这次想将功赎罪，多次到镇请求，镇决定让他竞选，但选票上不印他的名字，只能实地拉票，得二百多票。"

田泉木也提其他人："田天顺报名，老会计上访，镇不同意他作为候选人。事后了解到，联通公司造通信塔，农户收到补偿款1000元，其中有我的地十米长，得200元。会计揭底，公司付出五万元。他肯办事，但为自己打算。

"有个泥工叫文壮水，拉票分白砂糖，得二百多票。他穷点，腰包硬不起。李炎义搞建筑，手下百把人，竞选村长。对手沈心宏，做铝合金门窗，承诺投票误工费出 50 元，李炎义只好跟进，从 20 元提高到 50 元，当选，付九万元。"

兰盛银推测："出这么多钱，下届可能不会来。"

三　周地村企业权的越位

一个长期在外的人谋得正职，许诺空悬，意气行事，角色严重错位。审视选举民主，机会赐给每个人，也让别有用心的人搭上便车；迫使他们辞职，却遭遇不可违逆的神圣民意；发起罢免，要面对解不开的人际情结，又一个囚徒困境。换个视角，民本位取代官本位，名分不能博取利益，村官的牌号没有市场效应，发烧友会知趣而退场。

（一）经营实业还图个护身符

苍天镇木道村向北为芳木村，再北周地村，西北万坞村，东北高岭村，东面尚农村，人口分别为 440 人、720 人、460 人、610 人、120 人，以周地村命名。

2008 年 12 月 26 日调查芳木村，59 岁的陈银道正在烤火取暖，我靠近聊一番。向北，穿过周地村，上下坡后到达高岭村，57 岁的方某在房前烤火，接受我的采访。向内，见 63 岁的何聪林，他不想接待，告知来自高校，欣然长谈后，解释起初不接待的原因："上门各路好汉都有，有说房子风水不对，要避邪，说得动心，事后思考，上当。这样的事例太多了。"

"我讲本地话，不是来路人，你为什么也怀疑？"

"土的有，洋的也有，很难分辨。"

12 月 27 日，第二次跨入芳木村，58 岁的陈宗功与一位妇女在聊天，应我所请展开话题。穿过周地村西折，抵达万坞村，47 岁的男子告诉我，这个村没人进入村委。在村中寻找目标，一位妇女见状，问我推销什么，我说明来意，允许进入家中，64 岁的老人与我交谈。继续走动，遇到 83 岁的老干部，与他聊几句。返回周地村，62 岁的江金春在拼制包装箱，边干边聊。在村中游荡，见 63 岁的江高上，聊天中得知是上届书记，他对我骑自行车到村感到惊异，问所耗时间，我答单程两小时，他说用电动车40分钟。

12月29日，第三次踏入芳木村，与一位年近60的男子交谈时，另一位男子加入。话后在竹地边遇到53岁的田泉林，邀我到家中谈话。转到尚农村，76岁的汪雅达在锯柴，他上届担任老年协会会长。村中难见人影，60岁的杨树茂从厂中出来，我跟踪，他在家门口停下自行车，我跟进聊天。

江金春告诉我："村长周天扬，读书完成后跟哥哥出去，他有公司，不知在哪里。不住在村里，村中只有老母亲，他车来车去，到选举时才认识。"

陈宗功介绍："他五兄弟中排行老小，老二建筑公司有名气，其他几兄弟也有实业。"

后来采访钱善，他说："周天扬火气重，敲打哥哥的百万元轿车，哥哥让他独立办公司。"

方某指出："他不实，身上有小混混习气。给白血病人1000元，前几天死人，给家属500元。"

田泉林谈底细："我担任小组长，上届村长姓林，是我的近亲，仍然要参加竞选。周天扬是我父亲的老表，我劝他别来，经济薄弱，让林村长再当一届。他回答兄弟有钱，可以引资搞发展，给百姓实惠，我坚持三年后再竞选。他又来我家，我直讲不会帮他，如果错开会帮。他想我劝退林村长，最后林村长接受他娘舅的分析，三人竞选结果难料，退而选上副村长。

"我建议周天扬，巩固合作医疗，60元交一半，70元也这样；过年给老人100元，总的100万元，他讲吃不消。承诺上墙公布后，镇干部称赞，老百姓感兴趣。"

何聪林告知："候选人公布栏内标明，周天扬本科学历，知情人讲他读书时总是罚站墙壁脚，我在小店议论，可搞成博士。有的人不相信，拉去看才眼见为实。我问镇干部，他笑笑。

"我手中八张票，弟弟在县城吃赌饭，选票一向交给我，这次回来，要求选周天扬。"

汪雅达直言："周天扬这小鬼抛天抛地，公司空架子，听说屁股后面跟着讨债人。拉票的上门给两包烟，儿子得到，我却没有。他父母与我关系不错，父亲已死，选他就选他，虽然不认识。"

60 的男子说，周天扬的哥哥在芳木村入赘，拼命拉票。陈银道也说，他的兄弟到处送烟拉票。杨树茂更详细：帮周天扬拉票的人给一包"利群"烟，目前有能力没钱上不了。

64 岁的老人说："我俩的选票交给儿子，不管选谁。"

钱善谈经历："高岭村十来人为他拉票，邀我去吃饭，不去。他开支十万元。选举结束，驻村干部宣布职责，他拍桌子，大叫'两委'与他不搭界。镇干部说他来自企业，不然要批评。"

陈宗功说："上任后与班子内成员搞僵，村务由副村长代理。"

陈银道观察："当选村长后急于抓权，想自己说了算，与副村长拍桌子，与书记闹别扭。"

后来我与江高上邂逅，提到周天扬事，他道出本质，复制企业的管理方式。

陈银道又说："承诺将万坞村内水库的水引到高岭村，解决饮水问题，开支在 100 万元以上，放空炮。"

83 岁的老干部感叹："周天扬承诺浇筑村道，但没有什么动作，他哪有钱！我不认识他，人影也见不到。"

钱善谈另一方面："书面承诺老人合作医疗费出一半，到时驻村干部催交，实出 15 元，已交的退回。"

60 的男子谈其他事："他个性粗鲁，要动手动脚，两次闹县政府，两次拘禁，书记去讨保。"

钱善更具体："第一次撞门，第二次用报纸烧车，消防与公安都赶到现场。"

江高上谈原因："人家欠他数百万元，所在地乡政府出面解决，债务人被放，他闹到县政府。为人太直，有困难会帮。"

他还谈原因："老大竞选'支委'，失利，他跳出来竞选村长。小老板有个符号，以为政府会看重些，对企业有利。"

60 的男子也说："当上村长，贷款方便点。"

（二）大门开向有钱人

12 月 26 日，告辞何聪林后，见 74 岁的汪季花在生火炉，我去烤火，乘机聊几句。

2009 年 1 月 11 日，在汪家村采访，不见小店，午餐没有着落。跨过汪家村便是高岭村，买到蛋糕，啃完，请求晒太阳的店主钱善进屋聊，他乐意地与我交谈。

2011 年 5 月 2 日，走访何聪林，儿子在场，参与谈话。

57 岁的方某说："裘伯林担任高岭村上届书记，与我交情很好，他哥哥在周地村开生产资料部，他到各村卖肥料，人头较熟。气量不够大，有意见记在心里。"

陈银道获悉："争取资金浇路，到省林业厅活动，建立干果基地，现在仍欠建设款。"

何聪林肯定："他浇油路，装路灯，修机耕路，开林道，做不少事。夫妇正派，但母亲与人有口角，有成见的人不选他。周天扬送我'利群'烟，我烟要抽，票不投他，要投裘伯林。"

汪明生入座，提到细节："裘伯林恨我，他老婆来过。我叫人写票，这人讲出，我选周天扬，哪个人不见钱眼开，夫妻俩能得 30 元合作医疗费。"

陈宗功说："我三张票，裘伯林托人来讲过，他稳重，我们希望他上。"

江高上评论："他一届书记，变化大，选举落后数百票，一轮选出村长。环境在变，现在靠拉票，过去这样别人要讲。"

田泉林告知："书记有眼光，想裘伯林上。"

汪季花认为："裘伯林态度好，人家硬弄掉。"

钱善细说："上届选书记，我作为村民代表参加推举，希望大家擦亮眼睛，别选占位不办事的人。33 个党员，老书记两票，深受刺激。

"裘伯林当上书记，找我，如果选上别推，选不上没有什么倒霉。竞选人钱铁有放风声，我当选要查老干部的账，他们会像老书记一样的结果。第一轮我多 100 票，第二轮老干部倒向钱铁有，我少 30 票。

"2008 年裘伯林不去拉票，万坞村倒向周天扬，周地村平分，我村两个区块，上村姓万的占 70%，选周天扬，下村 90% 姓钱，姓裘的等于少数民族。他两个弟弟与村民关系搞僵，影响选举，得票比周天扬少 500 张。

"我不申报委员，我村无人可上，报账员在最后时刻填上我的名字。裘伯林讲，不会帮我拉半票，第一轮我排列第二名，他说争取一下，最终当选。

"钱铁有竞选副村长，没上，周天扬安排他当民兵连长，'两委'不同意，他单独任命。我通过'两委'安排两人看山，他也派两人，向我要工资，我说去找村长。给我出难题。

"村民来问，为什么贷款证被吊销，我到信用社查询贷款额，告知资格被取消，组长也一样。又是周天扬私定信贷员，改为钱铁有，他不是'两委'成员，不可担任信贷员。他派人取户口簿、身份证，用作授信，与他关系不好的不授信。

"临近年关，村民讲我不开心，村民误工费发不出。并村后，老债自负。像'百村达标'整治溪流，原定30万元，到账十万元；路灯费、干部误工费、林道赔付、道路洪水冲后的重修，总的八万元。我对裘伯林说，我们不是正职，对外没有权力，但原债必须利用老关系争取偿还。"

田泉林总结："现在要有钱的当，尚农村人竞选委员，递差的香烟，人家看也不看。"

他还谈见解："选举办法不公道，村长候选人第一轮淘汰，可以参加第二轮的委员选举，委员白报。以1000人的村为例，二人报村长，平分500票，七人报委员，分得一百多票，没有可比性。"

通 告

关于委托手续补充通知：

为提高参选率，方便选民选举，经村选举委员会决定，户内委托以本组长上门鉴名为准，户外委托一律到村办理委托手续，其当选民不能来办理委托手续的，以传真为准（传真号0571-63792743）特此通告。

　　　　　　　　　杨村村选举委员会

　　　　　　　　　2014.3.30

选民委托说明

各位选民：

在选举日不能亲自到村参加选举的选民：

1. 须选民本人在4月5日16时前到村办公室办理委托手续

2. 确实无法亲自来办理的选民，可在规定时间内将委托的票号姓名、本人身份证复印件传真到村办公室（0571-63794365）

3. 电话、短信、口传委托一律无效。

　　　　　　　　夏村村民选举委员会

何聪林儿子感言："委托有待改进。老人到远处的中心村办委托，行走不便，不去办；有位经营铝合金门窗的，不想两天都耗在选举上，第二轮想让家人投票，不允许，因为投票日前已统一办理。他有选举权，一怒之下翻掉桌子。"

周天扬空许诺，开通万坞到高岭的自来水，只是竞选的一张牌，又有经济案缠身，无法参与 2011 年的竞选。裘伯林安装路灯有失公允，拉票人影响力欠佳，输给钱铁有，再度遭遇滑铁卢。

四 宗山村顺势的代价

新人一腔热情争当村主任，却挂上半年缓刑，悄悄地离职。回望人生轨迹，在经济的博弈中步步走高，进军村委又高票当选，一路心想事成，极易大意失荆州。共事人不得民心，新人顺势而为，以为无足轻重，不注意行为约束，遭遇强烈反弹，留下挥之不去的阴影。孟老夫子说："生于忧患，死于安乐"，环境优越，未必大利大吉，曲曲折折才是处世的真谛。

（一）撤牛头吃水没有胜利者

2009 年 7 月 2 日，跨过城关镇丰牛村，进入 350 人的宗山村，有人出现在门口，是毛水本，63 岁，20 年的书记。他夫人两次提示讲也没用，多次使眼色，我只得告辞。毛水本推荐 68 岁的胡志清，不在家，儿子电话催回，他当过 19 年大队会计，六年大队长。胡志清推荐 74 岁的梁树栋，在家，媳妇为谈话助兴。胡志清还推荐伍邦强，他 45 岁，装潢包工头，在家休息。

7 月 3 日，找薛本泉，不在家，走向坞内，拜访 74 岁的童年耕。薛本泉接到夫人电话，赶来凑热闹。

7 月 4 日，再度找童年耕，他疱疹发作，疼痛难当，我请求夫人推荐能为报账员冯季本说话的人，她说这种人太少，最后报郑宏森、冯进喜二人。46 岁的郑宏森提问为什么找他，回答找能说说的，他谈几句。转到书记袁立生家，他 46 岁，正在建房，抽空与我攀谈。返回时采访 57 岁的薛恒贵，他将竹笋当作产业经营。

7月5日，冯进喜的家门紧闭，退回时遇到伍嫦娥，她61岁，客气地打招呼，邀入家中。她当过八九年妇女主任，顺便请她谈计划生育，她说那时的人想生二胎，人命关天，工作难度大。她派孙女探望冯进喜，报告已在，我立即赶去，他74岁。

毛水本先谈区域调整："我村过去曾与丰牛村、白银村合并，民国期间也与他们共乡。2007年10月划归天汉镇，村民强烈反对，镇放鞭炮庆贺，我大儿跑去骂。"

胡志清有固化的情结："划归天汉镇，村民吵到镇，镇施加压力，我与老干部童年耕都出场。四十多人到县政府，老人说要吃农药，上面硬做，揿牛头吃水。村干部不响，村民涌到村长、书记家，他们不签名，不可能划过去，卖掉我们算了。"

梁树栋认为："划归天汉镇，薛恒贵村长说上面的决定改不了，大家骂他。老人无所谓，小辈要受影响，村民打架对抗，我阻止，上面工作人员也难。"

伍邦强说："我问村长薛恒贵，回答不知，但报纸上已登出。大家吵到县政府，又多次到薛恒贵家，要求他挽回，他没做工作。我是村民代表，逃到外面睡觉，驻村干部等人找到工地，非签名不可，薛本泉最后一个签名。"

童年耕说："我从'大跃进'后当大队长，对村感情特别深，穷村归入穷镇，百姓不满，到县政府。薛恒贵站在门外张望，不站出来挑担，也不承认错误。我为子女着想，上面的人到我家缠，菜买来烧，不让我活动。还叫来老干部说情，转过身威胁开除党籍，拉去坐牢，我只好服从。"

薛本泉插话："我家来11辆车，一定要我这位村民代表签名，我回答今天杀头也不签，明天天亮也不迟。求他们办事，一刻也不肯等。夜里躲到外面，第二天一早他们就赶到，早饭在我家吃，我硬不下去。"

童年耕接过话题："体检由城关医院开支，读书方便，跑银行路近，保留在城关镇，老百姓要拜。"

他找到村干部定期补助证，指着说："1995年270元，2002年870元，归到天汉镇，得到零鸭蛋。"

伍嫦娥动情："丰牛村老村长来修自来水，说我村划归天汉镇，这时才知事实。过去全村劳动力派去修建河堤，造水库，都在城关镇范围，怎能划到天汉镇？为子孙想想，嫁到高山与城市不是一回事，太令人伤心，我痛哭一场。打电话问薛恒贵，到底是不是事实，他回答是。我讲应由村民决定，连代表会也没开，不可一人说了算。再问有没有商量余地，他讲没有，还反问连我也想不通。"

郑宏森告知："原来的地域格局世代已习惯，熟门熟路，下一代更有关系，我也去闹，派出所'请'进的也有。"

冯进喜相反："上访我没去，反对不会起作用。"

袁立生解释："调整区域，我服从，孩子选择学校有自主权，不强制到天汉镇，土地征收按城关镇价格。"

（二）老资格容易因嘴烧身

胡志清说："袁立生不强，公章在冯季立手中，掌握实权，百姓怀疑上面的拨款私分，很多人不满。

"我担任老年会长，他扬言应改为毛水本，毛水本亲家不亲，里水不出，外水不进，'新农村'安置垃圾桶，他儿子打村委委员；树不让种，说正对大门；浇路每人出资 300 元，他一毛不拔。

"我侄媳病死，家贫，袁立生与村委商定，2600 元公墓费减 600 元。侄儿去交 2000 元，冯季立说要收全额，侄儿解释是干部的集体决定，他说下次别人要跟风。侄儿说不要，直接下葬，一分也不给。

"他开棋牌室，现在的妇女主任听他的，摩托车带来带去。"

伍邦强愤愤不平："袁立生话不多，薛恒贵不管事，权在冯季立手里。划归天汉镇，给老百姓 200 元，到底多少不知道。种田补贴，没发给我们。车辆年审要盖公章，必须求他，人家能够讲得进，他讲不进。他侄儿讲，柏子树刻的章，有啥稀奇。

"我危房，选在老窑址新造，村长签名，他不盖章，送香烟，叫人退回。房子动工，叫停。老书记关照，镇批准，造成。如不让造，我要劈人，找过律师。"

薛本泉说："他是我老朋友，刁难自己的兄妹，多次遭我痛骂。哥哥造房不盖章，侄儿结婚也不盖章，我骂才盖。"

童年耕插话："我的房屋土地证被卡。上届'支委'余承木收到 500 元，是完成合作医疗的奖金，没弄清来龙去脉退回，吃他的拳头，鼻出血，袁立生在场，一直没有解决。"

不多时，余承木背着锄头归来，也聊一阵："合作医疗奖，组长1000元，我500元，上届我分管文化教育，也跑腿，只一半，问他要不要签名，他说不要。问副镇长得知奖金共一万元。我坐在面包车里，对冯季立说，我不签名，他贪污，还有很多事，账都要公开。他要我去告，一拳打进，旁人拉我。想请人报复，怕酿成祸水，自认晦气，百姓也不会说我好。

"十年前的账可以销毁，2008年选举前应该清账，副镇长答应选后办理，已半届没动静，他不敢到村。"

童年耕接话："账不清查，冤家永远结。"

伍嫦娥说："会计算进不算出，主要干部由他做。我侄儿结婚，不盖章，我作为妇女主任去说，村长、书记反复说，才成功。十多本房子土地证不发，有的人重新办证，让他守着，时间一长造恶，毛水本时就想拿下。他做过生意，骗不光的人头，吃不完的馒头，本不应该守在家里。"

薛恒贵解释："1996年洪灾，村长余承土在外做生意，第一组组长骂他，他辞去职位，冯季立代理。他嘴老，爱讲人，村民说他刁难人。房子审批不像村民所讲的那样，村长没签字，不能盖章，我签字的他从来没有为难过。他要夸海口，村长、书记可以捏牢做，用自己的话烧身，损坏形象，水平高的人知道他一人做不了。我要骂，杯子也敲，工作归工作。我对书记讲，能力强，工作好，随他，有时真想不用他。"

（三）指尖牵动一方水土

胡志清指出："村委老班子在调整乡镇时不力，全被推翻。"

冯进喜也说："薛恒贵老好人，村民到他家造反，没人相信他。"

伍嫦娥断言："薛恒贵无论如何都选不上，他没报名，还想当，打电话拉，得票不多。"

薛恒贵自陈："我担心干部脱节，上届已提出，观察哪个人合适，想在代表会上讨论，树立威信，袁立生没有答应。我想用胡立安，活泼，党校的大学学历，培养后会比我这辈人强。2007年年底，他给60岁以上的人送油，宣传不要选我，这样做不道德，有人说他买票。"

冯进喜见证："胡立安送来油、白糖，我不要，他一定要留下。我以四箱水果还情，价格相等。年纪大的感激，帮助拉票，以前不这样。"

伍嫦娥也说："油一壶、白糖两公斤，我家送他八把扫帚，不能白吃。他会赚钱，开'三卡'，改为加长'东风'卡车，做砻糠生意，后来生产钨丝。老人讲让他试试，老板不会捞村里的钱。"

胡志清说："他40岁，厂里40个职工，产品销捷克、澳大利亚、印度等国，全国排第四名。我村四个组，第一、第四组大多姓胡，送油前与我儿子商量过。不到300选民，268票当选，村史上没有过。'新农村'建设他捐一万元，垫资四五万元，只有亏。"

薛本泉也说："空调不能启动，他垫资数万元，增加变压器。"

伍邦强知情："过去账挂在办公室，没人看，他在公开场合张贴，老百姓催查老账，我提醒别查，自己的脚站稳，他没提出查账。他去盖章，啰哩啰唆，拿出过，问他为什么送回，他答邻居，不好意思。"

童年耕说："企业赞助款没列出，冯季立要胡立安列，这不是胡立安的职责，他发火，敲桌子，台面玻璃破掉。"

梁树栋说："冯季立打麻将的电话费要报销，胡立安不同意，吵起来，咬掉一点手指尖。过去冯季立为岳父轧番薯藤，斩去指尖，伤到骨头。"

伍邦强说："账单在冯季立手中，胡立安口说无凭，被动。"

薛本泉指出："胡立安脸上也有伤痕，现在还能见到。"

余承木分析："我不在场，根据冯季立性格，粗暴待人，随心所欲，故意手指戳去，用苦肉计，太有心计。"

薛恒贵告知："袁立生指定财务监督小组长，胡立安说不必组长签字。冯季立指出这样做不合法，胡立安顶过去，坐牢他会去。冯季立提高嗓门，村长买来的，不合法，双方矛盾升级，袁立生这样讲。"

薛本泉说："当天没报案，后来去评定残疾等级，县级定轻伤，市级也一样。"

胡志清说："到2009年二三月，电视台报道，伤元气。"

伍嫦娥指点内幕："记者由薛恒贵邀来，安排不满的人发言，充当见证人。"

伍邦强提到电视内容："咬断指尖吞下，已离谱。"

袁立生在现场，见他指尖少一厘米以上。

伍嫦娥谈事态发展："咬后的第二天，**胡立安**的母亲、老婆带了礼物去认错，跪拜，去三次。冯季立坚持要告，**胡立安**母亲到冯季立家，边哭边吃农药，主人走到另一房间回避，应是救人要紧。她大女儿赶到，哭骂见死不救，敲破家当。后来协商手指赔偿七万元，家当 5000 元。"

梁树栋补充："冯季立报'110'，又喊她的家人，赶到已迟。还好是杀虫礵，如果是甲铵磷，不必送医院。"

胡志清说："双方协议，赔偿后村长辞职。"

梁树栋指出："罢免村长，有多少人肯签字？代表会议第三组不肯来。"

童年耕回忆代表会议："副镇长到我家，请我参加下一天会议，几分钟就结束。我第四个发言，认为没有原则性错误。村民代表表决，'同意免职'，没人举手；'不同意免职'，也没人举手。当时冯季立在场。副镇长讲，回去交不了差，我提醒，村民代表一致不同意免职，就这样交差。"

薛本泉插话："那天，我不去，一定要我参加。胡立安解释辞职原因，企业太忙。我反对，企业忙为什么来竞选，承诺书上怎样写的，赖也要赖三年。我代表个人表态，代表村民不举手。

"过去有块山承包，荒芜，怪余承土，上任不到一年就辞职，冯季立捡到村长当，这次又想当半届，老戏重演，所以我要胡立安赖住。协议我见过，代表会后，冯季立退钱，重新立案。纠缠不清，村长会踏在脚底下，50 年后的子孙也难过。"

余承木插话："村长坐牢，头也没，为公家，这种冤枉吃不消。"

郑宏森议论："谈妥的协议没兑现，冯季立退钱，为口气，不光是为钱。轻伤，要负刑事责任，不能说句错就算。"

袁立生认为："村长不当不上诉，仍在当就不接受。代表不同意，辞不了，真心不当会成功，你们不同意我反正不当。"

童年耕说："有威望的人去做工作，不接受赔钱方案。他妹妹、妹夫打圆场，听不进。"

梁树栋说："胡立安求多次，愿意多赔偿，他却一定要搞得不安宁。当初，胡立安想换报账员，我认为没大错别免。如果撤换，不会有今天这样的事。"

伍嫦娥担心判刑，剥夺村长权利，我解释在狱中选上村长的也有，不是重刑，不能剥夺政治权利，她的眉头有点松开。

2010 年 6 月 20 日，电话问询薛恒贵，他说最终结果已经出来，半年缓刑。

袁立生总结："年轻人讲话老三老四，别人接受不了，企业要罚就罚，农村不一样。凭个性办事，话不对路，耐不了要吵，现在自由，不可强制。老板不懂农业，一届后慢慢成熟，会好些。"

（四）不仅仅是情场有对歌

2011年4月11日，拜访童年耕，他侄儿经过，也聊几句。

5月13日，在竹地找到胡志清，靠在竹上听他的陈述。抵达伍嫦娥家，大门紧闭，邻居告知在山上竹地干活，找到她，我们坐在竹捆上聊。

6月28日，约见薛恒贵，他放弃打农药，在家等我。

童年耕说："胡立安缓刑，不再干事，村民冷心。他今年不得申报。"

他侄儿插话："伍林善竞选村长，第一轮少于对手胡林森，第二轮反超。他不属于老派，他们攻击是贿选，今天还没有公布结果。如无效，我们也要搞，胡林森送烟，也有证据。"

胡志清说："伍林善原是村委委员，胡立安出事后主持工作。选举后老派大做文章，薛恒贵小车拦在'受贿人'门前，怕我们去活动，改口不承认。"

伍嫦娥细说："第二轮选举后大家议论伍林善反超情况，一位老妈对她弟弟说，胡立安的姐姐胡邦花是她外甥女，清明前在隔壁竹地干活，她讲正月没到姑妈家拜年。随后胡邦花送到油与米，附带说声选举时投伍林善一票。

"冯季立得到消息，告诉薛恒贵，马上围住取证，要咬定事情发生在选举时。胡邦花老公赶到，指责是逼供。

"胡林森带着油与米实物到镇告状。他老婆有病，长期亲近别的女人。当过多年小组长，六十多岁，人家烧火，才竞选。"

胡志清谈另一事："他们到处告状，还告伍林善小组长时贪污，这事前几年就贴过'小字报'。"

薛恒贵说："胡林森第一轮过半少三票，伍林善少12票，赶在下午第二轮选举前，派人开车送东西。得到两袋米、两壶油的老妈承认事实，另一位得到100元的老年男子被盯梢，也承认事实。报告派出所，回答需要向领导汇报，三天后来人做笔录。

"我们跑镇与选举委员会，答复不是候选人亲自送，这种现象很普遍，还有更大问题。一星期后公布结果，伍林善当选。"

五　老剧村没有附加值的裸名

两位主角争名而不逐利，又各有千秋。前任积德行善，引人注目，欣然坐上他人抬的花轿。后任立志要改写历史，为上辈洗礼，让世家凤凰涅槃，一掷千金也在所不惜。人为财死，鸟为食亡，基本需求以外还有更高层次的，竞争追求效率最大化，犹如竞技体育借助兴奋剂。选举各抱目的，不乏为名誉而冲浪的，平添一道风景线。

（一）红脸白脸一人唱

2009 年 8 月 18 日，从虹溪乡崇壁村东进，到达老剧村，它是三村合并的中心村。江林吉在砖瓦厂办公室，采访时 61 岁的占立火在座，还有其他人在场，不便谈话，请求占立火回家单独交谈，他满足来访者。8 月 19 日，登临江林吉家，他 49 岁，言谈不保守。他介绍 73 岁的胡义，不在家，夫人找回，一番谈话后转到胡义推荐的江庵天家。他 63 岁，从事道教活动，提问名字由来，他解释，小时候穷，养不活，请菩萨取名。根据占立火推荐名单，续访 61 岁的林立金、70 岁的胡长林，然后来到锯板厂，与包林万交谈，他 58 岁，是包金青父亲。孔大通也是必访人，他 65 岁，小组长，在砖瓦厂干活，站在工地上谈话。

8 月 24 日晚，上门拜访 53 岁的包武虎。

占立火开启话题："我当书记到 2002 年，柳安接任；江林吉村长 1993 年到 2005 年。一家水泥厂动建，干部得到好处，群众不满，2005 年希望新人替代。"

孔大通评论："江林吉敢做，农业税不交，从土地款中扣除，集资建校每人 20 元，不出的从砖瓦厂工资中扣，有些人家没小鬼读书，也扣，吵到他家，吵也没用。得罪的人多，仍讲他好。"

江林吉言谈直爽："水泥厂征收 170 亩土地，每人分 300 元，买户口迁出的也想分；村民欠承包款的这次扣回，这些人有意见。2005 年选举第一轮我与包武虎票数在前，我讲只选委员，包金青拉上陪选村长。包武虎有消防器材厂，另开文具店。"

占立火又说："包武虎出两万元组织老人旅游，出一万元浇路，群众好感，在外经营的 30 人哄他上。"

孔大通断言："包武虎是哪块料，百姓清楚，硬选上不了。"

在场的一位妇女插话："有个'五保户'的侄儿住县城，老头的土地款他拿去，应收回。选举时，包武虎用车将侄儿接进投票。"

包武虎笑笑说："选举前五年捐资浇路，早两年给老人旅游，老人高兴，说儿子也没这样好，我回家，他们挤满屋。组长、村民代表很多人上门，催我参选，侄儿包金青多次做工作，老村长严全胜也来。我钱不多，吃吃用用不愁，办点实事也好，试试看。要求他们别喊，选不上倒霉，他们偏要喊，村里沸沸扬扬，还好大多数人选我。"

占立火指出："经商人哄他查账，组长、代表支持，花一万元请'农经站'来，查出电话费月开支 1000 元、互相签字的白头条子、没有经手人的发票、超额的工资，大家要求公布，催促兑现，却不了了之。"

包武虎解释："查十年内的账目，柳安大力支持，可以翻出老村长严全胜、砖瓦厂、石灰厂问题太多，报告他送到乡。查到柳安自己，8000元没交，严全胜高兴死，手中有把柄。我请示柳安十多次，他一直回避，改口说我要查，二人闹翻。真的要做恶人，也能办成。"

占立火说："上面认为不该查账，骂他，压力增加，与柳安关系不和，项目经费拿不到，事办不成。"

林立金从另一角度谈："到县城查六七天，不解决，百姓骂。"

包武虎说明："不是想干啥就能干啥，柳安要抓权，上面穿小鞋，一个工程也拿不到，小溪做埝，不能立项；九只水库，没修一只。有点工程，价格越低越好，公开招标，贪的人得不到好处。哄我参选的，反过来害我。有个'鸭司令'想批地，组里不同意，找我，不把组长放在眼里，要我越权批，我哪里有权？他们捡不到便宜，站到对立面。"

林立金评论："他没有帮手，原来支持江林吉的干部不会与他同路，新的干部要便宜。"

江庵天也说："商业在行，村官不专，刚有点懂，第二届下马。"

（二）　散钱比拼也是先下手为强

8 月 21 日，从老剧村西头南拐，进入银杏村，赶到唐胜照家。他 61 岁，正在吃早饭，知无不言。谈话时反复提到水库的险情，他带我去实地观察，令人担忧。假如我住在这种工棚似的矮房里，无力搬迁，难免要神经质。他开列采访名单，走访江水贵，不在家，向邻居洪保林打听。他

62 岁，满腔热情，与我聊一番。47 岁的袁贵富，是包金青岳母的亲戚，他的谈话让人兼听则明。重返江水贵家，他 56 岁，从生产队长到小组长，没有中断过。他推荐何银木，经营小店，边房开棋牌室，不利谈话，徘徊多时才斗胆接近，他关紧棋牌室门，谈话无人旁听。

包林万说："2008 年，包武虎不打算竞选，让给包金青，后来决定参选，用力拉票。"

包武虎解释："村民讲我做人好，我想再当一届，以后不当。"

胡义告知："我两个儿子，小儿子讲文银房的职工投一票 200 元，我劝他钱用得完，包武虎给房子保险，装路灯，合作医疗没钱的他出，不可没良心，要选他，小儿听从，大儿也一样。"

"老人的票往往儿子拿去，你的儿子为什么听你？"我问。

"儿子住外面，我照顾田地，大儿建房，我烧饭，不能不听。"

江庵天观察："包武虎派人拉票，开支不少。"

胡长林说："我的寄拜亲姓包，担任小组长，问我选包武虎好不好，我只得选他。第二个儿子在县城经商，也选他。小媳妇在文银房厂打工，拉大儿子，得 700 元，每票 100 元。小媳妇的选票交给我，讲明必须选文银房。"

唐胜照获悉："本届书记顾松木，也是上届书记，包武虎竞选委托他，拉小组长去享受'足浴'。"

洪保林观察："包武虎底子好，文气，不要手段，在我村不少亲戚，活动早，应得 50% 的票。文银房力度大，村民倒向他，包武虎一看势头不对，大钱送来，但在选前一夜，大家已答应文银房，成为马后炮。答应文银房的，也有投包武虎的，但被发现。"

袁贵富谈见闻："顾松木巴不得包武虎当选，将烟带给小组长，一包一包分到户。文银房出手 100 元，包武虎的一包烟泡汤，连夜送钱，组长不再卖力。写票的帮包武虎，选民发觉后大骂，拿不到钱，要向他讨。写票的地方全是人，不是按规定的密写，包武虎弟弟观察，连声说不成功，不成功。"

江水贵说："包武虎托顾松木，给钱的消息，在选举的早上五六点钟才传出，没当选，钱不出。"

何银木直陈："银杏村 60% 选包武虎，用钱就转向。朋友向他要求多次，他想下手，老婆不肯。投票这天，他兄弟前来，喊我姐夫，希望投他们的票。我讲如缺我家这几张票，肯定会放弃一切实惠，投他们。他没提到用钱，有钱的话，我会到兄妹中争取，其他亲戚那里也去。"

包武虎回忆："我对文银房讲，如果他申报，我不竞选。他回答，不晓得。三人放着，其中一人要拿掉，乡指定的，他不会报名。成义村村民讲，他不竞选，圈内一百多张票会倒向我。我打电话给他，希望他对这批人说一声，他却要我出5万元，就会退出。我讲，前一天他说过，即使出5万元，这批人也不一定会选我，所以我不能出5万元。当选后外放风声，说我不肯出5万元，他要竞选。

"现在有人说，顾松木即将退休，我还有希望。我再也不去，2008年没上，村长的套子脱掉，村没收入，只有贴进，吃不消。"

包家二人出场，内耗相当大，元气大伤。

包武虎指出："江林吉、严全胜实力人物支持包金青，得三百多票，他不争，我能上。"

胡义一语道破："两包争，别人在哄，像小鬼搭灶，不利就哄另一人。如不并村，包金青仍然选不上，委员能上。人不错，年轻，应当培养。"

林立金评论："包金青人好，村民说没魄力，不会讲话，有时不打招呼，包家人说他不行。"

包林万介绍："包金青当四年兵，现在生产防盗标签，债务十万元，应收款抵上持平，改变业务要设备，要资金。他两届'支委'，本届与顾松木平票。

"丈母娘在银杏村，选前一天，那边的亲戚来电话，文银房出手，100元一票。包金青回话，反正选不上，卖点钱也好，丈母娘、老表的全卖。"

袁贵富说："反正当不了，银杏村的亲戚四十多张票，出卖。"

何银木陈述："他岳父上门，只讲投一票。在银杏村，岳父同姓两户，岳母同姓十多户，他们为钱投票，我知有人这样做。"

唐胜照说："包金青以及严全胜的亲戚宣传，当选也付钱。"

孔大通直言："我的票投给包金青，小伙子资格嫩，干部要有个性，要做就做，这边倒，那边倒，肯定太软。"

洪保林评论："他是我亲戚，与老百姓接触少，如当官头更大，脖子变硬。为人古板，农村工作吃不消。"

江水贵说:"他的岳父是银杏村上届村长。他内向,不理睬人,村民认为,一旦当选,无法无天。他母亲叫他别弄,弄不过,老婆、娘舅反而为包武虎拉票。"

(三) 背板凳的时代落差

8月20日,在老剧村中部南折,接近成义村坞底,拜访占立火推荐的冯银上,他77岁,老会计,老干部。夫人切开哈密瓜,她属于养儿防老型。他开出应访人名单,我按图索骥,推进到坞底,59岁的邱义木不在家,邻居告知在水库内督工,果然如此。挖掘机正在作业,我坐在小石上听他谈论。他当过三届书记,两届村长,到2002年结束。

返回,拜访61岁的唐吉祥,谈到农民养老保险,他说想也不敢想,小毛病不去医。结束谈话,采访55岁的徐水宝,一位人高马大、身强力壮的男子,几乎是家徒四壁,屋漏,墙脚开裂,妻子一走了之,却有一位新人填补。以貌取人,算得上般配,他俩一起与我聊一通。走进小店,求见60岁的汪金洪,他纸厂入股,家境不错,我以为不会接待,谈话却是充满热情。返回,拜访63岁的冯银榜。继续后退,遇见56岁的徐水林,他腰脊突出,小腿开刀,年轻时劳累损伤,目前运村里的垃圾,月工资200元。向北,采访48岁的任银土,他以砍竹为业,每天140—150元,月收入2000—4000元。谈话的中途问会不会公开,我叫他放心,不会让受访人难堪。又向北,最后一站毛林仁,59岁,上届"支委",曾经搞长途运输。

任银土介绍:"前任村长冯银富,一个女儿开'宝马'车,另一个在省城医院,自己散装水泥车数辆,进行农田整理,浇路。"

冯银上说:"冯银富浇油路,挪用小组的土地款,判刑。2005年当选村长,合并村庄时代理村长。我们冯姓的,村中140多人。"

邱义木认为:"冯银富与我共事多届,有魄力,私心重,讲归讲,做归做,为人不错。冯姓家族大,姨妹、姨姐同村,加上其他亲戚,占半个村。"

唐吉祥心直口快:"冯银富胆大,对上肯花血本,欺下瞒上,当面一套,背后一套,老百姓不信任。亲戚很多,拉住一部分人,跟踪流动票箱,不然选不上。选举走样,70%百姓要钱,管他谁当,谁出钱多选谁。

"糊涂官糊涂账,水利款村长自己签字自己领,不需要发票。施工人拿 2000 元，领条上却是 2500 元；电焊工 120 元，收款收据上 150 元。"

任银土谈经历："2005 年选举，我对他说，两年六个月缓刑，不搭界，这么多年的村长，总有人感激，这边归我拉票，那边归他，他当上村长，我当上委员。他出门，我顶他职。

"权在有钱人或'不三不四的'的手里，不一定要政绩。"

毛林仁说："2005 年冯银富出钱，文银房嫩点，不太敢。他去过伊朗、巴基斯坦，如果读书多点，前途更好。他祖父是民国期间的军官，在阶级斗争的日子里差点枪毙，判过刑。"

邱义木谈家底："父亲木工，他也是，生产家具，卖灯具，经销电器，我为他开车。目前在省城开办两家节能灯厂，本地一家二百多人。我管他的传达室，前后两年，知情。他心直，不睬人，对父母亲没有笑脸，最多招呼一下，乡长来也这样。开会发言不内行，二三句话呛人，容易伤人。要当村长，没跟我商量过。"

冯银榜谈话时儿子插话："他的上辈开大会为贫下中农背凳子，现在想叫人家为他背，2005 年竞选村长，叔伯辈操作。"

唐吉祥也说："祖父挨斗，文银房赌气，要翻过来，买票，但不像冯银富一样跟票箱。"

冯银上谈选举："文银房说话能力缺乏，2004 年给老人 300 元，我三张票没有投他，900 元退还，他说交给老年协会。"

任银土指出："他出资，一票 100 元，他那派人满以为十拿九稳，有的人收到钱，仍不选他，成为冯银富的手下败将。"

汪金洪指出："文化程度不高，有次与人发生矛盾，他说杀个人不搭界。"

（四）踩准时点的爆发力

我向任银土提问："2008 年冯银富为什么不参选？"

他答："包金青、严全胜做工作，劝他退出。"

冯银榜也说："冯银富 2008 年还想上，包金青求他让位，考虑到代价，他不参选。"

儿子插话："他的竞选班子催促放弃，到选前的 22 日作出决定，23 日文银房才敢大胆出手。"

毛林仁指出："报名前半个月，文银房在广州，我打电话劝退，省点精力也好，与百姓面对面，没人骂讨人骂，又不会捞。他不回答，却从广州突然杀回。"

包武虎知情："演讲前一天，小组长开会，我与包金青在，电告文银房，他说在广州，不准备竞选。夜里9点光景，听说他要竞选，第二天风风火火赶到。他自己讲乡干部叫他无论如何都要到场，只得连夜赶路。

"几天后，开组长会议，顾松木担心选举失败，要求三人中退出一人，组长投票，他出局，只好依靠海选。临近选举时，给银杏村组长7000元，"他停顿一下说，"你别记！共八个组，五万多元。组长拉一张票，得30元，他们跨组拉，互相竞争。"

江水贵说："文银房演讲，争取资金垒溪埂，建'希望学校'，引进企业，扩大就业，解决老人部分困难，村民认为实在。我讲村长别当，这样大的厂，全部贴进，人家不会说他好。我外甥在他厂当会计，托我拉票，我对小组长讲，为包武虎拉的票倒给我，他们同意。"

袁贵富指出："五万元钱交给江水贵，分给组长，供饭。"

何银木说："文银房榜上无名，突然发动，全厂放假拉票。"

唐吉祥说："他派职工、朋友去宣传，发名片，怕写错名字。"

包武虎透露："选前两天，我与老婆到银杏村亲戚家，文银房拉票人喊100元一张票，还造舆论，说我放弃，大家选文银房。"

袁贵富指出："文银房派人监视写票，顾松木以为帮包武虎。"

何银木的观察相同："选他将得到100元，他派人在窗外监视，这时选包武虎没用，不如文银房。"

唐胜照说："选民如要150元，也会答应，没钱不选。"

孔大通也说："我五张票，开价每张300元，我不同意，只要当好就行。"

占立火提供老剧村数据："从我四个自然村买去大约240张票。企业班长、车间主任很积极，职工上门，公开讲100元一票，职工打入工资，我老婆没有，因为我选包武虎。

"选举结果，文银房1100票，包武虎600多票，包金青360票。选民分布，老剧村960人，成义村660人，银杏村560人。"

与邱义木交谈时，有位村民插话："文银房买票开支十万元，请客吃饭十万元，加上其他花费共30万元。"

胡义说："除100元一票外，还要优待拉票人，给钱，给香烟，供饭。职工不选他要失业，他们出来买票。"

包林万指出："不见他动静，一夜搞定。"

冯银上谈铺垫："2006 年文银房给老人 1.8 万元，发不完的交给老年协会，2007 年给每个老人两箱水果、100 元钱。"

包武虎谈动机："厂址集体土地，当上村长可办成国有土地出让；还有一块土地手续难办，也想办成。"

占立火感慨："第一轮选村长，我负责包家自然村，正常，选民误工费 20 元。第二轮选委员，流动票箱到户，姐妹、兄弟、父母跟踪，乱套，我气死，看不下去，到县城儿子家戏。"

（五）人生是跷跷板

8 月 21 日，采访何银木后，在牧场找 55 岁的颜银水。

占立火说："买票公开化，包武虎与老人上访，没有结果。"

包林万也说："去告过，没处理。"

包武虎具体化："我村有人在家写好票去投，银杏村代写人不按选民要求写，用钱买的，在屋外写，没有到密写室。我到乡反映，回答选好就行。又到派出所，他们答应调查，组长会出面作证，乡干部说别插手。老人到选举委员会，乡干部说以后有事不办理。我到选举委员会，他们告知会与乡干部处理。水利局的老朋友劝我，这样弄下去，那个乡干部日子不好过，别再支持老人。老人还催我去，我不去。"

谈到选票变现，唐胜照说："老百姓在投票场合等钱，到夜也没有等到，答复过几天会有。包武虎要告，他不敢付，过后大家不断吵，有说这种人可当村长？"

胡义说："开店的潘本拉票，一直不兑现，性子急的到他店里拿价值 100 元的货。蛮的拿到，弱的拿不到，老实人讲，死也拿不到。"

林立金夫人也谈此事："一位小伙子借口渴向潘本要饮料。潘本问我，牛奶要不要，20 元/箱，我不好意思拿。"

任银土说："有人等不到，干脆到厂里拿东西，才发卡。"

江水贵现身说法："到年终，没有结果，我找他，催促兑现。顾松木的老婆、母亲都来要，我给。原为包武虎拉票，选他的也来要，我贴本。"

洪保林也说："票没投他的，也去取卡，超出实投的 20%。"

颜银水告知:"密写室有人问选谁,告诉他文银房,他登记。年终,到江水贵家领超市卡。"

徐水宝直言:"拉票人承诺付钱,到年终去要,答应给超市卡。不选他的也去拿,不够,正月补给我。"

徐水林出乎意料:"我两张票,他没来拉,但超市卡仍发来。"

唐吉祥却相反:"他父亲来拉票,要求帮帮忙,我答应,却以为没选他,不给卡。"

诺言中有照顾老人的内容,江庵天说:"2008年给老人两箱水果,共480人。"

孔大通评论:"他通生意,不通村务,我建议选举后三天内开会,表个态,想唤醒他的瞌睡,却不高兴,半个月后才开。"

唐胜照说:"他没精力管村,委托给两个委员,送车给他们。"

占立火感慨:"村委之外聘请'治保'主任,鸭多不生蛋。"

与包林万交谈时,一位组长插话:"村长不到办公室,还有啥用,村里倒霉,还是江林吉有魄力。"

林立金谈经历:"聘请'治保'主任,没有解释。顾松木年老没魄力,没人助他。组长会上有人敲破桌,踢破门。过年发误工费,村长不在,向顾松木要,迟点的夺也夺不到,场面不可收拾。"

孔大通谈破桌原因:"成义村水库放干修理,遭遇旱情,没水田干,饮水成问题,造房子的也苦。村民吵,不仅敲桌,还有人在小学校前倒一车石头,学生在里面读书。放干时间不对,应在秋收后。"他手一指"我村的水库不让放,水保住。"

在邻村调查,无独有偶,也有放干的水库,种田没水。同样是不从农的村官,盲点太多。

我留心此事,向家住水库下的冯银上请教,他说:"水库渗漏,潜水员下去用棉花堵塞,汛期放水,村干部额头发黑,以为不会没雨,老天爷偏偏不顺从他们。"

身在水库内,邱义木也谈此事:"我反映水库渗漏,要求冬天修理,请示乡,乡讲由村决定。我发现放水,问村干部,回答他们在开会,集体决定放水。需要一个月才能蓄满的水库,三昼夜放光,遇上旱情,村民过激反应。

"原来种田前清理沟渠,现在堵塞没人管。"

林立金指出："三村合并，开支大，建垃圾房四万元，文银房垫资两万元。"

冯银榜也说："已扔掉 40 万元，家人不好受。2008 年厂景不好，大家在传他已讨饶，下届要么当书记。"

江庵天说法相同："村无钱，要垫，百姓嘴杂，他后悔。"

胡长林另有一说："他花钱不少，打辞职报告。"

（六）权力的爱恋拿得起放不下

2011 年 4 月 15 日，走访银杏村的唐胜照，他已出门，等一个多小时才回家。采访结束，雨量较大，路上骑一个多小时。

5 月 13 日，采访成义村的毛林仁，他夫人在文银房厂里打工，谈话受限。进访汪金洪，他另有内容。又到老剧村小店，等闲人走散，抓紧与林立金夫人聊天。

汪金洪介绍："冯银富刑满不足五年，不得申报，暗中活动。"

唐胜照谈另一人："顾松木有经济问题，群众上访，乡不让上书记。他要竞选村长，乡定不能上候选人名单，当选也可以。他打电话给我，要我四张票投他。江水贵上届帮文银房，顾松木派人看守，见亲戚半夜开车回去，把他拦住，说是拉票。江水贵说明，如拉票，电话就行，何必上门。"

毛林仁感言："冯银富得 200 票，顾松木也是这点。不当官，比死还难过。"

唐胜照说："文银房在湖南买入一千多亩土地，这届不想当，顾松木告他上届买票，他偏要来争。顾松木不肯放权，他受不了经常争。成义村水库脚下建自来水池，糊涂账欠 20 万元，他补贴。顾松木在乡会议上大谈业绩，他恼火，动起手脚。"

"百姓上届尝到甜头，以为这届也一样，票投给文银房，他说没有承诺过，不付钱。"

汪金洪也说："为他拉票的人承诺每票 100 元，到目前为止没有兑现，拉票的交代不了，投票的要拉他厂生产的节能灯。"

林立金夫人说出另一幕："文银房给老人两箱水果。成义村老百姓挑拨，钱多有什么用，送点给老百姓，原老剧村部分小组要求发钱，十天前拿来 100 元的超市卡。一户七八人的，等于拿半个月工资。其他组没买，算算票数已足，不必多出钱。"

竞职承诺书

本人，_____，____镇___村__组人，___年_月出生，_____学历，___年___月入党.

此次村党组织换届，我参与村党委（总支、支部）班子成员竞选。我向_____村全体党员、群众公开承诺，在本次选举工作中，坚决服从党的领导，做到遵纪守法、恪守制度、阳光选举。

我承诺：

1、严格遵守《中国共产党基层组织选举工作暂行条例》的各项规定；

2、竞选期间做到不侮辱、诽谤和攻击他人，不威胁、恫吓其他选举人，不做违规和不切实际的承诺；

3、不搞分发钱物、请客送礼等任何形式的拉票贿选行为；

4、不以其他非法或不正当手段妨碍选举人行使选举权、被选举权，若发现配偶及其他亲属朋友等有干扰选举人意愿的行为，本人及时予以制止。

以上是我参与竞选的承诺和态度，请党组织和广大党员、群众监督。如果不能做到，我将主动退出竞选。

附件：居民身份证复印件

竞职人（签名）：

2011 年 3 月 4 日

承诺不贿选

在毛林仁与汪金洪之间的路途中，竞选公布栏映入眼帘，不贿选的承诺经过半年的日晒雨淋，还没有完全褪色，下有候选人的署名，文银房等人的手迹依然清晰。

汪金洪指出："文银房上年老年金没发，承诺浇路，没做。"

唐胜照也说："我屋后水库有问题，争取修理项目资金，但必须村负责人出面。找文银房，回答在广州，15 天后回来。到时，又说在上海，经常外出，要我找书记，还讲我一个小老百姓，有啥权力管水库事。

"这届又当选，想设代理村长，新上书记不同意，大事必须村长到场。今年看水库，他来两次，我当面重提旧话，他笑笑。"

六　梅鹤村防火墙的夜用版

草川镇西行一公里为梅鹤村，南向山坞坐落定安村，人口分别为 810 人、540 人，合并保留大村名称。两位候选人封锁加渗透，争取第三者，在夜幕里展开决战。同样是企业家，也堪称正人君子，竞争的手段凌驾于常规之上。争名失去理性，点滴叠加的无形资产，一夜之间大打折扣，赢家得不偿失，输家雪上加霜，能人要下意识不犯低级错误。

（一）押金给心底上把锁

2009 年 3 月 30 日，骑自行车 100 分钟，进入梅鹤村，与一位老人交谈后，见路边一位中年人捧杯在晒太阳，他姓杨，52 岁。他推荐华成发，在经销生产资料，这位 58 岁的人在定安村担任过两届副村长、三届村长，到 2002 年结束。华成发推荐 72 岁的田盛本，我深入到定安村坞底，他夫人与邻居在制作腌菜，我怕干涉，凳子移到离田盛本远点的地方，希望他向我靠近，争取不让她们听清内容。返回，66 岁的华地生出现在门口，谈话片刻，夫人催促他碾米，我只得告辞。华地生推荐 62 岁的华成禾，正在为亲戚的婚事张罗，一批旁人在场，我们展开谈话，不久他们各忙各的事，他单独说事。再找华成发推荐的余长善，夫人到楼上唤醒，他 53 岁，1993—2005 年担任书记，儿子一直卧床不起。

3 月 31 日下午，拐入定安村，寻找对象，没有着落，不甘心，退回，汪节义出现在门口，迎我进屋，他 62 岁，村民代表，健谈。

9 月 30 日，冒雨进厂见华祝吉，他守口如瓶，我无功而返。

11 月 23 日，登临原草川镇书记办公室，向他请教用人倾向。

杨某简介："合并村庄时，梅鹤村的江银贵代书记，定安村的乐邦银代村长。2008 年三人申报村长，他们是定安村的华祝吉、乐邦银，梅鹤村的田开乐，田开乐从事纺织业务，在轻纺城经商，行业协会有职务。"

华成发说："2005 年华祝吉竞选定安村村长，押金十万元浇路，完成。过节时给老人送月饼、水果。"

华地生认为:"浇油路押十万元,这样做只有富人能当村长,但比空头支票好。"

华成禾说:"浇路,还有人情关系的开支,要请客,要扔烟。村民议论,卖大礼堂还他的押金,速度太快,心太凶。他有化工厂,又办节能灯厂,四人合伙,各出40万元,厂房是他的,分摊租金。"

余长善也有异议:"有权可操作资源。我手上办理的林山承包,期限30年,华祝吉转到手,象征性地交点钱;到厂房的支路用集体的钱浇成。"

汪节义指出:"村民催我写状子,特别是第二组。华祝吉的节能灯厂占有山、田、池塘,田二三亩,山的补偿款组长在用,池塘兑现给个人,不合理。"

田盛本看法不同:"华祝吉在第三组,我第四组,他父亲心直口快,如破竹一样,我喜欢这种性格,但有些人却另眼相看。"

关于乐邦银,余长善指出:"他热情,老好好,无事业心,答应的事不落实。"

华成发说:"他开饭店,经营镇到村的客运业务。起初,为企业跑供销,正品当次品处理,发财。

"定安村2002年开始拉票,乐邦银当选,对手按兵不动。"

(二) 聪明人要干糊涂事

3月31日,在梅鹤村调查,拜访72岁的田心章,他当过大队长、"革委会"主任、书记,聊一阵要去挖笋,前一天上门,没见到他,邻居告知挖笋。他不是回避,我立即离开。转到帅都洋家,不在,漫无目标地走动,77岁的洪承实在劈柴,见我靠近,主动让座。他的父亲民国期间担任乡长,年薪三担稻谷。77岁的杨老师串访,也来凑热闹。采访汪节义后拜访62岁的江银贵,村民说他开朗,但表情有点倦意,谈论有气无力。第二次上门,见到帅都洋,他78岁,曾在县团委、公社工作过,自动回家务农,谈吐直爽。

田盛本说:"华祝吉没能入党,他与父亲都说原因在乐邦银,怕别人抢位置。定安村有七个组,里面两个组的路由华祝吉浇成,70%的人投他,外面几个组不在意。"

华成发也提到他的竞选原因，绝大多数党员同意，却不能入，竞选村长，要争口气。

华成禾指出："他们二人有矛盾，死不相信，华祝吉车子卖掉也要上。我想不通，好像不当官就不能过日子。"

汪节义独有所见："华祝吉外婆家在梅鹤村，娘舅当过正职，还有上届书记江银贵帮他，村西头很多人家去拉过。他父亲认定儿子能当选，策划选举，派人到电灯亮的人家去偷听，付工资100元/天，夜里另外给香烟。

"从梅鹤村通往我村有座桥，选举前的两夜一天，车横在路上，五六人坐桥上，其他车辆不得进出。华祝吉叔叔在银行上班，经过，说这种行为难看。华祝吉有个长辈是坐桥人之一，也摇头。"

华地生说："选举时轿车三四辆进出，互相盯梢，怕送钱财。"

余长善也说："拉票很热闹，灯火辉煌，车排得很长，三个候选人送夜宵进来慰劳。"

杨某指出："华祝吉的小车70万元，拉票四五辆车结队而行，用'中华'烟，显示气派。梅鹤村有他的亲信，邻居家底薄，人老实，我们料定会做手脚，装模作样地吓他，他脸涨得通红，讲出事实，两张票400元钱。"

华成禾提到选民的困境："我儿子在华祝吉厂当会计，乐邦银算是亲戚，二人都喊我去吃饭。乐邦银请过30%的村民，华祝吉更多。如果不去，他们会在肚皮里计较，只得分散投票，使两位候选人都不吃亏。"

汪节义做法相同："我四张票，两张投他，另两张给乐邦银，后者买票，上门送一包'利群'香烟。"

江银贵告知："选民一千多人，第一轮华祝吉470票，田开乐380票，乐邦银330票。"

余长善说："第一轮华祝吉最高票，他父亲'大炮'性格，讲没有问题，有点得意。"

华地生描绘道："他父亲以为有把握，一脸高兴的神色。"

第二轮选举，汪节义最有发言权："华祝吉父亲是我同学，知道我会说几句，到我家，共商大事。要我与华祝吉一起出去，站在戏台上，高声向田开乐发问：'村民的合作医疗费、电视费能不能出？能出，村长让你当！'我们议论很久，8点出门，投票基本结束，很少见到选民。"

江银贵明了资金来源："这两笔开支40万元，老表出20万元，他在省城经营服装，年收入七八百万元。"

华成禾道出方案的弱点："如果过早宣传，对方出手更大，会压倒华祝吉。"

田心章说："江银贵代理书记安排人选，别人不服。他倾向华祝吉，而新上任的书记汪心亮与华祝吉不和。"

华成发分析："汪心亮要能力差的人搭档，哄田开乐竞选，田开乐要名气。"

洪承实揣度："田开乐父亲当过'保队附'，民国时期的村官，阶级斗争时没挨斗，当村长要政治资本。"

杨老师插话："我问田开乐，企业家为什么要当村官，他笑而不答。我推测要名气。"

江银贵说："田开乐52岁，我劝他千万别踏进来，苦头有得吃。他回答晓得，上马容易下马难，请请客，弄弄看。"

华成禾以数据说话："田开乐请客，梅鹤村70%的户头吃过。"

华成发也说："他在草川镇饭店请客，二十多桌，有几桌饭菜不太好，定安村人吃过的回来告诉我。"

汪节义谈经历："一位邮电局退休人在会议室前拉票，见到我，喊老同学帮忙，票投给田开乐。有个梅鹤村的人到我村，我喊娘舅想拉票，帮华祝吉拉几张，他不出声。"

杨老师留心细节："邻居办丧事，用'中华'烟，他家节俭，不会乱花钱。我探问，他说选举时田开乐送的。田开乐老婆是我学生，她说花十万元。"

帅都洋说："他派到定安村的人，天亮回来，我儿子见到，问他们，回答委托的事已办成。儿子要他们赶快返回岗位，夜里进不去。他们守桥，我村也守，定安村的夜里进不来。"

杨老师见证："选举时早上开门，见到一地烟灰，是守夜人抽的，他们不让定安村人进来拉票。"

华成禾谈内幕："乐邦银帮外村人，票倒给田开乐。"

江银贵握有数字："乐邦银转让选票，得到十万元实惠。"

华地生谈票数："第二轮田开乐七百多票，华祝吉490票。"

帅都洋认为："田开乐无能力，讲话不响，不会顶撞。老百姓选他，认为他家富，不会贪集体的钱。"

观察 2011 年的选举公布栏，候选人原套班子，又原封不动地当选。华成发认为上届没做事，欠款增加，让他们去当。

我向原草川镇书记提问："你喜欢用老板，还是用你辖区内地道的老农当村长？"

"当然用老农村长，他凭实力，老板花钱也买不到。老板没精力，顾不过来。他们有多种出发点，为名，为利，大多数为利。"

"现在集体经济薄弱，村民喜欢不拿误工费的，老板当政也有好处？"

"不领的少，如华祝吉，选举时承诺不领，照样领，空承诺。"

续　言

调查打开通向现实的门户，困惑伴随感奋而来，求解的冲动与日俱增，寄希望于村级老干部，却不见扁鹊、华佗；向乡镇干部讨教，他们同样迷茫。金无足赤，人无完人，村委直选，同样不可能完美无缺，需要呵护扶持，消除机体缺陷，推向更健康的境界。献言是我们的责任，即使不是一言九鼎，也算是匹夫的参与。情郁于中，必发之于外，记录后的思考，是感性认识的副产品，远不及现实的丰满绚丽。

一　村委选举的历史演进

我国的村委选举异常火爆，程序趋向科学化，提及昔日的选举，人们往往作出不公正的判断，以为是任命，或组织指定候选人，等额制度，代表参选。历史并非如此，1978 年的形式已与今天接近，此后有进有退，由时间换取一致性。从量与质两方面入手，能够透视村级选举的阶段性与多重性。被称为山高皇帝远的乡村，被视为素质低下的农民，进行为时已久的、越来越轰轰烈烈的直接选举的实践，为我国民主的拓展充当开路先锋。草根民主引起西方世界的关注，给予很高评价。优化选举技术，与国际接轨，通过村级民主的大田实验，积累大量的经验教训。又一次"农村包围城市"的气候正在形成，实施全社会的直接民主选举并不是遥远的未来。

田野调查时，遇到老干部，请求讲述昔日的选举实况。但记忆力与时间负相关，他们的回忆与事实有出入，不得不求助于档案。查阅主访县档案馆所有县委、县政府、乡镇、民政局档案目录，利用档案 84 卷，尽管档案残缺不全，但是综合梳理，基本轮廓仍然具备，与访谈内容结合，脉络更加清晰。

（一）量变的轨迹

农村的生产组织形式经历数次变化，从大队制发展到生产队制，再到家庭联产承包责任制，村级班子的职责也相应发生变更，成员数量从多到少，副主任职位设置与否更具代表性。与此相类似，政治氛围直接影响班子成员的构成，大力宣传男女平等，保障女性的政治地位，女性成为不可或缺的班子成员。选举制度的改革，冲击原有的框架，村委中的女性锐减；同时，村委不足额开始出现。随着形势的改变，这一状况开始反转，女性的职位失而复得，村委不再发生过分的性别失衡。选举日期的分合，折射村级选举地位的变化。

村委成员从多到少。1978 年"文革"结束，大队革命委员会名称不适用于新的形势，大队管理委员会取而代之。计划经济时代，大队包揽一地所有政治经济事务，又是乡镇的脚，承担许多行政任务，工作量大，班子人员配置较多。1982 年《宪法》确定村级自治，乡镇的行政权向下延伸发生困难，村委成员数目明显减少。1983 年实行家庭联产承包责任制，村务锐减，职数浓缩成为必然。1988 年颁布《村民委员会组织法》，村委人数再次缩减。2007 年合并村庄，合二为一，甚至撤五并一，而村委人员约等于原村的数量，大大节约支出成本。

村主任副职的设立与村委的规模一致，呈现前多后少的趋势，多则四人，少则一人，后期消失，合并村庄后只有大村配置。

《村民委员会组织法》试行后，村民直接选举的制度逐渐生效，适应需要过程，前后不能顺利衔接，选举流产或半流产，村委空缺或不足额。进一步追究还有历史的必然性，当时村干部的压力极大，计划生育一票否决制，公粮征收，农业税收缴，强制性的，都要动真格，干群关系紧张。此外，家庭小工业激增，供电短缺，电视机不能开启，迫使电网全面改造；道路硬化，小学修建，都需要大量资金，向山林与公房要钱，承受被人指责变卖祖产的风险。无人恋职，无意开展竞选活动，选举失败在所难免。彼一时，此一时，生育观转变，2001 年浙江省取消粮食定购任务，2004 年农业税免征，基本建设大致完成，村官变为权力与荣誉，竞选急剧升温，村委空缺与不足额成为稀缺现象。

女性职位变化呈"U"字形。现代中国，女性的政治地位一直受到关注，"文革"期间更是如此，"妇女半边天"的口号响彻云霄，领导班子

不能没有女性。1978 年的大队管委会中女性担任副大队长职务，直到
1987 年开始松动，1989 年失去半壁以上江山，2005 年才收复失地。个中
原因仍是《村民委员会组织法》的出台，村民自治、民主选举的强化，
产生候选人方法的改变，女性成为弱者。我国文化传统，男主外，女主
内，女性的影响力难以与男性抗衡，选举场上退居次要地位。单性的班子
显然不健康，2005 年省政府下文，规定党支部或村委必须至少配备一位
女性，矫正性别的严重失衡。

村委演变情况表

年份	村委设置	副职人数	其中女性
1978	7—15 人	2—4 人	副大队长 1 人
1982	5—8 人	2 人	副大队长 1 人
1987	3—7 人	1—2 人	未进村委*
1990	3—6 人 部分村仅有正副村主任或 1 名委员	无	1/3 村无副职或委员
1993	2—7 人 部分村仅村主任 + 委员共 2 人、村主任 1 人、无村主任	1—2 人，有的不设	无副职，1/2 村无委员
1996	3—6 人 部分村无村主任或无委员	1 人或不设	大多无委员
1998	2—3 人 部分村无村主任或无委员	绝大部分不设	大多无委员
2002	3—5 人 村委不足 19.8%，主任空缺 1.8%	无	不详
2005	3—5 人 村委不足 1.9%，主任空缺 1.6%	无	省规定两委必 1 人
2008	3—5 人	大村设	两委必 1 人
2011	3—5 人	无	村委必 1 人

注 * 仅为一个乡档案。

选举日期从分散到划一。乡镇与乡镇比较，会发现选举日有时不在同一年份，相隔一年之久；同一乡镇内有的出现 10 个月的跨度。1984 年各乡镇的间隔缩小，1999 年基本趋同，2002 年全省统一时间，① 此后两届保持一致性。《村民委员会组织法》效力相当高，浙江省颁布《实施（中华人民共和国村民委员会组织法）办法》与《村民委员会选举办法》，大张旗鼓地推进村级民主选举，促成炽热的氛围，县级作为一个时段的主要工作，抽调行政事业单位人马到各村监选，集中力量，彰显村级选举在政治生活中的重要性。

（二）质变的演进

村级民主已有相当积淀，候选人由选民推荐多于组织确定，差额与等额交互出现，平分秋色。直接选举与间接选举混生，前者多于后者；职位由选票数量确定，时有由党支部任命，或由上级指定。《村民委员会组织法》明确选举方法，试行期引导选举转入正轨，实施期发挥法律的刚性，选举依法而行，具有划时代的意义。

主持权转向村民代表。选举的公平公正离不开选举委员会的公平公正，成员由组织指定，保持与组织的一致性；由某人圈定，感情色彩更浓，倾向性更强，选举的权威性相应减弱。2002 年是分水岭意义的一年，"以往对村委会换届选举，由村委会或党支部主持，现'一法两办法'规定村委会换届选举由村民选举委员会主持，村民选举委员会由村民会议、村民代表会议推选产生。"② 在劳动力大量外出务工的背景下，村民大会不易召开，以代表行使权力。经过一届实施，2005 年加以补充，选举委员会候选人由村支部提出建议名单，提交村民代表投票，书记通过法定选举程序担任选举委员会主任。

候选人确定由多层次到统一。基层民主从低级社到高级社再到人民公社，不乏普选的实践，平等的理念贯穿其中，有着草根族的朴素性。1978年与 1981 年的档案只有一个乡反映选举方法，这个乡两次选举的候选人

---

① 副书记：《在县村委换届选举工作总结会议上的发言》，县档案馆，1 - 2002 - 424：1。

② 县民政局：《县村委会换届选举情况汇报》，民政局档案，37 - 2002 - 325：107。

产生于选民，第一次自下而上，又自上而下，反复酝酿；① 只有一个村由贫协会提名。第二次社员分组讨论提名。② 1984 年、1987 年两届选举既有村民推荐，也有村委、党支部提名，各村不一致。候选人过多，按票数排序，进入预选，确定正式候选人，超过选票半数，完成选举。《村民委员会组织法》颁布后，趋向小组或十人联名推荐，提到选举方法的档案没有出现组织提名。2002 年两个乡镇实施海选，同时又有个别村仍由扩大干部会议推荐。2008 年推行"自荐海选"，整齐划一，结束两届提名与海选并存的局面。自荐海选给每一位能人搭建施展才华的平台，体现公平；出现自荐的候选人使注意力集中，一次投票成功率高于海选，具有效率与成本的双优势。

等额制自然谢幕。等额选举，一开始就结果明朗，缺少悬念，没有吸引力，削弱选民的积极性。差额选举却相反，选民有看点，能够激发热情。1981 年的制度设计已体现出来，各乡镇不一，但等额仍占据一半市场。《村民委员会组织法》出台与实施没有改变这种态势，却出现新现象，主任以及副主任等额，委员差额。2002 年加强《村民委员会组织法》的执行力度，一律实施差额选举，等额制退出历史舞台。

直接选举挤出间接选举。选举的普遍性与否跟选民的素质密切相关，选民素质不高，相适应的是间接选举。美国早期规定总统由间接选举产生，形成两党格局后，本质上是直接选举。我国的村委直接选举占主导地位，以 1981 年为例，仅见两个乡的档案，一个乡除一个村由代表协商外，其余十个村采用直接选举；另一个乡存有一个村档案，采用代表投票的方式。此后直接选举没有失去优势地位，1988 年《村民委员会组织法》颁布后，仅发现一个乡的三个村由户长选举，而这个乡的其他九个村全部直接选举。2002 年一律直接选举，弱势的间接选举彻底失去市场。

任职的多轨制合并。在各项选举形式中职位的确定最为复杂，与民主的真谛距离最远。乡镇各有千秋，同一乡镇五光十色，选举不指定职位，村委成员诞生后，职位或由内部协商确定，或由党支部圈定，主任与副主任可以非高票当选；当选人因工作调离，支部委员补缺，任命为村委主

---

① 　山边大队党支部：《报告》，县档案馆，116 - 1 - 124：99。

② 　大成大队党支部：《关于请示批复大队管委会组成人员的报告》，县档案馆，116 - 1 - 145：6。

任。选举结束，村级向上呈报，请示批复，往往名单不定职位，交由乡镇定夺；定职位上报，乡镇更换大队长人选，拥有绝对的支配权。《村民委员会组织法》颁布后的1993年仍然没有改变职位确定的多样性。此后档案空缺，无法探实。2002年结束混杂的局面，出现票数决定职位的新格局，民意压倒一切。

1982年的《宪法》确立村级自治的地位，但乡镇与村级的关系争论不休，1987年修订《村民委员会组织法》经过激烈的交锋，将"领导"改为"指导"。又经过十年的试行，《组织法》才正式实施，选民的地位得到确认，村民的意志得到尊重，选举民主实现历史性的跨跃。

（三）民主的延伸

村委选举在曲折中发展，1978年存在差额制，1981年自下而上产生候选人，推行直接选举，尽管反反复复，但已积累丰富的经验教训，基础相当厚实。普遍的直接选举发生在农村，是家庭联产承包责任制后的政治领域里的重大事件，外国政要、学者来观摩研究的络绎不绝，给我国的人权发展问题留下良好的记录。草根民主的有效实验，推动乡长直选的尝试，引发政务公开的推广，村委选举的扩散效应令人鼓舞。村级选举还存在一些问题，如过度拉票、贿选等，一旦净化，选举民主成熟，全社会直接选举的路基铺设完毕。

草根民主的前卫性。谈到基层民主的历史，不少人以感觉代替现实，认为候选人由领导确定，等额选举，代表参加投票，上级任命，程式固定。档案却铁证般地否定这种以偏概全的思维，选举中存在许多合理因子，可以与现时的选举相提并论。以1981年的马啸公社为例，分析候选人的产生方式、名额的设立、选举的广度、候选人的得票数。

大成大队社员分组讨论，提名推荐候选人，民主选举，七人组成大队管委会。

日升大队召开社员大会，分队讨论，酝酿候选人，差额选举。

浪广大队159人参加选举，方南寿获得107票，陈传道98票，陈文清92票，陈洪全111票，依次担任大队管委会委员、大队长、副大队长、委员。

各村的选举方式存在差异，但民主的基调相同，农民拥有普遍的选举权，当选人与投票人直接相关，应代表投票人利益，理论上讲必须为选民服务，构成良好的循环关系。这次选举至今已 30 年，长期的训练，选举日趋成熟。他们是脸朝黄土背朝天的一族，很多人斗大的字识不了几箩，甚至目不识丁。这些被称为素质低下的群体却肩负民主选举的重任，在试验大田里探索。"从村委会组织法的立法理念看，实行村民自治，确实有通过基层民主的建设进而逐级上推以民主建构国家体制的思路。"①

草根民主的广泛性。我国是农业国，农村人口众多，分布的地域辽阔，村委选举规模宏大，气势磅礴。相比西方世界，法国拥有整个欧洲最多民选社区政府团队，总数接近 3.7 万个，美国选举出 8.5 万个县市镇或特别区的地方政府混合体，它们引以为自豪。而我国诞生超过 90.5 万个经过选举的村民委员会，产生 370 万个选举出来的村官，它们相形见绌。②如此壮举，乘势推进，农村包围城市的气势正在形成。

村委选举是当下农村最热烈的活动，竞选人调动一切可以利用的人情资源，帮助拉票，夜以继日。其中不乏过分的行为，但激情燃烧胜过选举冷漠、无人问津。与选举人一样，选民情绪高涨，务工人员从远地返回，甚至乘飞机赶回投票。2005 年参选率达到 99%，2008 年、2011 年 98%，去除委托，一般达到 52%。横向比较美国，不考虑美国选举的频繁，也不考虑选举的有无悬念等因素，美国的选举略逊一筹。人气颇盛的克林顿，1996 年入主白宫的投票率为 49%。③村级选举的火热，反映农民强烈的参政意识，胜过民主制度成熟国家的选民。

西方人士的助推。村委选举的规模与民主性，引起西方世界的高度重视，学者、政要，包括在任总统克林顿，纷纷到现场观摩，鼓励直接选举的推开。外国非政府组织在 20 世纪 90 年代中前期开始介入我国村民选举与自治活动，主要是卡特中心（Carter Center）、美国共和研究所（International Republic Institute）和福特基金会（Ford Foundation）。研究者观摩分析，提供有关选举技术层面的支持与国际接轨。卡特中心的"建议包括规则的标准化、废除委托投票、④公开候选人提名过程、县内统一选

---

① 徐勇：《村民自治的成长：行政放权与社会发育》，《华中师范大学学报》（人文社会科学版）2005 年第 3 期。

② ［美］小罗伯特·加尼特：《中国的村级民主》，吴万伟译，有数字显示，行政村约 70 万个。

③ 张莉清：《美国的选举制度》，《当代世界》2004 年第 10 期。

④ 同上。

举日期，惩罚违反选举法律的行为，鼓励竞选等。1998 年 6 月和 7 月，卡特中心的'我国村民选举项目部'召开几次会议，讨论我国专家向人大所提出的修改《村民委员会组织法》的建议。同年 8 月，卡特中心提出有关修改《村民委员会组织法》的建议。建议涉及《村民委会员组织法》的实施、违法行为的惩罚，选举的时间、秘密投票、选民资格、投票站的设计、委托投票和流动票箱及其他相关的条款。"①

　　印度民主的鼓励。我国的西邻印度，普遍的民主选举实行六十多年。尽管民主治理不配套，腐败丛生，前期经济模式有误，发展缓慢，与我国拉开距离，但近年驶上快车道。1990—2003 年的年均 GDP 增长 5.9%，其中，2003 年 8.6%；2004 年 6.9%；2005 年 7.6%，经济与民主进入良性发展的轨道。印度与我国同为人口大国，国情相似，1947 年推行民主选举时人均 GDP 收入约为 597 美元。至今文盲 3 亿人，相当于美国的总人口，民族矛盾突出，种姓差异很大，宗教信仰复杂，暴力事件时有发生，依然维持大一统的国家。数十年前曾有学者预言印度将崩溃，现在印度突出的社会问题没有根本解决，但经济的腾飞预示无量的前景。有识之士认为，对我国来说，也许是印度的民主而非美国的民主更值得学习。尽管国人对美国而非对印度更有兴趣，但是，恰恰是我国与印度的相似性远远超过美国。我们应当将目光投向印度，推进民主选举进程。

　　我国的村委选举放权于民，为外国各界人士的观摩研究敞开大门，是有魄力的表现。通过训练民众，开发民智，总结经验教训，完善选举技术与规章制度，为更广泛的民主铺平道路。邓小平在 1987 年指出，50 年后的 21 世纪，公民的文化素质提高，可以实现普遍的民主选举。我国的公民素质与西方国家比存在一定差距，但随着经济的高速发展，国际交流的密切，距离在缩短。改革开放初期我国在校大学生 80 万人，2009 年升至 2979 万人，2010 年总量达到 1.2 亿人，接近总人口的 10%，大学从精英教育转变为大众教育，正在改变社会成员的知识结构。我们已成功摆脱"东亚病夫"的阴影，昂首走向"地球村"，同样会告别素质不高的历史，普遍的民主必将到来。

---

① 郎友兴：《外国非政府组织与我国村民选举》，《浙江学刊》2004 年第 4 期。

二　贿选治理的用药选择

村委采用直接选举方法，地方政府组织人员派驻现场，改进选举技术，力度相当大。选举民主令人鼓舞，同时夹杂大量贿选，被视为民主的毒瘤，有人怀疑民选的必要性。中央作出及时的反应，2009 年发布《关于加强和改进村民委员会选举工作的通知》，力矫时弊。学者也有相当的研究，着力点在选举技术与法制的完善。从实证调查获取的信息分析，主攻选举层面，仅能解决问题的一部分，更重要的是后选举的村治，决策、管理、监督民主化，推出议行分离的体制，实现对权力的制衡，洗除选举的铜臭味。

本着从实际出发的原则，展开大面积调查，发现贿选问题后，力求从后选举的治理入手，前往玉环县调查民主听证会，温岭市调查民主恳谈会、武义县、台州市路桥区调查监督委员会，了解机制的长效问题，实践的得失，提出合乎现实的建议，纯化选举。

（一）选举治理的有限性

为使选举公平公正，法规进一步完善，对贿选的界定逐渐明晰；技术措施不断改进，流动票箱改为集中投票，划票从公开到秘密，委托手续趋向严密，一定程度上弥补选举的缺陷。贿选具有复杂性，仅以法规与技术两手，欲将贿选消灭在选举阶段，并不客观。对此应有清醒的认识，才能从其他方面下手，进行立体式的治理。

取缔贿选人，前提是有人举报。在调查时，反复征询受访人举报意愿，有意者寥寥无几。寄希望于老干部，却认为年事已高，没有必要再得罪人。几位表示敢于挺身而出的，问及同路人，却难以报出第二人。即使报出，当面采访，也表示不敢做出头椽子。老干部商品气息较少，素质很高，资历高人一等，他们尚且顾虑很深，其他人更加不敢涉足。调查发现，竞选失利的候选人，也不会轻易举报获胜的对手。熟人社会，一张情网罩住讲究现实的人，得罪人被视为自找麻烦，多一事不如少一事，规避被人视为"不识时务"的举动。

举报少见，取证也难。全县 97 村中，2008 年由于贿选被取消资格的仅有两例，一例公开发传单，另一例被人举报。贿选的面很广，村民的嗅觉很灵，当时就捕捉到传闻，事后更能获取浮出水面的线索。派往村庄指导的乡镇干部，熟悉村情，面对没有不透风的墙也难侦破。村委主任是一村最强势的人物，村民大多礼让三分，不敢出面作证。我们的纠偏制度存在效率与保密问题，村民心存疑虑，怕出现万一，遭受报复，不敢出头露面。打击贿选，重在真凭实据，取证不易，打击落空。

防范贿选，设置密写程序。举报与取证两难，必须另辟蹊径，主动控制贿选，密写是合乎科学的技术改进。选民中不乏有良知的，他们接受贿赂出于无奈，不然会得罪强势人物，不如将计就计，在密写室将庄严的一票投向优秀的候选人。出现贿选而没有当选的结果，迫使候选人考虑成本风险，收敛贿选行为。从概率计算，这是极少数，大多数贿选人仍然心想事成，原因不外乎两方面：村治混乱，谁当选都不干净，患上政治冷漠症，有利可图胜过无利;[①] 拿人家的手短，选票不投给出资人于心不忍。密写比公开划票科学，但不是唯一的武器。

限制委托，加大贿选的不确定性。密写是贿选的一道坎，给行贿人造成心理压力，不得不另找出路，寻求政策的缝隙，利用"委托"的制度设计，巧妙地为自己服务。他们发动亲友，办理委托手续，将受贿的选票抓到手，破除密写的关卡，实现成本支出的安全化。在第一线工作的民政部门人员已发现疏漏，极力主张取消委托，但与《选举法》相悖。取消委托，还存在参选率不过半的风险。有人提议限制委托，范围圈定在直系亲属中，避免委托的滥用。根据上文受贿人的心理分析，这种设计有作用，但仍是有限的，必须借助其他手段综合治理。

（二）后选举治理的适用度

村民自治有四个环节，被称为"四驾马车"，当下，选举得到政府的高度重视，而决策、管理、监督滞后，马车的行驶不协调，贿选无法得到全方位的控制。现实要求进入后选举治理阶段，村政阳光化，民主化，不能以权谋私。[②] 各地展开多种实验，积累不少经验教训，可作借鉴。农村千差万别，不同的方案蕴涵不同程度的积极意义，可以缩小贿选的寻

---

① 黄宝玖：《贿选频发与治理的制度分析》，《云南行政学院学报》2005 年第 1 期。

② 胡健：《村民自治中"贿选"的法律规制和综合治理》，《盐城师范学院学报》（人文社会科学版）2005 年第 8 期。

利空间。同时，在劳动力转移的大背景下，又有局限性，不能当作万灵药方。

民主听证会与恳谈会亮丽登场，后续却发生断层。在实践中，创新不断涌现，玉环县的民主听证会是其中之一。① 听证会强化民主，鼓舞人心。笔者调查首发村，仅在 2000 年举行一次。继续调查另一乡镇的两个村，村民感到新鲜而陌生。转进温岭市，调查三个乡镇五个村庄，内有一个村启动，三个村各举行一次，一个村举行多次。恳谈会在 1999 年开启，发起镇的两个村仅举行一次；一个村能够多次举行，主因在于村书记与学者的双向推动，当时面临改选，书记注意力转移，随着他的落选，人走政息，2007 年 10 月落下帷幕。

玉环听证会首次成功后在全县推广，有人称"在全省乃至全国都处于领先地位"，受到有关部门的关注，却无法实现后浪推前浪的良性发展。温岭市为推进恳谈会一度用力颇大，在学界引起共鸣，② 后因其他需求的上升，恳谈会不作为乡镇考核指标，失去自上而下的驱动力。组织听证会与恳谈会耗费精力太大，能力欠佳的村官难以应对各种质疑，召集会自找麻烦；村民入会，需要支付相当的误工费，财力不足的村庄无力支持；村民外出务工，召之不能即来，有会而无人。三个层面都不构成对民主会议的支撑，接力棒无法传递。

听证会与恳谈会是理想的民主表达形式，与会者是一介平民，没有利益牵挂，可以畅所欲言，除会议主题外，有机会旁及潜在的问题，要讨说法，村官的腐败无处隐藏，还村政的清白。

村民代表会替代村民大会，一个被动的形态。家庭联产承包责任制落实以后，经营的分散性不断冲击村庄的凝聚力，劳动力转移加剧这一趋势，村民大会变为村民代表会议。在现时的框架里，只有代表，没有议长，群龙无首，组织力量匮乏。代表没有召集会议的王牌，只握有开会的入场券；一般没有提案，只有对村委方案的表决权。面对面的会议，主题外的问题难以启齿，村官腐败仍处于安全地带。村民代表大都是打工族，

---

① 颜国宝：《玉环县推行村级民主听证会》，《中国民政》2001 年第 5 期。
② 张小劲：《民主建设发展的重要尝试：温岭"民主恳谈会"所引发的思考》，《浙江社会科学》2003 年第 1 期。

村中难觅他们的身影，不少村庄代表会议经年难开，村民自治变为村委自治。① 村民代表的缺位及被动性，导致村官约束力缺失，留下自由伸手的空间。

财务逐笔公开，鞭长莫及边缘地带。财务公开为时已久，由于太笼统，"其他"之类包罗万象，有人将公开戏为"空开"，质疑声几乎涵盖所有的村庄，查账的举动此起彼伏，成为农村矛盾的焦点之一。浙江省桐庐县已实施逐笔公开的举措，杭州市各县在 2010 年全面推开，进一步缓解干群关系。财务除"礼品"等项目外逐笔公开，很少有秘密可言，难以再玩猫腻，大大压缩腐败的空间。考察临安县试点村，由于劳动力外出，公开栏鲜有人问津，但仍不改制度的约束力。

逐笔公开，消除积累已久的农村痼疾，不等于能化解所有问题，每笔账目的虚实姑且不论，还有似是而非的资源占有，如通过村庄的县级公路承包施工、城乡结合部私有营业楼的建造，这些无法列入村务，但与村庄关联，如不关联村官也是英雄无用武之地。村务的边缘地带，没有监督组织的介入，特权的安全系数很大。

（三）　议监会的现实性

城镇化将彻底改变农村样本，最终是有农民而无村庄，我们正处于过渡期，任何制度设计都不能脱离现实。听证会、恳谈会、代表会越来越难变现，而村官掌握的资源随着城镇化的推进越来越多，制衡缺失，腐败会愈演愈烈，加剧贿选的诱惑力。目前的村委议行合一，权力过于集中，监督缺位。2010 年的《村民委员会组织法》突出民主议事与监督，切中当今农村的要害。从武义县监督委员会观察，制衡权不充分，议事权不包含，应当议监合一，节约成本。村委会单一执事，可分散权力，铲锄腐败。

武义县于 2004 年诞生全国最早的村级监督委员会，次年在全县推广。为了解运行实况，笔者进行田野调查，选取上等村两个，中等村一个，下等村两个，上等村分别为首发村与省级先进村。首发村监督委员会发挥正常；省级先进村政务原已理顺，监委会被视为形式，委员不能参加村委会

---

① 　徐勇：《村民自治的成长：行政放权与社会发育——1990 年代后期以来中国村民自治发展进程的反思》，《华中师范大学学报》（人文社会科学版）2005 年第 3 期。

议；中等村监委会主任经年未曾进入村委会议；下等村派系严重，内部混乱，监委会不能发挥作用。监委会成员由村民代表选举产生，上等、中等三个村的监委会主任都是普通村民，性格耿直，与职位相称。一位主任反映，上级告知他们有监督权，但无决策权。

从调查信息分析，监委会没有相应的话语权，与他们自身的身份相关，不拥有雄厚的个人财产，在最强势的村主任面前自惭形秽。根据与乡镇干部的交谈，他们心存疑虑，担忧监委会主任过于强势，万一夹杂私心，刻意阻碍公务，正常的工作不能开展。这种担忧确实有着必要性，但并不是不可扭转的。贵州省锦屏县平秋镇圭叶村的财务审核公章分为五瓣，五名村民代表各执一瓣，全部认同才有效。出现以上担忧后，改为3/5 人同意就生效，不会影响工作效率。

村治中，监督权不是太大，而是太小。监委会后于村委会选举，村民择优选出村委会，监委会弱于村委会，没有制衡的强势。应当与村委会同时选举，由全体村民推选，由此产生的人选具有广泛的群众基础，底气雄厚。

监委会的出现没有根本改变村委权力集中的格局，议行仍然捆绑在一起，与西方民主制度不合，也落后于我国一些先进社区的建设。美国地方管理实施议会与经理制，社区则是管理委员会加非政府组织，全部议行分离。我国的沈阳市社区、成都市锦江区社区也议行分离，与国际接轨，防范权力寻租。村级与城市社区处于同一层面，民主的本质一致，管理的框架基本相同，城市社区的模式也能运用到农村，提高民主建设的水平。

村民代表会议肩负议事的职能，但不是常设机构，不能及时应对变局，丧失时效性。另组精干的常设机构，财力不允许，也没有必要。当下的村务不能与上世纪相比，征粮、征税变为过去式，计划生育步入正轨，基本建设接近尾声，机构过多，无所事事，浪费财力。将议事与监事合并，称为议事监督会，身兼两职，村委会独立执事，不能越俎代庖，无法以权谋私。

议监会已有尝试，2008 年 9 月首先在成都市龙泉驿区蒲草村诞生，周边村庄也相继成立。议监会对村民代表会议负责并报告工作，主要职责是：广泛听取收集村民代表和群众意见，及时向村委会反馈，配合村委调解纠纷、化解矛盾；对重大事项进行协调并形成议案，提交党组织、议事会、村委会三方联席会研究；定期和适时召集村民代表会议，对相关议题进行民主决策；检查监督村委会执行议决事项情况。它的创新在于决策、执行、监督三权相对分离，相互制约，相互促进，"让村民能真正参与村务民主管理中，议行分离原则使监督力度加大。村民代表会议是村自治的权力机构；由村民代表会议选举产生的议监会是村民代表会议的常设机构，负责议事提案及监督工作；村民委员会则是自治事务的执行机构。"①

议监会的模型已经出现，它是自然分娩的婴儿，是现实的需要。我们的任务在于顺水推舟，将其制度化、程序化，建立长效机制。

议监会必须因地制宜，不能一刀切。城镇化地带提供各种资源，最容易滋生腐败，最需要民主手段应对，议监会不可缺少。现时的国民素质需要提高，无偿服务有待时日，议监会活动必须支付报酬，这一区块集体资金充足，具有财力的支持。议行分设以后，村委的全能变为单项的执事，任务大为减轻，职数可以削减，一般三位即可正常运行。增设议监会三人，不必坐班，以适量的支出换取村民的放心，密切干群关系，营造和谐村庄，从大局衡量，具有优势。

在城镇化以外的村庄，资源较少，集体经济单薄，干部误工费空悬，没有必要设立议监会。原有的财务监督小组继续保留，定期监督，在财务逐笔公开的条件下，一般不会出大问题。

实证调查表明，没有灵丹妙药能根除贿选。候选人各抱目的，绝大部分人冲着名利而来，职位带来无形资产，或从分管工作渗入行业圈，或占有资源。我们必须双管齐下，严把选举关，重点放在后选举的治理。随着社会的发展，实践者必有许多创举，我们要跟踪调查，分析可持续性问题。理想的制度不一定切合实际，切忌跟风炒作，要与时俱进。劳动力转移是农村发展的关键所在，制度安排要体现这一点，不能背离现实性。合理的制度是贿选的天敌，能够逐渐净化选举王国，重建社会对民主的信心。

三　富人村官热的透视

进入 21 世纪，村官的队伍悄然发生变化，从农的让位给经营工商等

---

① 张桃荣：《议事监督委员会：村民自治决策与监督新机制——以成都市龙泉驿区若干乡镇为例》，《贵阳市委党校学报》2009 年第 2 期。

行业的富人。社会热切求富，形成大气候，造就大批富人村官。"三农"是我国各项工作的重心所在，村官的是否称职直接关系农村的发展前景，审视他们的表现，评判他们的作为，是当务之急。村民对他们的期望值很高，他们的能量非常大，体现在村务的实效上却有差距。现实摆到我们面前，迫使我们完善选举制度，改变拜金主义的世俗观念，培养称职的富人村官，推选敬业的普通人，构建公平的权力社会。

（一）村落心境的阐释

市场经济确立后，求发展压倒一切，农村把希望寄托在先富群体。在资源丰富的村庄，村民担忧被"穷方丈"暗中私化，认为富人财力雄厚，不会贪小。一方面，心地善良的富人，还慷慨解囊，资助公益事业，改变村貌，造福一方百姓。另一方面，家庭分散经营后，集体经济单薄，甚至负债，富人当政，在外有交际网，易于争取项目资金，弥补村级财政空洞。在这种心境下，富人上台呼之欲出，录入书中的48位主任中45位属于富人，约占94%，他们主导乡村社会。

国家的富民政策鼓励一部分人先富起来，一批拓荒者通识时务，从泥田里拔出，勇于闯荡市场，掘得第一桶金。他们的后继者，排成第二方阵、第三方阵，成为工商界的赢家。他们的胆识和能耐受到社会的赏识，政府考虑候选人时，极其推崇这部分人，在方案设计时重视他们的作用，要希望他们发挥"双带"作用。村民渴望他们回归，报答养育他们的故土，带领乡亲走上致富道路，改变现状，与其他村并驾齐驱，甚至超越。

在计划经济年代里，农村均贫富，村官的素质在于为人正派，吃苦耐劳，以身作则。市场经济拉开贫富，善于经营、家底殷实的地位上升，受人敬重。这一价值观应用到对干部的评价，村民认为，一个人家境平平，不能致富，连一个小家都经营不善，哪能治理一村的"大家"。新的评价标准，对致富群体情有独钟，村官的职位由道德权威型让渡给经济能人型，这是村民的选择。

村庄民主正处于建设中，决策、管理、监督的民主化落后于选举民主。制度化、程序化没有完全到位，也需要时间规范，漏洞仍然存在，给权力寻租的钻营者留有空间，影响村民对村委的信任度。村民认为，成功的经营者，自身财力厚实，不会向集体资产伸手，贪图村民的利益。这些人上任，思想健康，集体财产安全，村民放心，权力应向富人倾斜。

富人完成原始积累，事业称心如意，调剂部分资金，投入到故乡的公益事业，赢得良好的声誉，为远近的村民热烈传诵。其他村的村民也有同样的企盼，对本村的企业家寄予热切希望，给自己增加福利，解决基本建设的投资困难，改变落后面貌，举双手拥护企业家当选。

自然经济的性质为封闭型，市场经济却相反，经营者与外界有着广泛的联系，形成一张关系网，这种社会能力也是村民所需。城镇快速发展后，农村明显落后，中央出台惠民政策，反哺农业，促进城乡统筹发展，不断加大项目基金的投放力度。职能部门为提高基金的运作效率，根据村级争取的力度安排，引导村级的主动性。村级对此极为重视，将"争取项目基金"当作头等大事抓，首推门路广阔的企业家，他们出场，加大取胜的砝码，展现村庄建设的前景。同样，在村委竞争中，也是众望所归。

（二）执政绩效的观察

在社会转型时期，大众的经济偏好将富人推到村官的职位上，称职的不乏其人，但从总体衡量，不尽如人意。人无完人，农事活动不同于工商经营，富人村官农业技能欠缺；村庄治理不同于企业管理，一厢情愿地移植企业经验，遭遇现实的反弹。人的精力有限，要发展个人的经济实体，又要推进村庄建设，往往顾此失彼，甚至两不全、两不美。

企业的成功需要漫长的积累，经营者专心致志，仍然心有余而力不足，没有精力从事其他行业。他们成长于农村，却与农业分离，对农事外行，推上村官的岗位，没有从农经验，组织农事不力，决策发生困难，有时指挥失误。村民普遍反映，沟渠无人清理，排灌不畅，种植受影响。调查发现，个别村官缺乏农事常识，一味听从专管部门的命令，将防汛保安全操之过度，放干水库，却遭遇旱情，农作物断水，造成直接损失，村官的能力遭到质疑。无独有偶，另一村犯同样的错误，导致村民用土堵塞村委办公楼通道。农业有着自身的规律，没有相当的实践，无法进行管理，富人村官的力不从心，是普遍性的问题。

时下的村官中，大部分年龄较轻，经营企业却有作为，又谋政治的发展。[①] 但从政没有改变原有观念，仍然以企业管理技术驾驭村政，导致班

---

① 陈诚平：《论社会转型时期的私营企业主政治参与》，《云南社会科学》2007 年第 4 期。

子成员之间的不和谐。民营企业的民主建设滞后，法人至高无上，职工仅有劳动权，没有议事权。环境造就法人的个人意志，不具有协商理念，长期形成一人独大的作风，将村委视为公司，意气行事，缺乏团队合作精神，最终孤立自己，增加精神压力。不友好的班子没有凝聚力，工作不能正常开展，在村民中失去威信。

农业国的国情产生城镇偏好，有经济实力的农民在城镇购置房产，移居城中。城镇具有完整的医疗、消费、娱乐体系，还是经营、交友的理想处所，磁场作用明显。不少村官身居城镇，远离村庄，以通信手段遥控，村情不知，民情不通，不能及时处理村务。村民有事无处找人，两者关系越走越远，没有亲和力。老一代村官与百姓亲密无间，对各家了如指掌，将矛盾化解在萌芽状态。新旧对比，昭示"遥控型"的缺陷，服务意识淡薄，建设、发展村庄更无从谈起。

"一只手不能捉两只蟹"，这是一位村主任的感言，他有良心地辞去村官，另辟经营之道。富人村官想抓"两只蟹"，经营企业与治理村庄同时进行，有的聘人代理，甚至增设岗位，浪费财力，背离村民选举的初衷。经济界如战场，优胜劣汰，经营者随机应变，与时俱进，保证企业的生存与发展，已属难能可贵，哪有余暇处理村务。① 理论不支持这种两全其美的超人，现实中也难以寻觅这种人，相反的个案却时有发现。在调查的 107 村中，一家企业停产出售，另一家有着三十多年历史的企业寻求转让，无人接手，两家企业主都是村主任，他们治村业绩平平，没有可圈可点之处。

（三）务实村政的培育

村政实行自治，需要两方面人员观念的纯正，否则用非其人，延误时机，全体成员受损。作为富人，追求名誉时应当不忘良知，始终以村务为重，切忌尸位素餐，个人"红顶"加身的同时，却是村务的荒芜。② 作为村民，不能唯钱是重，一切市场化。衡量村官的标准货币化，冷落德才兼备的普通人，形成清一色的富人村政。村政要公平公正，唯才是举，而不是唯钱是用。

---

① 冯耀明：《资源型地区"富人当政"：农村发展的双刃剑》，《理论探索》2008 年第 1 期。
② 敖带芽：《私营企业主政治参与现状分析》，《长白学刊》2004 年第 5 期。

　　从 107 个村的村官结构看，富人谋求政治地位的热情空前高涨，是致富需求后的又一政治需求，① 占有村庄资源不能解释全部的利益驱动，拥有无形资产也是原因之一。对于前者，可以通过净化村治泯灭他们的谋职冲动；对于后者，只能从道德角度说服劝诫。目前的农村工作主要是事务性的，村官必须深入到村民中去，了解实情，及时解决村民所需，化解矛盾，才能无愧于职位。分散型的家庭经营，信息传播渠道不畅，村官不主动采集，无法获悉。服务村民，融洽邻居关系，树立充满活力的村风，需要投入相当大的精力；整治交通、水利、电力，不误农时，村庄建设有序推进，营造宜人的生活环境，需要呕心沥血，一心两用者根本无法胜任。有意于村官的职位，却不能全力以赴的企业家，不要去挤占座位，辜负村民的期望，给自己抹黑。②

　　企业稳定，不再继续扩张，经理制长期行之有效，企业家游刃有余，有志于村务，为村民造福，可以一试身手。企业的后继人成熟，交接完成，企业家仍身强体壮，精力充沛，恨无用武之地，献身村务能焕发第二次青春。这些企业家的人生经历便是宝贵的财产，他们有自成体系的经营之道，建立广阔的社会交际网络，左右逢源，具备经营村庄的实力。他们在组织管理方面有深厚的积淀，善于为人处世，能够与其他村委成员合作，与村民保持良好关系。他们除追求人生价值外，需要发光发热，村政是他们合适的舞台。

　　企业家从事村职，一项陌生的事务，存在适应期，年轻的还有人际关系的磨合期，任职不能一步到位，要先竞选委员，一届以后竞选主任，循序渐进。农业具有特殊性，正如工商有自身的规律一样，能驾驭企业，不一定善于治村。用一届的时间，熟悉农业，协调班子内部关系，与村民建立感情，在经验教训中丰富自己，完成企业家到村官的过渡。一届的实践，给村民评价的机会，大多数人认可，便可瓜熟蒂落地晋升一村之长，施展治村才能，实现个人价值。

　　企业家完成过渡期，不等于修炼成一个全能的人，还应虚怀若谷，聘请老书记、老主任为顾问。老一代经历丰富，指点迷津，可以少走弯路。尤其是年轻的村主任，更应拜老干部为师，学习从政艺术，获取农业知

---

① 刘伟：《现阶段我国私营企业主政治参与心理探析》，《湖北社会科学》2007 年第 4 期。

② 胡云生：《老板村官现象引发的思考》，《领导科学》2002 年第 2 期。

识，一步一个脚印，逐渐走向成熟。

在以富人村官为取向的同时，切莫冷落普通人，他们中仍有千里马，有志服务村政，应该赋予机会。

考察 116 个村，没有发现富人村官带领村民致富，村民的理想难以变现。由此引出的结论是，村官的职责仍在平常的事务，一个不住村的富人村官，绩效低于日夜守望村庄的普通干部。实证提供有力的支持，一些乡干部也有如此评价。村账逐笔公开的制度正在落实，争取项目资金的活动费陷于尴尬境地，这一领域必将净化。项目资金按需下拨，富人村官的交际优势丧失，奉献精神成为衡量村官的标准，不同层次的人平等竞争，社会步入良性发展阶段。

在集体经济薄弱、求发展心切的现时农村，富人村官受到欢迎。然而精力的有限性，制约富人村官在村务上的作为；经营企业与村治不同，富人村官的能力受到限制。只有全力以赴，或能调剂大部分时间用于村务的富人，才能胜任工作。村官不能排挤普通人，实务性的村政对任何人都是平等的，公正的社会不应有偏向，工作能力与服务精神是村官职守的精髓。